大乘起信論
講解

대승기신론
강해

한자경 지음

불광출판사

대승기신론 강해

大乘起信論
講解

나는 가끔 이런 생각을 한다. 모든 생명체, 일체 중생은 표층에서는 서로 다른 각각의 개체로서 존재하지만 심층에서는 서로 다르지 않은 하나일 것이라고. 바로 그 심층의 하나가 '동귀일체(同歸一體)', '동체대비(同體大悲)'의 지점일 것이라고. 우리의 삶은 험난한 현상세계를 굽이굽이 돌고 돌아 결국 그 심층의 하나로 귀결되는 것이라고. 그러면 세상은 내게 묻는다. 현상적으로 보면 모든 중생이 서로 다 다른데, 어째서 차이보다 공통성에, 다양성보다 동일성에 더 이끌리느냐고. 하나에 대한 나의 그리움은 과연 어디에서 온 것일까?

일반적인 사진 필름에서는 한 부분을 크게 확대하면 그 부분의 모습만 크게 확대되어 나타나지만, 홀로그램 필름에서는 어느 부분이든 한 부분을 확대하면 그 안에 다시 전체의 모습이 동일하게 나타난다고 한다. 전체를 구성하는 각 부분에 다시 전체가 포함되어 있는 것이다. 몸을 구성하는 최소 부분인 체세포 하나하나에 몸 전체의 정보가 모두 담겨 있고, 우주를 구성하는 일개 중생의 두뇌 신경회로 안에 그 중생이 바라보는 우주 전체의 질서가 모두 담겨 있는 것도 마찬가지 이치일 것이다. 그래서 의상 대사는 '일미진중함시방(一微塵中含十方)'이라고 하였다.

이런 방식으로 나는 모든 중생은 우주 전체를 품에 안은 존재, 우주 전체와 동일한 존재이고, 따라서 모든 중생이 동일한 하나라고 생각한다. 개체가 전체의 서로 다른 각각의 부분으로 등장하는 것은 표층 차원의 일이지만, 그 각각의 개체 안에 전체가 그대로 담겨 있어 모두가 동일한 하나라는 것은 심층 차원의 진리일 것이다. 다음의 〈표층 – 심층〉의 도표는 이러한 믿음의 표현이다.

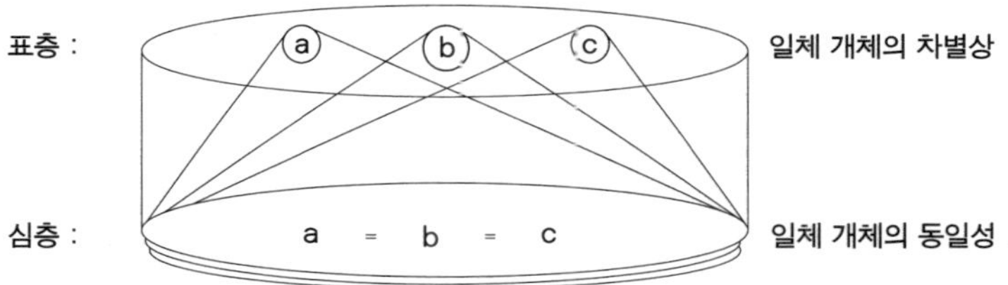

표층에서는 너와 내가 서로 다른 남으로 등장하여 네가 죽어도 나는 살고 네가 고통스러워도 나는 즐거울 수 있지만, 심층에서는 네 안에 내가 있고 내 안에 네가 있어 너와 내가 분리되지 않는 하나를 이룰 것이다. 이러한 심층의 하나에 대한 믿음이 나로 하여금 철학을 계속하게 하는 것 같다. 이 심층의 하나가 내가 떠올린 임의적 상상이나 허구가 아니라 궁극의 실재라는 것, 너와 나의 관계가 상생 상극의 상호의존적 먹이사슬 관계 그 이상이라는 것, 표층 의식보다 더 깊은 심층 마음에서 우리는 이미 하나로 공명하고 있다는 것, 이것을 확연하게 밝혀보고 싶은 것이다.

나는 그 답을 유식(唯識)에서 발견한다. 나의 마음이 표층적인 제6 의식의 활동으로 그치는 것이 아니라 그보다 더 미세한 심층 마음인 제8아뢰야식의 활동이 있다는 것, 내가 의식으로 포착하는 세계는 나의 심층 아뢰야식이 만들어낸 영상이라는 것, 빛이 만들어낸 홀로 그램처럼 우주는 그렇게 나의 심층 아뢰야식이 허공에 투사해 놓은 시공간적 영상이라는 것, 이것이 유식의 핵심이다. 그러므로 표층에서 보면 나는 우주의 일부분일 뿐이지만, 심층에서 보면 우주 전체가 내 안에서 실현되고 있다. 그리고 이런 식으로 모든 중생의 심층에서 우주는 무한히 반복되고 있으므로, 바로 이 심층에서 '일즉다(一卽多) 다즉일(多卽一)'이 성립한다.

각 중생의 아뢰야식이 빛을 발해 허공에 홀로그램 우주를 만드는데, 그 만들어진 우주 속에 다시 각 중생의 모습이 그려져 있다. 자기자신이 우주를 만드는 광원(光源), 심층 아뢰야식이라는 것을 자각하지 못하는 한, 중생은 홀로그램 속 자신을 진짜 자기로 알고[我執] 나머지 홀로그램을 세계 자체인 줄 알고[法執] 살아간다. 마치 꿈이 꿈인 줄을 자각하지 못하는 한, 꿈 속 자기가 진짜 자기이고 꿈의 세계가 실재 세계인 줄 아는 것과 같다. 결국 우리가 집착하는 너와 나의 차이는 표층의식이 분별하는 홀로그램 영상 속의 차이일 뿐이다. 꿈속에서의 자타분별이 꿈 깨고 나서 보면 허망분별이듯, 우리의 일상적 자타분별이 망집과 망분별일 뿐이기에 '무아(無我)'가 성립한다.

이런 의미에서 나는 심층 아뢰야식을 하나의 우주를 만드는 하나의 식으로서 일체 중생 안에 내재된 보편적 마음, 각각의 중생이 모두 하나로 공명하는 공통된 한 마음[一心]이라고 생각한다. 이 심층에서는 너의 고통이 곧 나의 고통이 되고 나의 기도가 곧 너의 현실이 되는 그런 불가사의한 작용력이 작동하기에 '석가성불시 산천초목 동시성불(釋迦成佛時 山川草木 同時成佛)'이 가능하다고 본다. 일반 종교가 논하는 신(神)과 성(聖)의 영역, 신비와 자타불이의 영역이 바로 이 영역일 것이다. 유식은 이 영역을 신비로 남겨 놓지 않고 수행을 통해 진입 가능한 '보살십지(菩薩十地)'로 밝히면서 거기에 첫발을 내딛는 초지를 '환희지(歡喜地)'라고 부른다. 심층에서 너와 내가 둘이 아니고 나와 우주가 둘이 아니라는 것을 발견하는 마음이 어찌 환희가 아니겠는가.

그래서 나는 유식이 아뢰야식을 번뇌에 물든 염오(染汚)의 망식(妄識)이라고 불러도 그것은 아뢰야식이 만들어 놓은 영상인 이 고통스런 세간에 집착하지 말라는 의미이지 영상을 산출하는 심층마음의 활동성(識) 자체를 부정하는 말은 아니라고 생각한다. 우주가 아뢰야식의 활동산물이라는 '의타기(依他起)'를 알지 못하고 나와 세계를 각각 별개의 실체로 집착하는 '변계소집(遍計所執)'이 문제이지, 의타기를 깨달아 변계소집을 벗은 의타기[緣起]는 '원성실성(圓成實性)'으로서 긍정되기 때문이다. 의타기를 아는 것은 곧 유식성(唯識性)을 아는 것이고, 그것은 곧 우주를 형성하는 광원이 바로 나 자신이라는 것, 우주의 근원이 모든 중생의 심층의 한마음, 일심(一心)이라는 것을 아는 것이다.

이와 같이 유식이 도달하고자 하는 궁극 지점인 일심에서 여래장 사상은 출발한다. 빛을 발해 홀로그램 우주를 만드는 광원은 바로 그 우주를 바라보는 그 중생의 마음 자체라는 것을 강조하는 것이다. 만들어진 영상세계는 갖가지 색깔로 변화하는 생멸상을 보이지만, 광원은 부증불감의 광명 자체인 진여(眞如)이며, 우주의 근원적 생명력인 법신(法身)이다. 그래서 여래장사상은 중생심이 곧 진여심이고, 모든 중생이 곧 법신이라는 것을 강조한다. 유식이 밝힌 아뢰야식 자체가 곧 일심이고 진여심이며 법신인 것이다. 우리가 자신을 광원으로 자각하지 못해 진여가 어둠(무명)에 가리면 이를 '여래장'이라고 부르지만, 그때에도 심층의 진여는 여전히 빛을 발해 우주를 생성한다. 다만 우리의 표층의식이 그 밝음[明, 本覺]을 자각하지 못하기에 무명[不覺]이라고 하는 것이다.

몇몇 불교 연구자들은 유식의 아뢰야식은 현상세계를 형성하는 식이기에 염오의 망식이고, 여래장사상의 일심 내지 진여는 현상세계의 생멸상을 벗은 불생불멸의 심체이기에 무구의 청정식이라고 둘을 구분하며, 그렇게 상(相)을 논하는 유식과 성(性)을 논하는 여래장은 서로 다른 사상이라고 주장한다. 그러나 성에 기반하지 않고 어떻게 상을 말할 수 있고, 상에 의거하지 않고 어떻게 성을 논할 수 있겠는가? 유식은 아뢰야식으로부터 현상세계가 만들어진다는 것을 밝히고, 여래장은 그렇게 세계를 만드는 아뢰야식이 바로 진여이고 법신이며 광원이라는 것을 밝힌 것이다. 유식은 광원으로부터 영상(현상)까지의 빛의 전개를 논하고, 여래장은 영상에서부터 빛을 말아 올려 광원으로 되돌아간 것이다. 념(念)에서 멸상(滅相), 이상(異相), 주상(住相), 생상(生相)을 차례로 없애 무념(無念)에 이르고자 하는 것은 마음 심층에서 자신을 광원으로 확인하기 위한 것이다. 이렇게 확인되는 무념무상의 진여가 어찌 빛을 발해 우주를 만드는 아뢰야식의 광명의 근원이 아니겠는가. 그러므로 유식은 "주기만 하고 빼앗지는 않지만[與而不奪]" 여래장은 "다 주어서 빼앗는다[窮與而奪]"는 원효의 말은 여래장이 유식과 다르다는 말이 아니라 여래장이 유식을 완성한다는 화쟁(和諍)의 말로 이해해야 할 것이다. 여래장이 어떻게 유식을 완성하는지는 기신론을 통해 확인할 수 있을 것이다.

결국 유식과 여래장의 차이는 달을 가리키는 손가락들 간의 차이이지 그 손가락들이 가리키는 달의 차이가 아니라고 본다. 아뢰야식과 아리야식, 일심과 진여를 서로 다른 식이라고 여기는 것은 식 내지 심을 자신의 마음으로 확인하지 못하고 오직 경론 상의 문자로만 여기기 때문일 것이다. 그러나 내가 과연 달을 본 것일까? 달은 보지 못하고 여전히 손가락만 바라보며 시시비비하고 있는 것은 아닐까? 두려운 마음이 든다.

2013년 가을
한자경

본서에 나오는 원문은 다음의 책을 저본으로 삼았다.

• 『대승기신론(大乘起信論)』(마명 저, 진제 역) 『고려대장경』 제17권, 612상~632상. 번역하면서 의미에 따라 필요한 경우 몇몇 글자는 원효의 『대승기신론소기회본(大乘起信論疏記會本)』에 입각해서 바로잡아 번역하였다. 『고려대장경』의 애(㝵), 총(摠), 편(遍), 이(尒), 간(間) 등은 『대승기신론소기회본』에서는 애(礙), 총(總), 편(徧), 이(爾), 간(間) 등으로 되어 있지만, 이체자이기에 그대로 두었다.

• 『대승기신론소(大乘起信論疏)』(원효 저)와 『대승기신론별기(大乘起信論別記)』(원효 저) 『한국불교전서』 제1권, 733상~789중, 『대승기신론소기회본(大乘起信論疏記會本)』. 위의 두 글은 『고려대장경』에 실려 있지 않아 『한국불교전서』에서 취했다.

• 『대승기신론의기(大乘起信論義記)』(법장 저) 『신수대장경』 제44권, 240하~287중.

목차

『대승기신론 강해』에 앞서 | 4

해제: 『대승기신론』의 세계

1. 『대승기신론』은 어떤 책인가? | 20
2. 『대승기신론』 사상의 불교사적 의미 | 22
   1) 초기불교의 '무아(無我)' | 22
   2) 부파불교 설일체유부의 '아공(我空) 법유(法有)' | 23
   3) 대승불교 중관의 '법공(法空)' | 25
   4) 대승불교 유식의 '유심(唯心)' | 26
   5) 대승불교 기신론의 '일심(一心)' | 28
3. 『대승기신론』이 제시하는 대승의 존재론 | 30
4. 『대승기신론』이 제시하는 대승의 수행론 | 39
5. 『대승기신론』의 전체 구조 | 44

대승기신론大乘起信論

서분序分

귀경게歸敬偈 | 49

1. 불보(佛寶) | 50
2. 법보(法寶) | 52
3. 승보(僧寶) | 53

정종분正宗分

I. 인연분因緣分 | 60

1. 기신론 저술의 동기 | 60
2. 기신론의 특징 | 69

II. 입의분立義分 | 74

1. 입법장(立法章) | 75
2. 입의장(立義章) | 78

III. 해석분解釋分 | 83

Ⅲ-1. 현시정의顯示正義 ' 85

1. 심진여문(心眞如門) ' 93

  1) 이언진여(離言眞如) ' 93

    (1) 진여의 체 ' 94

    (2) '진여'라는 이름 ' 97

  2) 의언진여(依言眞如) ' 101

    (1) 공(空) ' 103

    (2) 불공(不空) ' 106

2. 생멸심의 각(覺)과 불각(不覺) ' 108

  1) 아뢰야식의 양면: 각과 불각 ' 108

  2) 각(覺) ' 119

    (1) 시각(始覺) ' 119

      a. 불각 b. 상사각 c. 수분각 d. 구경각

    (2) 본각(本覺) ' 139

      a. 수염본각 ① 지정상 ② 부사의업상

      b. 성정본각

  3) 불각(不覺) ' 152

    (1) 불각(不覺)의 3세상(細相) ' 154

      a. 무명업상 b. 능견상 c. 경계상

    (2) 불각(不覺)의 6추상(麤相) ' 158

      a. 지상 b. 상속상 c. 집취상 d. 계명자상 e. 기업상 f. 업계고상

  4) 각(覺)과 불각(不覺)의 관계 ' 165

3. 생멸의 인연(因緣) | 170

　　1) 의(意)와 의식(意識)으로의 전변(轉變) | 170

　　　(1) 다섯 가지 의(意) | 170

　　　　a. 업식　b. 전식　c. 현식　d. 지식　e. 상속식

　　　(2) 삼계유심(三界唯心) | 181

　　　(3) 의식(意識) | 185

　　2) 생멸의 인연 | 190

　　　(1) 인연의 깊은 의미 | 190

　　　(2) 여섯 가지 염심(染心) | 195

　　　　a. 집상응염　b. 부단상응염　c. 분별지상응염　d. 현색불상응염

　　　　e. 능견심불상응염　f. 근본업불상응염

　　　(3) 상응(相應)과 불상응(不相應) | 202

　　　(4) 무명(無明)과 염심(染心) | 204

　　3) 생멸상(生滅相) | 208

　　　(1) 생멸상의 차이 | 208

　　　(2) 생멸상의 인과 연 | 211

　　　(3) 심체(心體)과 심상(心相) | 213

4. 염정훈습(染淨熏習) | 218

　　1) 훈습의 4법 | 218

　　2) 염법훈습(染法熏習) | 224

　　　(1) 세 가지 염법훈습 | 224

　　　　a. 무명훈습　b. 망심훈습　c. 망경계훈습

(2) 각 염법훈습의 두 단계 ᆝ 229

　　a. 망경계훈습의 두 단계　b. 망심훈습의 두 단계

　　c. 무명훈습의 두 단계

3) 정법훈습(淨法熏習) ᆝ 234

　(1) 두 가지 정법훈습 ᆝ 235

　　a. 진여훈습　b. 정법 망심훈습

　(2) 각 정법훈습의 두 단계 ᆝ 241

　　a. 정법 망심훈습의 두 단계

　　b. 진여훈습의 두 단계

　　① 자체상훈습 ② 용훈습 ②-1. 차별연 ②-2. 평등연

5. 삼대(三大) ᆝ 260

　1) 체대(體大) ᆝ 260

　2) 상대(相大) ᆝ 261

　3) 용대(用大) ᆝ 269

　　(1) 진여(眞如)의 작용 ᆝ 269

　　(2) 진여(眞如)의 두 가지 용(用) ᆝ 274

　　　a. 응신　b. 보신

　　(3) 진여(眞如) 현시(顯示)의 단계 ᆝ 281

　　(4) 색(色)과 심(心)의 관계 ᆝ 285

　　(5) 생멸문(生滅門)에서 진여문(眞如門)으로 ᆝ 287

Ⅲ-2. 대치사집對治邪執 ᆝ 291

1. 인아견(人我見)에 의한 범부의 사집(邪執) ᆝ 292

1) 인아견(人我見) 1 : 허공이 곧 여래성이다 ˈ 293

2) 인아견(人我見) 2 : 진여 열반이 곧 공이다 ˈ 299

3) 인아견(人我見) 3 : 여래장에 색(色) · 심(心)이 따로 있다 ˈ 301

4) 인아견(人我見) 4 : 여래장에 세간 생사법이 포함된다 ˈ 302

5) 인아견(人我見) 5 : 중생에 시작이 있고, 열반에 끝이 있다 ˈ 305

2. 법아견(法我見)에 의한 이승(二乘)의 사집 ˈ 307

III-3. 분별발취도상 分別發趣道相 ˈ 312

1. 신성취발심(信成就發心) ˈ 314

1) 신성취발심의 길 ˈ 314

2) 신성취발심과 수행방편 ˈ 321

3) 신성취발심의 공덕 ˈ 328

2. 해행발심(解行發心) ˈ 333

3. 증발심(證發心) ˈ 336

1) 증발심의 지위(地位)와 경계(境界) ˈ 336

2) 증발심의 공덕(功德) ˈ 339

IV. 수행신심분 修行信心分 ˈ 349

1. 4신심(信心)과 5수행(修行) ˈ 350

1) 네 가지 믿음 ˈ 350

2) 수행의 5문(門) ¦ 353

    (1) 시문(施門) ¦ 354

    (2) 계문(戒門) ¦ 356

    (3) 인문(忍門) ¦ 358

    (4) 진문(進門) ¦ 360

        a. 정진의 길 b. 예불과 참회

    (5) 지관문(止觀門) ¦ 363

2. 지관의 수행 ¦ 367

  1) 지(止) ¦ 367

    (1) 9심주(心住) ¦ 367

    (2) 삼매(三昧)의 수승한 능력 ¦ 374

    (3) 삼매에서 만나게 되는 마구니 ¦ 375

        a. 마구니가 나타나는 방식

        ① 형상을 나타내거나 설법함 ② 신통을 얻거나 변재를 일으킴

        ③ 의혹을 일으키거나 업을 짓게 함 ④ 정에 들거나 선을 얻게 함

        ⑤ 음식을 차이 나게 먹거나 안색을 변화시킴

        b. 마구니에 대처하는 방법

    (4) 외도(外道)의 삼매와 진겨삼매의 차이 ¦ 383

    (5) 지의 수행으로부터 얻는 이익 ¦ 385

  2) 관(觀) ¦ 388

    (1) 법상관(法相觀) ¦ 389

        a. 무상관 b. 고관 c. 무아관 d. 부정관

    (2) 자비관(慈悲觀) ¦ 391

    (3) 서원관(誓願觀) ¦ 393

    (4) 정진관(精進觀) ¦ 393

    3) 지관(止觀) 병행의 필요성 ┃ 394

  3. 염불(念佛) 수행 ┃ 399

V. 권수이익분勸修利益分 ┃ 402

1. 바른 믿음의 이익 ┃ 403
    1) 문혜(聞慧) ┃ 404
    2) 사혜(思慧) ┃ 404
    3) 수혜(修慧) ┃ 405

  2. 믿음 비방의 죄 ┃ 406
  3. 수행의 권면 ┃ 408

유통분流通分

  회향송迴向頌 ┃ 411

『대승기신론』의 세계

1.『대승기신론』은 어떤 책인가?

『대승기신론』은 현상세계 우주만물인 법(法)에 대해 그 일체를 있게 하는 궁극존재를 '법의 바탕 내지 기반'이란 의미에서 '법체(法體)'라고 부르고, 그 법체를 '참으로 그러함'이라는 의미에서 '진여(眞如)' 또는 '진여법신(眞如法身)'이라고 부른다. 기신론은 이 현상세계 우주만물 일체 경계가 모두 다 진여의 발현이고 표현이라는 것을 논하는 논서(論書)이다. 한마디로 진여 자체[體]와 진여의 드러난 현상적 모습[相]과 진여의 활동인 작용[用]을 밝히는 책이다. 이렇게 진여의 체상용을 밝히는 이유는 무엇인가?

그 이유는 이 책의 제목이 말해주고 있다. 책 제목 '대승기신론(大乘起信論)'은 '대승적 믿음 또는 대승에 대한 믿음을 일으키는 논서'를 뜻한다. 대승에 대한 믿음은 곧 '진여에 대한 믿음' 이외의 다른 것이 아니다. 기신론은 독자로 하여금 진여에 대한 믿음을 일으키게 하기 위해 쓰여진 책이다. 우리가 발 딛고 사는 이 현상세계가 진여법신의 드러남, 그 현현이고 표현이라는 것, 이 찰나생멸하는 무상한 현상세계 안에서 우리가 일체 차별상과 분별상을 여읜 불생불멸의 진여를 마주할 수 있다는 것, 이것을 믿게 하고자 함이다. 그렇다면 그러한 믿음이 갖는 의미는 무엇인가?

진여에 대한 믿음이 갖는 의미는 기신론의 핵심 메시지인 '중생심이 곧 진여심이다'에서 드러난다. 진여의 마음인 진여심은 곧 중생심, 바로 나의 마음 이외의 다른 것이 아니다. 그러므로 진여를 믿는 것은 바로 자기 자신을 믿는 것이다. 자신이 현상세계 일체 만물의 근원이고 중심이라는 것, 내가 살면 우주가 살고, 내가 죽으면 우주가 죽는다는 것을 믿는 것이다. 이 믿음을 통해서만 우리는 나 자신뿐 아니라 일체 중생, 모든 생명체가 그 자체 진여이며 우주의 중심이라는 것, 결국 현상세계의 모든 존재가 그대로 진여법신의 현현, 여래(如來)의 나툼이라는 것을 믿게 된다. 그리고 이 믿음을 통해서만 우리는 나를 살리고 일체 생명을 살리는 길, 대승 보살의 길로 나아가게 된다. 기신론은 바로 이러한 대승적 믿음을 일으키기 위해 쓰여진 책이다.

기신론은 원전에 해당할 산스크리트본도 전해지지 않고 티베트역도 발견되지 않고 있다. 또 그 저자인 마명(馬鳴)에 대해서도 정확하게 알려진 바가 거의 없고 인도에서 기신론을 인용하는 논서도 발견되지 않기에, 기신론 자체가 중국에서 만들어진 것이라는 설도 제기되고 있다.

번역으로는 양(梁) 무제의 초청으로 중국으로 온 인도인 진제(眞諦, Paramārtha, 499~569)의 한역본과 당나라 때 실차난타(實叉難陀, 652~710)의 한역본이 있는데, 일반적으로 진제 역이 많이 읽혔다. 원효와 법장이 읽고 주석한 것도 진제 역이다.

기신론에 대한 3대 주석으로 꼽히는 것은 수나라 정영사(淨影寺) 스님인 혜원(慧遠, 523~592)의 『대승기신론의소(大乘起信論義疏)』 2권, 신라 스님인 원효(元曉, 617~686)의 『대승기신론소(大乘起信論疏)』 2권과 『대승기신론별기(大乘起信論別記)』 2권, 당나라 화엄 3조인 현수 법장(賢首 法藏, 643~712)의 『대승기신론의기(大乘起信論義記)』 3권이다.

기신론의 한글 번역은 여럿 있다. 원효의 『대승기신론소·별기』 번역도 여럿 있는데, 1991년에 출간된 은정희 교수의 번역이 참고할 만하다. 은정희는 자신의 역서에서 그에 앞서 나왔던 이기영, 성낙훈, 탄허 역을 비판적으로 비교 검토하고 있다. 법장의 『대승기신론의기』는 그 자체로 번역된 것은 없지만, 최근 전종식이 『대승기신론에 대한 원효·법장의 주석 비교』(2006, 예학)라는 저서 속에서 원효의 주석에 이어 법장의 주석을 대부분 번역하여 놓았는데 참고할 만하다. 법장의 주석에 입각하여 대승기신론을 풀이한 명나라 스님 감산 덕청(憨山 德清, 1546~1623)의 『대승기신론직해』도 송찬우(『대승기신론』, 2005, 세계사)에 의해 번역되었는데, 이것 또한 참고할 만하다.

2. 『대승기신론』 사상의 불교사적 의미

1) 초기불교의 '무아(無我)'

석가모니의 기본 가르침은 제행무상(諸行無常), 일체개고(一切皆苦), 제법무아(諸法無我), 열반적정(涅槃寂靜)의 4법인(法印)으로 표현된다. 일체 존재, 일체 제법은 모두 무상(無常)하고 따라서 고(苦)이며, 그 안에 '이것이 나다'라고 할 만한 것이 없는 무아(無我)이다. 석가모니가 무아를 강조하는 것은 무아를 통해서만 우리 삶의 고통이 극복될 수 있다고 보기 때문이다. 삶에서 우리가 느끼는 고통은 대개 집착에서 오며, 그 모든 집착의 근본은 결국 나에 대한 집착, 즉 아집(我執)이다. 그런데 아집은 집착할 만한 자아가 있지 않다는 사실, 즉 무아를 모르기 때문에 생겨나고 또 강화된다. 우리가 일상적으로 '나'라고 여기는 그런 항상(恒常)되고 단일한 개체적 자아는 존재하지 않는다는 것, 내가 나라고 집착하는 나의 몸과 마음은 실은 인연 따라 일시적으로 화합한 색(色, 신체)·수(受, 느낌)·상(想, 지각)·행(行, 의지)·식(識, 인식) 오온(五蘊) 화합물에 지나지 않는다는 것, 그 오온 안에 '이것이 나다'라고 집착할 만한 그런 자아는 존재하지 않는다는 것을 깨달아 알지 못하기에, 우리는 습관적으로 내가 있다고 생각하며, 그 생각된 나에 매달리고 집착함으로써 삶의 고통을 벗어나지 못하는 것이다.

불교는 현상 세계의 일체 존재는 인연 화합물에 지나지 않는다는 것을 강조한다. 여러 가지 조건이 인연 화합하여 나로 존재하고 나로 작용하지만, 인연이 다하면 그 쌓였던 것들은 다시 흩어지고 나 또한 사라지게 된다. 마치 레고 조각을 조합하여 나와 너, 집과 나무를 만들면 그런 것들이 나타나지만, 인연이 다해 다시 조각으로 해체되면 그런 것들이 더 이상 있지 않게 되듯이, 일체 존재는 그렇게 일시적인 인연 화합의 생성물, 연기(緣起)의 산물일 뿐이다. 이러한 무상, 고, 무아의 진리를 깨달아 자아에 대한 집착을 버리고 따라서 그 집착으로 인한 고통을 멸하는 것이 곧 열반적정에 이르는 길이다.

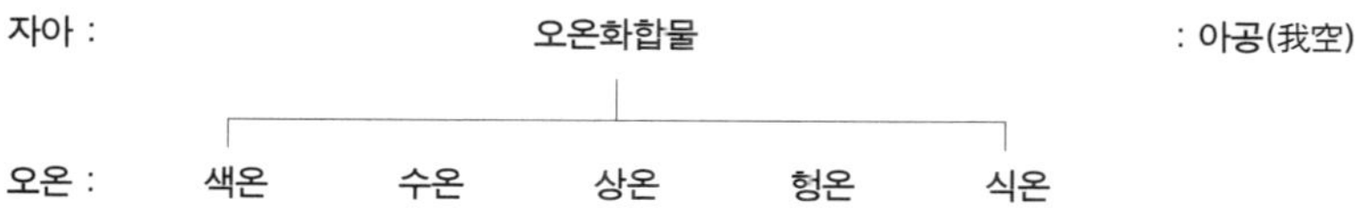

2) 부파불교 설일체유부의 '아공(我空) 법유(法有)'

석가모니가 설한 무아를 인연 화합물의 공성(空性)으로 이해하고 연기(緣起)를 요소들의 인연 화합과 요소들로의 해체 과정으로 이해하면, 화합물로서의 인간 자아는 공(空)이지만, 그 화합물을 이루는 요소들은 법(法)으로서 실재하는 것으로 간주된다. 이것이 바로 '아공(我空)·법유(法有)'이다. 레고로 비유하자면, 조합된 나와 너, 집과 나무는 공이지만, 그런 조합물을 이루는 낱낱의 레고 조각은 실재가 된다.

부파불교 중 가장 강력한 부파였던 설일체유부(說一切有部)는 현상을 구성하는 요소들을 크게 다섯 가지 부류로 나누고, 그것을 다시 또 75가지로 세분하여 '5위(位) 75법(法)'을 주장한다. 크게는 5가지 작게는 75가지 법을 각각 자기 자성(自性)을 가지면서 그 자체로 존재하는 실유(實有)라고 논한 것이다. 오늘날의 우리도 일상적으로 물질과 마음을 서로 독립적인 각각의 존재로 여기듯이, 유부는 물질적 존재인 '색법(色法)'과 심리적 존재인 '심법(心法)'을 각각 그 자체로 존재하는 실유로 간주하였다. 그리고 그 이외에 세 가지 존재 부류를 더 주장하였다. 오늘날 우리는 기쁨이나 사랑 등은 심리작용 내지 심리상태로서 심 독립적 실재성을 갖지 않는 것으로 여기지만, 유부는 오히려 기쁨이나 사랑은 마음으로부터 독립적인 것으로 각각 존재하며, 마음이 그런 실재와 결합됨으로써 비로소 그런 상태로 빠져들어 기쁘거나 사랑하게 되는 것이라고 이해한다. 따라서 유부는 마음과 결합 가능한 이러한 실재를 '심소법(心所法)'이라고 하여 심법과 구분한다. 또한 동일성, 차이성, 큼, 작음 등 논리적인 것을 우리는 흔히 사물들의 관계로 여김으로써 그 자체의 실재성을 인정하지 않지만, 유부는 그런 것들을 심이나 색에 상응하지 않는 '불상응행법(不相應行法)'으로서 심 독립적이고 색 독립적인 실재성을 가지는 것으로 간주한다. 나아가 우리는 열반을 번뇌 없는 마음상태로만 여겨 그 자체의 실재성을 인정하지 않지만, 유부는 열반을 행위의 유위(有爲) 세계를 넘어서되 마음 외부에 존재하는 무위의 실재로 여겨 '무위법(無爲法)'

이라고 부른다. 이처럼 유부는 일체 존재를 다섯 가지 기본 실재로 범주화하고 다시 또 그 각각을 좀 더 세분화하여 75가지를 각각 자기 고유의 자성을 가지는 법으로 규정한다.

결국 여러 가지 요소가 결합하여 이루어진 오온 화합물로서의 자아는 존재하지 않으므로 아공(我空) 내지 무아가 성립하지만, 그 자아를 구성하는 각각의 요소들은 법으로서 실재한다는 법유(法有)를 주장하는 것이다.

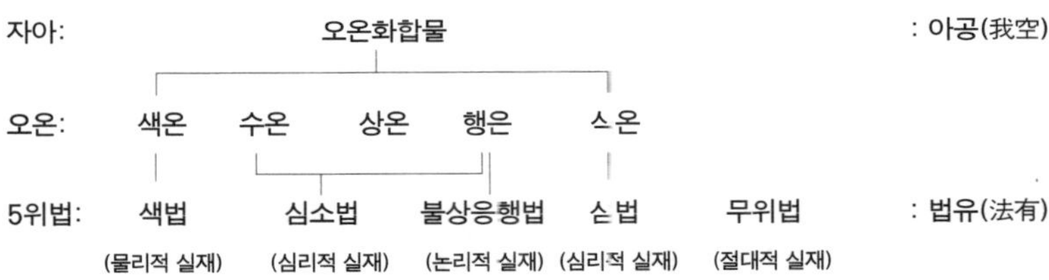

3) 대승불교 중관의 '법공(法空)'

설일체유부는 자아를 법으로 해체하여 아공 법유를 주장하지만, 그러나 석가모니가 무아를 설한 것은 자아가 자아 아닌 실체적 요소로 해체된다는 것이 아니다. 그 경우에는 자아 안에 자아를 성립시킬 만한 기본 요소가 존재하기 때문이다. 오히려 석가모니는 자아 안에 자기 자성을 가지는 법이 실재하지 않는다는 것, 색·수·상·행·식 오온을 아무리 들여다보아도 그 안에 단단한 핵, 궁극적 요소는 찾을 수 없다는 것, 따라서 자아는 무지개나 그림자와 같은 환(幻)이라는 것을 강조한 것이다.

현상 제법은 실유의 궁극 요소가 화합하여 이루어진 것이 아니다. 오히려 궁극 요소라고 여겼던 것도 사실은 다른 것들로부터 연기한 것이며, 그러한 연기 고리에는 시작이 없다. 그렇게 일체는 순환적인 상호의존관계에 있으며, 각각은 자기 자성이 없이 다른 것을 인연으로 하여 연기한 것, 생성된 것이다. 그러므로 일체는 '무자성(無自性)이기에 공(空)'이다. 이와 같이 대승은 유부의 법유를 비판하며 아공과 더불어 법공(法空)을 설한다. 이처럼 일체의 공성을 강조하는 초기 대승사상을 '색즉시공(色卽是空) 공즉시색(空卽是色)'을 설하는 공사상 또는 중관(中觀)사상이라고 부른다.

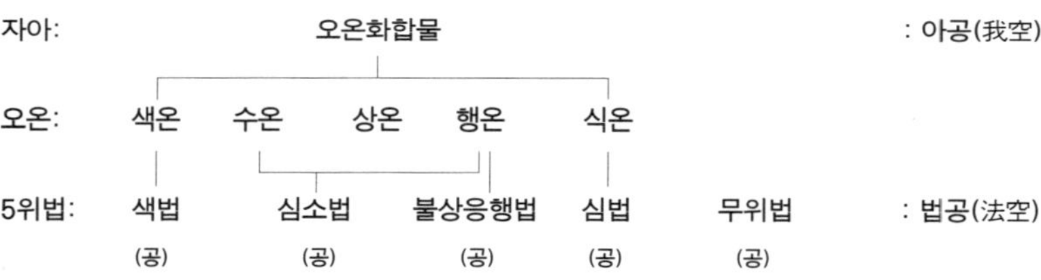

4) 대승불교 유식의 '유심(唯心)'

일체의 법이 모두 공이라면, 그럼에도 불구하고 우리에게 고락(苦樂)을 안겨 주며 마치 실재하는 것처럼 나타나는 이 현상세계는 과연 무엇인가? 일체가 연기한 것이라면, 그러한 연기를 성립시키는 터전은 무엇인가? 일체가 공이라고 설하는 공사상으로부터 한걸음 더 나아가 유식불교는 바로 이러한 물음에 답하고자 한다.

유식불교는 우리의 일상 의식이 실재라고 여기는 현상세계는 사실은 우리의 심층 마음이 그려 놓은 허상일 뿐이며 따라서 가유(假有)

에 지나지 않는다고 주장한다. 유식불교7-이것을 주장할 수 있는 것은 요가수행을 통해 일상적 표층의식(제6의식)보다 더 심층에서 활동하는 마음(제8아뢰야식)을 발견했기 때문이다. 일상의식에게는 객관적 실재로 여겨지는 눈앞의 세계가 실은 심층마음의 활동 산물이라는 것을 통찰한 것이다. 유식불교에 따르면 우리가 실재라고 집착하는 자아와 세계, 즉 개체적 유근신(有根身)과 공통적 기세간(器世間)은 모두 아뢰야식 안의 종자(種子)가 형성해 놓은 대상 경계에 지나지 않는다. 일체 경계가 식(識)의 전변(轉變) 결과일 뿐이기에 오로지 식만 존재하고 외적 경계는 식을 떠나 따로 존재하지 않는다는 의미에서 '유식무경(唯識無境)'을 주장한다.

1. 전(前)5식: 5근(根, 안·이·비·설·신)의 5경(境, 색·성·향·미·촉)에 대한 감각

2. 제6의식[識]: 의근(意根)의 대상세계(6경)에 대한 대상의식

3. 제7말나식[意]: 대상을 인식하는 의[意根]의 자기의식

4. 제8아뢰야식[心]: 유근신과 기세간을 형성하는 심층식

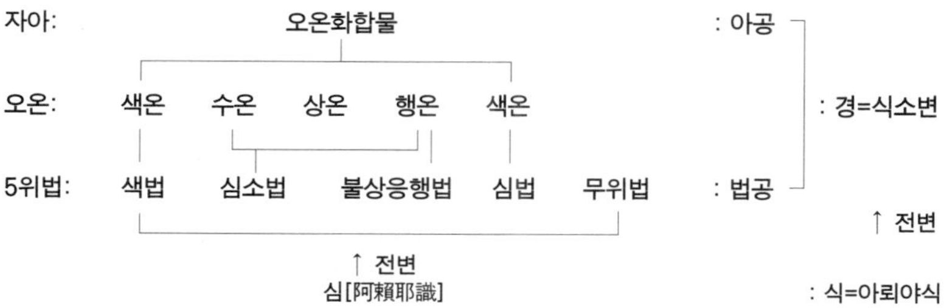

5) 대승불교 기신론의 '일심(一心)'

유식이 개체적 유근신과 공통적 기세간을 형성하는 아뢰야식의 식전
변 과정을 밝힘으로써 우리의 심층마음의 생멸활동을 강조하고 있다
면, 기신론은 그렇게 생멸활동하는 우리의 심층마음 자체는 생멸의
바탕으로서 불생불멸의 심체(心體)라는 것을 강조한다. 마음은 생멸활
동을 통해 찰나 생멸하면서 변화하는 상(相)으로서 유근신과 기세간
을 형성하지만, 그렇게 활동하는 마음 자체는 일체의 생멸상을 여읜
불생불멸의 진여(眞如)이고 여래장(如來藏)이라는 것이다. 이로써 기신
론은 유식에서 심층 아뢰야식이 단지 생멸의 특징만을 갖는 염오식
(染汚識)에 그치는 것이 아니라 그 자체 불생불멸의 진여성을 갖는 염
정(染淨) 화합식이라는 것을 강조한다. 아뢰야식은 유위와 무위, 생멸
과 불생불멸의 화합식인 것이다. "'심의 생멸'이라고 하는 것은 여래
장에 의거하기 때문에 생멸심이 있는 것이다. 이른바 불생불멸과 생
멸이 화합하여 하나도 아니고 다르지도 않으니, [이것을] '아뢰야식'(아
리야식)이라고 이름한다." [1]

```
                  ┌─ 생멸(심의 생멸):   심의 생멸상
     아뢰야식      │                    ↑ 현상화
                  └─ 불생불멸(생멸의 심): 심 자체(진여심/여래장/일심)
```

　　이와 같이 기신론은 현상의 생멸상과 마음 자체의 불생불멸성을
하나로 통합한다. 그렇게 함으로써 현상 세계를 형성하는 중생의 생

---

1) 본책 108쪽, "心生滅者依如來藏故有生滅心. 所謂不生不滅與生滅和合, 非一非異, 名爲阿
　　梨耶識."

멸심 안에 불생불멸의 진여심이 있다는 것, 진여심이 곧 여래법신(如來法身)이며 그 안에서 일체 중생은 모두 하나라는 것, 모두 일심(一心)이라는 것을 강조한다. 우리 모두가 함께 어우러져 사는 이 현상 세계 일체 경계가 모두 하나의 마음, 일심의 표현이라는 것은 곧 우리 각자의 중생심이 표층에서는 모두 각각 별개의 존재처럼 보여도 심층에서는 결국 하나라는 것, 우리 각자의 마음 바탕이 각각의 체(體)가 아니라 하나의 체라는 것, 하나의 일심이라는 것을 말해준다. 이렇게 해서 기신론은 대승의 불이법문(不二法門)을 완성하며 동체대비(同體大悲)의 보살사상을 전개한다.

대승 이전의 불교와 대승불교의 차이는 일반적으로 출가승 위주의 해탈 지향적 불교와 보살심 위주의 중생 구제적 불교의 차이로 설명된다. 대승 이전의 불교는 부처와 중생, 열반과 생사를 이원화하여 중생적 생사를 버리고 깨달음에 의한 해탈과 열반을 지향한다. 반면 대승은 부처와 중생, 열반과 생사가 둘이 아니라는 불이법문에 따라 중생의 생사까지도 긍정하고자 한다. 이는 대승 이전의 불교가 아공에 철저하여 자아에 대한 집착을 버리고 해탈하기를 바라는 데 반해, 대승은 아공과 더불어 법공도 함께 강조하는 데에서 비롯된다. 대승은 세간이나 출세간, 생사나 열반이 모두 한마음에서 일어나는 마음의 경계에 지나지 않는다는 것을 알기 때문이다. 대승에서 중요한 것은 중생 각자가 자신 안의 불생불멸의 진여법신(眞如法身)을 자각하는 것이며, 그렇게 함으로써 일체 중생이 진여로서 모두 하나라는 대자대비의 마음을 일으키는 것이다. 이러한 진여법신의 증득을 위해 기신론은 대승에 대한 믿음, 곧 진여에 대한 믿음을 일깨우고자 한다.

3. 『대승기신론』이 제시하는 대승의 존재론

불교는 일체 존재 또는 일체 존재의 진리를 '법(法)'이라고 부른다. 석가모니는 진리를 깨닫고 나서, 자신이 깨달은 법은 자신의 깨달음과 상관없이 이미 있었던 것이라고 말한다. 이 법의 근원 내지 근본을 '법의 기체(基體)' 또는 '법 자체'라는 의미에서 '법체(法體)'라고 한다. 법체는 곧 우주의 근원 내지 우주적 진리 자체이다. 불교는 이 법체를 다시 '법의 몸'이라는 의미에서 '법신(法身)'이라고 부른다. 우리가 죽은 물질과 구분해서 살아 있는 생명체만을 '몸'이라고 부르듯이, 우주의 근원으로서의 법체는 단순히 죽은 물체 또는 추상적 법칙이 아니라 살아 있는 생명이라는 것이다. 살아 있는 생명으로서의 법신은 자신을 다양한 방식으로 드러내고 구체화하며 현실화한다. 이러한 법신의 현현 내지 표현을 불교는 응신(應身)과 보신(報身)으로 구분한다.

응신은 화신(化身)이라고도 하며 우리의 일상적인 분별의식 내지 육안에 대상으로 주어지는 구체적 모습의 몸이다. 기원전 6세기 경 이 지구상에 태어나서 80년간의 일생을 살다가 간 석가모니불은 그 본체인 법체 내지 법신이 구체적 모습으로 자신을 드러낸 화신불이다. 진리와 하나 되어 진리를 구현한 삶을 살다가 간 예수나 마호메트, 장자나 최제우 등 모든 선각자들은 법신의 화신이라고 할 수 있다. 보신은 수행을 통해 법안(法眼)이 열린 후 그 결과인 보(報)로서 알아차리게 되는 몸, 즉 깨달은 청정한 마음만이 볼 수 있는 몸이다. 수행자가 삼매 중에 보게 되는 부처나 보살의 모습, 기도에 응답하는 신(神)의 모습 등은 보신에 해당한다.

기신론의 메시지는 간단하다. 응신과 보신으로 화하는 우주의 근원 내지 본체인 법신은 일체 중생 바깥 어딘가에 실재하는 외재적 인격신이 아니라 모든 중생 내면의 빛, 내면의 광명(光明)이라는 것이다. 다시 말해 일체 중생의 몸과 그 몸들이 의거해 사는 우주 세간은 시간에 따라 생겨나고 사라지는 것이지만 모든 생멸하는 것을 바라보는 중생의 눈, 그 생멸을 느끼고 지각하는 중생의 마음은 생멸 너머의 빛, 불생불멸의 광명, 바로 법신이라는 것이다. 이것이 바로 일체 중생심 안의 불생불멸의 진여심, 여래법신이다. 변화하는 생멸의 지평 너머 일체 중생 안에서 하나토 빛나는 광명, 즉 일심(一心)이다. 결국 중생은 불생불멸의 진여심과 인연 따라 생멸하는 생멸심의 양면을 가진다. 이로써 기신론의 '일심(一心) 이문(二門)'이 성립한다.

일심(一心) - 이문(二門)
　┌ 심진여문(心眞如門): 불생불멸의 진여 자체를 논함
　└ 심생멸문(心生滅門): 불생불멸의 진여와 생멸하는 현상의 관계를 논함

일체 중생 안의 일심과 그 일심에 대한 이문인 진여문과 생멸문을 도화지에 그려지는 그림에 비유해볼 수 있다. 하얀 도화지에 온갖 색깔로 갖가지 모양이 그려진 그림을 볼 때 우리는 늘 하얀 도화지에 주목하지 않고 그 위에 그려진 사물만 보게 된다. 도화지 위 그림은 더 그려져 늘어날 수도 있고 일부가 지워져 줄어들 수도 있다. 채색된 사물은 그렇게 생멸한다. 반면 채색된 사물의 바탕이 되는 도화지는 채색된 사물과 달리 생멸하지 않는 바탕이다. 그리고 채색된 사물은 흰색 도화지에 의거하여서만 존재한다. 즉 그려진 사물은 도화지 같이 실유가 아니라 도화지에 의거하여서만 존재하는 가유(假有)이며 따라서 자기 자체가 없고 도화지를 자신의 체(體)로 삼는다.

이 비유에서 도화지 위에 그려진 사물은 바로 우리 눈앞에 등장하는 모든 존재하는 것들, 즉 돌과 별, 나무와 새 그리고 사람이다. 그렇다면 사물이 의거하는 바탕, 불생불멸의 도화지는 무엇인가? 그려진 사물의 바탕이 되는 도화지는 그 위에 채색된 사물에 의해 가려지므로 우리는 일상적으로 그림에서 사물만 보지 바탕인 도화지를 보지 않는다. 그렇듯 우리는 세계에서 생겨났다 사라지는 사물만 바라볼 뿐 그 바탕을 보지 못한다. 따라서 바탕(사물의 근거)을 찾고자 하면, 우리는 그 바탕을 사물과 다른 별개의 것으로 여김으로써 사물 바깥에 신(神)을 세우는 외재신론(外在神論)을 주장하거나 아니면 그 바탕을 사물과 같은 것으로 여김으로써 사물 이외에는 아무것도 없다는 유물론(唯物論)을 주장하게 된다. 근거는 사물 바깥에 있거나 아니면 어디에도 없다고 여기는 것이다.

그러나 기신론에 따르면 바탕은 그 위에 그려진 사물과 같지도 않고 다르지도 않다. 생멸하는 사물과 불일불이(不一不異)의 이 바탕을 기신론은 생멸하는 중생 안의 불생불멸의 '진여심(眞如心)'이라고 부른다. 우주 세간 일체 제법은 도화지 위의 그림처럼 우리 마음에 나타나는 마음의 상(相)이며, 따라서 그림의 바탕인 도화지는 바로 그런 상을 만들어내는 우리 자신의 마음인 것이다. 그러므로 도화지와 그림, 바탕과 사물은 서로 분리될 수 없는 하나의 양면이다. 한 곳에서 다른 한 곳으로 나아가는 것이 문(門)이지만, 문은 두 영역을 모두 포괄한다. 바탕의 도화지에서 그 도화지 위에 그려진 생멸하는 현상세계로 나아가는 문이 심생멸문(心生滅門)이고, 그려진 그림에서 그 그림의 바탕이 되는 불생불멸의 진여심으로 나아가는 문이 심진여문(心眞如門)이다. 그렇지만 문은 두 영역 위에서 성립하는 것이므로 심진여문과 심생멸문은 방향만 다를 뿐 두 영역을 모두 포괄한다.

기신론에서 심진여문은 일체 생멸 경계를 공(空)으로 포괄하고서 그 바탕이 되는 불생불멸의 진여관을 논할 뿐이다. 따라서 불생불멸의 진여심과 변화하는 현상세계의 생멸상을 함께 논하는 것은 심생멸문의 과제가 된다. 심생멸문은 불생불멸의 심 자체가 어떻게 인연화합하여 현상의 생멸상을 형성해 내는지를 설명한다. 생멸문을 통해 기신론이 강조하는 것은 현상세계 생멸상의 바탕이 바로 불생불멸의 심체라는 것, 생멸변화 안에 불생불멸의 진여 내지 여래장이 심체로서 포함되어 있다는 것이다. 생멸과 불생불멸, 그림과 도화지는 서로 분리되지 않는 불일불이의 관계에 있다.

생멸: 그려진 사물 / 그림 / 상(相) / 의(일체 제법) ┐
　　　　　　　생 ↑　　　↓ 멸　　　　　　　 ├ = 생멸문
진여문 = 불생불멸: 도화지 / 바탕 / 체(體) / 법(일심) ┘

도화지가 그 위에 그려진 사물의 바탕이 되고 체가 되기에, 도화지의 성품이 그려진 사물에도 영향을 미친다. 도화지가 흰색이 아니고 검정색이면 그림 전체에 어두운 색감이 있을 것이고, 도화지가 빨강색이면 그려진 사물에도 붉고 따뜻한 기운이 돌며, 도화지가 파랑색이면 그려진 사물에도 파랗고 차가운 기운이 돌 것이다.

도화지가 본래적 자기 자각성, 본각(本覺), 불성(佛性)을 가지는 진여심이면, 어떻겠는가? 그 위에 그려진 일체 사물도 자기 자각성, 본각, 불성을 가질 것이다. 사물에 내재된 불성은 사물의 생멸하는 채색에서 오는 것이 아니라, 그 생멸의 상에 의해 가려진 바탕으로부터 오는 것이다. 도화지가 본래 마음이고 생명이기에, 그 도화지의 각 부분도 전체와 동일한 마음이고 생명이다. 마음이나 생명은 부분으로 분할될 수 없는 전체이기 때문이다. 결국 하나의 진여법신이 모든 중생 안의 하나의 마음, 곧 일심이다. 이렇게 해서 마음 바탕에서 '일즉다(一卽多) 다즉일(多卽一)'이 성립한다.

기신론은 일체 제법이 의거하는 것이 대승의 유일한 법인 마음이라는 것을 강조한다. "이른바 (대승)법은 중생심을 말한다. 이 마음은 일체의 세간법과 출세간법을 포섭한다." [2] 이는 곧 우리가 대상화해서 객관 세계로 인식하는 일체 제법은 결국 우리의 마음이 만든 그림, 마음의 경계라는 말이다. 하나의 도화지 위에 그려진 그림의 차별상은 마음이 허망분별의 생각, 념(念)을 따라 그린 상(相)이다. "일체 제법은 오직 허망한 생각(망념)에 의거하여 차별이 있는 것이다." [3]

그렇다면 도화지 위에 그림은 왜 그려지는가? 허망한 념은 왜 일어나는가? 중생이 이미 진여인데도 진여를 자기 자신으로 알지 못하기 때문이다. 진여가 일체를 포괄하는 전체이며 한계가 없는 무한이기에, 그 무한의 전체를 자기 자신으로 자각하는 것이 어려운 것이다. 이처럼 자신을 밝게 알지 못하는 어둠을 '무명(無明)'이라고 한다. 이 무명으로 인해 마음이 움직여 망념을 일으킨다. 무명으로 인해 념이 일어나는 모습이 '무명업상(無明業相)'이고, 마음이 자신을 찾아 바라보려고 하여 능히 보는 모습이 '능견상(能見相)'이다. 그리고 그 눈에 보여지게끔 경계로서 나타난 모습, 일심의 바탕 위에 그려진 그림, 펼쳐진 현상세계가 '경계상(境界相)'이다.

---

2) 본책 75쪽, "所言法者謂衆生心. 是心則攝一切世間出世間法."
3) 본책 94쪽, "一切諸法唯依妄念而有差別."

① 무명업상(無明業相) → ② 능견상(能見相) → ③ 경계상(境界相, 유근신과 기세간)

　이와 같이 무명업상과 능견상과 경계상을 형성하는 식이 아뢰야식이며, 그 아뢰야식에 의해 형성된 경계상이 곧 도화지 위에 그려진 일체 제법, 현상세계(기세간)이다. 그런데 세계를 그리는 무수한 나, 무수한 아뢰야식은 세계를 그릴 때 그 그려진 세계 안에 각자 자기 자신을 그려 넣는다. 그것이 바로 각각의 개별적 몸(유근신)이다. 이렇게 해서 나를 포함한 세계의 모습이 완성되면, 그 세계(그림)를 바라보는 나(진여)는 그리는 자로서의 자신을 망각하고 자신을 세계(그림) 속의 나인 개별적 유근신이라고 생각한다. 그리는 나는 보이지 않고, 그려진 나만 보이기 때문이다. 이와 같이 나를 개별 자아로 잘못 아는 모습이 바로 '지상(智相)'이고, 그렇게 잘못된 념이 지속적으로 이어지는 모습이 '상속상(相續相)'이다. 이러한 지상과 상속상을 형성하는 식이 곧 자아식 또는 자기의식인 제7말나식(末那識)이다.

　이러한 자아식에 근거해서 유근신의 나는 자신과 자신 밖의 세계를 자와 타, 주와 객으로 이원화하여 집착하니 이것이 '집취상(執取相)'이고, 이러한 분별에 사용된 언어에 매인 모습이 '계명자상(計名字相)'이다. 주객의 이원 분별 위의 집취상과 계명자상을 형성하는 식이 바로 우리의 일상의식인 제6의식이다. 이와 같은 의식의 분별 집착에 따라 업을 짓는 모습이 '기업상(起業相)'이고, 그 업에 따라 고통의 보를 받는 모습이 '업계고상(業繫苦相)'이다.

① 지상(智相) → ② 상속상(相續相) → ③ 집취상(執取相) → ④ 계명자상(計名字相)
→ ⑤ 기업상(起業相) → ⑥ 업계고상(業繫苦相)

　기신론은 이상과 같은 3세상(細相)과 6추상(麤相)을 바탕으로 망념의 생주이멸을 논하고, 그것을 의식(분별사식)과 의(말나식과 아뢰야식)의 작용으로 설명하며, 다시 그것들을 상응염(相應染), 불상응염(不相應染)으로 나누어 논한다. 상세한 논의는 본론에 나오므로 여기서는 이들 이름만을 서로 연관지어 도표화해 본다.[4]

　기신론이 진여와 무명에 입각하여 논하는 이중의 훈습인 염법훈습(染法熏習)과 정법훈습(淨法熏習)은 이와 같은 심층 마음과 표층 의식 간의 관계를 역동적으로 보여준다. 염법훈습은 본래 청정무구한 진여가 무명에 의해 가려짐으로써 망심인 업식으로 작동하면서 허망한 경계를 형성하는 과정을 말한다. 청정한 마음 바탕인 진여로부터 염오의 현상세계가 형성됨에 따라 우리의 의식이 점차 진여를 망각하고 오로지 생멸상에만 주목하게 되는 훈습이 염법훈습이다. 반면 정법훈습은 오염된 현상세계에 매인 채 살아가는 중생의 망심 안에 그

---

4) 본문의 도표는 원효와 법장의 해석을 조금씩 변형시킨 것이다. 원효는 상속상을 의식의 異相에 포함시켰지만 본책에서는 말나식의 住相으로 해석한다. 그리고 법장은 경계상과 능견상을 아뢰야식의 住相으로 간주했지만 본책에서는 아뢰야식의 生相으로 간주한다. 이에 대해서는 해당부분에서 상세히 설명한다.

럼에도 불구하고 바탕으로 남아 있는 진여성이 중생으로 하여금 집착과 분별을 버리고 청정한 마음 바탕으로, 진여 자신에게로 되돌아오게끔 불러들이는 것을 가리킨다. 자신 안의 진여의 정법훈습력에 따라 중생은 점차적으로 마음을 열어 표층 차별상으로부터 심층의 무분별 진여로 나아가게 된다.

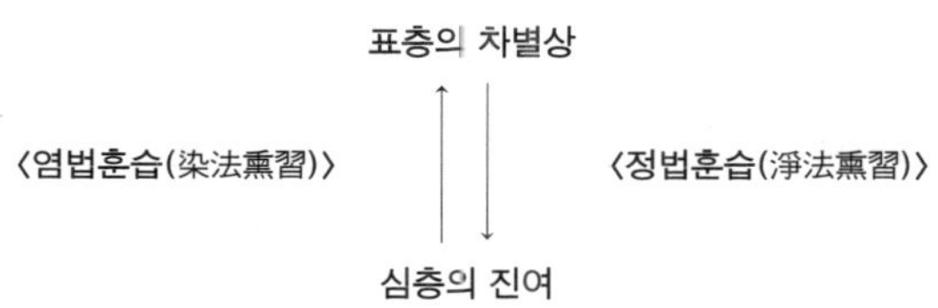

　만일 내가 도화지 위에 그려진 사물에서 색깔과 모양의 차이만을 본다면 내가 본 것은 분명 인연 따라 생멸하는 가상이고 망념에 따라 일어난 허망분별의 상(相)일 뿐이다. 그렇지만 만일 내가 그 사물에서 색깔과 모양 너머 그 바탕의 도화지를 본다면, 그때 그려진 일체 제법에서 내가 보는 것은 상 너머 성(性), 차별상 너머 동일한 성, 생멸상 너머 불생불멸의 진여이다. 이처럼 일체법은 그 자체가 진여인 것이다. 그리고 도화지가 바로 보는 나 자신의 마음이기에, 그때 나는 바로 나 자신을 보고 있는 것이다. 도화지 위의 그림인 너 속에서 너의 바탕인 도화지를 본다면, 이는 결국 너 안에서 나를 보는 것이며, 바탕으로서 너와 내가 둘이 아니라는 것을 보는 것이다. 그렇게 해서 가상 너머 진여를 보는 순간, 우리는 자와 타, 주와 객, 능견(能見)과 소견(所見)의 이원성을 극복하게 된다. 이렇게 증득되는 앎을 '무분별지(無分別智)'라고 한다.

　그런데 대개의 중생은 자신을 그림의 바탕인 진여로 알지 못하고,

오히려 그려진 그림 속의 자신과 동일시한다. 바탕을 가리는 그림을 내 마음(진여) 바깥의 실재로 여기면서 그 그림에만 매여 있기 때문이다. 법공(法空)을 모르는 법집(法執) 때문이다. 법집 때문에 중생은 자기 자신을 바탕의 마음으로 알지 못하고 그려진 그림 중의 하나로만 알고 그것에 집착하는 아집(我執)을 갖게 되는 것이다. 그래서 대승은 법공을 깨닫지 못하는 한, 아공의 깨달음이 참된 것이 아니라고 소승을 비판한다. 일체 제법이 공이라는 것, 마음이 형성한 가상이라는 것을 깨닫는 바로 그 자리에서 비로소 자신의 본래 모습이 진여라는 것을 자각하게 되며, 진여로서 만법이 하나라는 것을 깨닫게 된다.

기신론에서 중요한 것은 중생 각자가 자신의 마음을 심층적으로 깊이 알아차린다는 것만이 아니다. 보다 중요한 것은 마음이 심층으로 내려갈수록 개인의 범위를 넘어서서 다른 마음과 직접적으로 서로 소통하게 된다는 것이다. 마음의 가장 밑바닥으로 내려가면, 일체 중생의 마음이 하나가 된다. 이 바닥에서의 하나의 마음을 '일심(一心)'이라고 한다. 마음 바닥이라고 말하지만, 마음은 본래 바닥이 없는 공(空)이다. 바닥이 없고 끝이 없기에 우주 만물 일체를 그 안에 포괄할 수 있으며, 따라서 한계가 없는 무한이고 상대가 없는 절대이다. 이것이 바로 일심이다.

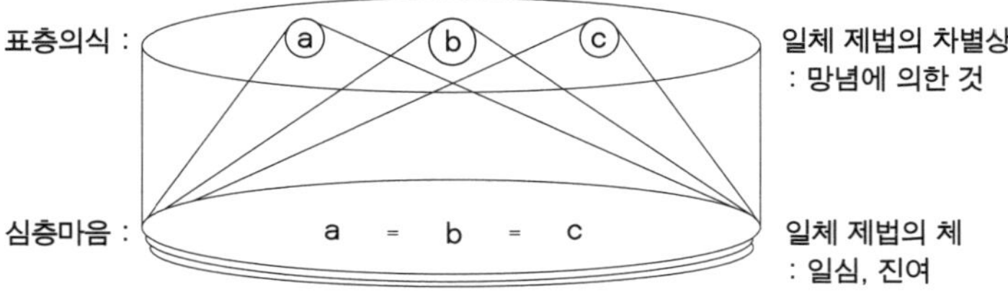

각각의 중생심이 형성한 세계가 그럼에도 불구하고 하나의 세계
가 되는 것은 그 각각의 중생심 안에 공통적인 한 마음, 일심, 진여심
이 있기 때문이다. 그러므로 자신의 심층 마음을 알아나간다는 것은
곧 일체 중생과 서로 소통하는 하나의 마음을 자각해간다는 것을 의
미한다. 기신론은 우리에게 그러한 마음의 심층 세계, 모든 마음이
서로 소통하는 세계, 일체 세간과 출세간을 만들어내는 자신 안의 법
신의 활동이 그대로 자각되는 일법계(一法界), 그 진여의 세계를 제시
함으로써 우리에게 대승법인 일심 내지 진여에 대한 믿음을 일깨워
주는 논서이다. 그리고 그 믿음에 근거해서 진여의 세계를 향해 나아
가고자 발심하게 하고, 어떻게 그리로 나아가야 하는지 그 구체적인
수행 방법을 제시한다.

4. 『대승기신론』이 제시하는 대승의 수행론

범부는 무명에 가리어져 자신 안의 불성을 알지 못한다. 그래서 '선업
락과(善業樂果) 악업고과(惡業苦果)'의 인과적 연기법에 대한 믿음이 없어,
생각에 따라 업(業)을 짓고 보(報)를 받으며 살아간다. 생각은 생주이멸
의 과정을 거치면서 전념에서 후념으로 념념상속(念念相續)하며 끝없이
이어져 결국 윤회의 삶을 살게 된다. 그러한 윤회를 벗어 해탈에 이르
는 길은 념념상속을 끊는 것이며, 그러기 위해서는 념의 생주이멸을
멈추어야 한다. 념의 생주이멸을 없애기 위해 거꾸로 념의 멸상(滅相)
에서부터 이상(異相), 주상(住相), 생상(生相)을 차례로 없애나가는 것이

본각의 자각, 즉 시각(始覺)을 얻는 수행의 길이다. 멸상부터 멸하고 이상, 주상을 멸하고 마지막으로 생상을 멸해 결국 상(相)으로 가려지지 않은 청정한 마음의 바탕, 무념(無念)의 마음에 이르는 것이다.

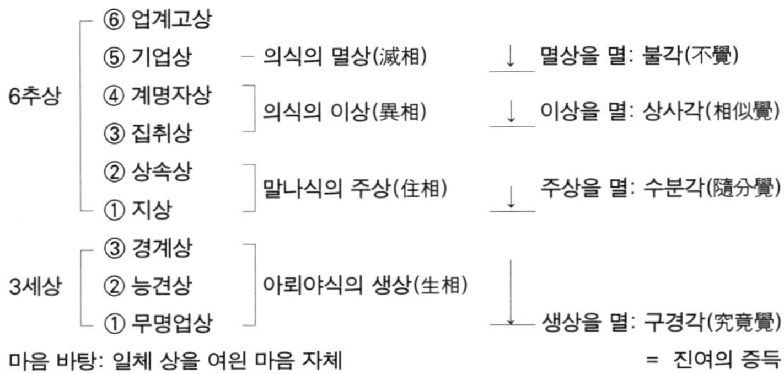

이와 같이 일체의 상을 떠난 청정한 마음 바탕에 이르기 위한 수행 과정을 기신론은 보살의 52단계 수행체계에 따라 논한다. 보살 52단계는 10신(信), 10주(住), 10행(行), 10회향(迴向), 10지(地), 등각(等覺), 정각(正覺, 妙覺)의 단계이다.

연기법을 모르는 채 윤회의 삶을 살다가 연기법에 대한 믿음을 갖기 시작하면서 10신의 단계에 이르는데, 이 단계의 범부부터 불법에 대한 믿음을 지녔다는 의미에서 '불자(佛子)'라고 할 수 있다. 이 단계에서는 전념이 멸하면서 후념을 일으켜 념념상속이 일어난다는 것을 알아서 멸상(기업상)을 없애 후념으로 이어지지 않도록 한다. 이렇게 멸상을 없앰으로써 본각을 자각하는 과정이 시작되는데 아직은 '불각(不覺)'이라고 부른다. 10신위에서 신심이 성취되면 결정심(決定心)을 발하여 제1발심주로 시작하는 10주(住)로 나아간다.

10주, 10행, 10회향은 세 단계의 현인(賢人)의 지위[三賢位]이다. 제

6의식의 차원에서 수행하는 성문과 연각과 초발의보살(初發意菩薩)의 수행이 이 지위에 해당한다. 이 단계에서는 념이 다르게 바뀌어가는 모습인 이상(異相)을 깨달아 없애게 된다. 제6의식 차원에서 차이를 이름[名字]으로 고정화하는 계명자상과 차이를 만들어가는 분별집착상(집취상)을 제거하여 깨달음에 근접한 '상사각(相似覺)'을 얻는다. 10회향을 마치면 보살 10지로 나아가게 된다.

보살10지는 의식보다 더 깊은 심층 다음에서 수행이 진행되는 성인(聖人)의 단계이다. 보살 초지(初地)부터 념이 머무는 주상(住相)을 깨달아 없애 나가는데, 초지인 정심지에서 제7말나식의 상속상을 없애고, 제2지부터 제7지에 이르는 과정에서 지상(智相)을 없앤다. 념의 주상이 제거됨으로써 진여를 부분적으로 깨닫는 '수분각(隨分覺)'을 얻게 된다.

보살 제8지부터는 념이 일어나는 상상(生相)을 깨달아 없애 나가는데, 념이 일어나는 곳은 말나식보다 더 깊은 제8아뢰야식에서이다. 그러므로 생상을 깨달아 없앨 수 있기 위해서는 아뢰야식의 상과 그 상을 형성하는 활동을 자각할 수 있어야 한다. 색자재지(色自在地)라 불리는 제8부동지에서 아뢰야식[能現識, 現識]의 경계상을 제거하고, 심자재지(心自在地)라 불리는 제9선혜지에서 아뢰야식[能見識, 轉識]의 능견상을 제거하고, 마지막 무구지(無垢地)라 불리는 제10법운지인 보살진지에서 아뢰야식[無明業識, 業識]의 무명업상을 제거한다. 이렇게 생상을 다 제거하고 나면 도달하는 불지(佛地)에서 결국 상(相)이 없는 성(性), 념을 여읜 마음 바탕을 보게 되니, 이를 궁극의 깨달음인 '구경각(究竟覺)'이라고 한다.

10신   범부   → 불각
10주 ┐
10행 │ 성문,연각(신상응지) - 분별사식의 집상응염을 여읨   → 상사각 얻음
10회향 ┘
10지   보살
    초지. 환희지(정심지)   - 상속식의 부단상응염을 여읨
    제2지. 이구지(구계지) ┐
    제3지. 발광지   │
    제4지. 염혜지   │
    제5지. 극난승지   │
    제6지. 현전지   │
    제7지. 원행지(무상방편지) ┘ 지식의 분별지상응염을 여읨   → 수분각 얻음
    제8지. 부동지(색자재지) - 능현식의 현색불상응염을 여읨
    제9지. 선혜지(심자재지) - 능견식의 능견심불상응염을 여읨
    제10지. 법운지(무구지)   - 무명업식의 근본업불상응염을 여읨 → 구경각 얻음
등각   부처
정각(묘각)

이상은 대승의 바른 경계를 드러내는 Ⅲ. 해석분 1. 현시정의 중에서 수행에 관련된 것들만을 뽑아 간추려본 것이다. 현시정의에서 밝혀진 대로 수행의 궁극 목표라고 할 수 있는 부처의 경지에 이르기 위해서 구체적으로 어떤 수행을 해야 하는지는 Ⅲ. 해석분 중 3. 분별발취도상에서 세 가지 발심(發心)을 통해 설명하고 있다.

발심은 한 단계를 완성하여 그 다음 단계로 나아가고자 마음을 일으키는 것이다. 10신에서 신심(信心)을 성취하여 결정심(決定心)을 일으켜 10주로 나아가게 하는 발심을 '신성취발심(信成就發心)'이라고 하고, 10행에서 바른 이해[解]와 바른 수행[行]을 통해 회향심(廻向心)을 일으켜 10회향에 나아가게 하는 발심을 '해행발심(解行發心)'이라고 하며, 그 다음 10지에서의 보살수행을 통해 진심(眞心)을 일으켜 등각, 묘각의 부처의 경지로 나아가게 하는 발심을 '증발심(證發心)'이라고 한다.

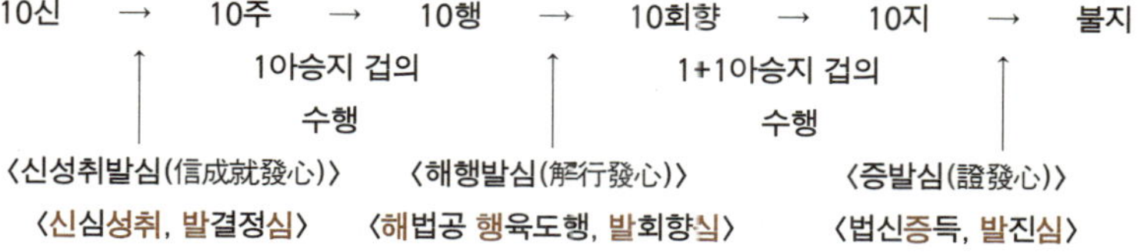

범부가 '선업락과 악업고과'의 연기법을 믿으면 10신위에 들어서게 된다. 그리고 10신위에서의 수행을 통해 믿음을 완성하여 신성취발심을 일으키면, 더 이상 흔들림 없이 불도를 따르게 된다. 이처럼 신성취발심을 일으켜 제1주인 발심주로 나아간 중생을 '바르게 결정된 중생'이란 뜻에서 '정정취(正定聚)'라고 한다. 반면 업보에 대한 믿음조차 내지 않는 중생은 '삿되게 결정된 증생'이란 뜻에서 '사정취(邪定聚)'라고 하고, 연기법을 믿되 아직 신성취발심을 일으키지 않은 중생은 장차 정정취로 나아갈지 혹은 사정취로 떨어질지가 아직 결정되지 않았다는 의미에서 '부정취(不定聚)'이라고 한다. III. 해석분 중 3. 분별발취도상은 부정취중생 중에서 정정취로 나아간 중생이 불지에 이르기까지의 수행 과정을 설명한 것이다.

IV. 수행신심분에서는 부정취 중에서 아직 정정취에 들지 못한 중생들이 신심(信心)을 확립하기 위해 어떤 수행을 해야 하는가를 설명한다. 여기서 제시하는 수행은 흔히 대승 보살도라고 불리는 6바라밀이다. 보시, 지계, 인욕, 정진, 선정, 지혜어서 마지막 선정과 지혜를 함께 묶어 지관으로 칭한다. 지(止)는 사마타(Samatha)로서 정(定)에 이르는 수행이며, 관(觀)은 비파사나(Vipaśyanā)로서 혜(慧)에 이르는 수행이다.

    사마타: 지(止) → 정(定)
    비파사나: 관(觀) → 혜(慧)

    이상과 같이 기신론은 중생심이라는 유일한 대승법에서 출발하여 현상세계 일체 존재를 설하고 그에 근거하여 수행법까지를 제시하고 있다. 이로써 기신론은 이론과 실천, 존재론과 수행론을 구비한 하나의 완성된 체계를 이룬다.

5. 『대승기신론』의 전체 구조

기신론은 본격적인 논의에 앞서 삼보에 귀의하는 귀경게(歸敬偈)로 논을 시작하고, 본격적인 논의를 마친 후에는 다시 그 모든 이익을 중생에게 돌리는 회향송(廻向頌)으로 논을 끝맺는다. 따라서 논서의 시작 부분인 귀경게가 논서의 서분(序分)이 되고 논서의 마지막 부분인 회향송이 논서의 유통분(流通分)이 되며 그 둘 사이의 본격적 논의가 본 논서의 주요내용인 정종분(正宗分)에 해당한다.

    기신론의 정종분은 다섯 부분으로 구성되는데 이는 다시 서론, 본론, 결론으로 구분해 볼 수 있다. 즉 본 논서를 짓는 목적을 언급하는 'Ⅰ. 인연분(因緣分)'은 서론에 해당하고, 수행의 이익을 밝혀 수행을 권장하는 'Ⅴ. 권수이익분(勸修利益分)'은 결론에 해당한다. 그리고 나머지 'Ⅱ. 입의분(立義分)' 'Ⅲ. 해석분(解釋分)' 'Ⅳ. 수행신심분(修行信心

分)'이 정종분의 본론에 해당한다. 정종분의 상세한 구분은 정종분을 시작하면서 다시 제시할 것이므르 여기서는 우선 간략히 전체 구도를 도표로 제시한다.

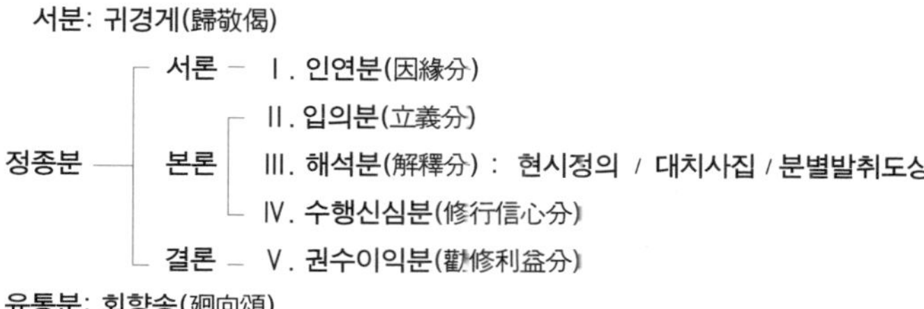

이 중에서 가장 복잡하고 긴 부분은 'Ⅲ. 해석분 1. 현시정의'이다. 현시정의 부분을 종밀(宗密)의 과목에 따라 제목만 정리하면 아래와 같다. 그러나 이 책에서는 현시정의 부분을 그 과목에 따라 해설하지 않고 내용과 분량에 따라 달리 분류하여 〈1〉에서 〈5〉까지 절을 나눠 해설한다.

대승기신론
大乘起信論

○

마명(馬鳴) 조(造), 진제(眞諦) 역(譯)

대승기신론
大乘起信論

서분

序分

귀경게

○

가르침을 여는 서설에 해당하는 서분은 게송으로 이루어져 있으며
내용상 둘로 구분된다. 우선 불법승 삼보에의 귀의를 게송으로 읊고,
이어 그렇게 귀의하는 까닭을 게송으로 읊는다.

온 시방이 다하도록
가장 뛰어난 활동으로 두루 알고
몸(색)이 걸림이 없이 자유자재하며
세상을 구제하는 대자대비한 분[佛寶]과
그 몸의 체(본체)와 상(공덕)인
법성 진여의 바다[法寶]와
무량한 공덕을 간직하고서
여실하게 수행하는 자[僧寶] 등에게
목숨을 바쳐 귀의합니다.
歸命盡十方 最勝業遍知
色無导自在 救世大悲者,
及彼身體相 法性眞如海,

無量功德藏 如實修行等.

첫 구에 나오는 시방(十方)은 8방에다 상하를 더한 열 방향의 공간을 뜻한다. '진시방'의 '진(盡)'은 한 방향도 빼지 않은 모든 방향과 또 각 방향마다 한 곳도 빼지 않은 모든 공간을 강조하는 말이다. 진시방의 무엇인가에 목숨을 바쳐 귀의한다는 말이다. 무엇에 귀의하는가? 그 다음부터 마지막 구절까지가 귀의하고자 하는 대상인 삼보(三寶)를 거론한다. 삼보는 불보, 법보, 승보이다. 진시방의 삼보에 귀의한다는 것은 시방에 존재하는 일체의 삼보에 귀의한다는 말이다.

1. 불보(佛寶)

이어지는 세 구는 불보로서 깨달은 자인 부처님, 즉 여래를 형용한 것이다. 가장 뛰어난 최상의 활동(업)으로써 일체를 두루 알고 몸은 아무런 장애 없이 자유자재하며 세상의 일체 중생을 구제하고자 하는 대자대비한 자가 여래이다. 삼보 중에서 우선 불보 여래에 귀의한다는 것이다.

원효(元曉)는 세 구에 대해 첫째 구는 여래의 심덕(心德)을, 둘째 구는 색덕(色德)을, 셋째 구는 그 둘을 갖춘 자를 말하는 것이라고 풀이한다. 즉 첫째 구 '최승업변지'에서 '최승업'은 여래의 중생 교화의 뛰어난 활동(업용)을 포괄적으로 말하고 '변지'는 여래의 두루하는 지혜를 말하는데, 교화의 활동이 지혜에 근거한 것이기에 변지가 불지(佛智)의 체(體)이고 최승업이 그 용(用)이 된다. 둘째 구 '색무애자재'는 여래의 몸인 색이 무애자재하다는 것으로서 '색무애'는 여래의 색의 체에 한계나 장애가 없음을 말하고, '자재'는 몸의 5근(根)이 상호작용하는 등 자유로움을 뜻한다. 무애한 체에 근거해서 자재한 용이 나온다. 마지막 구인 '구세대비자'는 그러한 심덕과 색덕을 구비한 대비한 자라고 여래를 지칭한 것이다. 여래의 자비는 특정한 인연을 따라 일어나는 자비가 아니라 특정한 인연 없이, 즉 무연(無緣)으로 일어나는 자비이기에 무연의 자비인 대비이며, 그 대비심에 따라 일체 중생을 구제하고자 한다.[5]

원효의 풀이 :   최승업 + 변지   /   색무아 + 자재   /   구세대비자

(용)   (체)   (체)   (용)

심덕   색덕

반면 법장(法藏)은 포괄적인 '최승업' 다음의 나머지 구절을 각각 신·구·의 삼업(三業)의 수승함으로 해석하여, "두루 아는 것은 의업(意業)의 수승함, 장애 없음은 신업(身業)의 수승함, 자비로 구제함은 어업(語業)의 수승함"[6]이라고 말한다. 나아가 변지는 지혜공덕, 색무애는 선정(禪定)공덕, 구제는 자비공덕을 밝힌 것으로 풀이한다.[7]

---

5) 원효, 735중 이하 참조.
6) 법장, 247상, "遍知意業勝, 無礙身業勝, 悲救語業勝."
7) 법장, 247중 참조.

법장의 풀이: 최승업 = 　　　변지　　　 + 　　색무애자재　　 + 　　구세대비자
　　　　　　　　　　　　 의업/지혜공덕　　　　　 신업/선정공덕　　　　　 구업/자비공덕

2. 법보(法寶)

그 다음 '피신체상 법성진여해'는 법보를 설명한다. 그 몸 '피신'은 깨달음을 증득한 여래의 몸으로서 법신(法身), 즉 깨달음의 진리(법) 자체(체)인 법체(法體)를 뜻한다. 여기에서는 법보를 법신의 체와 상으로 풀이하였다. 법신의 체(體)는 진리 자체이고, 법신의 상(相)은 그 진리가 나타내는 공덕이다.

'법성진여해'의 '법성(法性)'은 진리(법)의 본래 성품(성)을 뜻한다. 법성은 법체의 성품이면서 또한 그 법체로부터 생성된 우주 내 일체 존재의 성품이기도 하다. 일체 존재는 모두 법체로부터 생성된 것이기에 자신 안에 법성을 지닌다. 법성은 언제나 진실되고 여여(如如)하기에 이를 '진여(眞如)'라고도 부른다. 진여는 다른 것으로 설명될 수 없는 궁극적 진실의 모습, 그냥 그러함을 뜻한다. 원효는 '진여'를 "버릴 것이 없는 것이 진이고, 세울 것이 없는 것이 여다"[8]라고 설명한다. 버릴 것 없이 진실한 진(眞)과 그 모습 그대로의 여여의 여(如)를 더하여 '진여'라고 한 것이다. 이와 같이 법체는 일체 우주 존재의 근원으로서 일체 존재를 생성하는 무한한 공덕을 지니고 있기에, 이를 생명의 근원이 되는 바다에 비유하여 '법성진여해'라고 부른다.

---

8) 원효, 736상, "無遣曰眞, 無立曰如." 이것은 기신론에서 "진여의 체는 버릴 수 있는 것이 없으니, 일체법이 모두 진실이기 때문이며, 또한 세울 수 있는 것도 없으니 일체법이 모두 동등하고 여여하기 때문이다(此眞如體無有可遣, 以一切法悉皆眞故, 亦無可立, 以一切法皆同如故)."를 원효가 요약한 것이다. 본책 97쪽.

3. 승보(僧寶)

이어지는 '무량공덕장 여실수행'은 승보를 가리킨다. 여래의 깨달음의 내용인 진리를 계승하여 나를 깨달음으로 이끌어줄 스님이 승보이다. 스님은 법성 진여의 무량한 공덕을 잠재적 능력으로 자체 내에 지니고서 그 잠재성을 실현하기 위해 수행하는 자이다. 무량한 공덕을 잠재 능력으로 지녔기에 '무량공덕장'이라고 하고, 이를 실현하기 위해 여여하고 진실되게 수행하므로 '여실수행'이라고 한다. 여실하게 수행하여 깨달음을 얻은 자만이 나를 깨달음으로 이끌어줄 수 있기에 스님께 귀의한다고 하는 것이다.

원효는 '무량공덕장'을 승보에 속하는 것으로 해석하였는데, 법장은 이를 법보에 속하는 것으로 해석하였다. 즉 법장은 '법성진여해'와 '무량공덕장'을 각각 법보의 체대와 상대로 풀이하며, 승보에는 '여실수행'만을 귀속시킨다.[9]

그러나 중생이 비록 부처이고 여래이긴 해도 무명에 가려져서 그 여래성이 그대로 드러나지 않을 때 '여래장(如來藏)'이라고 하듯이, '무량공덕의 장(藏)'은 법체의 무량한 공덕이 아직 그대로 드러나지 않고 가려져 있는 상태를 의미한다. 그러므로 무량공덕장은 공덕 자체를 이미 드러내고 있는 법보보다는 그것을 드러내기 위해 여실수행하는 승보에 속하는 것으로 보는 것이 더 타당해 보인다.

> **원효의 구분:** 1. 불보 : 최승업변지 색무애자재 구세대비자
> 2. 법보 : (급)피신체상 법성진여하
> 3. 승보 : 무량공덕장 여실수행(등)

---

9) 원효, 736상 이하; 법장, 247중 이하 참조.

법장의 구분: 　1. 불보 : 최승업변지 색무애자재 구세대비자
　　　　　　　 2. 법보 : (급)피신체상 법성진여해 **무량공덕장**
　　　　　　　 3. 승보 : 여실수행(등)

중생으로 하여금

의심을 제거하고 삿된 집착을 버려서

대승의 바른 믿음을 일으켜

깨달음의 종자가 끊어지지 않게 하고자 하기 때문입니다.

爲欲令衆生 除疑捨邪[10]執,

起大乘正信 佛種不斷故.

기신론 저술의 목적:
1. 중생의 교화
　1) 제의(除疑): 유식성을 밝혀 의심을 제거　　　－ Ⅲ-1. 해석분의 현시정의
　2) 사사집(捨邪執): 인집과 법집의 제거　　　　－ Ⅲ-2. 대치사집

2. 불도를 넓힘
　1) 기대승정신(起大乘正信): 바른 믿음을 일으킴　－ Ⅲ-3. 분별발취도상, Ⅳ. 수행신심분
　2) 불종부단고(佛種不斷故): 지혜로써 성불하게 함 － Ⅴ. 권수이익분

　여기에서는 기신론을 저술하는 목적을 간략히 네 가지로 정리하고 있는데, 이는 결국 중생을 바른 길로 인도하여 대승의 불법을 드러내려는 것이다. 원효는 이를 크게 하화중생(下化衆生)과 상홍불도(上弘佛道)의 두 가지로 설명한다.[11] 중생교화는 1) 대승의 의미를 밝혀 의심을 버리게 하고, 2) 잘못된 인식을 수정하여 아집과 법집의 삿된

---

10) 『고려대장경』에 '耶'로 나와 있으나, 의미에 따라 '邪'로 바로 잡는다.
11) 원효, 736하 참조.

집착을 버리게 하는 것이다. 그리고 불도를 드높이는 길은 1) 수행과 신심을 논함으로써 대승의 바른 믿음을 일으키고, 2) 지혜를 얻기까지 깨달음의 종자가 끊어지지 않도록 하는 것이다. 이렇게 제시되는 목적은 각각 기신론 Ⅲ. 해석분의 세 부분과 Ⅳ. 수행신심분 및 Ⅴ. 권수이익분에 상응한다.

의심의 제거와 연관해서 원효는 의심과 그로 인한 장애 및 그것을 극복하는 길을 두 가지로 구분한다.[12] 하나는 법을 의심하여 발심에 장애가 되는 것이고, 다른 하나는 그 법에 들어가는 문(방법, 길)을 의심하여 수행에 장애가 되는 것이다. 다시 말해 하나는 중생이 곧 부처라는 것, 내 마음의 체가 곧 진여법체라는 것을 의심하는 것이고, 다른 하나는 설혹 내 마음이 부처의 마음이고 진여법체라고 해도, 내가 그 사실을 증득할 수 있는 수행 방법이 있다는 것을 의심하는 것이다. 이 첫 번째의 의심을 제거하기 위해 기신론에서 '일심법'을 설하고, 두 번째의 의심을 제거하기 위해 '이문(二門)'을 설한다. 그리고 "진여문에 의하여 지행(止行)을 닦고, 생멸문에 의하여서 관행(觀行)을 일으킨다"[13]고 말한다. 지로써 무념의 본성을 깨닫고, 관으로써 여러 마음상태의 경계를 식별해야 하기 때문이다.

법(일심)을 의심 = 발심에 장애 —— 일심으로 의심 제거
법의 문을 의심 = 수행에 장애 —— 이문으로 의심 제거: 진여문(지) · 생멸문(관)

---

12) 원효, 736하 이하 참조.
13) 원효, 737상, "依眞如門修止行, 依生滅門而起觀行."

정종분

正宗分

(이) 논에서는 대승적 믿음의 근본을 일으킬 수 있는 법이 존재한다고 말한다. 이 때문에 마땅히 설명해야 한다.

論曰, 有法能起摩訶衍信根, 是故應說.

이로써 이하 『대승기신론』의 전체 내용이 경(經)이 아닌 논(論)이라는 것이 분명해진다. 무엇을 논하려고 하는가? 대승적 믿음의 뿌리, 신근을 일으킬 수 있는 '법'이 있으므로 그 법을 설명하겠다는 것이다. 마하연(摩訶衍)은 '대승'을 뜻하는 범어 '마하야나(Mahāyāna)'의 음역이다.

존재한다는 것을 확신하면서 본 논서에서 설명하려고 하는 '법'은 중생심 내지 진여심, 한마디로 일심(一心)이다. 원효는 "법이 있다고 한 것은 일심법을 말한다"[14]고 단언한다. 일심법이 대승적 믿음의 근본을 일으킨다는 것이다. 즉 누구나 일심법을 이해하기만 하면 대승적 믿음을 갖게 된다는 것이다.

대승적 믿음은 무엇인가? 중생심이 곧 진여심이라는 것, 중생이 곧 부처라는 것, 일체 중생이 모두 일심의 존재라는 것을 믿는 것이다. 한마디로 대승적 믿음은 곧 진여 내지 일심에 대한 믿음이다. 대승적 믿음인 진여에 대한 믿음을 일으키는 것이 바로 중생 안의 진여심 내지 일심 자체이기에, 누구나 일심에 대한 설명을 듣고 그 일심을 이해하기만 하면 곧 대승적 믿음을 갖게 되는 것이다.

이와 같이 기신론은 중생이 대승적 믿음, 즉 진여에 대한 믿음을 갖게 하기 위해 쓰여진 것이다. 즉 진여심을 논함으로써 중생 안의 진여심을 일깨워 중생으로 하여금 자기 자신 안의 진여를 믿게 하려

---

14) 원효, 737상, "言有法者謂一心法."

는 것이다. 물론 진여에 대한 믿음의 직접적 원인인 인(因)은 각 중생 안의 진여 자체이다. 하지만 그 인이 인으로 작용할 수 있기 위해서는, 즉 누구나 자신 안의 진여를 믿기 위해서는, 그 진여를 일깨워주는 보조적 조건인 연(緣)이 필요하다. 이 연의 역할을 하려는 것이 본 논서가 지향하는 바이다.

설명에는 다섯 부분이 있다. 무엇이 그 다섯 가지인가? 첫째는 글을 쓰게 된 동기를 서술하는 부분(인연분), 둘째는 핵심 주장을 세우는 부분(입의분), 셋째는 그 주장을 해석하는 부분(해석분), 넷째는 수행과 신심에 관한 부분(수행신심분), 다섯째는 수행을 권해 이익되게 하는 부분(권수이익분)이다.

說有五分. 云何爲五? 一者因緣分, 二者立義分, 三者解釋分, 四者修行信心分, 五者勸修利益分.

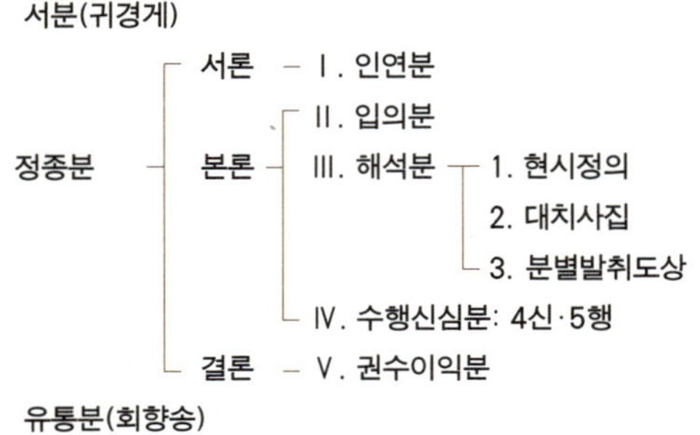

귀경게로 시작하는 부분인 '서분(序分)'과 본서의 말미에 회향송으로 끝나는 부분인 '유통분(流通分)'은 본 논서의 중심 내용이기보다는 중심 내용을 열고 닫는 역할을 한다. 서분과 유통분을 제외한 본격적

58

교설에 해당하는 부분을 '정종분(正宗分)'이라고 한다. 여기에서 언급하는 다섯 부분은 정종분의 다섯 부분이다.

정종분은 오늘날의 논술과 유사하게 다시 서론, 본론, 결론의 구도를 갖는다. 본 논서 다섯 부분 중 'Ⅰ. 인연분(因緣分)'은 본 논서를 짓게 된 동기 내지 목적을 서술하는데, 이것이 정종분의 서론에 해당한다. 이어 'Ⅱ. 입의분(立義分)'은 본 논서에서 논하고자 하는 핵심 주장을 제시하고, 'Ⅲ. 해석분(解釋分)'은 그 주장에 대한 상세한 해석을 제공한다. 해석분은 다시 세 부분으로 나뉘는데 첫째는 대승의 바른 의미를 현시하는 '1. 현시정의(顯示正義)'이다. 이 부분이 본 논서에서 가장 길고 복잡하며 치밀한 논의가 이루어지는 부분이다. 둘째는 삿된 집착을 다스리는 '2. 대치사집(對治邪執)'이고, 셋째는 발심하여 도에 나아가는 모습을 분별하는 '3. 분별발취도상(分別發趣道相)'이다. 'Ⅳ. 수행신심분(修行信心分)'에서는 4신(진여·불·법·승에 대한 믿음)과 대승 바라밀 5행(보시·지계·인욕·정진·지관)을 논한다. 이상 Ⅱ, Ⅲ, Ⅳ가 본 논서 정종분의 본론에 해당한다고 볼 수 있다. 마지막으로 'Ⅴ. 권수이익분(勸修利益分)'은 이상과 같은 경지에 이르는 수행을 통해 얻게 되는 이익이 무엇인지를 밝힘으로써 수행을 권고하는 부분으로 정종분의 결론에 해당한다고 볼 수 있다. 여기서는 각 부분의 제목만을 언급한 셈이다.

I
인연분
因緣分

○

정종분의 서론에 해당하는 이 부분에서는 본 논서를 저술하는 동기 내지 목적을 '인연'이란 이름으로 제시하고, 나아가 그러한 동기에서 쓰여진 본 논서의 특징을 서술한다.

1. 기신론 저술의 동기

먼저 인연분을 말한다.

[문] 어떤 동기가 있어 이 논을 짓는가?

[답] 이 동기에는 여덟 가지가 있다. 무엇이 그 여덟 가지인가?

初說因緣分. 問曰, 有何因緣而造此論? 答曰, 是因緣有八. 云何爲八?

기신론을 저술하게 된 동기 내지 목적을 여덟 가지로 제시하는데, 처음의 것은 논서 전체를 총괄하는 동기이고 나머지는 각각 특정한 부분에 해당하는 동기이다. 여기서 제시하는 여덟 가지 동기를 각각

그에 상응하는 기신론 본문의 해당 부분과 연결시키고, 또 각 부분이
어떤 중생을 염두에 둔 것인가를 간략히 도표화하면 다음과 같다.

1. 이고득락(離苦得樂)　　　　　　　－ 전처의 총괄적 동기
2. 정해 불류(正解不謬)　　　　　　　－ II · III-1 · III-2　　　－ 3현위
3. 감임불퇴신(堪任不退信)　　　　　　－ III-3　　　　　　　　　－ 정정취(선근 성숙자)
4. 수습신심(修習信心)　　　　　　　　(4신 · 4행)　　　　　　－ 부정취(선근 미숙자)
5. 방편 선호기심(方便善護其心)　　 IV (예불과 참회)　　　　　－ 악업소멸 위한 방편사용
6. 수습지관(修習止觀)　　　　　　　　(지관)　　　　　　　　　－ 범부와 이승을 대치
7. 전념방편(專念方便)　　　　　　　　(염불)　　　　　　　　　－ 불퇴심 위한 방편사용
8. 권수행(勸修行)　　　　　　　　　　－ V

첫째는 총체적 동기인데, 이른바 중생이 일체의 고통을 여의고 궁
극의 즐거움을 얻게 하고자 해서이지, 세간의 명예나 이익 또는
공경을 구하게 하고자 해서가 아니기 때문이다.

一者因緣摠相, 所謂爲令衆生離一切苦, 得究竟樂, 非求世間名利恭敬故.

　　본 논서를 짓는 첫 번째 동기로 제시하는 것은 논서 전체의 총괄
적 목적이다. 이는 곧 중생으로 하여금 깨달음을 얻어 일체의 고통을
여의고 궁극적 즐거움을 얻게 하기 위한 것이지, 세속적인 명리와 공
경을 구하게 하는 것이 아니다.

　　불교는 우리 중생의 삶 자체를 고통으로 여겨, 삶을 고통의 바다
인 '고해(苦海)'라고 부른다. 일상적으로는 즐거운 '락(樂)'과 괴로운 '고
(苦)' 그리고 불고불락의 '사(捨)'가 구분되지만, 궁극적으로 보면 소위
'락'은 그것이 다할 때 괴로운 괴고(壞苦)이고, 소위 '고'는 그 자체 괴로
운 고고(苦苦)이며, 소위 '사'는 그 상태로 사는 것이 괴로운 행고(行苦)

여서 결국 일체가 모두 다 고라는 것이다.

이러한 인생의 고통을 불교는 여덟 가지로 요약한다. 생·노·병· 사 그리고 사랑하는 자와 헤어져야 하는 애별리고(愛別離苦), 싫어하는 자와 만나야 하는 원증회고(怨憎會苦), 구해도 얻지 못하는 구부득고(求不得苦), 오온이 만드는 오음성고(五陰盛苦)가 그것이다.

본 논서 저술의 총괄적 목적인 '이일체고(離一切苦) 득구경락(得究竟樂)', 한마디로 '이고득락(離苦得樂)'은 불교 자체의 목적이기도 하다. 불교가 넘어서고자 하는 고는 일체의 고이고, 얻고자 하는 락은 구경의 락이다. 즉 불교는 인생의 일체 고를 떠난 구경락을 추구하지 다시 고로 바뀔 수 있는 상대적 즐거움, 말하자면 세속적인 물질적 이익이나 심리적 만족감 또는 명예를 추구하는 것이 아니다. 불교는 일체의 인생고를 벗어날 수 있다고 본다. 그래서 그러한 세속적인 상대적 고락을 넘어선 절대적 락인 구경락을 지향한다.

둘째는 여래의 근본 의미를 해석하여 모든 중생이 바르게 이해하고 오류에 빠지지 않게 하고자 하기 때문이다.
二者爲欲解釋如來根本之義, 令諸衆生正解不謬故.

여기서 언급하는 두 번째 동기부터 여덟 번째 동기까지는 각각 본 논서 중 특정 부분에 해당하는 목적이다. 이 두 번째 목적 중 '여래의 근본 의미를 해석하여 중생을 바르게 이해시킨다'는 것은 기신론 'Ⅱ. 입의분'과 'Ⅲ. 해석분' 중 '1. 현시정의'에 해당한다. 그리고 '중생을 오류에 빠지지 않게 한다'는 것은 기신론 'Ⅲ. 해석분' 중 '2.

대치사집'에 해당한다. 현시정의에서는 여래의 깨달음의 내용을 해석하고, 대치사집에서는 범부 및 성문·연각 이승(二乘)의 오류와 집착을 벗어나도록 논하기 때문이다.

여기서 여래(如來)는 '여여하게 온 자'라는 뜻으로 깨달은 자인 부처를 뜻한다. 법장은 '여래'의 '여'와 '래'를 둘로 나눠 각각 본각과 시각, 진제와 정각, 또는 증득된 진리와 증득하는 무분별지로 구분하고, 그러면서도 그 둘이 각각이 아니라 하나이기에 합해서 여래라고 부른다고 설명한다.[15]

여 : 본각/ 진제(眞諦) / 증득된 진리　　　 ─ 진리　　　　　┐
래 : 시각/ 정각(正覺) / 증득하는 무분별지 ─ 진리의 깨달음 ┘ 둘이 하나임: 여래

셋째는 선근이 성숙한 중생이 대승법을 감당하여 믿음을 퇴보시키지 않게 하고자 하기 때문이다.

三者爲令善根成熟衆生於摩訶衍法堪任不退信故.

이 세 번째 동기, 즉 대승법을 감당하여 믿음을 물러서지 않게 한다는 것은 'Ⅲ. 해석분' 중 '3. 분별발취도상'에 해당한다. 발심으로 믿음을 완성하여 불법을 향한 수행의 길에서 물러남이 없게 하려는 것이다.

믿음을 완성하여 물러서지 않는 중생은 그 삶의 방향이 불법을 향한 수행 일로로 올바르게 결정되었다는 의미에서 '정정취(正定聚)중

---

15) 법장, 249상 참조.

생'이라고 하고, 아직 그렇게 확고하게 결정되지 않은 중생을 '부정취 (不定聚)중생'이라고 한다. 분별발취도상은 부정취중생이 10신을 닦아서 믿음을 완성하여 정정취중생으로 나아가는 과정 및 정정취중생으로서 법신(法身)을 증득하기까지의 과정을 3단계로 구분하여 설명한다. 이처럼 믿음을 완성하여 수행 일로에서 물러남이 없는 중생을 '선근이 성숙한 중생'이라고 부른다.

넷째는 선근이 미약한 중생이 신심을 닦아 익히게 하고자 하기 때문이다.

四者爲令善根微少衆生修習信心故.

이 네 번째 동기는 'Ⅳ. 수행신심분' 중 네 가지 믿음과 보시, 지계, 인욕, 정진의 4행(行)을 논한 부분에 해당한다. 믿음을 완성하여 이미 정정취로 나아간 중생은 '선근이 성숙한 중생'이지만, 아직 10신 상에서 믿음을 닦고 있는 중인 중생은 아직 '선근이 미약한 중생'이다. '수행신심분' 중 4신(信)과 4행(行)은 그렇게 선근이 미약하여 아직 10신의 지위에 머물러 있는 부정취중생을 위한 교설이다.

다섯째는 악한 업장을 소멸시키고 그 마음을 잘 지켜 어리석음과 자만심을 멀리 여의고 삿된 그물망에서 벗어나는 방편을 제시하고자 하기 때문이다.

五者爲示方便消惡業障, 善護其心, 遠離癡慢, 出邪網故.

이 부분은 'Ⅳ. 수행신심분' 중 정진수행에서 예불과 참회의 방편을 논한 것에 대한 설명이다. 이 방편을 사용해야 하는 중생은 앞서의 부정취보다도 더 미약한 선근의 중생이라고 볼 수 있다. 이런 중생은 악업으로 인한 장애를 소멸시키고 마음 자체를 선한 마음으로 가꿔나가기 위해 우선 예불이나 참회의 방편을 사용해야 한다. 그렇게 해서 어리석음과 자만심, 즉 아치(我癡)와 아만(我慢)을 극복하여 삿된 유혹에 걸려들지 않도록 해야 한다.

여섯째는 범부와 이승의 마음의 과오를 다스리는 지(止)와 관(觀)의 수행방법을 제시하고자 하기 때문이다.
六者爲示修習止觀, 對治凡夫二乘心過故.

여섯 번째 동기는 'Ⅳ. 수행신심분' 중 지관의 수행방법에 해당한다. 지관수행은 범부 및 이승의 과오를 다스려 대승 보살지로 나아가게 하기 위한 것이다. 지관의 지(止, śamatha)는 마음을 고요히 가라앉혀 흔들림이 없게 되는 것으로 정(定, 삼매, Samādhi)을 이끌고, 관(觀, Vipaśyanā)은 마음이 고요해진 상태에서 진리를 직관하고 통찰하는 것으로 혜(慧, 반야, prajñā)를 가져온다.

    ┌ 지(止, 사마타)   →   정(定, 삼매 = 사마디)
    └ 관(觀, 위빠사나)   →   혜(慧, 반야)

여기에서 이승(二乘)은 소승의 성문(聲聞)과 연각(緣覺)을 말한다. 성문은 성스러운 가르침을 들어서 깨달음을 얻은 자이고, 연각은 불법을 듣지 않고도 스스로 연기법을 깨달아 알게 된 자로서 독각(獨覺) 내지 벽지불(辟支佛)이라고도 한다. 성문과 연각을 합해서 소승 이승이라고 부르고, 이와 구분해서 대승의 진리를 추구하는 자를 대승 보살(菩薩)이라고 부른다.

대승 보살은 일반 범부와도 구분되고 소승의 성문과 연각과도 구분된다. 일반 범부가 생사의 실상을 알지 못하고 생사에 매여 살고 있다면, 이승은 생사의 실상인 무상·고·무아를 알아 생사를 멀리하고 열반을 추구하는 자이다. 반면 대승 보살은 생사와 열반, 중생과 부처가 둘이 아니라는 불이법문(不二法門)에 따라 생사뿐 아니라 열반에도 매이지 않는다. 보살은 홀로 해탈하여 열반에 들기보다는 중생에 대한 자비심에 따라 중생 구제를 위해 생사의 길을 택하는 것이다.

七者爲示專念方便, 生於佛前必定不退信心故.

이것은 'Ⅳ. 신심수행분' 마지막 부분에서 염불(念佛)을 논한 것에 대한 설명이다. 부처님 앞에 태어나는 것은 정토에 태어나는 것이다. 여기에서는 염불이라는 방편으로 수행함으로써 정토에 태어나기까지 신심이 물러서지 않게 하기 위한 것이라고 말한다.

여기서 염불은 마음을 집중하여 아미타불(阿彌陀佛)이나 비로자나불(毘盧遮那佛) 또는 미륵존불(彌勒尊佛) 등 부처님의 이름을 부르는 것이다. 그중 아미타불의 이름을 불러 아미타불의 서원(誓願)에 따라 서방

(西方)의 극락정토(極樂淨土)에 왕생(往生)하게 되기를 신앙하는 것이 정
토신앙(淨土信仰)이다. 어떤 사람을 술어로써 서술하기보다 구체적으
로 그 이름을 부르면 그 사람이 곧장 돌아보게 되듯이, 부처님의 이
름을 부름으로써 부처님이 나를 돌아보고 나를 정토로 이끌어주기를
염원하는 것이다.

여덟째는 수행을 권면하는 이익을 제시하고자 하기 때문이다.
八者爲示利益勸修行故.

이것은 본 논서 마지막 'Ⅴ. 권수이익분'을 서술한 동기에 해당한
다. 수행을 함으로써 얻게 되는 이득이 무엇인지를 구체적으로 제시
함으로써 수행에 정진할 수 있도록 유도하는 것이다.

이들과 같은 동기가 있기 때문에 논을 짓는다.
有如是等因緣, 所以造論.

기신론을 저술한 까닭이 이상과 같은 동기를 위한 것임을 말한
다. 이상의 내용에 대해 법장은 'Ⅰ. 인연분'을 주석하면서 각 인연에
해당하는 기신론의 각 부분이 구체적으로 어떤 중생을 위한 것인지
를 단계적으로 구분하여 설명한다.[16] 그에 따르면 'Ⅱ. 입의분'과 'Ⅲ.

---

16) 법장, 249중 이하 참조.

해석분' 중 '1. 현시정의'는 대승의 바른 의미를 논하고 '2. 대치사집'은 범부 및 성문·연각 이승의 오류와 집착을 벗어나는 길을 논한 것으로 이 부분은 10주(住), 10행(行), 10회향(廻向) 3현위의 중생을 보살 10지로 인도하기 위한 것이다. 'Ⅲ. 해석분' 중 '3. 분별발취도상'은 10신(信)의 믿음을 완성하고 법신을 증득하기까지 수행하는 과정을 논한 것으로 이 부분은 믿음을 완성하여 물러섬이 없는 정정취중생을 위한 것이다. 그리고 'Ⅳ. 수행신심분'은 아직 신심이 미약하고 완성되지 않아 10신의 마지막 단계까지 나아가지 못한 중생을 위한 것이다. 선근이 미소하여 아직 신심이 약하므로 신심을 닦아나가는 수행신심을 논한 것이다. 그런데 'Ⅳ. 수행신심분'에서 논하는 5행 중 정진까지의 4행은 부정취이어도 그나마 선근이 괜찮아서 신심을 일으키기 위해 별다른 방편이 필요치 않은 중생을 위한 것인데 반해, 그 다음 예불과 지관과 염불은 그보다도 더 선근이 미약하여 수행의 방편이 필요한 중생을 위한 것이다. 나아가 방편이 서로 다름은 근기의 차이 때문인데, 방편이 필요한 부정취 중에서도 가장 하근기에게는 예불의 방편, 중근기에게는 지관의 방편, 상근기에게는 염불의 방편이 적절하다고 논한다. 이상의 법장의 해석을 정리하면 다음과 같다.

현시정의·대치사집: 정정취 중 3현위 중생
분별발취도상:　　정정취로 나아가는 중생　　　　　　　방편 불필요
수행신심분 ┬ 4행: 부정취 중 10신을 완성하려는 중생
　　　　　　│ 예불: 부정취 중 하근기 중생
　　　　　　│ 지관: 부정취 중 중근기 중생　　　　　　선근 미약으로 방편이 필요
　　　　　　└ 염불: 부정취 중 상근기 중생

그러나 법장처럼 'Ⅳ. 수행신심분'에서 논하는 수행을 모두 부정

취중생을 위한 것으로 보면서 특히 지관(止觀)을 부정취 중에서도 선근이 미약한 중생, 그리고 그 중에서도 중간 정도 근기의 중생을 위한 수행으로 보는 것이 과연 타당한가는 한번 생각해볼 여지가 있다. 본문 중에서는 지관수행이 근본무분별지와 후득지를 겸비한 여래 일체지로 나아가는 수행으로 논의되고 있기 때문이다.

원효는 인연분 주석에서 각 목적이 기신론 본문 중의 어느 부분에 해당하는 것인가만을 밝히고 있는 데 반해, 법장은 그것이 어느 수준의 중생을 위한 것인가를 설명하려고 중생과 수행방법을 지나치게 등급화해서 순서대로 나열하였다. 이것은 법장이 가진 교상판석의 정신 또는 서열화 경향이 반영된 것이라고 본다.

2. 기신론의 특징

[문] 경전 중에 이런 법이 갖추어져 있는데, 어째서 거듭 말할 필요가 있는가?
[답] 경전에 비록 이런 법이 있긴 하지만, 중생의 근기와 수행이 같지 않고 또 (법을) 받아들이고 이해하는 조건이 다르기 때문이다.
問日, 修多羅中具有此法, 何須重說?
答日, 修多羅中雖有此法, 以衆生根行不等. 受解緣別.

여기서 수다라(修多羅)는 범어 수트라(Sūtra)의 음역으로 '경전(經典)'을 뜻한다. 본 논서에서 논하는 내용이 석가의 설법이고 불교의 가르침이라면 이미 경전에 다 나와 있을 텐데, 왜 다시 논서를 저술하는가에 대한 답변이다. 동일한 내용이 경전에 있다고 해도 그 내용을 누구나 다 같이 동일한 수준으로 이해하는 것이 아니고 이해 수준이 서로 다 다르기 때문에 여러 가지 상이한 방식의 부연 설명이 필요하다는 것이다.

중생의 이해가 서로 다르게 되는 이유는 두 가지로 구분해볼 수 있다. 하나는 설법을 듣는 자의 근기(이해력)나 수행 정도 등 듣는 자 자신의 내적 이유이고, 다른 하나는 설법을 듣는 자가 어떤 상황에서 누구로부터 설법을 듣는가 등 듣는 자가 처하게 되는 외적 조건이다. 설법을 듣는 자의 내적 근기와 외적 조건 등이 서로 상이하기 때문에 이해 정도가 서로 다르므로, 그런 여러 상황을 감안하여 다양한 종류의 설명서가 필요하다고 보는 것이다. 이하에서는 그런 여러 상황을 다음과 같은 몇 가지로 구분하고 있다.

여래 당시: 내인(중생의 근기)과 외연(설법자=여래)이 수승하여 모두 평등하게 이해
여래 멸후: 1. 자력으로 이해: 경전만으로 충분
        1) 많은 경전을 통해서 이해
        2) 적은 경전만으로도 이해
     2. 자력 부족: 논서가 필요함
        1) 광범위한 논서를 통해서 이해
        2) 간단한 논서로 이해 ——— 기신론이 필요한 자

이른바 여래가 세상에 있을 때에는 중생의 근기가 예리하고 설법을 하는 사람의 몸과 마음의 업이 뛰어나 '원만한 말씀'[圓音]으로 한 번 연설하면 다양한 종류의 중생이 평등하게 이해하였기에 논이 필요하지 않았다.

설법을 듣고 이해하는 내적 외적 조건이 최상이었던 때는 석가모니가 설법하던 시기이다. 석가 당시 설법을 듣는 일반 중생은 그 자신의 내적 근기도 예리할 뿐 아니라 설법을 듣는 외적 조건도 수승했다. 즉 그들에게 설법을 하는 석가모니의 몸의 업과 마음의 업이 수승하니 석가모니가 한 번 설법을 하면 그 설법을 듣는 일체 중생이 똑같이 그 뜻을 이해할 수 있었던 것이다. 상이한 종류의 중생이라고 함은 인간을 포함한 일체 중생, 삼계 육도의 모든 중생을 의미한다. 이렇게 한 번의 설법으로 일체 중생이 모두 알아듣고 동일한 수준으로 이해할 수 있다면 경 이외에 따로 논이 필요하지 않을 것이다.

원효는 여기서의 원음(圓音)은 곧 일음(一音)이라고 하며, 일음과 원음을 구분하여 설명한다.[17] 여래의 연설은 제일의(第一義)의 몸인 법신(法身)에서 나오는 것으로 본래 무성 무형의 음, 동일한 하나의 음인 일음이다. 다만 각각의 중생이 자신의 근기에 따라 서로 다르게 받아들이는 것일 뿐이다. 또한 여래의 말씀은 시방세계 전체로 퍼져 나가 누구나 듣지 못하는 곳이 없으므로 원음(圓音)이라고 한다. 요약하여 말하자면 여래의 교설은 평등한 하나이기에 일음이고, 그 하나가 미치지 못하는 곳이 없이 두루 퍼져 있으므로 원음이다.

여래가 멸한 후에는 어떤 중생은 자신의 힘으로 널리 들어 이해할 수 있고, 어떤 중생은 또 자신의 힘으로 조금만 듣고도 많이 이해한다.

---

17) 원효, 738하 이하 참조.

若如來滅後, 或有衆生能以自力廣聞而取解者. 或有衆生亦以自力少聞而多解者.

　여기에서는 여래가 멸한 후 설법 이해에 있어 각각의 중생이 근기나 외연에 따라 차이를 보이는 것을 설명한다. 자력으로 이해한다는 말은 그 근기나 수행 정도가 뛰어나기 때문에 설법을 듣거나 경전을 읽으면 그것에 대한 보충 설명 없이도 그 자체로 이해한다는 말이다. 그러므로 이런 중생을 위해서는 경 이외에 논서를 따로 저술할 필요가 없다.

　그중에서도 어떤 중생은 경전을 두루 많이 읽고서야 비로소 불법을 이해하는 데 반해 어떤 중생은 경전을 조금만 읽고도 그 핵심을 알아차려 불법을 널리 이해하기도 한다. 전자보다 후자가 더 예리한 근기를 가졌다고 할 수 있다. 이 두 부류의 중생을 위해서는 경전만으로 충분하고 굳이 논을 저술할 필요가 없다.

어떤 중생은 자신의 마음의 힘이 없어서 광범위한 논에 의존하여 이해할 수 있고, 또 어떤 중생은 광범위한 논의 문장이 많은 것을 번다하게 여겨서 적은 문장으로 많은 의미를 담은 총지를 마음으로 좋아하며 이해할 수 있다.
或有衆生無自心力, 因於廣論而得解者. 亦[18]有衆生復以廣論文多爲煩, 心樂摠持少文而攝多義能取解者.

---

18) 『고려대장경』에는 '自'로 되어 있는데, 내용에 따라 '亦'으로 교정하였다.

여기서의 두 부류의 중생은 앞의 두 부루의 중생보다 근기가 떨어져서 경전의 말씀을 자력으로 이해하지 못하고 남의 도움을 받아야만 이해할 수 있다. 경의 이해를 돕기 위해 저술되는 것이 논(論)이다. 즉 근기가 낮아 마음의 힘이 약한 자에게 경전의 불법을 이해시키기 위해 논서가 등장한다.

지력이 약해 논서가 필요한 자들도 다시 두 부류로 나눌 수 있다. 상세하고 폭넓은 설명을 좋아하며 그렇게 널리 읽어야만 비로소 그 뜻을 정확히 이해하는 사람도 있고, 또 반대로 그런 광범위하고 세세한 설명을 싫어하며 간략히 정리된 요지만을 듣고 싶어 하고 또 그런 요지만 듣고서도 불법을 잘 이해하는 사람도 있다. 전자보다 후자의 근기가 더 예리하다고 볼 수 있다. 기신론은 바로 이 후자의 인간을 위해 쓰여진 논이다.

이와 같이 이 논은 여래의 광대하고 깊은 법의 무한한 의미를 총괄적으로 담아내고자 한다. 이 때문에 마땅히 이 논을 말해야 한다.
如是此論爲欲總攝如來廣大深法無邊義. 故應說此論.

기신론은 중생을 이해력에 따라 구분했을 때 네 번째 부류에 속하는 중생을 위해 쓰여진 것이다. 즉 경전 이외에 논전을 필요로 하되 복잡하지 않고 간단명료한 논전만으로도 불법의 뜻을 다 이해할 수 있는 그런 중생을 위한 글이다. 따라서 기신론은 여래의 광대한 법의 무한한 경계를 총괄적으로 다 설명하되, 오직 짧고 간단하게 요지만 논할 것임을 미리 밝히고 있다.

II

입의분

立義分

○

이미 인연분을 말하였으니, 다음으로는 입의분을 말한다.

已說因緣分, 次說立義分.

이상 기신론을 저술하는 동기를 제시한 'I. 인연분'을 마치고 이하 'II. 입의분'에서는 기신론의 핵심 주장을 제시한다. 입의분에서는 일단 기신론의 논제를 제시하기만 하고, 그에 대한 상세한 해석은 그 다음 'III. 해석분'에서 이루어진다.

'대승'이라는 것은 총괄적으로 설명하면 두 가지가 있다. 무엇이 그 두 가지인가? 첫째는 (대승의) 존재[法]이고, 둘째는 (대승의) 의미[義]이다.

摩訶衍者, 總說有二種. 云何爲二? 一者法, 二者義.

마하연(대승)의 ⎡ 법(法): 마하연은 어떤 존재(법)인가?
　　　　　　　　 ⎣ 의(義): 마하연은 어떤 의미(의)인가?

마하연(摩訶衍)은 범어 마하야나(Mahāyāna)의 음역으로 대승, 즉 큰 수레를 뜻하는데, 이 대승을 총괄적으로 설명하는 데에 두 가지 차원 내지 두 가지 방식이 있다. 하나는 대승이라는 단어가 지시하는 지시체, 즉 대승의 존재(법)를 밝히는 것이고, 다른 하나는 그 단어가 뜻하는 의미(의)를 밝히는 것이다.

여기서는 '존재' 내지 '존재하는 것'을 '법(法)'이라고 부르는데, 불교에서 '법'은 여러 가지 의미로 쓰인다. '일체 제법'에서와 같이 '존재하는 것'을 뜻하기도 하고, '색성향미촉법'에서와 같이 제6의근(意根)의 대상인 제6경으로서 '관념적 사유대상'을 뜻하기도 하고, '법보(法寶)'에서와 같이 '부처님의 가르침' 내지 '진리'를 뜻하기도 한다. 여기서 '법'은 첫 번째 의미로 쓰인 것이다.

우리는 어떤 존재를 대승이라고 부르는가? 어떤 존재가 큰 수레의 역할을 하고, 큰 수레에 해당하는가? 큰 수레에 해당하는 것, 그 법이 무엇인지, 즉 대승이라는 단어의 지시체(법)가 무엇인지가 우선 밝혀져야, 그 대승의 법에 근거해서 대승이라는 단어의 의미, 즉 대승의 대(大)와 승(乘)이 각각 무엇을 의미하는지가 밝혀질 수 있다. 그러므로 우선 법을 밝히고, 그 다음 의를 밝힌다.

1. 입법장(立法章)

이른바 (대승) **법은 중생심을 말한다. 이 마음은 일체의 세간법과 출세간법을 포섭한다.**

所言法者謂衆生心. 是心則攝一切世間出世間法.

큰 수레(대승)의 역할을 하는 존재, 대승이 지시하는 법은 바로 마음이다. 그것도 바로 우리 중생의 마음, 즉 중생심이다. 중생심이 어째서 큰 수레에 해당하는가?

여기서는 중생심에 대해 '이 마음은 일체 세간법과 출세간법을 모두 포섭한다'고 설명한다. 이는 곧 우리가 일상적으로 마음과 별개의 것으로 여기는 현상세계 일체 사물(세간법)과 현상세계 너머의 열반(출세간법)이 사실은 모두 이 마음 바깥에 있지 않다는 것, 모두 이 마음에 지나지 않는다는 것을 말한다. 기신론은 이처럼 일체 세간법과 출세간법을 모두 포괄하는 마음을 우리 일반 중생과 구분되는 어떤 외재적 절대자의 마음이 아니라, 바로 현상세계 안에 살고 있는 우리 각각의 중생의 마음이라고 단언한다.

이것은 기신론이 우리 중생의 마음을 우리가 일상적으로 자기 자신의 마음이라고 생각하는 마음보다 훨씬 더 깊고 훨씬 더 큰 마음으로 이해하고 있음을 말해준다. 왜냐하면 우리는 일상적으로 우리 자신의 마음이 실재하는 세간법 중의 일부분이라고 생각하지 세간법과 출세간법을 모두 포괄하는 그런 한계 없는 무변(無邊)의 마음, 바깥이 따로 없는 무외(無外)의 마음이라고 여기지 않기 때문이다. 간혹 그런 무변 무외의 마음을 떠올린다 해도 우리는 그런 마음을 우리 중생의 마음이 아닌 중생 바깥의 절대자인 신(神)의 마음 정도로 떠올린다. 이에 반해 기신론은 우리 중생의 마음이 세간법과 출세간법을 모두 포섭하는 마음, 무변 무외의 마음, 절대의 마음이라고 말한다. 중생심을 절대 무외의 마음, 진여법신의 마음과 다르지 않다고 보는 것이다. 이와 같이 기신론은 일체 세간법과 출세간법을 모두 중생심 내지 진여심의 발현 내지 표현, 한마디로 심의 경계(境界)로 간주한다.

큰 수레의 역할을 하는 법이 곧 중생심이며, 그 중생심은 일체 세간법과 출세간법을 모두 포괄한다는 기신론의 핵심 논지는 5위 75법을 주장하는 유부의 법유사상과 비교해 보면 그 의미가 더 확실해진다. 유부는 5위 75법을 각각 마음과 독립적으로 자기실재성을 가지는 법으로 간주한 데 반해, 기신론은 그 모든 일체 제법을 모두 다 마음 안에 포섭되는 마음의 표현 내지 마음의 경계로 간주하는 것이다.

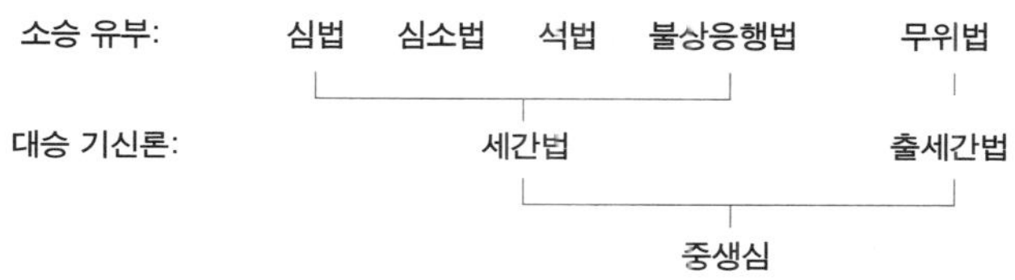

원효는 법이 곧 중생심이고, 그 중상심이 일체 세간법과 출세간법을 모두 포섭한다는 이 구절에 입각해서 기신론의 대승사상이 소승과 구별된다는 것을 강조한다. "처음에 말한 '법은 중생심을 말한다'는 것은 자신의 체[自體]를 법이라고 부른 것이다. 지금 대승에서는 일체 제법이 모두 개별 체가 없고 오직 일심으로 그 자신의 체를 삼는다. 그러므로 '법은 중생심을 말한다'라고 한 것이다. '이 마음은 일체법을 포섭한다'는 것은 대승법이 소승법과 다른 점을 보여준다. 진정 이 마음이 제법을 통섭하고, 제법 자체가 오직 일심일 뿐이므로, 이것은 소승에서 일체 제법을 각각 자체가 있는 것으로 말하는 것과 같지 않다. 그러므로 일심을 대승법이라고 말한다."[19] 이와 같이 대

---

19) 원효, 740상, "初中所言法者謂衆生心者, 自體名法. 今大乘中一切諸法皆無別體, 唯用一心

승이 소승의 법유(法有)를 비판하고 법공(法空)을 주장할 수 있는 것은
제법의 바탕이 바로 일심이기 때문이다.

2. 입의장(立義章)

이 마음에 의거하여 대승의 의미를 드러낸다. 무슨 까닭인가? 이
마음의 진여상이 곧 대승의 체를 제시하기 때문이고, 이 마음의
생멸인연상이 대승의 자체와 상과 용을 제시할 수 있기 때문이다.
依於此心顯示摩訶衍義. 何以故? 是心眞如相卽示摩訶衍體故, 是心生滅
因緣相能示摩訶衍自體相用故.

<table>
<tr><td colspan="3">〈대승의 법〉</td><td colspan="2">〈대승의 의〉</td></tr>
<tr><td rowspan="2">중생심</td><td>진여상:</td><td>마하연 체</td><td>— 체대</td><td rowspan="2">┐ 대</td></tr>
<tr><td>생멸인연상:</td><td>마하연 자체/상/용</td><td>— 체대/상대/용대</td></tr>
<tr><td>중생심</td><td></td><td></td><td></td><td>— 승</td></tr>
</table>

 '대승', 즉 '대'와 '승'의 의미는 바로 '대승'이 지시하는 법인 중생
심 자체에 의해 밝혀진다. 즉 중생심은 (진여문에서) 진여상과 (생멸문에
서) 생멸인연상을 가지는데, 진여상은 진여의 체를 뜻하고, 생멸인연
상은 진여의 체·상·용 모두를 포괄한다. 이 진여의 체와 상과 용은
각각 체대, 상대, 용대라는 '대(大)'의 의미를 가진다. 그리고 그런 대

爲其自體. 故言法者謂衆生心也. 言是心卽攝一切者, 顯大乘法異小乘法. 良由是心通攝諸
法, 諸法自體唯是一心, 不同小乘一切諸法, 各有自體, 故說一心爲大乘法也."

승법인 중생심 자체는 일체 중생이 여래지로 나아가기 위해 타야 할 수레의 역할을 하기에 수레 '승(乘)'의 의미를 가진다. 결국 중생심 자체가 대이고 승인 것이다. 이와 같이 대승, 즉 대와 승의 의미는 바로 대승법인 중생심 자체에 의해 밝혀진다. 아래에서는 이러한 대와 승의 의미를 좀 더 상세히 설명한다.

이른바 (대승의) 의미(의)에는 세 가지가 있다. 무엇이 그 세 가지인가? 첫째는 '자체의 위대함'(체대)이니, 일체법이 진여로서 평등하여 늘지도 않고 줄지도 않음을 말하기 때문이다. 둘째는 '상의 위대함'(상대)이니, 여래장이 무량한 성품의 공덕을 완전하게 갖추고 있음을 말하기 때문이다. 셋째는 '작용의 위대함'(용대)이니, 일체 세간과 출세간의 선한 인과를 생성할 수 있기 때문이다['대(大)'의 의미].
所言義者則有三種. 云何爲三? 一者體大, 謂一切法眞如平等不增減故. 二者相大, 謂如來藏具足無量性功德故. 三者用大, 能生一切世間出世間善因果故.

> 대승의 '대(大)'의 의미:
> 1. 체대(자체의 위대함): 일체 제법의 체(진여)의 평등과 부증불감
> 2. 상대(공덕의 위대함): 진여가 현시하는 무한한 속성과 공덕: 무한한 지혜공덕
> 3. 용대(작용의 위대함): 진여법신이 세간 출세간을 형성하는 인과적 작용력

이 문장은 대승에서의 '대'를 체·상·용 셋으로 나눠 설명한다. 체·상·용 세 가지가 대승법인 마음의 본체로서의 진여의 체·상·용이기에 각각 위대하다는 의미에서 대를 붙여 체대·상대·용대라고 한 것이다. '대'는 비교 불가능하며 헤아릴 수 없는 무량한 크기이다. 따

라서 작은 것에 비해 크다는 상대적 크기가 아니라 상대화할 수 없는 절대적 크기이며 그 끝을 세울 수 없는 무한한 크기이다. 이는 곧 우리 중생심의 체에 해당하는 진여 자체와 그 상과 용이 무한하고 절대적이라는 것을 뜻한다.

'체대(體大)'는 일체 제법, 일체 중생의 바탕 내지 본체가 진여로서 모두 평등하다는 것을 뜻한다. 일체 제법은 모두 진여로서 평등하며 따라서 거기에는 무엇을 더할 것도 없고 뺄 것도 없다. '상대(相大)'는 모든 중생이 그러한 진여의 체로 말미암아 무한한 성품의 공덕을 구족하고 있음을 뜻한다. 진여의 마음이 구체화하여 드러낼 수 있는 모습이 무한하다는 것이다. 그리고 '용대(用大)'는 진여가 능히 일체 세간 출세간의 선한 인과를 생성하는 작용력을 가진다는 것을 뜻한다. 진여가 보신이나 응신으로 현현하여 일체 중생으로 하여금 세간에서 선을 이루고 또 출세간으로 나아가게 하는 것이다. 이와 같이 진여를 본체로 하는 중생심의 위대함을 각각 체·상·용 삼대로 표현하였다.

원효는 이 자리에서 상과 용에 대해 두 가지 뜻을 구분한다. "상과 용을 말하는 것에는 두 가지 의미가 있다. 첫째는 여래장 중 무량한 성공덕의 상을 능히 나타내는 것으로서 상대의 의미와 여래장의 불가사의한 업용을 나타내는 것으로서 용대의 의미이다. 둘째는 진여가 일으킨 염상을 상이라고 이름하고 진여가 일으킨 정용을 용이라고 이름하는 것이다. 이하의 문장에서 '진여는 정법이어서 실제로는 오염이 없지만 다만 무명으로써 훈습하기 때문에 염상이 있고, 무명은 염법이어서 실제로는 정업이 없지만, 다만 진여로써 훈습하기 때문에 정용이 있다'라고 한 것과 같다."[20] 이는 곧 불생불멸의 진여의 상·용

---

20) 원효, 740중, "言相用者含有二義. 一者能示如來藏中無量性功德相, 卽是相大義. 又示如

과 생멸심의 상·용을 구분한 것이다. 다시 말해 삼대에서 논하는 상과 용은 진여의 무량공덕장으로서의 상과 부사의업용으로서의 용인데 반해, 생멸인연상에서 논하는 상과 용은 일상 범부심의 상과 용으로서 염법 훈습된 염상(染相)과 정법 훈습되는 정용(淨用)이다.

① 진여의 상과 용	≠	② 생멸심의 상과 용
상(相) - 상대(相大): 무량공덕장		염상(染相): 무명으로 염법훈습된 것
용(用) - 용대(用大): 부사의업용		정용(淨用): 진여로 정법훈습된 것

그러나 기신론을 통해 밝혀지는 것은 범부의 생멸심의 염법 훈습에서의 염상이 결국 진여의 상대에 포함되고, 범부의 생멸심의 정법 훈습에서의 정용이 결국 진여의 용대에 포함된다는 것이다. 이렇게 보면 둘은 표면적으로는 서로 구분되지만 궁극적으로는 서로 별개의 것이 아니다.

(중생심은) 일체 부처가 본래 타는 것이기 때문이며, 일체 보살이 모두 그 법을 타고 여래의 경지에 이르기 때문이다['승(乘)'의 의미].
一切諸佛本所乘故, 一切菩薩皆乘此法到如來地故.

보살에서 부처 내지 여래의 지위로 나아가기 위해서는 대승법인 중생심에 의거해야 한다. 즉 중생심을 타야 한다. 그런데 중생심은 곧 진여심이다. 결국 여래지로 나아가기 위해서는 누구나 중생 안의

來藏不思議業用, 卽是用大義也. 二者眞如所作染相名相, 眞如所起淨用名用. 如下文言眞如淨法實無於染, 但以無明而熏習故, 則有染相無明染法實無淨業, 但以眞如而熏習故, 則有淨用也." '진여정법' 이하의 문장은 본책 222쪽 이하에 나옴.

진여심에 의거해야 한다는 말이다.

법장은 승(乘)의 의미를 불성의 지위와 연관하여 셋으로 구분해서 설명한다. "자성주불성은 탐의 대상이 되는 소승(所乘)이고, 인출불성은 타는 주체가 되는 능승(能乘)이며, 지득과불성은 타서 도달하는 결과인 승과(乘果)이다."[21] 말하자면 일반 범부의 지위에도 이미 갖추어진 본래의 불성이 '자성주불성(自性住佛性)'이고, 발심 이후 정(定)과 혜(慧)의 수행의 힘으로 본래 불성을 이끌어내는 불성이 '인출불성(引出佛性)'이며, 수행 결과 얻어내는 불성은 '지득과불성(至得果佛性)'이다. 능승과 소승과 승과로 구분되지만, 결국은 하나의 중생심, 즉 일심이다.

불성의 3지위
1. 자성주불성(自性住佛性): 소승(所乘), 본래 불성
2. 인출불성(引出佛性): 능승(能乘), 수행하는 불성
3. 지득과불성(至得果佛性): 승과(乘果), 수행 결과의 불성

이와 같이 대승의 역할을 하는 존재, 대승의 법은 곧 중생심이며 이 중생심의 바탕 내지 본체가 바로 진여이다. 이 진여의 체와 상과 용은 무한한 크기의 위대함을 지녔기에 각각 체대, 상대, 용대가 된다. 또한 이러한 중생심의 진여가 바로 일체 중생과 보살이 여래지로 나아가기 위해 타야 할 수레가 된다. 이처럼 '대'와 '승'을 합한 '대승'의 의미는 바로 대승법인 중생심의 체, 즉 진여에 의해 해명된다.

---

21) 법장, 245중, "自性住佛性爲所乘, 引出佛性爲能乘, 至得果佛性爲乘所至處."

Ⅲ
해석분
解釋分

○

이미 입의분을 말하였으니, 다음으로는 해석분을 말한다.

已說立義分, 次說解釋分.

지금까지는 기신론의 핵심 주장을 세운 것이고, 이하에서는 이러한 주장을 자세하게 풀이하고 설명한다.

해석분에는 세 가지가 있다. 무엇이 그 세 가지인가? 첫째는 '바른 의미를 현시함'(현시정의)이고, 둘째는 '삿된 집착을 다스림'(대치사집)이며, 셋째는 '발심하여 도에 나아가는 모습을 분별함'(분별발취도상)이다.

解釋分有三種. 云何爲三? 一者顯示正義, 二者對治邪執, 三者分別發趣道相.

Ⅲ. 해석분:
  1. 현시정의(顯示正義): 바른 의미를 드러냄
  2. 대치사집(對治邪執): 잘못된 집착을 다스림
  3. 분별발취도상(分別發趣道相): 발심하여 도에 나아가는 모습을 분별함

　‘Ⅲ. 해석분’은 앞서 ‘Ⅱ. 입의분’에서 세운 핵심 주장을 해석하는 부분이다. ‘Ⅲ. 해석분’은 ‘현시정의’, ‘대치사집’, ‘분별발취도상’이라는 세 개의 부분으로 나뉜다. 기신론에서 가장 길고 상세하게 논의되는 부분은 그 중 ‘1. 현시정의’ 부분이다. 현시정의에서 대승의 의미가 정확히 밝혀지고 나면, 이에 근거하여 ‘2. 대치사집’에서 잘못된 견해와 집착을 비판하고, 나아가 ‘3. 분별발취도상’에서 바른 믿음에 근거해서 진여 증득에 나아가는 길을 제시한다.

Ⅲ-1
현시정의
顯示正義

○

'바른 의미를 현시함'(현시정의)에는 일심법에 의거하여 두 가지 문이 있다. 무엇이 그 두 가지인가? 첫째는 심진여문이고, 둘째는 심생멸문이다.

顯示正義者依一心法有二種門. 云何爲二? 一者心眞如門, 二者心生滅門.

일심(一心) = 진여심 = 중생심
이문(二門) ┌ 심진여문(心眞如門): 중생심의 체 = 불생불멸의 진여심
        └ 심생멸문(心生滅門): 중생심의 표현(체·상·용) = 생멸 현상

대승의 바른 의미를 밝혀줄 수 있는 대승의 법은 우리의 마음, 곧 중생심이다. 중생심의 체는 진여심이며, 진여심은 진여의 체·상·용으로서 일체 세간법과 출세간법을 모두 포섭하므로 결국 그 자체가 곧 전체가 된다. 이처럼 전체로서 하나인 마음이 '일심(一心)'이다. 여기에서는 대승법인 중생심이 전체를 포괄하는 하나의 마음인 '일심'이며, 그 하나의 마음을 드러내어 밝히는 길에는 두 가지 문인 '이문(二門)'이 있다고 말한다. 이렇게 해서 '일심 이문'이 성립한다.

대승의 바른 의미를 현시하는 것은 곧 큰 수레의 역할을 하는 중

생심을 총괄적으로 밝혀내는 것이다. 중생심을 밝히는 데에 두 가지 문이 있는 것은 중생심을 그 자체로 밝히는 것과 중생심을 그 드러난 모습과 작용을 통해 밝히는 것, 두 가지 길이 있기 때문이다. 중생심은 그 자체 부증불감 불생불멸의 진여심이다. 그렇지만 중생이 자신의 마음을 진여로 자각하여 알지 못할 경우, 그 중생의 마음은 자신에 대한 무명과 허망분별로 인해 갖가지 변화하는 생멸상을 그려내게 된다. 이 변화하는 생멸상이 바로 중생이 육도 윤회하는 세계이다. 이와 같이 마음은 불생불멸의 진여의 측면과 허망분별을 따라 변화하는 생멸의 측면을 갖는다. 중생심을 불생불멸의 진여 자체로 밝히는 것이 '심진여문'이고, 중생심을 생멸하는 변화의 모습과 작용을 따라 밝혀내는 것이 '심생멸문'이다.

　중생심 내지 일심에 대한 두 가지 문인 진여문과 생멸문이 무엇을 뜻하는지를 그림에 비유해보자. 그림을 볼 때 우리는 바탕인 도화지는 주목하지 않고 늘 여러 가지 색으로 그려진 사물만 보게 된다. 도화지 위에서 그림은 더 그려져서 늘기도 하고 더 지워져서 줄기도 한다. 그려진 사물은 그렇게 생멸한다. 반면 사물이 그려지는 도화지는 그려진 사물과 달리 생멸하지 않는 바탕이다. 그리고 그려진 사물은 그 바탕인 도화지에 의거하여서만 존재한다. 즉 그려진 사물은 도화지처럼 실유(實有)가 아니라 도화지에 의거하여서만 존재하는 가유(假有)이며 따라서 자기 자체가 없고 도화지를 자신의 체로 삼는다.

```
┌ 그려진 사물  = 그림        : 생멸
└ 도화지      = 그림의 바탕  : 불생불멸
```

그려진 사물의 바탕이 되는 도화지는 그 위에 그려진 사물에 의해 가려지기에 우리는 일상적으로 그 그림에서 사물을 보지 도화지를 보지 않는다. 그러나 그림은 본래 도화지 위의 그림이다. 따라서 그림에서 우리가 실제로 보는 것은 사실 도화지인 것이다. 그림 자체가 실은 도화지인 셈이다. 이렇게 도화지와 그려진 그림은 서로 분리된 별개의 것이 아니다. 둘은 하나의 양면이다. 그림은 불생불멸의 종이 위에 그려진 생멸하는 그림이다.

도화지가 그 위에 그려진 그림의 바탕이고 체(體)이기에, 도화지의 성품이 그려진 그림에도 영향을 미친다. 기신론에 따르면 일체 제법이 의거하는 법은 곧 중생심이다. 중생은 살아 있는 '유정(有情)'이다. 즉 느낌, 감정, 정(情)이 있는 존재이며, 이 점에서 마음을 가진 존재이다. 중생의 본체는 바로 마음인 것이다. 일체 제법이 중생심에 의거한다는 것은 우리가 대상화해서 객관 세계로 인식하는 일체 제법은 결국 우리의 마음이 그린 그림, 마음의 경계라는 말이다. 일체 제법의 그림이 그려져 있는 도화지는 결국 우리 자신의 마음인 것이다. 중생이 선한 업을 지으면 천상에 태어나고 악한 업을 지으면 지옥에 태어난다는 말은 천상과 지옥이 마음 바깥에 따로 있어서 중생이 그리로 찾아가는 것이 아니라, 중생심이 각각 업에 따라 천상을 그려내거나 또는 지옥을 그려내는 그런 근(根)을 가진 중생으로 태어난다는 것을 뜻한다. 세계는 업력에 따라 형성된 근에 상응하는 경(境)으로서만 존재하는 것이다. 마음을 떠나서 세계는 따로 없지만, 마음이 세계를 그리기에 세계에서 느껴지는 즐거움과 고통은 분명히 존재한다. 지옥은 없지만 지옥중생은 있는 것이다.

그런데 대개의 중생은 자신을 그려진 그림의 바탕인 진여로 알지 못하고, 오히려 바탕 위에 그려진 그림으로만 여긴다. 중생이 자기 자신을 마음 자체로, 진여로 자각하지 못하면, 중생은 진여를 자신의 체로 삼고 있으면서도 그러한 자신의 본성을 제대로 자각하지 못하고 자신을 그림 속 자신으로만 여기면서 그림 속 세계에 집착하여 거기에 매이게 된다.

원효는 기신론의 이문을 해석하기 위해 『능가경』의 "적멸(寂滅)을 이름하여 일심이라고 하고, 일심을 이름하여 여래장이라고 한다"[22]는 구절을 인용하며, 심진여문은 그 중 앞 구절을 해석한 것이고 심생멸문은 뒤 구절을 해석한 것이라고 풀이한다.[23] "일체법은 생멸이 없고 본래 적정하여 오직 일심일 뿐이다. 이와 같으므로 심진여문이라고 이름하며, 따라서 '적멸자명위일심(寂滅者名爲一心)'이라고 말한다. 또 그 일심의 체는 본각이지만, 무명을 따라 움직여 생멸을 만든다. 그러므로 이 (생멸)문에서는 여래의 성이 가려져 드러나지 않으니, (이것을) '여래장'이라고 이름한다."[24]

<table>
<tr><td></td><td>『능가경』</td><td></td><td></td><td>『기신론』</td></tr>
<tr><td>〈일심〉</td><td>적멸자명위일심</td><td>─ 불생불멸, 본래적정</td><td>─</td><td>심진여문</td></tr>
<tr><td>〈여래장〉</td><td>일심자명여래장</td><td>일심의 체의 본각</td><td></td><td>심생멸문</td></tr>
<tr><td></td><td></td><td>일심의 무명에 따른 생멸상</td><td></td><td></td></tr>
</table>

여기서 원효는 심생멸문이 단지 생멸 현상만을 말하는 것이 아니

---

22) 원효, 741상, "寂滅者名爲一心, 一心者名如來藏."
23) 원효, 741상, "心眞如門者, 卽釋彼經寂滅者名爲一心也. 心生滅門者, 是釋經中一心者名如來藏也."
24) 원효, 741상, "以一切法無生無滅本來寂靜唯是一心. 如是名爲心眞如門, 故言寂滅者名爲一心. 又此一心體是本覺, 而隨無明動作生滅. 故於此門如來之性隱而不顯, 名如來藏."

고, 불생불멸의 마음 자체, 성자신해(性自神解)의 본각(本覺)의 마음을 포함하고 있음을 강조한다. "단지 생멸심만을 취해 생멸문으로 삼은 것이 아님을 알아야 한다. 생멸하는 자체와 생멸의 상을 통틀어 취해 모두 생멸문 내의 경계로 둔 것이다."[25]

그렇다면 생멸문 안에도 들어 있는 본각의 마음인 일심이란 과연 어떤 것인가? "무엇이 일심인가? 염정 제법이 그 성이 둘이 아니고 진망 이문이 다를 수 없기에 '일'이라고 이름하고, 둘이 없는 자리가 제법 중의 실이면서 허공과 달리 성이 자신을 신묘하게 알기에(성자신해) '심'이라고 이름한다."[26] 정과 염, 진과 망을 포괄하는 하나의 전체가 바로 자기 자신을 스스로 자각하는 성자신해의 마음인 일심이라는 것이다.

이에 반해 법장은 일심을 '일여래장심(一如來藏心)'으로 읽는다. "처음에 말한 일심은 일여래장심이 두 뜻을 가짐을 말한다. 하나는 '체를 잡고 상을 버림'(약체절상)의 뜻으로 곧 진여문이니, 이는 염도 아니고 정도 아니다. … 다른 하나는 '연에 따라 일어나고 멸함'(수연기멸)의 뜻으로 곧 생멸문이니, 이는 훈습을 따라 움직여서 염정을 이룬다."[27] 이처럼 법장은 일심을 일여래장심으로 읽음으로써 일심과 여래장을 동일시하며, 따라서 원효처럼 진여문과 생멸문의 구분을 일심과 (생멸문 안의 일심인) 여래장의 차이로 설명할 수가 없다. 법장은 진여문과 생멸문의 구분을 여래장 내에서 체를 잡고 상을 버리는 '약체절상(約體絶相)'과 연에 따라 생멸하는 '수연기멸(隨緣起滅)'의 차이로 설명한다.

---

25) 원효, 741상, "當知非但取生滅心爲生滅門. 通取生滅自體及生滅相, 皆在生滅門內義也."
26) 원효, 741상, "何爲一心. 謂染淨諸法其性無二, 眞妄二門不得有異, 故名爲一. 此無二處諸
　　法中實, 不同虛空, 性自神解, 故名爲心."
27) 법장, 251중하, "初中言一心者謂一如來藏心含有二義. 一約體絶相義, 卽眞如門也, 謂非
　　染非淨. … 二隨緣起滅義, 卽生滅門也, 謂隨熏轉動成於染淨."

『능가경』   『기신론』
〈일심=여래장〉┌ 약체절상(約體絕相) = 불생불멸의 체   ─ 심진여문
              └ 수연기멸(隨緣起滅) = 연에 따라 생멸하는 상 ─ 심생멸문

이렇게 보면 법장은 원효처럼 생멸문 안에도 일심의 체, 본각의
활동성이 작용한다는 말을 하기 힘들어지며, 오히려 두 문이 체와
상, 불변과 수연으로 이분되는 면이 있다. 이는 원효가 생멸문이 생
멸상만을 포함하지 않고 생멸하되 그 자체는 불생불멸의 심체, 성자
신해의 일심을 포함한다는 것을 거듭 강조한 것과 대조적이다.

                      〈원효〉   〈법장〉
일심 자체   ─   심진여문(일심)   ─ 심진여문(일심=여래장)
일심의 체   ┐   ×
일심의 상·용 ┘   심생멸문(여래장)   ─ 심생멸문

두 종류의 문이 모두 각각 일체법을 총괄하여 포섭한다. 이 의미
는 무엇인가? 이 두 문이 서로를 여의지 않기 때문이다.
是二種門皆各摠攝一切法. 此義云何? 以是二門不相離故.

이문(二門)┌ 심진여문: 불생불멸의 심체를 논함
          └ 심생멸문: 불생불멸의 심체와 생멸의 현상의 관계를 논함

        생멸: 그려진 사물 / 그림 / 상(相) / 의(일체 제법) ┐
                 생 ↑   ↓ 멸   │= 생멸문
진여문 = 불생불멸: 도화지 / 바탕 / 체(體) / 법(일심)   ┘

앞에서는 "이 마음(중생심)은 일체의 세간법과 출세간법을 포섭한다"[28]고 밝혔는데, 여기에서는 다시 심진여문과 심생멸문 두 문이 각각 세간과 출세간의 제법, 즉 염정 제법을 총섭한다고 말한다. 두 문이 각각 일체법을 총섭하는 것은 두 문이 서로 분리되어 있지 않기 때문이다.

심진여문의 심과 심생멸문의 심은 결국 하나의 심이다. 일체 현상의 근본은 불생불멸의 진여심이지만, 이 진여심이 자각되지 않은 상태에서 분별 망상이 일어나고 그에 따라 온갖 생멸상이 드러나, 그것이 세간의 모습을 형성하게 된다. 따라서 세간 현상으로부터 망상분별을 걷어내고 그 근본인 진여심으로 나아가는 것과 일체법의 근본인 진여심으로부터 분별망상을 따라 갖가지 생멸상으로 나아가는 것은 동일한 길에서 방향만 서로 다른 두 활동이다. 불생불멸의 근본으로 나아가는 방향으로 열리는 문이 심진여문이고, 생멸의 현상으로 나아가는 방향으로 열리는 문이 심생멸문인데, 그 둘은 같은 길 위에서 방향만 다른 두 문이기에 서로 분리되지 않고 서로를 여의지 않는다고 하는 것이다. 이처럼 각각의 문은 근본에서 현상에 이르기까지 일체법을 모두 포괄한다. 따라서 두 문이 각각 일체법을 총섭한다고 말한다. 이는 다음과 같이 정리될 수 있다.

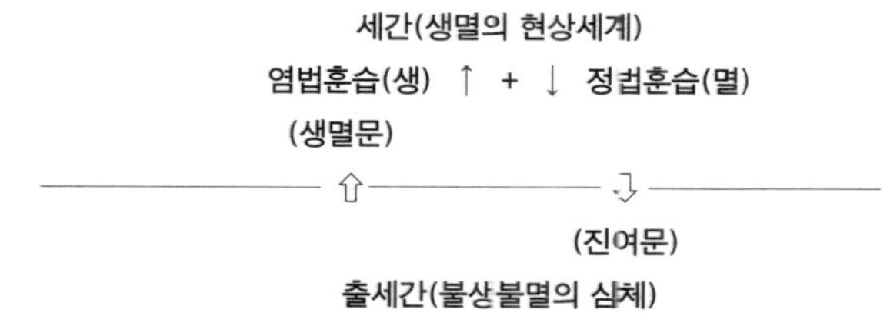

---

28) 본책 75쪽, "是心則攝一切世間出世間法."

　　원효는 이문이 각각 일체법을 총섭하는 방식을 구분하여 설명한
다. "진여문은 염정의 통상(通相)으로서 통상 이외에 별도의 염정이 없
다. 그러므로 염정 제법을 총섭할 수 있다. 생멸문은 염과 정을 별도
로 드러내는데, 염정의 법이 갖추어지지 않은 것이 없다. 그러므로
또한 일체 제법을 총섭할 수 있다."[29] 이러한 심진여문의 통상과 심
생멸문의 별상을 원효는 일체의 질그릇의 바탕이 되는 미진과 그 미
진에 의거해서 서로 다르게 나타나는 질그릇에 비유한다. 미진에서
는 차이가 사라진 통상이 보이고, 각 그릇에서는 서로 다른 별상이
드러나지만, 미진이 그릇을 다 포함하고, 또 그릇도 미진을 다 포함
한다고 말할 수 있다. 미진이 질그릇을 떠나 있지 않고 각각의 질그
릇에 다 포함되어 있듯이, 진여는 생멸문 바깥이 아니라 생멸문 안에
이미 다 포함되어 있는 것이다.

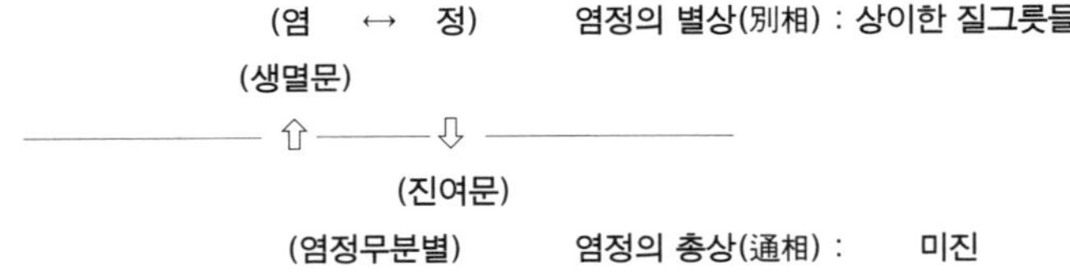

---

29) 원효, 741중, "眞如門者染淨通相, 通相之外無別染淨. 故得總攝染淨諸法. 生滅門者別顯
　　染淨, 染淨之法無所不該. 故亦總攝一切諸法."

1. 심진여문(心眞如門)

1) 이언진여(離言眞如)

'심진여'는 곧 일법계의 대총상이며 법문의 체이다.
心眞如者卽是一法界大摠相法門體.

진여는 일체 존재를 총괄적으로 포함한 모습인 대총상이다. 법은 중생심 안에 포섭되는 일체 존재이고, 계(界)는 인(因)의 의미를 갖는다. '일법계'는 중생심 내지 진여로 인해 펼쳐지는 전체 세계를 뜻한다. 심진여는 이 일법계를 하나의 총체적 모습으로 표현한 것이다. 현상세계 모든 사물을 하나의 총체적 모습인 총상으로 드러내면 심진여이고, 그 모든 사물을 각각의 다양한 모습인 별상으로 나타내면 일체 제법이 된다. 심진여가 법문의 체라는 것은 심진여가 존재에 접근하는 문의 근본 체가 된다는 말이다.

원효는 "일법계라고 한 것은 진여문이 의거하는 체를 든 것이다. 일심(一心)이 바로 일법계이기 때문이다"[30]라고 말하고, 법장은 "일법계는 둘이 없는 진심(眞心)을 일법계로 삼은 것이다"[31]라고 말한다. 일심 내지 진심이 곧 일체 세간법과 출세간법을 포섭하기에 진여로서 일법계가 되는 것이다.

---

30) 원효, 743중하, "一法界者是擧眞如門所依之體. 一心卽是一法界故."
31) 법장, 242상, "一法界者卽無二眞心爲一法界."

(1) 진여의 체

이른바 심성은 불생불멸이다.
所謂心性不生不滅.

근본 체로서의 마음의 본성은 불생불멸이며 부증불감이다. 이 불
생불멸의 진여심이 바로 일체 중생을 살아 있게 하는 생명의 근본이
며 중생심의 핵이다. 일체 중생의 마음이 모두 다 진여심이며, 따라
서 평등을 이룬다.

일체 제법은 오직 '허망한 생각'(망념)에 의거하여 차별이 있는 것
이니, 만약 망념을 여의면 일체 경계의 모습은 없다.
一切諸法唯依妄念而有差別, 若離妄念則無一切境界之相.

진여심은 일체의 차별상을 떠나 모든 중생에게 동일한 하나의 평
등심이다. 그러므로 일심이다. 그런데 중생이 자신의 평등한 진여성
을 자각하지 못하고 온갖 분별 망상을 지으면, 그 망념의 인과력에 따
라 갖가지 차별적 모습이 생겨난다. 망념에 따라 마음에 일어나는 갖
가지 차별상이 곧 마음에 대상으로 주어지는 마음의 경계이다. 우리
의 일상의식이 대상으로 파악하는 일체 제법은 모두 다 허망한 생각
인 망념에 따라 일어난 허망한 경계일 뿐이다. 따라서 망념을 여의면
일체 경계의 모습이 다 사라지게 된다. 일체의 차별적 경계상이 사라
진 자리에 드러나는 것이 바로 불생불멸의 마음 본체인 진여심이다.

원효는 "'만약 망념을 여의면 일체 경계의 모습은 없다'는 것은 집착된 상(相)에 대해 그 상의 성(性)이 없다는 것을 나타낸다. 이는 마치 공화(空華, 없는 꽃)가 오직 눈병에 의해서만 꽃의 모습으로 있고, 만약 눈병을 여의면 곧 꽃의 모습은 없고 오직 공한 성만 있는 것과 같다."[32]고 설명한다.

법장은 "차별상은 네가 두루 계탁하는 망정에 의해 만들어진 것으로 본래 실이 없다. 마치 병든 눈이 허망하게 공화를 보는 것과 같다. 그러므로 모두 '망념에 의거하여 차별이 있는 것'이라고 말한다"[33]고 풀이하며, 이어 다음과 같이 자문자답한다. "[문] 망념에 의거하여 생긴다는 것을 어떻게 알 수 있는가? [답] 성인(聖人)들이 망념을 떠나면 이미 그 경계가 없기 때문이다. 그러므로 그 경계가 결국 망념에 따라 생긴 것임을 증험한다. 만일 그 경계가 망념으로 만들어진 것이 아니고 반드시 실유라면, 성인이 그것을 보지 못하는 것이 마땅히 미혹이고 범부가 그것을 보는 것이 마땅히 깨달음일 것이며, 공화를 보지 않는 것이 오히려 눈병이라는 반대 결론이 나올 것이다."[34]

그러므로 일체법은 본래부터 말(언설상)을 여의고 이름(명자상)을 여의고 표상(심연상)을 여의어서 결국 평등하며 변화가 없고 파괴될

---

32) 원효, 743하, "言若離妄念則無一切境界之相者, 對所執相顯無相性. 猶如空華唯依眼病而有華相. 若離眼病即無華相唯有空性."

33) 법장, 252중, "差別相者是汝遍計妄情所作. 本來無實如依病眼妄見空華. 故云皆依妄念而有差別."

34) 법장, 252중, "以何得知依妄念生? … 以諸聖人離妄念故旣無此境. 即驗此境定從妄生. 又若此境非妄所作定實有者, 聖人不見應是迷倒, 凡夫旣見應是覺悟. 如不見空華應是病眼, 返結準之."

수 없다. 오직 일심일 뿐이기 때문에 '진여'라고 이름한다.

是故一切法從本以來, 離言說相, 離名字相, 離心緣相, 畢竟平等, 無有變異, 不可破壞. 唯是一心故名眞如.

일체 제법은 망념에 따라 분별할 경우 차별적 모습의 경계로 드러나지만, 그 자체는 일체의 차별상을 여읜 것이다. 즉 일체 제법이 갖고 있는 차별적 모습은 모두 망념에 따라 일어난 허망경계에 지나지 않는다. 일체 제법에 대해 우리가 분별하는 말이나 글 또는 마음이 지각하는 갖가지 상은 모두 망념에 따라 형성된 차별상일 뿐 실유가 아니다.

이렇게 일체 제법에서 허망분별된 일체의 차별상을 제외시키고 남겨지는 것이 곧 일체 제법의 본체이며, 그것은 결국 대승의 법인 마음, 일심, 진여 이외의 다른 것이 아니다. 진여는 일체의 차별상을 떠나 절대 평등하며 따라서 변화되거나 파괴될 수 없다. 그러므로 진여를 자신의 체로 삼는 일체법 또한 그 자체 일심이고 진여라고 부른다.

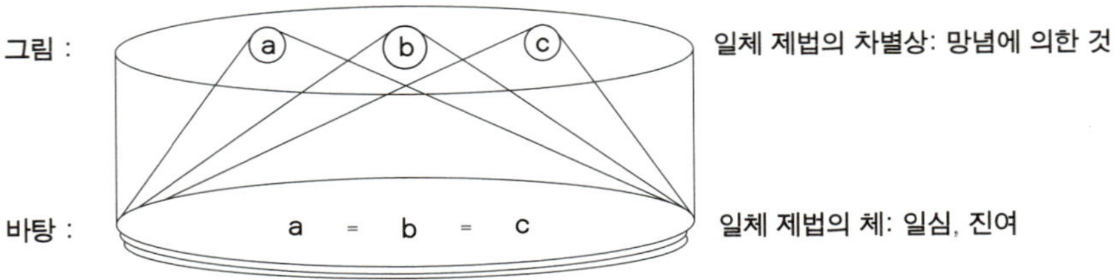

일체의 언설은 거짓 이름이고 실체가 없으며 단지 망념을 따른 것이어서 얻을 수가 없기 때문이다.

以一切言說假名無實, 但隨妄念, 不可得故.

일체 제법에서 진실된 것은 일체 제법의 체인 일심 내지 진여뿐이
다. 그 외에 우리의 일상 의식이 일체 제법에서 포착하는 일체의 차별
상과 그것을 개념화한 일체의 언설은 모두 허망 분별에 따라 가설적으
로 시설(施設)된 이름일 뿐 실재하는 법이 아니다. 단지 망념에 따라 일
어난 허망한 경계이기에 그 자체로 얻을 수 있는 것이 없다고 말한다.

(2) '진여'라는 이름

'진여'라고 말하는 것도 상(相)이 없으니, (이는) 말로써 말을 버리는
언설의 궁극을 뜻한다.
言眞如者亦無有相, 謂言說之極, 因言遣言.

진여 자체는 언설을 여읜 것이고 상을 여읜 것이어서 말로 칭해
질 수 있는 것이 아니지만, 일체 제법에 대해 그것이 '일심이고 진여
다'라고 말함으로써 우리는 진여를 말로 표현하게 된다. 진여를 말로
칭한다고 해도, 이는 단지 말 너머의 것을 말로 부르는 것이기에, 말
로써 말을 버리는 것이다. 일체의 분별을 넘어서는 것을 '진여'라고
부르는 것은 더 이상 다른 단어로 바꿀 수 없는, 말을 버리기 직전의
말인 것이다. 그래서 '언설지극(言說之極)'이라고 한다.

이 진여의 체는 버릴 수 있는 것이 없으니 일체법이 모두 다 진실
이기 때문이며, 또한 세울 수 있는 것도 없으니 일체법이 모두 동
등하고 여여하기 때문이다.

진여의 체(體) ┌ 진(眞): 일체법이 다 진실하므로 버릴 것이 없다.
         └ 여(如): 일체법이 다 동등하게 여여하므로 세울 것이 없다.

일체 제법의 바탕은 일체의 차별상을 떠나 모두 동등한 하나의 진여이다. 일체 제법은 각각 서로 다른 상이한 차별상을 보이지만, 그 차별상 너머 일체 제법은 모두 다 진실하고 동등한 진여이다.

일체법은 진여로서 모두 다 진실하기에 그 중 어느 하나 버릴 것도 없고, 또 모두 다 동등하고 여여하기에 특별히 어느 하나 세울 것도 없다. 이처럼 일체법은 절대 평등의 하나이며 부증불감의 존재이고, 남아서 빼거나 버릴 것도 없고 모자라서 더하거나 세울 것도 없다. 일체 제법이 그 자체로 진여인 것이다.

일체법은 말할 수도 없고 생각할 수도 없기 때문에 '진여'라고 이름한다는 것을 마땅히 알아야 한다.
當知一切法不可說不可念故名爲眞如.

일체법은 그 자체 일체의 차별상을 떠난 것이기에 분별하여 말할 수도 생각할 수도 없고, 따라서 진여이다. 차별상은 망념에 따라 생겨난 허망분별의 상이지만, 차별상을 여읜 일체법 자체는 곧 불가설 불가념의 진여인 것이다.

도화지 위에 그려진 사물에서 색깔과 모양의 차이만을 보면 내가 본 것은 분명 인연 따라 생멸하는 가상이고 망념에 따라 일어난 허망

분별의 상이지만, 만일 그 사물에서 색깔과 모양 너머 그 바탕의 도화지를 본다면, 그때 그려진 일체 제법에서 내가 보는 것은 결국 상 너머 성, 차별상 너머 동일한 성, 생멸상 너머 불생불멸의 진여이다. 이처럼 일체 제법은 그 자체가 곧 진여인 것이다. 그리고 도화지가 바로 그것을 보는 나 자신의 마음이기에, 그때 나는 바로 나 자신을 보고 있는 것이다. 도화지 위의 그림인 너 속에서 너의 바탕인 도화지를 본다면, 이는 결국 너 안에서 나를 보는 것이며, 바탕으로서 너와 내가 둘이 아니라는 것을 보는 것이다. 그렇게 해서 가상 너머 진여를 보는 순간, 우리는 자와 타, 주와 객, 능견과 소견의 이원성을 극복하게 된다.

[문] 이와 같은 의미라면, 모든 중생이 어떻게 '수순'하여 '득입' 할 수 있는가?
[답] 비록 일체법을 말한다고 해도 능히 말하는 자도 없고 말해질 수 있는 것도 없다는 것, 비록 생각한다고 해도 능히 생각하는 자도 없고 생각될 수 있는 것도 없다는 것을 안다면, 이를 '수순' 이라고 이름한다. 만약 생각[念]을 여읜다면, 이를 '득입'이라고 이름한다.

問曰, 若如是義者, 諸衆生等云何隨順而能得入?

答曰, 若知一切法雖說無有能說可說, 雖念亦無能念可念, 是名隨順. 若離於念, 名爲得入.

'수순(隨順)'은 거스르지 않고 따름을 뜻하고, '득입(得入)'은 체득하여 그 경지에 들어가는 증득(證得)을 뜻한다. 우리는 과연 어떤 방편으로 진여에 수순하고 또 진여에 득입할 수 있는가? 진여를 증득한다는 것은 곧 진여인 마음이 일체 차별상에 이끌리지 않고 그 바탕인 진여를 바라본다는 것, 즉 마음이 마음 자체를 자각한다는 것을 뜻한다. 이는 곧 마음이 자기 본성을 자각하여 아는 견성(見性)을 의미한다. 그러나 마음 자체인 진여가 말해질 수도 없고 생각될 수도 없는 것이라면, 어떻게 그 진여를 알 수 있단 말인가? 어떻게 진여에 수순하고 진여에 득입할 수 있단 말인가?

마음 자체인 진여는 일체의 차별상을 떠난 것이다. 일체의 차별상은 망념에 따라 일어나고 언설을 따라 분별되는 것이므로, 그런 차별상을 떠난 진여를 증득하자면 일체의 망념을 떠나고 일체의 언설을 떠나야 할 것이다. 그러나 일체의 생각과 언설을 떠나 어떤 방식으로 진여를 포착할 수 있단 말인가?

여기에서는 진여에 수순하는 방식을 일체의 언설이나 일체의 념을 단적으로 떠나는 것으로 설명하지 않는다. 오히려 언설을 하되 그 언설에 있어 설하는 능설(能說)과 설해지는 소설(所說)이 따로 없다는 것을 알고, 념을 일으키되 그 념에 있어 생각하는 능념(能念)과 생각되는 소념(所念)이 따로 없다는 것을 아는 것이 곧 진여에 수순하는 방식이라고 설명한다. 말하자면 언설이나 념을 단적으로 없애는 것이 아니라, 언설이나 념이 있는 바로 그 순간 그 자리에서 능소의 분별을 일으키지 않으면 그것이 곧 진여에 수순하는 길이고 진여에 득입하는 길이라는 것이다.

일반적으로 생각과 언설은 차별상에 따라 이것과 저것을 분별하고 자와 타를 구분하기 위해 행해지지만, 생각하거나 언설하되 능과 소, 주와 객의 분별을 넘어선다면, 우리는 그 순간 개별적인 차별상 너머 전체 바탕인 진여에 이르게 된다. 아예 말하지 않는 것이 아니라, 말을 하되 말을 넘어서는 것이 바로 말로부터 자유로워지는 순간이다. 전체는 개별자 안에서 그 바탕으로 확인된다. 일체 제법 안에서 그 바탕의 체로서 진여가 확인되는 것이지, 일체 제법과 분리되어 따로 진여가 있는 것이 아닌 것이다.

원효는 수순에 대해 다음과 같이 말한다. "'비록 말하고 비록 생각한다고 해도'라고 말하는 것은 법이 없지 않다는 것을 밝혀 공견(空見)에 대한 악취(惡取)를 떠나기 때문이다. '능히 말하는 자도 없고 말해질 수 있는 것도 없다'는 것은 법이 있지 않다는 것을 드러내 유견(有見)에 대한 집착(執着)을 떠나기 때문이다. 이와 같이 능히 알아 중도관을 따르기에 '수순'이라고 이름한다."[35] 즉 념과 언설이 있는 속에서 능소 분별을 넘어서는 것이 수순이다.

2) 의언진여(依言眞如)

그 다음 진여를 언설에 의거하여 분별하면 두 가지 의미가 있다. 무엇이 그 두 가지인가? 첫째는 여실한 공이니, 궁극적으로 진실을 드러낼 수 있기 때문이다. 들째는 여실한 불공이니, 번뇌 없는 성품의 공덕을 구족한 (진여) 자체가 있기 때문이다.

---

35) 원효, 744중, "言雖說雖念者明法非無, 以離惡取空見故. 無有能說可說等者顯法非有, 離執著有見故. 能如是知順中道觀, 故名隨順."

진여의 두 측면:
1. 여실공(如實空): 망(妄) 없이 비어있어 실(實)을 현시함   - 빈 바탕
2. 여실불공(如實不空): 자체가 무루(無漏)의 공덕을 구족함   - 그림의 바탕

진여는 그 자체 망념과 언설을 여읜 것이다. 그럼에도 불구하고 진여로 나아가기 위해, 말로써 말을 벗어나기 위해, 방편으로서의 언설을 갖고 진여를 분별해보자면, 진여는 두 가지 방식으로 말해질 수 있다. 첫째로 진여는 '여실공'이다. 진여를 여실공이라고 하는 것은 그것이 망(妄)이 없이 비어 있기 때문이다. 그렇게 망이 없으므로 진여는 결국 실(實)을 현시한다. 둘째로 진여는 '여실불공'이다. 진여는 일체 제법이 그 각각의 체가 없는 것과 달리 그 자체로서 존재하며, 그 자체 안에 번뇌 없는 무한한 공덕을 가지고 있어 자신으로부터 일체 제법을 형성한다. 따라서 불공(不空)이다.

법장은 "여실공이라고 말하는 것은 여실의 안이 비어 망념이 없기 때문이다. 여실공이라는 것이 여실 자체가 공이라는 것은 아니다. … 망이 없기에 능히 진리를 현시할 수 있고 따라서 '진실을 현시한다'고 말한다"[36]고 설명한다. 진여는 그렇게 망념이 없이 비어 있으므로 공이며, 또 무한한 공덕으로서 일체 제법을 형성하므로 불공(不空)이다.

---

36) 법장, 253하, "言如實空者此以如實之中空無妄染故. 云如實空非謂如實自空. … 以妄空故, 遂能顯示眞理. 故云顯實也."

(1) 공(空)

이른바 '공'은 본래부터 일체 '오염된 법'(염법)과 상응하지 않기 때문에 일체법의 차별적 상을 여의었음을 뜻한다. 허망한 마음의 념이 없기 때문이다.

所言空者, 從本以來, 一切染法不相應故, 謂離一切法差別之相. 以無虛妄心念故.

진여를 '여실공'이라고 하는 것은 진여가 허망분별의 현상세계와 구분되며 허망분별의 망념과 상응하지 않기 때문이다. 현상세계는 마음의 망념에 따라 일어나 다양한 차별적 모습을 가지는 오염된 세계이지만, 그 현상세계가 나타나는 배경이고 바탕인 진여는 망념을 여의고 허망분별상을 여읜 것이며 따라서 공이다. 배경으로서의 마음은 그 안에 드러나는 전경으로서의 분별상과 상응하지 않는 것이다. 이는 그림의 바탕이 그 바탕 위에 그려진 그림과 구분되는 것과 같다. 원효는 위의 구절을 다음과 같이 세 단계로 구분하여 설명한다.[37]

1. 공은 일체 염법과 상응하지 않음 — 능소분별을 여읨
2. 일체법의 차별적 상을 여의었음 — 소취상(所取相)을 여읨
3. 허망한 마음의 념이 없음 — 능취견(能取見)을 여읨

진여의 자성은 유상도 아니고, 무상도 아니며, 유상이 아닌 것도 아니고 무상이 아닌 것도 아니며, 또 동시에 유상이고 무상인 것

---

37) 원효, 744하 참조.

도 아니라는 것, (그리고) 같은 상도 아니고, 다른 상도 아니며, 같은 상이 아닌 것도 아니고 다른 상이 아닌 것도 아니며, 또 동시에 같고 다른 상인 것도 아니라는 것을 마땅히 알아야 한다.

當知眞如自性, 非有相, 非無相, 非非有相非非無相, 非有無俱相, 非一相, 非異相, 非非一相非非異相, 非一異俱相.

〈진여의 성(性)과 상(相)의 관계〉
1. 진여의 성(性)에 상(相)이 있는가 없는가에 관한 4구
    1) 유(有): 진여성에 상이 있다
    2) 비유(非有): 진여성에 상이 없다
    3) 구허(俱許): 있기도 하고 없기도 하다
    4) 구비(俱非): 있지도 않고 없지도 않다

2. 진여의 성(性)이 상(相)과 같은가 다른가에 대한 4구
    1) 일(一): 진여성과 상이 같다
    2) 비일(非一): 진여성과 상이 다르다
    3) 쌍허(雙許): 같기도 하고 다르기도 하다
    4) 쌍비(雙非): 같지도 않고 다르지도 않다

유무(有無) 4구는 유와 무에 대한 가능한 네 가지 경우〈1. 유, 2. 무, 3. 역유역무, 4. 비유비무〉이고, 일이(一異) 4구는 일과 이에 대한 가능한 네 가지 경우〈1. 일, 2. 이, 3. 역일역이, 4. 비일비이〉인데, 여기에서는 이 각각에 대해 그것이 아니라는 비(非)를 더하여 말하고 있으며, 두 경우 다 3과 4의 순서를 바꿔서 말하고 있다.

'진여의 성(性)에 상(相)이 있는가 없는가?'의 물음에 대해 유무 4구의 네 가지 경우를 다 부정하고, '진여의 성과 그 상이 같은가 다른가?'에 대해 일이 4구의 네 가지 경우를 다 부정하는 것은 결국 진여는 일체의 분별을 떠난 것임을 강조하기 위한 것이다. 분별은 상대적인 것들 간에 '이것이 아니고 저것이다', '없지 않고 있다', '같은 것이

아니고 다른 것이다'라는 식으로 성립한다. 반면 진여는 그 상대가 있지 않은 절대적 하나이다. 따라서 진여는 분별을 통해 알 수 있는 것이 아닌 것이다.

진여의 성과 상을 같다고 볼 수 없는 것은 같다고 할 경우 진여의 상이 사라지면 성도 함께 사라져야 하지간 그렇지 않기 때문이다. 진여는 상이 없어도 불생불멸의 진여 본성 자체는 남기 때문이다. 그렇다고 다르다고도 할 수 없는 것은 진여의 상이 진여의 성을 인(因)으로 삼아 나타난 결과이기 때문이다. 즉 진여가 없으면 그 상도 없을 것이기에 둘을 완전히 다른 것이라고 할 수도 없는 것이다.

이것은 현상 제법의 본체인 중생심과 그것에 의거해서 일어나는 현상 제법과의 관계, 꿈꾸는 자와 꿈의 세계와의 관계, 또는 그림의 바탕인 도화지와 그 위에 그려진 그림과의 관계로도 이해될 수 있다. 전자(본체)는 후자(현상)가 없어도 있지만, 후자는 전자가 없이는 있을 수 없다. 그렇게 둘은 같은 것도 아니고 다른 것도 아니다. 성과 상이 같은 것이 아니라는 점에서 성(본체)의 현상 초월성을 확인할 수 있고, 다른 것도 아니라는 점에서 상(현상)의 본체 의존성을 확인할 수 있다.

그리하여 총괄적으로 말하자면 일체 중생이 망심이 있어 생각마다 분별하여 모두 (진여에) 상응하지 않기 때문에 (진여를) 공이라고 말하는 것이다. 만약 망심을 여의면 실제 공이라고 할 만한 것도 없기 때문이다.

乃至摠說, 依一切衆生以有妄心, 念念分別, 皆不相應故說爲空. 若離妄心, 實無可空故.

일반 중생은 자신의 진여 평등의 본성을 자각하지 못하고 망념을 일으켜 차별적 경계를 형성하며, 그렇게 망념을 따라 일어난 차별적 경계를 실재적인 것, 실유(實有)로 간주한다. 이에 기신론은 일체 제법의 본체이며 바탕인 진여는 본래 그런 차별적 경계상을 떠난 것임을 강조하기 위해 진여를 그런 차별상이 없다는 의미에서 '공(空)'이라고 말한다. 만일 차별 경계를 일으키는 망심을 배제하다면, 그 바탕을 굳이 공이라고 말할 필요도 없다.

(2) 불공(不空)

이른바 '불공'은 법체가 공이고 허망함이 없음을 이미 드러냈기 때문에 (그 법체가) 곧 '진실한 마음'(진심)이며 항상되고 불변하여 정법이 충만하게 갖추어져 있으므로 '불공'이라고 이름한 것이다.

所言不空者, 已顯法體空無妄故, 卽是眞心, 常恒不變淨法滿足, 故名不空.

공(空) = 염법(染法)과 불상응, 무망(無妄)의 공 = 정법을 구족, 진실의 심(진심) = 불공

진여는 허망한 차별상을 떠났기에 공이라고 하지만, 허망한 염법(染法) 대신 청정한 정법(淨法)을 구족하고 있기에 그 측면에서 공이 아닌 불공이라고 부른다. 진여는 진실된 마음이므로 곧 진심이고 일심이다. 이는 생멸하고 변화하는 일체 제법의 배경이 되는 것으로서 불생불멸하며 항상되다. 생멸 변화하는 것이 망념에 따라 일어나는 염오(染汚)의 법이라면, 그 바탕이 되는 진여는 허망분별을 떠난 청정한 법이다. 진여는 이런 청정법을 구족하고 있으므로 단지 공이 아니라 불공이다.

또한 (진여에는) 취할 수 있는 상이 없으니, 념을 여읜 경계는 오직 깨달음[證]과만 상응하기 때문이다.
亦無有相可取, 以離念境界唯證相應故.

진여는 허망분별을 넘어서고 분별적 념과 언설을 넘어서며 일체 상을 여읜 것이다. 상(相)은 객관화된 표상이고, 념(念)은 주관적 사념이다. 념을 여의고 상을 여의었다는 것은 주관적 사념이나 객관적 표상을 다 여의었다는 것, 한마디로 주객 분별을 넘어섰다는 것이다. 이처럼 념도 상도 없는 경지, 무념무상의 경지, 주객 분별이 멸한 경지는 오직 무분별지(無分別智)로서 증득되는 경지이다. 즉 마음이 주객 분별을 넘어선 그 경지에 스스로 들어감으로써만 알아낼 수 있는 경지인 것이다.

차별상이 일상적 사고와 개념적 분별 작용을 통해 파악되는 것이라면, 그런 차별상을 떠난 전체의 바탕은 그와 달리 일체 분별을 넘어 그 자체로 포착되어야 한다. 마음이 차별적인 현상 세계에 머물러 있지 않고 스스로 차별상을 여읜 바탕이 됨으로써만, 즉 마음의 눈이 표층이 아닌 심층의 바탕으로 내려가 스스로 바탕이 되고 전체가 됨으로써만, 심층 바탕을 알 수 있다. 이처럼 스스로 됨으로써만 알 수 있는 것을 '증득(證得)'이라고 한다. 진여는 그것을 객관화해서 대상으로 알 수 있는 것이 아니고, 스스로 진여가 됨으로써만 알 수 있는 것이다. 즉 증득의 방식으로만 알 수 있는 것이다.

2. 생멸심의 각(覺)과 불각(不覺)

1) 아뢰야식의 양면: 각과 불각

'심의 생멸'이라고 하는 것은 여래장에 의거하기 때문에 생멸심이 있는 것이다. 이른바 불생불멸과 생멸이 화합하여 하나이지도 않고 다르지도 않으니, (이것을) '아뢰야식'[阿梨耶識]이라고 이름한다.
心生滅者依如來藏故有生滅心. 所謂不生不滅與生滅和合, 非一非異, 名爲阿梨[38]耶識.

```
심의 상(相):  능의(能依)/생멸상:  생멸
      ↑                                              심생멸문의 생멸심 = 아뢰야식
심의 체(體):  소의(所依)/여래장:  불생불멸
```

대승이 인정하는 유일한 존재(법)는 중생심이며, 이 중생심이 일체 제법을 모두 포섭한다. 그러므로 "이른바 (대승)법은 중생심을 말한다. 이 마음은 일체의 세간법과 출세간법을 포섭한다"[39]고 말한다. 지금까지 〈심진여문〉에서 이러한 중생심의 불생불멸의 본성을 진여심으로 논하였다면, 이제부터 〈심생멸문〉에서는 이러한 불생불멸의 진여심이 우리의 일상적인 생멸하는 마음과 어떤 관계에 있는가를 논한다.

---

38) 원효소에는 '黎'로 되어 있다. 아리야식, 아려야식, 아뢰야식은 다 동일한 것을 의미한다.
39) 본책 75쪽, "所言法者謂衆生心. 是心則攝一切世間出世間法."

심진여문에서 논한 대로 중생심이 일체 세간법과 출세간법을 모두 포괄할 수 있는 것은 중생심의 체(體)가 불생불멸의 진여심이기 때문이다. 따라서 중생심은 곧 진여심이다. 그런데 미혹한 중생은 자신의 진여성을 자각하지 못하며[不覺], 이 불각(不覺)으로 인해 진여는 어둠(무명)에 가려진다. 어둠에 가려진 진여를 '여래장(如來藏)'이라고 한다. 그러나 어둠에 가려졌다고 해서 진여가 아닌 것이 아니며, 어둠이 걷히면 그것은 곧 진여로 드러난다. 보석이 먼지에 싸여 자신의 광채를 드러내지 않더라도 보석은 여전히 보석인 것과 같다. 보석은 드러나든 가려지든 보석인 것처럼, 진여는 진여로서 드러나든 무명으로 가려지든 진여이다. 진여는 무명으로 가려져 있다고 해도 각 중생에게서 무한한 공덕을 일으키는 무량공덕장이며, 모든 중생에는 그러한 여래성이 내재되어 있기에 '여래장'이라고 부르는 것이다.

진여(심진여문의 심)　　 = 드러난 진여
여래장(심생멸문의 심) = 무명으로 가려진 진여　　⎤ 하나의 진여 = 일심

중생은 자신의 마음을 진여로 자각하지 못하므로 무명에 가려 여래장이 되고, 그렇게 자신을 진여로 자각하지 못하므로 허망한 념(念)을 일으켜 그 념에 따라 마음이 일어났다 멸했다 하는 생멸의 모습을 보인다. 이처럼 생멸의 모습을 띠는 중생의 마음을 '생멸심'이라고 한다. 그러므로 '여래장에 의거하기 때문에 생멸심이 있다'고 말한다.

그러나 중생심이 생멸상을 띤다고 해서 중생심 자체가 없다가 생하고 있다가 멸하는 것이 아니다. 생멸하는 것은 마음이 일으키는 념의 생멸이지 심 자체의 생멸이 아니기 때문이다. 그러므로 마음의 생멸을 논하는 〈심생멸문〉에서 중요한 것은 마음 자체(체)와 그 마음의

모습(相)의 관계를 정확히 이해하는 것이다. 여래장으로서의 마음의 체(體)는 불생불멸이되, 그 마음이 일으키는 상(相)은 생멸하므로 체와 상은 서로 구분된다. 그렇지만 체는 상의 체이고 또 상은 체의 상이므로 체와 상이 서로 별개의 것도 아니다. 그러므로 '불생불멸과 생멸이 화합하여 하나이지도 않고 다르지도 않다'고 말한다. 이와 같이 중생심의 체인 여래장은 불생불멸의 체로만 머무르지 않고 인연을 따라 생멸상을 형성하는데, 이처럼 생멸상을 형성하는 마음을 '아뢰야식(阿賴耶識)'이라고 부른다. 아뢰야식은 불생불멸의 체와 생멸의 상을 아우르는 마음이며, 생멸상을 형성하여 염오의 현상세계로 전변하지만 그 자체는 불생불멸의 진여성을 유지하는 마음이다. 그러므로 '불생불멸과 생멸이 화합하여 하나이지도 않고 다르지도 않으니, 이것을 아뢰야식이라고 이름한다'고 말한다.

생멸심(중생심)의 ⎡ 체(여래장) = 불생불멸 ⎤ 아뢰야식
　　　　　　　　 ⎣ 상　　　　 = 생멸　　 ⎦

　이와 같이 기신론은 아뢰야식이 생멸상을 형성한다고 해서 그 자체 염오식 또는 생멸식에 그치는 것이 아니라고 말한다. 아뢰야식 자체는 생멸상을 형성하되 자신이 형성한 생멸의 상과는 구분된다는 것, 따라서 불생불멸의 여래장 내지 진여라는 것을 강조하는 것이다. 표층적인 마음의 생멸은 심층의 불생불멸의 여래장에 의거해서만 가능하다는 것, 그러므로 생멸의 모습을 드러내는 중생의 마음 자체는 불생불멸의 여래장이고 진여이며 일체의 염오를 벗은 자성청정심이라는 것을 논하는 것이다. 그러므로 원효는 "자성청정심을 여래장이

라고 이름한다"[40]고 말하며, 여기서 말하는 화합은 정확히 표현하자면 "불생멸심과 생멸의 화합이지, 생멸과 불생멸의 화합을 말하는 것이 아니다"[41]라고 설명한다.

중생의 마음이 무명으로 념을 일으켜 념에 따라 생멸하는 모습을 드러낼 때, 그 마음이 자신을 념 내지 상과 동일시하면 자신을 그 자체 생멸하는 마음으로 의식하게 되지만, 마음이 자신을 무념 내지 무상으로 자각하면 그것은 곧 마음 자체를 생멸상 너머의 불생불멸의 체로 자각했다는 것을 의미한다. 이하 심생멸문은 중생이 어떻게 자신의 마음 자체를 생멸상 너머의 불생불멸의 진여로 자각하게 되는가의 과정을 밝혀나간다.

원효는 위의 구절을 『능가경』의 구절, "여래장이 무시이래의 악한 습관에 의해 훈습된 것을 식장(識藏)이라고 이름한다"[42]에 입각한 것으로 본다. 여기서 식장은 곧 장식(藏識)인 아뢰야식이다. 아뢰야식의 체(體)는 불생불멸의 여래장이지만 그것이 무명 내지 염오의 습기를 따라 드러내는 상(相)은 생멸의 모습이기에, 심체와 심상, 불생불멸과 생멸이 하나도 아니고 둘도 아닌 것이다. 이러한 '불일불이(不一不異)'에 대해 원효는 다음과 같이 설명한다. "'하나도 아니고 다르지도 않다'는 것은 불생불멸심이 그 체를 들어 움직이기 때문에 심이 생멸과 다르지 않은 것이고, 그러면서도 항상 생멸하지 않는 본성을 잃지 않기에 생멸이 심과 하나가 아닌 것이다. 만약 하나라고 한다면, 생멸하는 식상(識相)이 모두 멸진될 때 마음의 신비한 체도 마땅히 따라서

---

40) 원효, 745하, "自性淸淨心名爲如來藏."
41) 원효, 746상, "此是不生滅心與生滅和合, 非謂生滅與不生滅和合也."
42) 원효, 745하, "如來藏爲無始惡習所熏, 名爲識藏." 『4권 능가경』(신수대장경, 권16, 510중) 참조.

멸해야 할 것이니, 이는 단변(斷邊)에 떨어진 것이다. 만약 다르다고 한다면, 무명의 바람에 의해 훈습되어 움직일 때 정심(靜心)의 체가 연을 따르지 말아야 할 것이니, 이는 상변(常邊)에 떨어진 것이다. 이 두 변을 떠나기에 하나도 아니고 다른 것도 아니다."[43] 불생불멸의 체와 생멸의 상은 흔히 바닷물과 파도에 비유된다. 바닷물과 파도는 하나도 아니고 다른 것도 아니다. 하나라면, 파도가 사라질 때 바다도 사라져야 할 텐데 그렇지 않기 때문이고, 다른 것이라면 파도가 일어도 바닷물은 부동으로 있어야 할 텐데 그렇지 않기 때문이다. 파도가 사라질 때 바다도 사라진다면, 즉 상을 떠난 체가 없다면, 그건 단견(短見)이다. 반대로 파도가 일 때 바다가 부동으로 남는다면, 즉 체가 연을 따르지 않는다면, 그건 상견(常見)이다.

```
심상 :     생멸상 /  파도 ┐
  ↑                  ↑   ├ 불일불이
심체 : 불생불멸심 / 바닷물 ┘
            불일(不一): 파도(상)가 없어져도 바닷물(체)은 남음 – 단견의 부정
            불이(不異): 파도(상)가 일 때 바닷물(체)이 움직임 – 상견의 부정
```

여기서 언급되고 있는 진여심과 생멸심의 불일불이의 관계를 설명하기 위해 원효와 법장은 둘 다『능가경』의 다음 구절을 인용한다. "전식과 장식의 진상(眞相)이 만약 다르다면 장식이 인이 아닐 것이고, 만약 다르지 않다면 전식이 멸할 때 장식도 또한 마땅히 멸해야겠지만 그러나 자체의 진상은 실제 멸하지 않는다. 그러므로 자체 진상의

---

43) 원효, 746상중, "非一非異者不生滅心擧體而動, 故心與生滅非異, 而恒不失不生滅性, 故生滅與心非一. 又若是一者, 生滅識相滅盡之時, 心神之體亦應隨滅, 墮於斷見. 若是異者, 依無明風熏動之時, 靜心之體不應隨緣, 卽墮常見. 離此二邊, 故非一非異."

112

식이 멸하는 것이 아니고 단지 업상이 멸할 뿐이다."[44] 여기서 장식
의 진상은 여래장 내지 아뢰야식 자체의 불생불멸의 모습을 뜻하고,
전식의 업상은 그 아뢰야식이 무명에 의해 움직여 주와 객, 능과 소
로 이분하면서 드러내는 생멸상을 뜻한다.

『능가경』　　생멸심:　　전식(轉識)의 업상(業相) : 과
　　　　　　　　　↑　　　　　　　　　↑
　　　　　　불생불멸심: 장식(藏識)의 진상(眞相) : 인

위의 구절을 원효는 다음과 같이 설명한다. "기신론 저자가 이 문
장을 바르게 해석하였기에 비일·비이를 말한 것이다. 이 중 업식(業
識)은 무명의 힘에 의해 불각심이 동한 것이므로 업식이라고 한다. 이
동하는 심에 의해 전변하여 능견을 이루므로 전식(轉識)이라고 이름한
다. 이 둘(업식과 전식)은 다 아뢰야식의 자리에 있다."[45] 원효는 불생불
멸을 아뢰야식 자체의 진상으로 보고, 생멸의 상을 아뢰야식의 업상
으로 해석한다. 아뢰야식 자체(여래장)가 무명에 의해 움직이는 것을
업식, 움직여서 능히 보는 것을 전식으로 보며, 업식과 전식을 모두
아뢰야식에 속한 것으로 간주하는 것이다.

반면 법장은 위의 구절에 대해 다음과 같이 말한다. "이중 진상은
여래장이고, 전식은 칠식이며, 장식은 아뢰야식이다."[46] 법장은 장식
을 아뢰야식으로, 전식을 칠식으로 해석하며, 장식의 진상을 여래장

---

44) 원효, 746중, "轉識藏識眞相, 若異者, 藏識非因. 若不異者, 轉識滅, 藏識亦應滅, 而自眞
相實不滅. 是故非自眞相識滅, 但業相滅." 이것은 『4권 능가경』(『신수대장경』, 권16, 483
상)에 나오는 구절이다.
45) 원효, 746중, "今此論主正釋彼文, 故言非一非異. 此中業識者因無明力不覺心動, 故名業
識. 又依動心轉成能見, 故名轉識. 此二皆在梨耶識位."
46) 법장, 255중, "此中眞相是如來藏. 轉識是七識. 藏識是梨耶."

으로 간주한 것이다.

	『능가경』		〈원효〉	〈법장〉
생멸상:	전식(轉識) /	업상(業相):	아뢰야식 상(업식/전식)	칠식
	↑	↑	↑	↑
불생불멸:	장식(藏識) /	진상(眞相):	아뢰야식 자체 / 여래장	아뢰야식 / 여래장

여기서 원효와 법장의 주된 차이는 『능가경』에서의 전식과 업상을 어떤 식의 작용으로 간주하는가이다. 우리는 경론에서 '전식'이 두 가지 의미로 사용되고 있음에 주목해야 한다. 첫 번째로 전식은 아뢰야식이 식전변하여 능소, 견상, 주객으로 이원화할 때 주관으로 작용하는 식, 즉 능히 상을 보는 식을 뜻한다. 이러한 능견으로서의 전식은 아뢰야식의 견분에 해당한다. 두 번째로 전식은 근본 업식인 아뢰야식에 의거한 식, 즉 아뢰야식이 전변하여 일어난 식이라는 의미에서 '7전식'을 뜻한다. 아뢰야식에 의거하여 일어나는 육식과 말나식이 이 7전식에 해당한다.[47] 『대승기신론』에서 전식은 첫 번째 의미로 사용되고 있고, 『섭대승론』에서 전식은 두 번째 의미로 사용되고 있다. 식과 관련된 『대승기신론』의 개념을 『섭대승론』과 비교하여 다음과 같이 정리해볼 수 있다.

---

47) 원효는 '전식'이 이와 같이 서로 다른 두 가지 의미가 있다는 것을 분명하게 제시하고, 기신론이 논하는 전상은 아뢰야식의 전상임을 논한다. "전식에는 두 가지가 있다. 만약 무명에 의해 움직여 바뀌어[轉] 능견이 된다면, 이것은 본식(아뢰야식)에 있다. 만약 경계에 의해 움직여서 능견이 된다면, 이것은 칠식이다. 이 중에서 전상은 첫 번째 의미이다(轉識有二. 若就無明所動轉成能見者, 是在本識. 如其境界所動轉成能見者, 是謂七識. 此中轉相約初義也.)."(원효, 759하~760상)

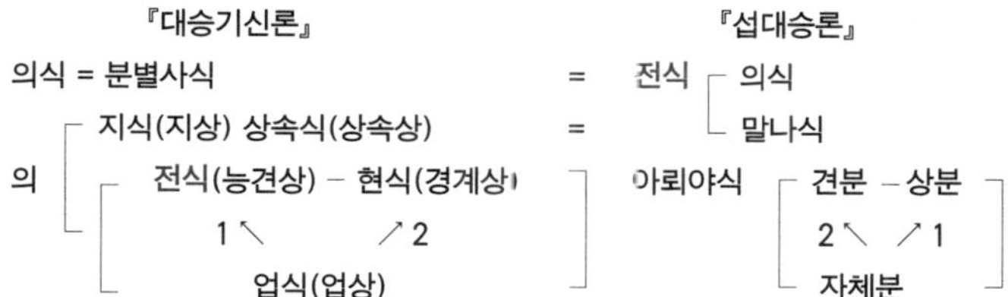

　　여기에서 『능가경』 및 『대승기신론』을 해석하면서 원효는 전식을 이 두 가지 의미 중 첫 번째 의미, 즉 아뢰야식에 속하는 능견의 식으로 바르게 이해한 데 반해, 법장은 전식을 유식 논서에 따라 7전식의 의미로 이해한 것이다.

　　원효는 이하 3세상을 논하는 자리에서 전식의 전상이 아뢰야식에 속하는 것임을 다음과 같이 논한다. "이 논 아래 문장에서 현식(現識)을 이렇게 설명한다. '이른바 일체 경계를 나타낼 수 있는 것이 마치 밝은 거울이 색과 모양을 나타내는 것과 같다. 현식 또한 그와 같이 일체시에 저절로 일어나 항상 앞에 있기 때문이다.' 이 문장은 결국 현상(現相)으로써 본식을 나타낸 것이다. 이와 같이 현상이 이미 본식에 있는데, 하물며 그 기반이 되는 전상(轉相)이나 업상(業相)이 어찌 반대로 육·칠식 중에 있다고 말하겠는가?"[48] 우리 눈앞의 경계상(현상)을 그려내는 현식이 아뢰야식(본식) 중에 있는 것이라면, 그 현상을 성립시키는 전상이나 업상 또한 당연히 아뢰야식 중에 있는 것이라는 말이다. 그러므로 『능가경』의 전식, 전상, 업상이 모두 아뢰야식에 속하는 것이 된다. 법장 또한 3세상을 논하는 곳에서는 원효와 마찬

---

48) 원효, 756하, "此論下文明現識云, 所謂能現一切境界, 猶如明鏡現於色像. 現識亦爾, 以一切時任運而起, 常在前故. 如是等文約於現相以顯本識, 如是現相旣在本識, 何況其本轉相業相, 反在六七識中說乎." 중간에 인용한 문장은 본책 174쪽에 나옴.

가지로 "현상이 항상 본식에 있는데, 하물며 전상과 업상이 어찌 육
· 칠식에 있겠는가?"[49]라고 말한다. 그렇다면 여기에서도 일관성 있
게 전식을 칠식이 아닌 아뢰야식의 능견식으로 풀이했어야 했다.

기신론이 『능가경』을 따라 진여심과 생멸심의 불일불이를 논하
는 까닭은 아뢰야식이 생멸상을 일으키지만 그 식 자체는 불생불멸
의 진여심(여래장)과 다를 바 없다는 것을 강조하기 위해서이다. 생멸
은 불생불멸의 기반 위에서 가능하기에, 아뢰야식이 단지 생멸의 모
습만 갖는 것이 아니라 그 자체 불생불멸의 특징을 갖는다는 것, 아
뢰야식 자체가 불생불멸의 진여심이고 여래장이라는 것을 강조하
는 것이다. 원효는 "『유가론』 등에서는 아뢰야식을 이숙식으로서 생
멸 일방향일 뿐이라고 주장하는데, 어째서 이 논(기신론)은 이 식(아뢰야
식)이 두 의미(생멸과 불생불멸)을 다 지닌다고 말하는가?"[50]라고 반문하
고 "각각 말하고자 하는 바가 있어 서로 위배되지 않는다"[51]고 답한
다. 즉 아뢰야식이란 것이 본래 생멸과 불생불멸의 화합식이며, 유식
이든 기신론이든 모두 이점을 알고 있되 다만 그들이 강조하는 바가
서로 다를 뿐이라는 것이다. 유식이 주로 생멸의 측면을 강조한 것
은 "그 논서들이 『해심밀경』에 의거하여 일(一)과 상(常)의 견해(상견)를
제거하기 위해, 업번뇌에 의해 감응되는 의미를 따라서 이 식을 생멸
일 방향으로 말한 것이다."[52] 반면 기신론이 생멸과 더불어 불생불멸
을 강조하는 것은 "이 논이 『능가경』에 의거하여 진속(眞俗) 별체(別體)

---

49) 법장, 262하, "現相常在本識. 何況轉相業相在六七識耶."
50) 원효, 746중하, "如瑜伽論等說阿梨耶識是異熟識一向生滅. 何故此論乃說此識具含二義?"
51) 원효, 746하, "各有所述, 不相違背."
52) 원효, 746하, "彼所論等依深密經, 爲除是一是常之見, 約業煩惱所感義門, 故說此識一向
生滅."

의 집착을 다스리기 위해, 무명에 의해 운직여지는 의미를 따라서 불생불멸과 생멸이 화합하여 다르지 않다고 말한 것이다."[53] 즉 유식이 유부의 법유를 비판하기 위해 아뢰야식의 생멸의 측면을 강조하였다면, 기신론은 아뢰야식을 청정식과 별도의 염오식으로 파악하는 진속이원론을 비판하기 위해 아뢰야식 자체의 불생불멸의 측면을 강조한다고 보는 것이다.

이 식(아뢰야식)에는 두 가지 의미가 있어, 일체법을 포섭할 수도 있고 일체법을 생성할 수도 있다. 무엇이 그 두 가지인가? 첫째는 각(覺)의 의미이고, 둘째는 불각(不覺)의 의미이다.

此識有二種義, 能攝一切法, 生一切法. 云何爲二? 一者覺義, 二者不覺義.

아뢰야식의 두 기능: 1. 일체법을 포섭함
                    2. 일체법을 생성함

일체법 포괄의 두 방식: 1. 각(覺)의 방식: 진여심으로 포괄
                       2. 불각(不覺)의 방식: 생멸심으로 포괄

여기서 일체법은 세간법과 출세간법을 더한 일체법을 뜻한다. 아뢰야식은 일체법을 모두 포섭할 뿐 아니라 그렇게 포섭되는 일체법을 생성한다고 말한다. 그렇다면 아뢰야식은 어떤 방식으로 일체법을 포섭하고 또 생성하는가? 이것을 설명하는 것이 바로 아뢰야식의

---

53) 원효, 746하, "此論者依楞伽經, 爲治眞俗別體之執, 就其無明所動義門, 故說不生滅與生滅和合不異."

각(覺)과 불각(不覺)이다.

아뢰야식이 일체법을 포섭하고 생성하는 방식이 두 가지인 것은 아뢰야식이 불생불멸의 진여심과 생멸하는 생멸심이라는 두 측면을 가지고 있음에서 비롯된다. 우선 아뢰야식은 그 자체 불생불멸의 진여이고 여래 법신이며 일체 제법을 두루 비추고 있다. 이것이 각(覺)으로서 아뢰야식이 일체 제법을 포섭하고 생성하는 방식이다. 그런데 우리 일반 중생은 자기 마음 안의 진여를 그 자체로 자각하여 알지 못한다. 그 무명 불각으로 인해 아뢰야식은 망념에 따라 상을 형성하고 다시 그 상에 매이게 되는데, 이것이 아뢰야식이 불각(不覺)의 방식으로 일체 제법을 포섭하고 생성하는 방식이다.

그림의 비유로 말하자면 우리 중생심이 일체 제법을 그 마음 바탕에서, 즉 그림의 바탕인 도화지의 차원에서 아는 것이 곧 일체법을 각으로서 포괄하는 방식이고, 일체 제법을 마음 표층에서, 즉 도화지 위에 그려진 사물로서 아는 것이 곧 일체법을 불각으로서 포괄하는 것이라고 할 수 있다.

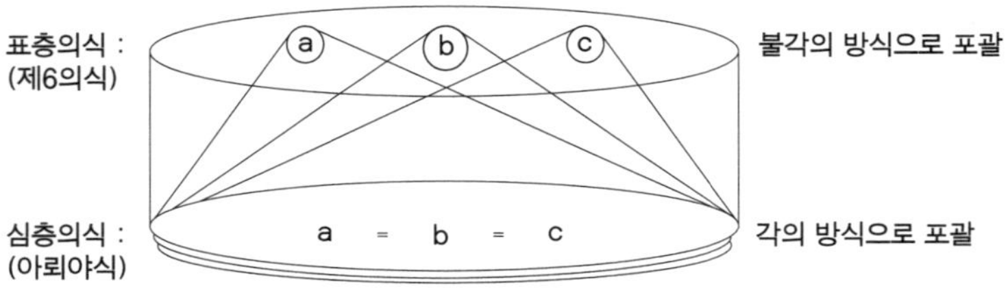

아뢰야식이 각으로 일체법을 포섭한다는 것은 곧 일체 제법의 심체가 모두 동일한 하나의 진여, 같은 하나의 마음, 일심이라는 것을 의미한다. 일체는 심층 마음에 있어 차별상을 떠난 절대 평등의 진여

이며 일심이기에 서로가 서로를 안다. 이것이 아뢰야식이 각의 방식으로 일체법을 아는 것이다. 반면 이 마음 본래의 각성을 자각하지 못하고 무명에 빠지게 되면 아뢰야식은 분별 차별상을 형성하여 그 상을 따라 일체를 분별하여 알고자 한다. 이것이 불각의 방식으로 일체를 포괄하여 아는 것이다. 이하에서는 이러한 각과 불각의 의미를 좀 더 상세히 풀이한다.

2) 각(覺)

(1) 시각(始覺)

이른바 '각의 의미'는 심체가 념을 여의었음을 뜻한다. 념을 여읜 모습은 허공계와 같아 두루하지 않는 곳이 없어 '법계의 하나된 모습'(법계일상)이 되니, 이것이 곧 여래의 평등한 법신이다. 이 법신에 의거하여 '본래적 깨달음'(본각)이라고 이름한다.

所言覺義者謂心體離念. 離念相者等虛空界, 無所不遍, 法界一相, 卽是如來平等法身. 依此法身說名本覺.

여기서 심체는 아뢰야식 자체이다. 심체가 념을 여의었다는 것은 아뢰야식 자체인 절대 평등의 진여심 안에는 아무 망념도 일어나지 않고 아무 분별도 일어나지 않는다는 말이다. 이 마음은 두루 편재하는 허공과 같되 의식을 갖고 깨어 있는 성자신해(性自神解)의 마음, 곧 일심이다.

허공처럼 두루 편재하되 깨어 있는 일심의 세계가 곧 법계이다.

법계는 허망분별이 없기에 하나의 모습, 하나의 상이며, 따라서 이를 '법계 일상(法界 一相)'이라고 한다. 그리고 이처럼 법계 일상을 형성하는 심체를 '여래 평등 법신(如來 平等 法身)'이라고 한다. 마음으로 깨어 있고 생명으로 살아 있는 법의 몸이기에 법신이며, 깨달은 자인 부처 내지 여래의 평등한 법신이기에 여래 평등 법신이다.

두루 편재하는 일심의 자기 자각성, 여래 평등 법신의 자기 자각성을 중생심이 본래부터 가지고 있는 본래적 깨달음이란 의미에서 '본각(本覺)'이라고 한다. 일체 중생은 자기 마음 안에서 온갖 허망분별을 일으키기 전에 이미 법계 일상에 대한 본래적 자각을 갖고 있다. 이 본각은 일체의 분별을 넘어선 무분별적 깨달음이다.

그림의 비유로 말하자면 아뢰야식의 심체가 념을 여읜다는 것은 아뢰야식 자체는 자신이 그린 그림에 매이지 않는다는 말이다. 아뢰야식은 그려진 그림과 상관없이 그 바탕을 자각하고 있으며 그런 식으로 일체 제법을 본다. 아뢰야식은 자신을 포함한 일체법을 망념에 의해 그려진 사물이 아닌 그 바탕으로, 그 본래의 여여한 모습으로 자각하고 있다. 그것이 마음 본래의 각성인 본각이다.

무슨 까닭인가? '본각의 의미'는 시각의 의미에 대비해서 말한 것이니, 시각은 곧 본각과 동일하기 때문이다. '시각의 의미'는 본각에 의거하기 때문에 불각이 있고, 불각에 의거하기 때문에 시각이 있다고 말하는 것이다.

何以故? 本覺義者對始覺義說, 以始覺者卽同本覺. 始覺義者依本覺故而有不覺, 依不覺故說有始覺.

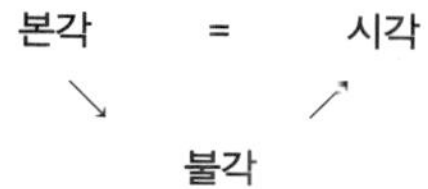

깨달음의 경계, 여래 평등 법신의 자기 자각성을 본래적 깨달음인 본각이라고 하는 이유는 무엇인가? 깨달음에 대해 '본래적'이라는 수식어를 덧붙이는 것은 '새로운' 것이 아니라는 뜻이다. 즉 새로운 깨달음인 시각과 대비하기 위해서이다. 그런데 이런 대비가 가능한 것은 시각과 본각의 깨달음의 내용이 동일하기 때문이다. 시각을 통해 뭔가 새롭게 깨달은 것 같다고 여겨지는 그 깨달음이 사실은 이미 우리 안에 본래 있던 깨달음이기에, 그 본래부터 있던 깨달음을 본각이라고 하는 것이다. 새롭게 얻은 깨달음이 아니라 본래부터 있던 깨달음이라는 의미에서 본각이라고 부르는 것이다(본각 = 시각).

그럼 본각의 대가 되는 시각은 어떤 것인가? 시각은 새롭게 깨닫는 것이므로, 일단 깨닫지 못한 불각을 전제로 한다. 불각은 있어야 할 각이 없는 것이다. 본래적 깨달음인 본각은 마음의 자기 자각성으로서 본래 어느 중생에게나 있는 것인데, 중생은 흔히 자기 마음의 그러한 본래적 자각성을 제대로 알지 못하고 망념을 일으켜 분별 망상에 빠진다. 이것이 불각이다. 이처럼 불각은 본각을 전제하고서 그 본각의 대비로서 성립한다(본각→불각).

만일 불각으로 인한 분별 망상이 헛된 것인 줄을 모르고 계속 망상을 좇는다면, 끝까지 자신의 본래적 자각성을 알아채지 못하고 불각에 머무르게 되지만, 만일 분별 망상이 허망한 것임을 알아 더 이상 분별심을 일으키지 않는다면, 마음은 허망분별의 망념을 여읜 자신의 본래 모습, 자신의 본래적 자기 자각성을 깨닫게 된다. 이렇게 불각에서 다시금 새롭게 자기 모습을 자각하여 알게 되는 것이 곧 새롭게 얻는 깨달음인 시각이다(불각→시각). 시각으로 깨닫는 바는 본래의 자기 모습이기에 본각의 내용과 다를 바가 없다. 결국 시각은 곧 본각인 것이다(시각 = 본각).

그렇다면 중생은 왜 본각을 알아채지 못하고 불각이 되는가? 본각은 중생의 본래심인 여래 평등 법신의 자기 자각성이다. 법신은 불생불멸 부증불감의 존재로 일체의 차별상을 떠난 하나의 상이다. 다른 것과 구분되는 차별상이 없는 절대의 하나, 전체로서의 하나, 무소부재의 하나이다. 그런데 그러한 절대의 하나는 그것이 일체를 포괄하는 전체이며, 자신 아닌 것으로서의 자신의 상대를 갖지 않기에, 우리 일반 범부는 그것을 그런 것으로서 알아채지 못한다. 우리가 어떤 것을 바로 그런 것으로 알아보게 되는 것은 그것을 그것 아닌 다른 것과 구분하는 분별을 통해서이기 때문이다. 분별이 일어나기 이전의 전체에 대해서는, 그 자체가 분별을 떠났기에 우리가 분별적으로 알지 못한다. 따라서 우리의 분별심으로서는 그 전체가 자각되지 않으며, 따라서 우리는 그것이 없지 않고 있다는 것을 알아보지 못한다. 그렇기에 우리는 스스로 본각을 갖고 있으면서도, 그 본각을 본각으로 알아채지 못한다. 자신에게 본각이 있다는 사실을 알지 못하는 것이다. 그것이 불각이다. 마음 자체는 알지 못한 채 마음이 일으키는 망념을 따라 그 마음 안에 주어지는 일체의 것을 분별하고 판단하지만, 정작 그렇게 분별하고 인식하는 마음 자체에 대해서는 알지 못하는 것이다.

그러다가 어느 순간 일체의 분별이 결국 마음 안에서 일어나는 허망 분별이라는 것을 깨닫고 그러한 망분별을 멈추어 망념을 일으키지 않게 되면, 념과 상이 제거됨으로써 불현듯 마음 바탕에 대한 자각을 얻게 된다. 그것이 바로 시각이다. 분별 있음에서 분별 없음으로 돌아서므로, 깨달음이 없는 불각에서 깨달음이 생기는 시각을 얻게 되는 것이다. 이와 같이 불각에 대비한 시각의 경계가 열린다. 그러나 이렇게 열리는 시각의 경계는 바로 마음 자체가 본래부터 가지고 있던 본각의 경계와 다르지 않다.

원효는 시각, 불각, 본각의 상호관계를 이렇게 설명한다. "시각이 불각에 대해 있고, 불각이 본각에 대해 있으며, 본각은 시각에 대해 있다. 서로 상대해 있기에 무자성이다. 구자성이므로, 각이 있는 것이 아니다. 각이 있지 않는 것은 서로 상대가 되기 때문이다. 상대해서 성립하므로, 각이 없는 것이 아니다. 각이 없지 않으므로 각이라고 부르는 것이지, 자성이 있어서 각이라고 부르는 것이 아니다."[54]

또 마음의 근원을 깨닫기 때문에 '궁극적 깨달음'(구경각)이라고 이름한다. 마음의 근원을 깨닫지 못하기 때문에 구경각이 아니다. 이 의미는 무엇인가?

又以覺心源故名究竟覺, 不覺心源故非究竟覺. 此義云何?

시각을 통해 그것이 본각과 다르지 않음을 아는 것은 곧 마음의 본래 모습을 깨달아 아는 것이다. 마음의 궁극 근원에 이르러 마음 자체를 자각하는 것이다. 이처럼 시각을 통해 마음 궁극에 이르러 얻

---

54) 원효, 748중하, "始覺待於不覺, 不覺待於本覺, 本覺待於始覺. 旣互相待則無自性. 無自性者則非有覺. 非有覺者由互相待. 相待而成則非無覺. 非無覺故說名爲覺, 非有自性名爲覺也."

게 되는 깨달음을 구경각이라고 한다.

그렇다면 구경각은 어떤 깨달음의 상태인가? 이하에서는 구경각의 경계를 제시하기 위해 일반 범부의 불각 상태에서부터 구경각에 이르기까지의 과정을 순서대로 설명한다. 전체는 네 단계이다. 마음 근원을 자각한다는 것은 마음 안에 아무런 생각[念]도 일어나지 않고 허망분별이 일어나지 않아, 마음 자체를 그 본래 모습 그대로 자각하는 것이다. 그런데 마음에 일어나는 념은 계속 하나로 고정되어 있는 것이 아니라 끊임없이 생성되고 머무르고 바뀌고 소멸한다. 즉 각각의 념이 생주이멸의 단계를 거치는 것이다.

기신론에서는 마음에서 념을 제거하는 단계를 념이 일어나는 생주이멸의 과정과 반대되는 과정으로 설명한다. 즉 우선 념의 멸상(滅相)을 없애고, 그 다음 념의 이상(異相)을, 그리고 주상(住相)을 그리고 마지막으로 생상(生相)까지 없애면, 드디어 마음에 념이 생겨나지 않아, 결국 마음이 마음 자신의 근원을 깨달아 알 수 있게 되는 것이다. 바로 그것이 구경각이다. 이처럼 불각에서부터 시각을 얻기 시작해서 그 깨달음이 점점 깊어지면서 궁극의 구경각에 이르게 되는 4단계의 과정은 곧 념의 멸상에서부터 생상에 이르기까지 그 상이 하나씩 없어지는 과정이다. 이하에서 논의될 것을 미리 정리하면 다음과 같다.

범위(분제)	주체(능각인)	경계(소각상)	결과(이익)
1. 불각(不覺)	범부	멸상을 여읨	악업의 정지
2. 상사각(相似覺)	이승 · 초발심보살	이상을 여읨	추분별집착상의 제거
3. 수분각(隨分覺)	법신보살	주상을 여읨	분별추념상의 제거
4. 구경각(究竟覺)	보살진지	생상을 여읨	미세념의 제거

범부와 같은 사람들은 앞의 생각이 악을 일으킨다는 것을 깨달아 알기 때문에 뒤의 생각을 멈춰 그것(뒤의 생각)이 일어나지 않게 할 수 있다. 비록 다시 각이라고 이름하기도 하지만, 이것은 곧 불각이기 때문이다.

如凡夫人覺知前念起惡, 故能止後念令其不起. 雖復名覺, 即是不覺故.

전념이 악 일으킴을 깨달으면　　→　　후념을 정지시킴
(覺知前念起惡)　　　　　　　　　　(能止後念)
멸상: 범부의 상, 기업상　　　　　　　므멸상: 악을 짓지 않음

　불각에서 시각으로 나아가는 첫 번째 단계이다. 우리 마음은 잠시도 가만히 있지 않고 끊임없이 념을 일으킨다. 전념이 멸하면서 동시에 후념이 생겨나는 방식으로, 전념이 후념을 이끌어 끝없이 이어진다. 이 과정에서 우리는 념에 따라 업을 짓고 산다. 여기서는 업을 이끌어오는 념을 전념으로, 그 전념에 따라 업을 짓는 것을 후념으로 구분하고 있다.

전념(前念)　　→　　후념(後念)
작의(作意): 망념　　　조업(造業): 악업

　념이 자연스런 생주이멸의 방식으로 멸한다는 것은 전념이 멸하면서 동시에 후념을 일으킨다는 것이고, 그렇게 일어난 후념이 곧 업을 짓는 념이다. 그러므로 후념의 업을 짓지 않기 위해서는 전념이 생주이(生住異)에서 자기도 모르게 멸(滅)로 넘어가지 않게끔, 즉 업이

될 후념을 일으키지 않게끔, 념의 자연스런 흐름을 바꾸어 놓아야 한다. 그것은 어떻게 가능한가? 의식의 자연스런 흐름에서는 전념의 멸이 곧 후념의 업을 일으킨다. 의식에서 전념이 멸하는 바로 그 순간 그 자리에 후념이 생겨나는 것이다. 그런데 전념이 멸하는 순간, 의식이 그 멸에 주목하고 있으면, 그 주목하는 의식 때문에 의식에는 더 이상 전념으로부터 일어나는 후념이 들어설 자리가 없게 된다. 그러므로 전념에서 후념으로의 자연스런 이행이 더 이상 일어나지 않게 된다. 이처럼 념(전념)이 악업(후념)을 일으킨다는 것을 알아서 이를 막기 위해 전념의 멸상에 주목하는 것이 곧 전념의 멸상을 없애 후념인 조업으로 나아가지 못하게 하는 것이다. 그러므로 '범부와 같은 사람들은 앞의 생각이 악을 일으킨다는 것을 깨달아 알기 때문에 뒤의 생각을 멈춰 그것이 일어나지 않게 할 수 있다'고 말한다.

전념의 멸상을 자각하여 후념이 일어나지 않게 함으로써 결국 전념에서 후념으로 이어지지 않아 악을 짓지 않게 되므로, 이를 깨달음의 시작, 시각(始覺)이라고 할 수 있다. 그러나 이 깨달음은 한 생각의 생주이멸을 깨닫는 것, 즉 자신의 마음 안에 이미 념이 일어나고 있음을 깨닫는 것, 즉 자신의 불각을 깨닫는 것이기에, 이를 '불각(不覺)'이라고 부른다.

원효는 이 단계를 이렇게 설명한다. "'앞의 생각이 악을 일으킨다는 것을 깨달아 안다'는 것은 소각상을 나타낸 것이다. 십신(十信)에 들어가기 전에 (신구) 일곱 가지 악업을 짓다가, 이제 신위에 들어가면 일곱 가지가 실제 불선(不善)임을 알 수 있다. 그러므로 '앞의 생각이 악을 일으킨다는 것을 깨달아 안다'고 말한다. 이는 멸상의 깨달음의 경지를 밝힌 것이다. '뒤의 생각을 멈춰 일어나지 않게 한다'는 것은 각의 이익이다."[55] 여기서 원효가 전념이 일으킨 업을 신업과 구업으로 제한하는 것은 전념과 후념의 관계를 의업과 신·구업의 관계로 해석하기 때문일 것이다. 그러나 의업 또한 우리가 념을 따라 일으키는 업이라는 점을 고려한다면, 의업에 대해서도 그 업을 이끄는 념과 그 념에 의해 이끌린 의업으로서의 념을 전념과 후념으로 구분할 수 있을 것이다.

b. 상사각(相似覺)

'관하는 지혜'(관지)를 가진 이승과 초발의보살과 같은 사람들은 생각이 달라진다는 것을 깨달으던 생각에 이상(異相)이 없게 된다. '거칠게 분별하는 집착의 모습'(추분별집착상)을 버리기 때문에 '근접한 깨달음'(상사각)이라고 이름한다.

如二乘觀智初發意菩薩等覺於念異, 念無異相. 以捨麤分別執着相故, 名相似覺.

념의 바뀜(이)을 깨달으면	→	념에 이상이 없게 됨
(覺於念異)		(念無異相)
이상: 의식의 상, 추분별집착상		무기상: 삼승
내외분별, 아 · 아소계탁		무아를 앎 = 지혜

이승(二乘)은 성문과 연각이고, 초발의보살은 십주(십해)의 제1주인 발심주(發心住) 이상 삼현위의 보살이다. 념이 바뀐다는 것 또는 다르다는 것을 깨달으면, 그 념에 이상이 없게 된다. 그렇게 되면 이상에 해당하는 분별의 집착상이 버려지므로, 이를 상사각이라고 한다.

---

55) 원효, 751상, "覺知前念起惡者顯所覺相. 未入十信之前具起七支惡業, 今入信位能知七支實爲不善. 故言覺知前念起惡. 此明覺於減相義也. 能止後念令不起者是覺利益."

념이 바뀐다는 것은 생각이 자기도 모르게 한 생각에서 다른 생각으로 바뀌어가면서 이어지는 것을 뜻한다. 그렇게 바뀌고 달라져가는 생각들 간의 차이를 통해 우리는 사태를 서로 구분하여 분별하게 된다. 우리는 차이를 통해 무엇인가를 의식하는 것이다. 이것과 저것의 차이를 통해 이것과 저것을 분별함으로써 이것을 저것 아닌 이것으로 의식하게 되는 것이다. 다름은 분별을 낳고 분별은 집착을 낳는다. 이처럼 차이에 따라 분별하고 집착하는 마음이 우리의 제6의식이다. 안과 밖을 분별하여, 안을 바깥 세계가 아닌 나 자신으로 여기고, 밖을 내가 아닌 객관 세계라고 여겨 안과 밖, 자와 타를 분별 계탁하는 식이 바로 제6의식이다.

여기에서는 념이 바뀌고 달라진다는 것을 깨달으면, 념에 그 바뀌고 달라지는 모습인 이상(異相)이 없게 된다고 말한다. 념에 바뀜이 있음을 깨닫는 순간, 그 념은 그냥 바뀌는 념이 아니라 바뀜을 아는 념이 되기에, 그 자체는 결국 바뀜을 여읜 념이 되는 것이다. 그렇게 해서 념에 이상이 없게 되면, 곧 바뀌고 달라짐에 따른 분별이 일어나지 않게 된다. 나아가 분별이 일어나지 않으면 서로 다른 것들을 비교하고 취사선택하여 하나를 고집하는 집착도 일어나지 않게 된다. 결국 념에 이상이 없게 된다는 것은 우리의 거친 허망분별과 또 그 허망분별에 따른 집착이 사라진다는 것이다. 그래서 념에 이상이 없게 되면, 거친 분별집착상을 버리게 된다고 말한다.

마음에서 거친 분별집착상을 버린다는 것은 곧 일체의 념을 여읜 마음 자체에 점점 가까이 다가가는 것이며, 결국 궁극의 깨달음에 가까이 다가가는 것이다. 그러므로 이 단계의 각을 궁극의 깨달음과 유사한 모습을 갖추었다는 의미에서 '상사각'이라고 부른다.

이 과정에 대해 원효는 이렇게 말한다. "념이 다르다는 것을 깨닫는 것은 소각상을 밝힌 것이다. 앞서 설명한 여섯 가지 이상(異相)은 내외를 분별하고 아·아소를 계탁한다. 이 삼승인은 무아를 안다. 그 때문에 념이 다르다는 것을 깨닫는다고 말한다. 이는 그려진 심체가 무명으로 잠들어서 이상(異相)을 꿈꾸며 여러 번뇌를 일으키다가, 이제 지혜와 상응하여 이상의 꿈으로부터 깨어 작은 깨달음을 얻게 된다는 것을 밝히려는 것이다."[56] 원효가 논하는 여섯 가지 이상(異相)은 탐(貪)·진(瞋)·치(癡)·만(慢)·의(疑)·견(見)이다. 무명이 이 이상과 화합하여 주심(住心)을 이상의 자리에 이르게 하는 것이다. 이러한 이상에 이르면 의식은 내외를 분별하고 아와 아소를 계탁(計度)한다. 이는 무아를 모르기에, 그려진 심체를 아(我)로 알고서 그 속에서 꿈꾸고 있는 것이다.

c. 수분각(隨分覺)

법신보살과 같은 사람들은 생각이 머무는 것을 깨달으면 생각에 주상(住相)이 없게 된다. '분별의 거친 생각의 모습'(분별추념상)을 여의기 때문에 '분에 따르는 깨달음'(수분각)이라고 이름한다.

如法身菩薩等覺於念住, 念無住相. 以離分別麤念相故, 名隨分覺.

념의 머무름(주)을 깨달으면	→	념에 주상이 없게 됨
(覺於念住)		(念無住相)
주상: 말나식의 상, 분별추념상		무주상: 법신보살
인·법을 집착, 안을 연함		(원효:1지~7지보살, 법장:1지~9지보살)
		아공·법공을 앎 = 무분별지

---

56) 원효, 751상, "覺於念異者明所覺相. 如前所說六種異相分別內外計我我所. 此三乘人了知無我. 以之故言覺於念異. 欲明所相心體無明所眠, 夢於異相起諸煩惱, 而今與智慧相應, 從異相夢而得微覺也."

법신보살은 초지(初地) 이상의 지상(地上) 보살이다. 이 지위에 이르면 념이 머무름을 깨달으므로 결국 주상이 없게 된다. 다른 일체 제법과 마찬가지로 념은 본래 생하면 그 다음 찰나에 멸하는 찰나생멸의 것이지 머무는 것이 아니다. 그런데도 념이 머무는 주상을 갖게 되는 것은 찰나에 생겨난 념이 그 다음 찰나에 멸하여 없는 데도 그것을 붙잡아 머무르게 하여 념념상속을 이루기 때문이다. 념이 이런 식으로 머무는 주상을 깨닫게 되면, 념에서 주상이 없게 된다. 주상을 아는 념 자체는 머무는 념이 아니기 때문이다. 그러므로 '생각이 머무는 것을 깨달으면 생각에 주상이 없게 된다'고 말한다. 생각에 주상이 없다는 것은 생각이 어느 하나에 머무르지 않는다는 것, 생각 자체가 머무르지 않아 념념상속을 이루지 않는다는 것을 의미한다. 생각의 흐름, 시간의 흐름을 넘어서고 결국 념의 상속을 넘어서게 되는 것이다.

이 수분각을 원효는 이렇게 설명한다. "법신보살은 이공(二空)에 통달하여, 그려진 심체가 앞에서 이상을 깨닫고도 주상의 꿈에 잠들어 있다가 이제 무분별지와 상응하여 주상의 꿈에서 깨어 각오(覺悟)를 얻게 된다는 것을 밝히려고 한다. 이 때문에 념이 머무르는 것을 깨닫는다고 말한다."[57]

주상(住相)을 어느 식의 지위로 보는가에 대해 원효와 법장은 다른 의견을 보인다. 원효는 "주상의 넷은 … 아치(我癡)·아견(我見)·아애(我愛)·아만(我慢)으로 … 이 넷은 모두 제7식의 지위에 있다"[58]고 하여 주상을 말나식의 상으로 본다. 내외분별이나 아·아소의 계탁분별을

---

57) 원효, 751중, "法身菩薩通達二空, 欲明所相心體前覺異相, 而猶眠於住相之夢, 今與無分別智相應, 從住相夢而得覺悟. 故言覺於念住."
58) 원효, 750중, "住相四者 … 我癡·我見·我愛·我慢 … 此四皆在第七識位."

행하는 의식의 기저에서 일체를 하나의 상속적 흐름으로 엮어 그것을 나로 여기는 식이 곧 아치·아견·아애·아만의 자아식인 제7말나식이기 때문이다. 넘의 주를 깨달아서 넘에서 주상을 없애는 것은 곧 넘에서 나라는 생각을 없애는 것이다. 의식된 세계 뿐 아니라 그 세계를 바라보는 나도 없다는 것을 깨달은 자, 아공·법공을 깨달은 자를 '법신보살'이라고 한다. 아도 법도 모두 공하고 오직 그 바탕이 되는 진여 법신만이 진실이라는 것을 아는 보살, 자신을 법신으로 깨달아가는 보살이 법신보살이다. 법신보살은 생각에 머무름이 없는 보살, 분별의 거친 생각의 상을 여읜 보살이다. 보살 십지 내에서 자신의 인과나 지위 등 분수에 맞는 깨달음을 갖기에, 이 단계의 깨달음을 분에 따른 각이란 의미에서 '수분각'이라고 한다.

반면 법장은 주상을 의식과 아뢰야식에 걸친 것으로 본다. "주상의 넷은 첫째는 전상이고 … 둘째는 현상이다. … 이 두 가지는 앞의 업상과 더불어 아뢰야식의 지위에 있으며 불상응심에 속한다. 셋째는 지상이고 … 넷째는 상속상이다. … 이 둘은 분별사식의 미세한 분별의 지위에 있으며 상응심에 속한다."[59] 법장은 이렇게 네 개의 상을 주상으로 간주하며, 그 각각의 상을 여의게 되는 지위를 다음과 같이 설명한다. "이 네 가지 주상은 초지, 칠지, 팔지, 구지에서 각각 한 가지 상씩 여의게 된다."[60]

---

59) 법장, 257중, "住相四者, 一名轉相 … 二名現相 … 此二及初並在賴耶位中, 屬不相應心. 三名知相 … 四名相續相 … 此二同在分別事識細分之位, 屬相應心." 분별사식은 이하에서 밝혀지듯이 제6의식이다. 원효는 지상을 말나식의 상으로 간주한 데 반해, 법장은 지상을 말나식이 아닌 의식의 상으로 본다. 법장이 왜 추상을 형성하는 식으로서 말나식을 인정하지 않는가에 대해서는 6추상을 설명하는 자리에서 논할 것이다.

60) 법장, 258중, "此四種住相中, 於初地七地八地九地 各離一相也."

원효는 말나식의 상(지상)만을 주상으로 간주하고 아뢰야식의 전상과 현상은 생상으로 간주한 데 반해, 법장은 그 넷을 모두 다 주상으로 간주한 것이다. 여기서도 문제는 결국 전상과 현상이다. 법장은 이번에는 원효와 마찬가지로 이 둘을 다 아뢰야식의 상으로 보기는 하지만, 원효와 달리 생상이 아닌 주상으로 여긴다.

d. 구경각(究竟覺)

보살지가 다한 경우에는 방편을 충만하게 갖추어 일념이 상응해서 마음이 처음 일어나는 것을 깨달으므로 마음에 초상(初相)이 없게 된다. 미세한 념을 멀리 여의기 때문에 마음의 성을 볼 수 있어 마음이 곧 상주하므로 '궁극적 깨달음'(구경각)이라고 이름한다.

如菩薩地盡滿足方便, 一念相應, 覺心初起, 心無初相. 以遠離微細念故, 得見心性, 心卽常住, 名究竟覺.

념의 일어남(생)을 깨달으면	→	념에 생상이 없게 됨
(覺於念生)		(念無生相)
생상: 아뢰야식의 상, 미세념		무생상: 진지보살(盡地菩薩)
		(원효: 8~10지보살, 법장:10지보살)
		만족방편, 일념상응

보살지를 다 마친 보살은 제10지를 끝내고 불지(佛地)로 나아가려는 보살이며, 이 단계에서는 념에서 생상을 없앤다. 마음에 념이 생하는 것을 깨달아 생상이 없게 된다는 것은 곧 마음에 아예 념이 일어나지 않는다는 것, 무념의 상태라는 것을 뜻한다. 마음에 념이 있으면 그 념을 따라 마음이 생주이멸하게 되지만, 마음에 일체 념과 상(相)이 다 사라지면, 마음은 상 아닌 성(性)을 증득하게 되고 결국 흔

들림 없이 상주하게 된다. 더 이상 나아갈 바 없이 궁극에 이른 것이
므로 이를 '구경각'이라고 한다. 여기서 원효는 '방편을 충만하게 갖
춤'을 궁극 깨달음에 나아가기 위한 '방편도(方便道)'라고 설명하고, '일
념상응'을 번뇌와 깨달음 사이에 간격이 없는 '무간도(無間道)'라고 설
명한다.

앞서 주상에 대해 원효와 법장이 다른 의견을 보인 것처럼 생상
에 대해서도 다른 주장을 한다. 원효는 "생상의 셋은 첫째는 업상(業
相)이고 … 둘째는 전상(轉相)이고 … 셋째는 현상(現相)이다. … 이 셋
모두가 아뢰야식 위에 있어서의 차별이다. … 이것을 매우 깊은 세
가지 생상이라고 이름한다."[61]라고 설명한다. 반면 법장은 전상과 현
상을 주상으로 간주하기에 생상에 속하는 것은 오직 업상 하나뿐이
다. "생상 하나는 업상을 말한다."[62]

이상 불각에서부터 구경각에 이르기까지의 네 단계의 과정에 대
해 원효와 법장의 설명을 비교하여 정리하면 다음과 같다.

---

61) 원효, 750상중, "生相三者, 一名業相 … 二者轉相 … 三者現相 … 此三皆是阿賴耶識位所
　　有差別 … 是名甚深三種生相."
62) 법장, 257중, "生相一者名爲業相."

<원효>   <법장>
멸상(의식)   멸상(의식)
↓   7(3신업+4구업)   기업상   1(기업상)   ↓
불각 ——————————   —————————— 불각
이상(의식)   계명자상   이상(의식)
6(탐·진·치·만·의·견)   집취상   2(계명자상·집취상)   ↓
                                                              상사각
↓   상속상   주상(의식/아뢰야식)
상사각 ——————————   4(상속상·지상/현상·전상)
주상(말나식)   지상(제7지 멸)
↓ 4(아치·아견·아애·아만)   ↓
수분각 ——————————
생상(아뢰야식)   현상(제8지 멸)
3(현상·전상·업상)   전상(제9지 멸)
                                                       —————————— 수분각
↓   업상(제10지 멸) 생상(아뢰야식)
구경각 ——————————   1(업상)   ↓
                                       —————————— 구경각

여기서도 문제는 결국 현상과 전상이다. 원효는 지상을 주상으로
보고, 현상과 전상과 업상의 3세상 모두를 생상으로 간주한다. 그러
므로 주상을 여의는 수분각을 얻는 보살은 지상이 멸하는 제7지 보
살이다. 반면 법장은 상속상과 지상뿐 아니라 현상과 전상까지도 모
두 주상으로 간주하고 오직 업상만을 생상으로 간주한다. 따라서 주
상을 멸하는 수분각의 보살은 전상까지 멸한 제9지 법신보살이다.
이와 같이 주상을 멸하는 수분각을 어느 지위에서 얻는가에 대한 의
견 차이는 결국 어디까지를 주상으로 이해하는가의 차이에 의한 것
이다. 원효는 상속상과 지상까지를 주상으로 보므로 지상이 멸하는
제7지에서 수분각이 가능하다고 보지만, 법장은 현상과 전상까지 주
상이라고 보므로 전상이 멸하는 제9지에서 비로소 수분각이 가능하
다고 본다.

이 때문에 경전에서 '만약 무념을 관찰할 수 있는 중생이 있다면, 그는 곧 부처의 지혜에 근접한 것이다'라고 말하기 때문이다.

是故修多羅說, 若有衆生能觀無念者, 則爲向佛智故.

마음에 념이 없음을 관찰한다는 것은 곧 무명 내지 망념에 의해 가려지지 않은 마음 자체인 마음 바탕을 관찰한다는 말이다. 무명을 벗은 마음 바탕이 곧 법성진여이며, 진여를 증득한 자가 곧 부처이고, 진여의 증득이 곧 부처의 지혜, 불지(佛智)를 이룬다. 그러므로 '무념의 관찰은 곧 불지로 향한다'고 말한다. 구경각을 얻음으로써 불지로 나아가게 되는 것이다. 무념의 관찰 내지 구경각을 인(因)으로, 그 결과 얻어지는 불지를 과(果)로 설명한 것이다.

또 마음이 일어나면 알 수 있는 초상이 없다. 그런데도 초상을 안다고 말하는 것은 곧 무념이라는 뜻이다.

又心起者, 無有初相可知. 而言知初相者, 即謂無念.

마음이 일어난다는 것, 마음이 동한다는 것은 마음에 념이 일어난다는 말이다. 마음에 일단 념이 일어나 생상(生相)이 생기고 나면, 마음은 그 생상에 가려 마음 본원을 보지 못하게 된다. 마음 본원에서 어떻게 해서 념이 일어나게 되는지, 그 처음의 모습, 초상을 알아낼 길이 없게 된다. 이렇게 마음에 념이 일어나는데 그것을 알아차리지 못하면, 그 념은 생하고 머무르고 변화하고 멸하면서 그 다음 념을 일으켜 업을 짓게 된다. 이런 방식으로 마음이 일어나고 분별망상이 일어나 우리는 그 념에 따라 온갖 업을 짓고 또 그 업력에 따라 육도윤회하게 되는 것이다.

반면 마음에 념이 일어나려 할 때 그 일어남의 순간을 알아차리면, 즉 초상을 알아차리면, 그 념은 그 자리에서 사라져 생주이멸로 이어지지 못한다. 이처럼 초상이 포착되어 사라지는 념은 결국 념이라고 할 수가 없고, 그래서 마음은 념이 없는 무념이 된다. 무념의 마음은 곧 깨닫는 마음이며, 념이 일어나지 않는 마음이다. 마음이 일어나지 않는다는 것은 마음 안에 허망분별의 망념이 일어나지 않는다는 말이다.

그러므로 일체 중생을 깨달았다고 부르지 않는 것은 본래부터 생각마다 상속하여 일찍이 념을 여읜 적이 없기 때문이니, (이것을) '시작이 없는 무명'(무시무명)이라고 한다.
是故一切衆生不名爲覺, 以從本來念念相續未曾離念故說無始無明.

일반 중생은 마음 안에 념이 일어나도 그것을 알아차리지 못하며, 념은 생주이멸을 거치면서 념에서 다음 념으로 끊임없이 이어진다. 이러한 념념상속으로 인해 마음은 결코 념을 여읜 무념에 이르지 못한다. 마음이 념을 여의지 못한다는 것은 마음이 마음 안에 떠오른 념만 바라볼 뿐 마음 근원을 알지 못한다는 것이다. 마음이 마음 자체를 모른다는 말은 결국 중생이 중생 자신을 모른다는 말이다. 이처럼 자기 자신을 자각하여 알지 못하는 것을 '무명(無明)'이라고 한다. 중생은 무시이래로 념념이 상속하고 있으므로, 무명은 무시이래

136

로 끊이지 않는다. 그러므로 이 무명을 '무시(無始) 무명'이라고 한다. 이 무명이 곧 중생심의 본래적 각성인 본각을 가리는 무명이며, 마음 바탕을 가리는 '근본 무명'이다.

만약 무념을 얻게 되면 곧 심상의 생주이멸을 알게 되니, 무념과 같기 때문이다. 그러면서도 실제로 시각의 (네 가지) 차이가 있지 않으니, (생주이멸의) 네 상이 동시적으로 있어 모두 자립적이 아니고 본래 평등하여 동일한 하나의 깨달음이기 때문이다.
若得無念者, 則知心相生住異滅, 以無念等故. 而實無有始覺之異, 以四相俱時而有, 皆無自立, 本來平等, 同一覺故.

무념(無念)을 얻는 것은 곧 마음이 마음 바탕인 심원(心原)에 이르는 것이다. 즉 마음을 가리는 마음의 상(相)을 여의고서 마음의 성(性)을 깨닫는 것이다. 마음에 떠올라 생주이멸하는 념이 곧 마음을 가리는 상이다. 념의 멸을 알면 멸상을 여의고, 변화(이)를 알면 이상을 여의고, 머무름(주)을 알면 주상을 여의고, 발생(생)을 알면 생상을 여윈다. 그러므로 념의 생주이멸을 알면 곧 생주이멸하는 념을 다 여의게 되고, 결국 무념이 된다. 그러므로 무념을 얻으면 곧 심상의 생주이멸을 알게 된다고 말한다.

지금까지 불각에서 구경각에 이르는 과정을 시각의 네 단계, 즉 불각, 상사각, 수분각, 구경각으로 구분하여 논하였다. 그러나 마음 근원의 깨달음의 차원, 무념의 차원에서 보면 마음은 본래 생주이멸이 없는 진여심이다. 그 마음 본래 자리에는 생주이멸하는 념이 있지 않으므로, 념의 생주이멸의 차이는 실로 허망한 차이와 망분별에 지나지 않는다.

생주이멸의 네 상이 동시에 있다는 것은 마음 바탕의 자리, 근본적 깨달음의 자리에서 보면 그 위에 그려지는 일체의 변화상은 본래 없는 것으로서 허망하게 생겨났다 허망하게 사라지는 것이기에 한순간의 허망분별로 간주될 수 있다는 것이다. 한 순간의 꿈 속에서 백 년의 삶을 산다면, 꿈 속에서는 백 년이 시간적으로 펼쳐져 시작과 끝의 차이가 있지만, 그러나 그것이 한 순간의 꿈이라면 그 꿈 속의 백 년 또한 한 순간의 사건에 지나지 않는다. 이처럼 구경각에 이르러서 보면 일체의 차이는 다시 사라지고, 각 단계는 모두 다 똑같은 본래 평등한 하나의 깨달음일 뿐이다.

원효는 이렇게 설명한다. "사상이 동시에 있다는 것은 마음에 의해 형성된 것이기에 일심 바깥에 별도의 체가 없다는 것이다. 그러므로 '동시적으로 있어 모두 자립적이지 않다'고 말한다. 모두 자립적이 아니므로, 본래 평등하며 동일한 하나의 본각이다."[63] 법장은 "사상이 어떻게 동시이고, 동시라면 왜 깨달음에 전후가 있는가?"[64]라는 물음에 대해 다음과 같이 답한다. "오직 하나의 꿈 같은 마음이 사상으로 유전하는 것이다. 꿈꾸는 사람의 자리에 처하면 전후가 있고, 각각 그 지력의 얕고 깊음에 따라 달리 깨닫는다고 말하게 된다. 그러나 크게 깨달은 자는 꿈의 사상이 오직 하나의 정심(淨心)일 뿐이며 전후를 나눌 수 있는 체성(體性)이 없다는 것을 안다. 이 때문에 '동시

---

63) 원효, 752하~753상, "四相俱有爲心所成. 離一心外無別自體, 故言俱時而有皆無自立. 皆無自立故本來平等, 同一本覺也."
64) 법장, 259중, "四相云何而得俱時, 旣其俱時, 何故上文覺有前後?"

적으로 있어 자립적이 아니다'라고 말한다. 그러므로 『섭대승론』에서는 '꿈의 자리에 처하여 세월을 보내도 깨달음은 잠깐이다. 그러므로 시간이 비록 무량해도 한 찰나에 포섭된다'고 말한다. 이 한 찰나가 바로 무념이다."[65] 본래 념이란 것이 있지 않는 허망한 것이기에, 념의 생주이멸이라는 그 시간적 전개 또한 근본으로 돌아가 보면 결국 무념의 한 찰나와 다를 바가 없는 것이다.

(2) 본각(本覺)

a. 수염본각

그 다음 본각은 염을 따라 분별하면 두 가지 상을 낳는데, 이것은 그 본각과 서로 분리되지 않는다. 무엇이 그 두 가지인가? 첫째는 '지혜의 청정한 상'(지정상)이고, 둘째는 '불가사의한 활동의 상'(부사의업상)이다.

復次本覺隨染分別, 生二種相, 與彼本覺不相捨離. 云何爲二? 一者智淨相, 二者不思議業相.


```
본각 ┬ 수염본각(隨染本覺) ┬ 1. 지정상(智淨相)        ─ 진여 본각의 상 = 여리지(如理智)
     │                    └ 2. 부사의업상(不思議業相)  ─ 진여 본각의 용 = 여량지(如量智)
     └ 성정본각(性淨本覺)                              ─ 진여 본각의 체
```


본각은 마음의 본체인 진여의 본래적 깨달음, 마음 바탕의 본래

---

65) 법장, 259중, "唯一夢心四相流轉. 處夢之士謂爲前後. 各各隨其智力淺深, 分分而覺. 然大覺之者知夢四相唯一淨心, 無有體性可辨前後. 故云俱時無有自立等也. 故攝論云, 處夢謂經年. 悟乃須臾頃. 故時雖無量攝在一刹那. 此中一刹那者卽謂無念."

적 자각성을 뜻한다. 본각은 본래 청정한 것으로 염오성을 여읜 것이지만, 그 마음 바탕이 염오의 념에 가려져 있는 일반 범부에게는 진여 본각이 청정한 모습 그대로 드러나지 않는다. 마음 바탕이 염오에 가려 있다면, 마음 바탕을 보고 본각을 자각하기 위해서는 마음 바탕을 가리는 염오를 제거해야 한다. 염오가 제거되는 만큼, 그렇게 제거된 염오를 따라 본각이 드러난다. 이는 마치 바닥을 보기 위해 그 위에 놓인 물건을 치우는 것과 같다. 치워진 그만큼 바닥이 보이겠지만, 그렇게 드러난 바닥은 전체의 바닥 그 자체가 아니라 그 위를 덮다가 치워진 물건의 크기에 따라 드러나는 바닥이다. 바닥이 그것을 덮고 있던 물건에 따라 드러나는 것처럼, 진여본각이 그것을 가리고 있던 염오에 따라 모습을 드러낼 때 그렇게 드러나는 본각을 '수염본각'이라고 한다. 반면 일체의 염오와 상관없이 마음 바탕 그 자체로 존재하는 청정한 모습의 본각을 '성정본각'이라고 한다.

비록 염을 따라 드러난다고 할지라도 그렇게 드러난 것은 여전히 진여본각이다. 따라서 수염본각은 진여본각 자체(체)가 본래 가지고 있는 속성(상)과 작용력(용)을 갖는다. 여기서 언급되는 수염본각의 두 모습은 각각 진여본각이 염에 따라 드러나는 상과 용에 해당한다.

진여본각은 일체 제법을 법계 일상(一相)으로 두루 아는 청정한 지혜이다. 이와 마찬가지로 수염본각은 '지혜의 청정한 모습'(지정상)을 가진다. 나아가 진여본각은 일체 제법의 근거로서 일체 제법을 형성하는 작용력을 가지며, 수염본각 또한 그러한 힘을 가진다. 그 청정한 지혜의 작용력은 오염된 우리의 일상 의식으로는 도저히 파악하기 힘든 불가사의한 것이기에 '불가사의한 업상'(부사의업상)이라고 불린다. 여기서 지정상은 여리지(如理智)에 해당하고, 부사의업상은 여량지(如量智)에 해당한다. 이하에서는 수염본각의 두 모습인 지정상과 부사의업상을 좀 더 상세히 설명한다.

① 지정상(智淨相)

'지혜의 청정한 상'(지정상)은 법력의 훈습에 의거하여 여실히 수행하고 방편을 충만하게 갖춤으로써 화합식의 상을 깨뜨리고 상속심의 상을 멸하여 법신을 드러내니, 그 지혜가 순수하고 맑기 때문이다.

智淨相者謂依法力熏習, 如實修行滿足方便故, 破和合識相, 滅相續心相, 顯現法身, 智淳淨故.

화합식(和合識, 아뢰야식)의 상 ┐ 두 상을 멸하면 드러나는 법신(法身) = 지정상(智淨相)
상속심(相續心, 말나식)의 상 ┘

  망념을 지우고 확인된 본각, 즉 수염본각의 모습은 어떠한가? 수행을 통해 마음을 염오심에서부터 청정심으로 바꾸어갈 때 드러나는 마음의 모습은 어떠한가? 여기서는 수행을 '법력의 훈습(熏習)에 의해 일어나는 여실한 수행'이라고 말한다. 법력이란 진여의 힘을 말하며, 따라서 법력의 훈습은 곧 진여훈습을 뜻한다. 진여훈습으로 마음을 닦아나가면 마음은 무엇인가를 이룰 수 있는 힘을 갖게 되는데, 이를 '방편(方便)을 구족한다'고 말한다.

  진여훈습을 통해 얻어지는 힘, 구족되는 방편은 무엇인가? 중생심의 심체는 본래 불생불멸하는 청정한 진여심이지만, 중생이 자기 마음을 그런 것으로 자각하여 알지 못하면 그 무명으로 인해 중생은 자신을 마음 안에 그려진 염오의 념을 따라 그렇게 생멸하는 생멸심으로 여기게 된다. 이처럼 마음 본래의 불생불멸과 무명으로 인한 생멸이 화합하여 형성된 화합식이 '아뢰야식'이다. 무명의 중생은 그러한 화합식으로 살아간다. 진여훈습의 수행을 통해 얻어지는 힘은 범부의 '화합식의 상을 깨뜨리고 상속심의 상을 멸한다'. 화합식의 상을 깨뜨린다는 것은 불생불멸의 진여심과 생멸이 결합되어 있는 아뢰야식에서 망념과 망상으로 인한 생멸상을 깨뜨려 없애 아뢰야식 본래의 청정한 성품, 불생불멸의 진여 성품만을 남겨놓는다는 말이다. 또 상속심의 상을 멸한다는 것은 말나식의 집착에 의해 념념으로 이어지는 념의 상속상을 멸하여 더 이상 념의 상속이 일어나지 않게 하는 것을 뜻한다. 이와 같이 화합식상을 파하고 상속심상을 멸한다는 것은 곧 마음 근원을 가리는 오염된 상을 모두 제거한다는 말이다. 그렇게 염오의 상이 제거되면, 마음은 마음 자체를 드러내게 된다. 중생의 마음 자체는 무엇인가? 그것이 바로 진여법신이다. 그러므로 '화합식상을 파하고 상속심상을 멸해서 법신을 드러낸다'고 말한다.

그렇다면 그런 식으로 드러나는 법신은 어떤 모습인가? 법신은 그 자체 생명이고 마음이다. 일체의 오염과 허망분별을 여읜 절대의 마음, 전체로서 하나의 마음, 일심이다. 한마디로 진여본각이다. 그러므로 일체의 염상을 멸하고 드러나는 청정 법신의 모습을 지혜의 순수하고 맑은 모습, 지혜의 청정한 모습, '지정상'이라고 말한다.

이 의미는 무엇인가? 일체 심식의 상은 모두 무명이며, 무명의 상은 깨달음의 성품을 여의지 않기에 파괴될 수 있는 것도 아니고 파괴될 수 없는 것도 아니기 때문이다.

무명의 상(b)
마음의 성(a) ┤ 심식의 상(a+b)은 ┌ b로 인해 '불가괴(不可壞)' 아님
                              └ a로 인해 '가괴(可壞)' 아님

마음의 생멸상과 상속상을 걷어내고 그 기반이 되는 마음 자체, 즉 법신을 드러낸다는 것이 무슨 의미인지를 설명한다. 법신이 생멸이나 상속의 모습을 띤 심식으로 드러나게 되는 것은 무명 때문이다. 그런데 무명은 명(明)에 기반한 것, 불각은 각성에 기반한 것이다. 결국 무명과 명, 불각과 각은 서로 분리된 것이 아니다. 근본적으로 마음은 자기자각성인 본각이 있는데, 그것을 스스로 자각하여 그런 것으로 알지 못하기에 념이 일어나고 그로 인해 본각이 망각된다. 따라서 무명이 있다는 것은 바로 그 자리에 본래의 각성이 있다는 것, 본각이 있다는 것을 뜻한다.

그러므로 무명의 상은 단지 무명(b)의 모습만 띠는 것이 아니라, 그것을 가능하게 한 각성(a)의 측면도 포함하고 있다. 따라서 무명을 제거할 때에도 무명이 드러내는 고습 중에서 무명 자체는 파괴되지만, 그 안에 함께 있던 각성의 측견은 끝까지 파괴되지 않고 남겨지는 것이다. 그러므로 심식의 상에 대해 (각성이 남으므로) 파괴될 수 있는 것이 아니고, (무명이 제거되기에) 파괴될 수 없는 것도 아니라고 말한다.

마치 큰 바다의 물이 바람의 파도에 의해 움직이는데 물의 모습과 바람의 모습이 서로를 여의지 않지만, 물은 움직이는 성품이 아니므로 만일 바람이 멎으면 움직이는 모습은 따라 멸하되 습한 성품

은 파괴되지 않는 것과 같기 때문이다.

如大海水因風波動, 水相風相不相捨離, 而水非動性, 若風止滅, 動相則
滅, 濕性不壞故.

여기에서는 불생불멸의 마음에 무명으로 인해 허망한 생멸상이 나타나는 것을 큰 바닷물에 바람이 불어 파도가 이는 모습에 비유한다. 바다의 물은 청정한 마음이고, 거기 부는 바람은 무명이다. 물의 본성은 습성일 뿐이고 움직이는 동성은 없다. 그런데 무명의 바람이 불면, 바람의 동성으로 인해 파도가 인다. 일단 파도가 일면, 습성의 물이 곧 동상의 물이 된다. 움직이는 파도가 곧 물의 파도이기에, 둘이 분리되지 않기 때문이다. 그러나 바람이 그쳐서 파도가 그칠 때는 파도의 움직임만 사라지지 파도의 물까지 함께 사라지는 것은 아니다. 물의 동상만 사라지고 물의 습성은 남는 것이다. 이것은 물이 처음부터 끝까지 본래 동성을 갖고 있지 않기 때문이다. 본래 마음에 무명은 없는 것이다. 물이 바람으로 인해 움직이긴 해도 물 자체에 본래 동성은 없고 습성만 있듯이, 마음이 무명으로 인해 움직이긴 해도 마음 자체에는 본래 무명의 움직임은 없고 본래적 각성만 있을 뿐이다.

이와 같이 중생의 자성청정심이 무명의 바람에 의해 움직이는데 마음과 무명은 모두 형상이 없어 서로를 여의지 않지만, 마음은 움직이는 성품이 아니므로 만일 무명이 멸하면 이어짐(상속)은 따

144

라 멸하되 지혜의 성품(지성)은 파괴되지 않기 때문이다.

如是衆生自性淸淨心因無明風動, 心與無明俱無形相, 不相捨離, 而心非
動性, 若無明滅, 相續則滅, 智性不壞故.

무명(상속b) ┐ 마음이 상속상(a+b)을 보임 → 무명이 멸하면 ┌ 상속상은 멸하고
마음(지성a) ┘   └ 지성은 남음

　　마음은 본래 지혜의 각성만 갖고 있을 뿐 생멸의 상이 없다. 무명에
따라 생멸상을 보이지만, 본래 마음에는 무명도 없고 생멸상도 없다.
그러므로 무명이 사라지면 무명으로 인한 허망 분별상과 허망 집착이
사라지며, 결국 마음 본래의 모습인 청정한 지혜가 드러나게 된다.

　　여기서 강조하는 것은 마음의 각성, 여래성은 위의 'a + b'로 나타
나는 생멸상 안에서 작용하는 불생불멸의 성이지, 아예 b를 배제하
고 어떠한 모습으로도 나타나지 않는 불변의 것은 아니라는 것이다.
바람으로 인해 움직이는 파도와 부동의 물이 구분된다고 해서, 움직
이는 파도를 떠나 물을 찾을 수는 없다는 말이다. 파도치는 바다 바
깥에서 따로 물을 구할 것이 아니다. 파도에서 움직이는 상(相)만을
버려야지, 그 상 너머 성(性)까지 통째로 버려서는 안 되는 것이다. 물
은 움직이는 파도 안에 있지 파도 바깥에 따로 있는 것이 아니기 때
문이다. 움직이는 중생 안에 부처가 있지, 중생 바깥에 따로 부처가
있지 않다. 중생심 너머에 여래심이 따로 있는 것이 아니다.

② 부사의업상(不思議業相)

'불가사의한 활동의 상'(부사의업상)은 지정상에 의거하여 일체의 수
승하고 신비한 경계를 만들 수 있다. 이른바 무량한 공덕상은 항

상 단절이 없으며 중생의 근기에 따라 자연스럽게 상응하여 갖가
지로 나타나 이익을 얻기 때문이다.

不思議業相者以依智淨相,[66] 能作一切勝妙境界, 所謂無量功德之相, 常
無斷絶, 隨衆生根自然相應, 種種而見得利益故.

마음이 허망 분별과 허망 집착을 버리고 청정한 본성을 회복하
면, 마음은 불가사의한 작용력을 가지게 된다. 이를 '부사의업상'이라
고 한다. 수행을 오래 한 사람은 수행을 하지 않은 일반 사람과 다르
게 뭔가 비범한 능력, 기적과도 같은 일을 행할 수 있는 능력을 가진
다. 예를 들어 앞으로 일어날 일을 예견한다거나 남의 마음을 정확히
헤아린다거나 다른 이의 고통을 없애준다거나 인간 이외의 중생과
의사소통을 한다거나 하는 것 등이 그것이다. 이런 능력은 보통 사람
의 일반 상식으로는 헤아려 알기 어렵기 때문에 이를 불가사의한 작
용의 모습, '부사의업상'이라고 부른다. 그렇지만 이런 능력은 근거
없이 일어나는 것이 아니라, 수행자가 수행을 통해 마음 안의 분별상
을 제거하고 마음 바탕의 법신을 드러내어 청정한 지혜를 얻음으로
써 가능한 일이다. 그래서 '부사의업상은 지정상에 의거한다'고 말한
다. 마음의 불가사의한 작용력은 진여법신의 청정한 지혜의 힘에서
비롯되는 것이다.

그런데 다시 생각해보면 우리의 일상 삶 자체가 그 어느 것도 불
가사의하지 않은 것이 없다. 지수화풍으로 구성된 몸이 뜨거운 피를
돌리며 호흡하고 있다는 것, 내가 숨 쉴 수 있게 대지 위에 푸르른 나

---

66) 『고려대장경』에는 '相' 자가 없다.

무가 살아 있고, 저 멀리 태양이 빛과 열기를 보내고 있다는 것, 내가 손을 내밀면 사랑하는 사람이 그 손을 잡아 주고 서로 마주볼 수 있다는 것, 이런 것들이 다 불가사의한 일인 것이다. 그 어느 것 하나도 나의 분별적 의식의 힘으로 성취될 수 있는 것이 아니기 때문이다. 이처럼 헤아릴 수 없이 무량한 모든 불가사의한 일이 전부 다 우리 중생의 마음 바탕인 진여법신의 지혜가 일으키는 신비한 작용이다. 법신의 지혜공덕으로 인해 이런 불가사의한 일이 '항상 끊임없이' 일어나고 있기에 우리는 자신 안의 진여법신을 그 자체로 알아차리지 못하고, 일체를 그냥 '자연(自然)'으로 여기면서 다만 그 공덕의 혜택만을 누리고 있을 뿐이다.

b. 성정본각(性淨本覺)

그 다음 각(覺) 자체의 상에는 네 가지 큰 의미가 있는데, 이는 허공과 같고 마치 맑은 거울과 같다. 무엇이 그 네 가지인가?
復次覺體相者有四種大義, 與虛空等, 猶如淨鏡. 云何爲四?

여기서는 청정한 본각 자체의 모습을 네 가지로 밝힌다. 본각은 중생심 안의 진여법신의 자각성 내지 지혜를 의미한다. 이것은 일반 중생이 무명과 염오의 념에 가려 자신 안의 진여법신을 자각하지 못한다고 할지라도 중생의 마음 바탕으로서의 진여법신이 본래적으로 가지고 있는 자각성인 본각의 의미를 드러내고자 하는 것이다. 진여법신이 언제나 자체적으로 발하고 있는 빛을 강조하는 것이다. 이처럼 모든 중생 안에 두루 작용하고 있는 진여법신의 청정한 본각의 모습, 성정본각의 모습을 이하에서는 일체 세간 사물을 비추는 맑은 거울에 비유한다. 즉 본각을 다음과 같은 네 가지 이름의 거울에 비유한다.

1. 여실공경(如實空鏡): 일체의 경계상을 떠나 있음　　─ 공(空)
2. 인훈습경(因熏習鏡): 그 안에 세간 경계가 나타남　　─ 불공(不空)
3. 법출리경(法出離鏡): 장애를 벗은 맑은 지혜를 지님　─ 불공(不空)
4. 연훈습경(緣熏習鏡): 중생을 수행하게 함

첫째는 '여실하게 빈 거울'(여실공경)이니, 일체 마음의 경계상을 멀리 여의어 드러낼 수 있는 법이 없다. '각(覺)으로써 비춤'(각조)의 의미가 아니기 때문이다.
一者如實空鏡, 遠離一切心境界相, 無法可現. 非覺照義故.

본각은 각각의 중생심 안의 진여법신이 가지는 자각성, 깨어 있음, 지혜 자체이다. 따라서 본각은 일체의 허망 분별상을 여읜 것이다. 우리는 사물이 눈앞에 주어지면 그것을 대상으로 삼아 의식이 활동하기에, 흔히 자신의 마음을 대상을 따라 일어나는 반연심으로만 여긴다. 그러나 마음의 깨어 있는 각성은 사물에 의해 비로소 형성되는 것이 아니라 마음 자체가 본래부터 가지고 있는 것이다. 마음 심층의 진여법신이 일으키는 본각(本覺)인 것이다.

이러한 마음 본래의 각성은 텅 빈 거울에 비유된다. 거울은 그 앞에 주어지는 일체 사물을 비추어내지만, 그 비춤의 힘은 사물로부터 생겨나는 것이 아니라 거울 자체가 가지고 있는 힘이다. 거울 앞에 아무 사물도 없고 거울 안에 어떤 상이 그려지지 않아도 거울은 그 자체로 일체를 비추는 힘을 가지고 있다. 이와 마찬가지로 중생심 안의 진여법신은 그 자체 깨어 있는 각성, 본각을 가지고 있고, 일체 중생은 그 본각에 의거하여 일체 사물을 비추어 알 수 있다. 이 점에서 일체 중생의 본각은 텅 빈 거울에 비유된다.

그러나 진여법신의 본각은 일체를 법계 일상으로 평등하게 아는 것이지, 각각의 사물(법)을 각각의 차별적 모습으로 밝혀 아는 것이 아니다. 그래서 여기서는 본각을 사물 각각을 비추어 밝혀 아는 각조(覺照)와 구분하고 있다.

둘째는 '인(因)으로서 훈습하는 거울'(인훈습경)이니, 여실한 불공(不空)으로 일체 세간 경계가 모두 그 안에 나타나 나가지도 들어가지도 않고 없어지지도 파괴되지도 않아 항상 일심에 머무르는 것을 뜻한다. 일체법이 모두 진실성이기 때문이다. 또 일체 염법에 의해 오염될 수 없으니 지혜의 체가 움직이지 않고 무루(無漏)를 구족하여 중생을 훈습하기 때문이다.
二者因熏習鏡, 謂如實不空, 一切世間境界悉於中現, 不出不入, 不失不壞, 常住一心. 以一切法卽眞實性故. 又一切染法所不能染, 智體不動, 具足無漏, 熏衆生故.

자신 안의 청정한 진여법신을 자각하지 못하고 언제나 염오의 념에 매달려 사는 무명 중생이 과연 어떻게 무명을 벗고 자신의 진여성을 자각할 수 있을까? 염오에 물든 마음을 청정하게 바꿔놓는 힘은 과연 무엇인가? 기신론은 이것을 중생 안의 진여 내지 진여본각 자체라고 말한다. 번뇌에 물든 중생이 그럼에도 불구하고 청정함으로 바뀔 수 있는 것은 중생의 마음 안에 스스로 자각하든 못 하든 이미 진여본각이 항상 빛을 발하고 있기 때문이다. 마음 심층의 이 진여본각이 염오에 물든 중생을 다시 청정하게 물들인다. 그래서 이 진여본각을 중생을 청정하게 물들이는 '정법훈습의 직접적 원인이 되는 거울'이란 의미로 '인훈습경'이라고 부른다.

진여심 자체는 빈 거울과 같아 그 앞에 주어지는 현상세계 사물과 구분되기에 공이라고 할 수 있지만, 그 마음으로부터 일체 현상사물이 생성되고 유지된다는 점에서는 불공이다. 일체 세간 경계인 현상 세계 사물들은 모두 마음에 드러나고 마음에 비추어진 마음의 경계이다. 어느 것도 그 마음 바깥으로 나가지도 못하고[不出], 또 마음 바깥에 있다가 안으로 들어오는 것도 아니다[不入]. 그리고 그 마음 안에서 사라지지도 않고[不失] 파괴되지도 않는다[不壞]. 이처럼 마음은 일체를 포섭하고 일체 경계를 생성하는 근거라는 점에서 불공이다. 묘유(妙有)를 산출하는 진공(眞空)이기에 불공인 것이다.

그러면서도 진여본각은 그 마음에 떠오르는 마음의 경계에 의해 물들지 않는다. 마음 자체는 순수한 지혜를 일으키는 본체로서 생멸을 넘어선 부동의 존재이며, 중생이 궁극의 깨달음에 이르도록 '번뇌 없음'인 무루(無漏)를 구족하여 중생심을 청정으로 훈습하기 때문이다.

셋째는 '법으로서 (번뇌를) 여읜 거울' (법출리경)이니, 불공법으로서 번뇌적 장애와 지적 장애를 벗어나고(출) 화합상을 여의었음(리)을 뜻한다. 순수하고 맑고 밝기 때문이다.

三者法出離鏡, 謂不空法, 出煩惱得智得, 離和合相. 淳淨明故.

150

　　진여본각은 빈 거울처럼 그 앞에 주어지는 사물과 구분되기에 거울처럼 비어 있다는 의미에서 여실한 공이지만, 그러나 청정하고 맑은 지혜를 가지고 있어 무량한 불가사의한 공덕을 발휘하므로 단순한 공이 아니라 불공(不空)이다. 여기서는 본각 자체가 유루의 번뇌와 장애를 벗어나고(출) 염오의 화합상을 여의어(리) 결국 일체 유루법을 출리(出離)하였다는 의미에서 이를 '법출리경'이라고 부른다. 일체의 유루를 여읜 본각은 곧 순수하고 맑고 밝은 청정한 지혜 자체이다.

넷째는 '연(緣)으로서 훈습하는 거울'(연훈습경)**이니**, 법출리경에 의거하여 중생의 마음을 두루 비추어 선근을 닦게 함을 뜻한다. 념에 따라 드러내기 때문이다.

四者緣熏習鏡, 謂依法出離故, 遍照衆生之心, 令修善根. 隨念示現故.

　　일체의 번뇌와 장애, 염오의 념을 여읜 청정한 지혜의 마음은 다른 사람의 마음에도 맑은 기운으로 작용한다. 즉 다른 사람의 번뇌의 마음으로 하여금 자신 안의 진여성을 발견하게 하고 선근을 닦게 하여 청정하게 한다. 이처럼 청정한 지혜인 본각은 타인의 정법훈습(淨法熏習)의 도움이 되는 연(緣)이 되기에 이를 '연훈습경'이라고 부른다. 일체의 장애를 벗은 본각의 빛은 무명에 물든 다른 중생의 마음까지도 널리 비추어 그 다른 중생으로 하여금 선근을 닦아 염오의 념을 벗어 진여본각이 드러나도록 돕기 때문이다.

3) 불각(不覺)

이른바 '불각의 의미'는 진여법이 하나라는 것을 여실하게 알지 못하기 때문에 자기도 모르게(불각) 마음이 일어나 그 념이 있게 되는 것을 뜻한다.

所言不覺義者謂不如實知眞如法一故, 不覺心起, 而有其念.

진여법이 하나임을 모름   →   불각으로 마음이 일어남
〈근본불각〉   〈지말불각〉

진여법은 진여라는 존재(법), 곧 진여 자체를 말한다. 진여는 곧 진여심이다. 진여심은 불생불멸의 마음이며 절대 평등의 마음이다. 따라서 차별상을 여읜 하나의 마음, 일심인데, 이때의 하나는 하나 둘 셋의 하나가 아니라 전체를 포괄하여 그 바깥이 없는 무외(無外)의 하나, 절대의 하나이다. 이처럼 진여법이 하나라는 이 진여의 실상을 여실하게 알지 못하는 것이 바로 '불각(不覺)'이다. 자신의 마음 바탕인 진여를 깨닫지 못하는 불각을 '근본불각(根本不覺)' 또는 '근본무명(根本無明)'이라고 한다.

진여법이 절대의 하나라는 것을 알지 못하는 근본무명에 근거해서 비로소 마음이 일어나고 념이 일어나고 상(相)이 생긴다. 이렇게 근본무명에 입각해서 일어나는 마음의 불각을 근본무명에 입각한 '지말무명(枝末無明)' 내지 '지말불각'이라고 한다. 허망 분별과 허망 집착을 일으키는 허망한 념의 불각이 지말불각이다.

넘은 자상이 없기에 본각을 여의지 않는다. 마치 길을 헤매는 사람은 방향에 의거하기 때문에 헤매는 것이지 만약 방향을 여읜다면 곧 헤맴도 없는 것처럼, 중생 또한 이와 같이 깨달음에 의거하기 때문에 미혹하는 것이지 만약 '깨달음의 본성'(각성)을 여읜다면 곧 '깨닫지 못함'(불각)도 없다.

念無自相, 不離本覺. 猶如迷人依方故迷, 若離於方, 則無有迷, 衆生亦尒, 依覺故迷, 若離覺性, 則無不覺.

불생불멸의 진여본각 안에 일어나서 생멸하며 상속하는 념은 모두 허망분별의 망념이기에 그 자체로 존재하거나 그 자체의 모습을 갖고 있지 않다. 즉 자성도 없고 자상도 없다. 그러므로 진여심의 본각과 별도로 따로 존재하는 것이 아니다. 중생에게 본래 본각이 있기에 그 안에 불각의 념도 떠오를 수 있는 것이다.

길을 헤매는 자의 헤맴은 이기 동서남북의 방향을 그 지표로서 설정해 놓고 그것을 알지 못하기에 헤매는 것이라고 말할 수 있다. 만일 방향 자체를 지표로 설정하지 않으면 헤맴이란 것이 성립하지 않는다. 마찬가지로 오직 본각의 전제 위에서만 불각이 성립한다. 중생을 미혹한 자라고 말하는 것도 이미 그 중생에게 깨달음의 본성인 각성이 내재해 있기에 가능한 것이며, 단약 각성이 없다면 불각이란 것도 성립하지 않을 것이다.

불각의 망상심이 있기 때문에 이름의 의미를 알 수 있어 '진정한 깨달음'(진각)이라고 말한다. 만약 불각의 마음을 여의면 진정한 깨달음의 자상이라고 말할 만한 것도 없다.

以有不覺妄想心故, 能知名義, 爲說眞覺. 若離不覺之心, 則無眞覺自相可說.

각성이 없으면 불각도 없지만, 불각의 망념이 없다면 각성에 대한 언설 또한 있을 수 없을 것이다. 불각으로 인한 망상심이 있고 그 망상심에 떠오르는 망념이 있기에 그 망념이 일으키는 이름의 분별을 따라 이름의 의미를 파악하게 되는 것이다. 진정한 깨달음이라는 '진각(眞覺)'을 말할 수 있는 것은 진각이 아닌 망상심에 상대해서 가능한 것이다. 즉 '망(妄)'의 반대인 '진(眞)'으로서 성립하는 것이다. 만일 불각의 마음을 여읜다면, 진각이라고 말할 만한 모습 또한 있지 않다. 진여는 일체의 분별, 일체의 상을 떠난 절대의 하나이며, 진여본각은 일체의 분별적 언설을 여읜 것이기 때문이다. 결국 각과 불각, 진과 망의 분별조차도 절대 무분별의 진여 차원에서 보면 허망하게 이름을 따라 분별되는 망경계라고 할 수 있다.

(1) 불각(不覺)의 3세상(細相)

그 다음 불각에 의거하기 때문에 세 가지 상이 생겨 저 불각과 상응하여 여의지 않는다. 무엇이 그 세 가지인가?

復次依不覺故生三種相, 與彼不覺相應不離. 云何爲三?

```
근본불각(根本不覺)    →    지말불각(枝末不覺)
= 근본무명: 인(因)          = 3세상(細相)
                              1. 무명업상(無明業相)
                              2. 능견상(能見相)
                              3. 경계상(境界相)
```

여기서부터는 불생불멸의 청정한 진여심으로부터 어떻게 생멸하는 생멸심 내지 그 생멸심의 경계로서 생멸하는 현상 세계가 형성되는지를 설명한다. 불생불멸의 마음 본체에 대한 깨달음이 없는 불각으로 인해 망념과 망분별과 망집착이 일어나기 때문에 생멸하는 경계가 형성되는 것이다. 진여법성을 모르는 근본불각 때문에 마음이 일어나 념과 상이 생겨 다양한 생멸의 현상세계가 전개된다.

불각으로 인해 생겨나는 상 중에서 우선 세 가지 미세한 상을 논한다. 미세한 상이라고 하는 것은 우리의 거친 일상의 의식은 그것을 제대로 포착하지 못하기 때문이다. 미세한 세 가지 상의 형성은 우리의 심층식인 아뢰야식에서 발생하며, 따라서 우리의 표층적인 제6의식은 그것을 분별하여 알지 못한다.

원효는 여기서 3세상과 6추상이 어느 식의 지위에 있는 것인가를 분명히 한다. "이 중 앞의 세 가지 상은 미세하여 아뢰야식의 지위에 있고, 뒤의 여섯 가지 추상은 나머지 칠식이다. 다만 저 근본무명에 대비하면 모두 근본무명으로 인해 일으켜진 지말(枝末)이기에 통틀어 지말불각(枝末不覺)이라고 부른다."[67]

a. 무명업상(無明業相)

첫째는 '무명의 업의 상'(무명업상)이니, 불각에 의거하기 때문에 마음이 움직이는 것을 업이라고 부른다. 깨달으면 움직이지 않는다. 움직이면 괴로움이 생기니, 결과(고)가 원인(동)을 여의지 않기

---

67) 원효, 756상, "此中先三相是微細猶在阿黎耶識位. 後六麤相是餘七識. 但望彼根本無明, 皆是所起之末, 通名枝末不覺也."

때문이다.

一者無明業相, 以依不覺故心動說名爲業. 覺則不動. 動則有苦, 果不離因故.

마음이 마음 자체를 자각하여 알지 못하면, 마음의 본래 상태에 머물러 있지 못하고 움직이게 된다. 마음이 스스로를 알지 못하는 것이 깨달음 없는 불각이니, 불각에 의해 마음이 움직이게 되는 것이다. 마음의 움직임, 마음의 활동을 마음의 행위라는 의미에서 업(業)이라고 하고, 그 활동이 무명에서 비롯되기에 '무명업'이라고 한다. 이 무명업의 모습이 '무명업상'이다.

마음이 움직이고 활동한다는 것은 마음이 전체에서 부분으로, 충만에서 결핍으로 나아간다는 것이다. 따라서 움직인다는 것, 활동한다는 것은 괴로운 것이다. 전체로서의 자신을 깨달아 고요히 머물러 있으면 고통이 없을 텐데, 그러한 깨달음이 없어 전체의 하나에 머물러 있지 못하고, 자신을 부분으로 한정시키며 운동함으로써 고통을 야기하게 된다. 불각, 즉 무명으로 인해 마음이 움직여 고통을 받게 되는 것이다. 무명이 원인이고, 그 결과가 고통이다. 그러므로 결과가 원인을 여의지 않아 '움직이므로 괴롭다'고 말한다.

b. 능견상(能見相)

둘째는 '능히 보는 상'(능견상)이니, (마음의) 움직임에 의거하기 때문에 능히 본다. 움직이지 않으면, 보는 것도 없다.

二者能見相, 以依動故能見. 不動則無見.

무소부재, 부증불감의 마음이 스스로를 그러한 전체로서 알지 못하고 활동하기 시작하는 모습이 무명업상이다. 자신을 모르는 무명으로 인해 마음의 활동인 업이 시작된다. 그렇다면 그 활동은 구체적으로 어떤 것인가?

마음의 움직임이 무명 내지 불각으로 인한 것이라는 말은 곧 마음은 자기 자신을 알지 못하기에 움직인다는 것이다. 어떤 방향으로 움직이는가? 알지 못하기에 알고자 한다. 자신을 알지 못하는 무명이 있기에, 자신을 알고자 움직이게 된다. 마음은 자신을 알기 위해 자신을 보고자 한다. 이와 같이 자기 자신을 보고자 함으로써 생겨나는 모습이 곧 '능히 보는 자의 모습'인 '능견상(能見相)'이다. 마음은 무명업상에 따라 움직여서 결국 능견상이 된다. 그리고 그렇게 보는 자로 등장함으로써, 보는 자 이외의 나머지 것들은 '보여진 것'으로 남겨지게 된다. 이렇게 해서 전체로서의 마음 안에는 '보는 자'와 '보여진 것'의 분열이 생겨난다.

이와 같이 무명으로 인해 일어나는 마음의 활동은 바로 분할되지 않는 전체로서의 마음 안에서 행해지는 자기 분열이다. 이러한 이원화를 통해 보는 자의 모습인 능견상이 생겨나며, 이 보는 자에 의해 보여진 것들이 다시 보는 자의 대상인 경계(境界)로 나타나게 된다. 이것이 바로 능견상에 따라 등장하게 되는 '보여진 것'의 모습인 '경계상'이다.

c. 경계상(境界相)

셋째는 '경계의 상'(경계상)이니, 능견에 의거하기 때문에 경계가 허망하게 나타난다. 보는 것을 여의면, 경계도 없다.

三者境界相, 以依能見故境界妄現. 離見則無境界.

전체로서의 마음이 스스로의 활동에 의해 이원화되면, 마음은 자신을 보는 자로서 안다. 이렇게 마음에 일어나는 보는 자로서의 모습이 능견상이고, 이 보는 자에 의해 보여지는 것으로 나타나는 모습이 바로 마음의 대상, 즉 경계의 모습인 '경계상'이다. 보는 자가 있기에 보여지는 것으로서의 경계가 있다. 만일 보는 자의 보는 활동이 없다면, 보여지는 것으로서의 경계 또한 없을 것이다. 경계가 허망한 것은 우선 경계가 무명의 업에 의해 보는 자와 보여진 것의 허망 분별을 통해 나타나는 것이기 때문이고, 또 보는 자에 의거하여서만 보여지는 것으로 나타나는 것이기 때문이다. 이처럼 경계는 허망하게 나타나는 것이다.

무명에 의해 시작되는 마음의 활동인 무명업상과 그 마음의 활동을 통해 이원화된 두 모습, 즉 보는 자로서의 능견상과 보여지는 것으로서의 경계상은 모두 심층 마음인 아뢰야식이 형성하는 상이다. 그러므로 우리의 일상적인 표층 의식은 이러한 심층 아뢰야식의 활동을 그런 것으로서 알아채지 못한다. 그러기에 기신론은 이 세 가지 모습을 미세한 상이라고 부른다.

1. 무명업상(無明業相) : 아뢰야식의 활동
2. 능견상(能見相) : 보는 능력을 가진 인식 주관
3. 경계상(境界相) : 주관에 의해 보여지는 경계로서의 객관 세계

(2) 불각(不覺)의 6추상(麤相)

경계의 연이 있기 때문에 다시 여섯 가지 상이 생긴다. 무엇이 그 여섯 가지인가?

경계(境界)　→　6추상(麤相)
= 연(緣)　　　　1. 지상(智相)
　　　　　　　　2. 상속상(相續相)
　　　　　　　　3. 집취상(執取相)
　　　　　　　　4. 계명자상(計名字相)
　　　　　　　　5. 기업상(起業相)
　　　　　　　　6. 업계고상(業繫苦相)

불교에서 '연(緣)'은 '인연'에서처럼 '조건'을 뜻하기도 하고, '능연(能緣)' 또는 '소연(所緣)'에서처럼 인식대상을 포착하는 '지각'을 뜻하기도 하고, 다시 그 두 의미가 더해져서 지각의 조건으로서의 '인식대상'을 뜻하기도 한다. 여기에서의 '연'은 앞의 두 의미를 포함한 세 번째 의미로 이해될 수 있겠다.

마음이 무명으로 인해 움직여 주관과 객관, 능견(能見)과 경계(境界)를 형성하는 것은 마음 심층 아뢰야식에서 일어나는 일이며, 그 활동 자체는 아주 미세하여 우리의 표층 의식이 알아차리지 못한다. 그렇지만 그러한 활동 결과 형성된 경계상은 우리 마음에 대상인 연으로 주어지며, 우리의 마음은 그렇게 주어진 경계상을 대상으로 취하여 활동한다. 이처럼 경계상을 취하여 일어나는 그 다음의 상을 여섯 가지 거친 상이라고 부른다.

a. 지상(智相)

첫째는 '아는 상'(지상)이니, 경계에 의거하여 마음이 일어나 애와 불애를 분별하기 때문이다.

아뢰야식에 의해 형성된 경계상을 인연으로 하여 마음 표층에 가장 먼저 일어나는 상은 '아는 모습'인 '지상(智相)'이다. 원효는 이 지상을 말나식의 작용으로 보아, "(6추상 중의) 처음 하나의 상은 제7식이다"[68]라고 말한다. 아뢰야식이 그려낸 경계상의 바탕 위에 가장 먼저 작동하는 식이 바로 '나는 나다'라는 주관의식 또는 자아의식인 제7 말나식이기 때문이다.[69]

이러한 말나식의 작용을 원효는 "본식을 연하여 그것을 계탁해서 자아(아)라고 여기고, (본식에 의해) 드러난 경계를 연하여 그것을 계탁해서 세계(아소)라고 여긴다."[70]고 설명한다. 말나식은 아뢰야식의 활동을 본각으로 자각하지 못한 상태에서 그것을 대상화하여 '자아'로 간주하고, 또 아뢰야식의 활동을 통해 드러난 경계를 자신의 대상인 아소로 간주한다. 이처럼 말나식은 아와 아소의 분열, 애와 불애의 분별을 일으키는 식이다. 그러므로 지상은 '경계에 의해 마음이 일어나 애와 불애를 분별한다'고 말한다.

b. 상속상(相續相)

둘째는 '상속하는 상'(상속상)이니, 지(智)에 의거하기 때문에 그 고락을 자각하는 마음(각심)이 생겨서 넘을 일으켜 상응하여 끊어지지 않기 때문이다.

---

68) 원효, 757상, "初之一相是第七識."
69) 반면 법장은 지상으로 시작된 여섯 추상을 모두 의식의 상으로 간주하며, 스스로 묻는다. "6추는 의식에 속한다. 어째서 말나식을 설하지 않는가?(六麤屬意識. 何故不說末那識耶)" 이 물음에 대해 법장은 앞서 이미 아뢰야식을 설하였는데 말나식은 반드시 거기 상응하므로 다시 말할 필요가 없고, 이제부터 의식을 설하는데, 의식은 반드시 말나식에 의지하므로 말나식을 따로 논할 필요가 없다는 것이다. 법장, 263상 참조.
70) 원효, 757상, "緣於本識計以爲我, 緣所現境計爲我所."

二者相續相, 依於智故生其苦樂覺心, 起念相應不斷故.

경계를 연하는 자아식은 고와 락의 느낌에 따라 생각을 일으키는
데, 이 생각은 끊이지 않고 이어져 념념상속하게 된다. 이처럼 마음
에서 생각이 끊어지지 않고 계속 이어지는 것을 '상속상'이라고 한다.

원효는 지상과 상속상의 관계를 소의(所依)와 능의(能依), 즉 의(意, 말
나식)와 의식(意識)의 관계로 간주하며 다음과 같이 설명한다. "지(智)에
의한다는 것은 지상이 근(根)이 되어 생기기 때문이다. 소의는 미세
한 상이므로 오직 사수(捨受)일 뿐이지만, 능의는 거친 상이므로 고와
락을 함께 일으킨다."[71] 나아가 지상과 상속상은 다음과 같은 점에서
서로 다르다고 논한다. "소의인 지상은 안을 반연하여 머무르고 바
깥경계를 계탁하지 않아 잠자는 것과 같으나, 상속식은 안팎을 두루
계탁하여 각관(覺觀)하고 분별함이 깨어 있는 것과 같다."[72] 즉 원효는
념을 일으키는 각심(覺心)을 의식의 헤아리는 사고활동인 각관(覺觀)의
각으로 해석한다. 이런 근거에서 원효는 상속상을 의식의 상으로 간
주한다.[73]

⟨말나식⟩		⟨의식⟩
소의(所依)	→	능의(能依)
지상(智相)		상속상(相續相)
무분별		분별=각관

---

71) 원효, 758상, "依於智者依前智相爲根所生故. 所依是細, 唯一捨受. 能依是麤, 具起苦樂."
72) 원효, 758상, "所依智相內緣而住, 不計外塵, 故是猶眠. 此相續識徧計內外, 覺觀分別, 如
　　似覺悟."
73) 원효와 법장 둘 다 상속상을 의식에 포함시킨다. 이에 대해서는 이하 분별사식을 논하
　　는 부분에서 다시 언급할 것이다.

그러나 본책에서는 상속상이 의(意)로 분류되는 상속식의 상(相)이며, 념념상속의 주상(住相)에 속한다고 보아, 말나식의 상으로 간주하기로 한다.

c. 집취상(執取相)

셋째는 '집착하여 취하는 상'(집취상)이니, 상속에 의거하여 경계를 반연하고 생각하며 고락을 유지시켜 마음이 집착을 일으키기 때문이다.

三者執取相, 依於相續緣念境界, 住持苦樂, 心起著故.

념은 끊임없이 이어져 경계에 대해 생각한다. 경계를 대상으로 취해 생각하며 고락의 감정을 벗어나지 못해 집착하는 마음을 일으키니, 그 집착하는 모습을 '집취상'이라고 한다. 고락의 감정을 따라 경계를 사려분별하면서 집착심을 내는 마음은 제6근인 의근이 여섯 경계에 대해 아는 식, 한마디로 '제6의식'이다. 기신론은 이러한 제6의식을 식에 주어지는 객관 사태를 분별하는 식이라는 의미에서 '분별사식(分別事識)'이라고 부른다. 집취상은 바로 이러한 사려분별의 제6의식이 일으키는 것이다.

d. 계명자상(計名字相)

넷째는 '이름을 헤아리는 상'(계명자상)이니, 망집에 의거하여 거짓(가) 명언상을 분별하기 때문이다.

四者計名字相, 依於妄執分別假名言相故.

의식은 마음에 주어지는 경계를 보다 명확하게 분별하기 위해 언어로 이름을 붙여 헤아린다. 이렇게 이름을 따라 헤아리는 모습을 '계명자상'이라고 한다. 경계 자체도 마음이 그려낸 허망한 상이지만, 그 경계에 덧붙여진 이름말 또한 거짓으로 시설(施設)된 허망한 것이다. 이 계명자상은 개념적으로 사유하는 제6의식의 산물이다.

e. 기업상(起業相)

다섯째는 '업을 일으키는 상'(기업상)이니, 이름에 의거하여 이름을 생각하고 취착하여 갖가지 업을 짓기 때문이다.
五者起業相, 依於名字尋名取著造種種業故.

이름 문자를 좇아 그 이름 문자에 얽매여 집착하면서 갖가지 업을 짓게 되니, 이처럼 업을 짓는 모습을 '기업상'이라고 한다. 업은 의식의 집취상과 계명자상에 근거하여 행허진다는 것을 말해준다.

f. 업계고상(業繫苦相)

여섯째는 '업에 매인 괴로운 상'(업계고상)이니, 업에 의거하여 과보를 받아 자유롭지 못하기 때문이다.
六者業繫苦相, 以依業受果不自在故.

업을 짓게 되면 그에 따른 과보를 받게 되니 이를 업에 매여 고통스러운 모습인 '업계고상'이라고 한다. 업에 따라 보를 받는다는 것은 업에 매여 있어 자유스럽지 못하다는 것, 즉 그 자체로 자유자재하지 못하고 업의 구속력에 의해 한정되고 규정되어 구속받는다는 것, 따라서 그만큼 고통스럽다는 것을 뜻한다.

　이상의 여섯 가지 거친 상은 다음과 같이 정리된다.

1. 지상(智相)	의(제7말나식) : 자기의식	혹(惑)
2. 상속상(相續相)	의(제7말나식) : 념의 상속	
3. 집취상(執取相)	제6의식 : 자아와 경계에 집착	
4. 계명자상(計名字相)	제6의식 : 이름 문자에 집착	
5. 기업상(起業相)	업(業)을 지음	업(業)
6. 업계고상(業繫苦相)	보(報)를 받음	고(苦)

무명이 능히 일체 염법을 생성한다는 것을 마땅히 알아야 한다.
일체 염법은 모두 불각의 상이기 때문이다.

當知無明能生一切染法. 以一切染法皆是不覺相故.

　3세상이 무명에 의거하여 일어나고, 6추상이 3세상 중의 마지막
상인 경계상에 의거하여 일어나므로, 일체의 허망경계인 3세 6추가
모두 무명에 의거하여 생겨난 것이다. 따라서 '무명이 일체 염법을
생기게 한다'고 말한다. 만약 무명이 아닌 명(明), 즉 깨달음이 있다면
무명의 활동인 무명업상이 있지 않고, 무명업상이 있지 않다면 일심
이 이원화되어 주객으로 나뉘는 일도 없을 것이다. 즉 보는 자인 능
견상과 보여진 것인 경계상도 생겨나지 않을 것이다. 그러면 결국 경
계상에 의거하여 일어나는 일체의 거친 상도 존재하지 않을 것이다.
그러므로 3세상과 6추상, 즉 허망분별상인 일체의 염법이 모두 무명
에 의거하여 생겨난 불각의 상이다.

4) 각(覺)과 불각(不覺)의 관계

그 다음 각과 불각 간에는 두 가지 모습이 있다. 무엇이 그 두 가지인가? 첫째는 서로 같은 모습이고, 둘째는 서로 다른 모습이다.
復次覺與不覺有二種相. 云何爲二? 一者同相, 二者異相.

앞에서 시각과 본각의 각을 논하고 이어 지금까지 3세상 6추상의 불각을 논하였는데, 이제 여기에서는 그러한 각과 불각이 서로 어떤 관계에 있는가를 논한다. 기신론에서는 그 둘 간에 서로 같은 모습도 있고 또 서로 다른 모습도 있다고 말한다.

'같은 모습'은 비유하자면 갖가지 질그릇이 모두 동일한 미세한 먼지 성품의 모습인 것과 같다. 이와 같이 무루(각)와 무명(불각)의 갖가지 업의 환은 모두 동일한 진여의 성품(성)의 모습(상)이다.
同相者譬如種種瓦器皆同微塵性相. 如是无漏無明種種業幻皆同眞如性相.

와기1(淨瓦器) + 와기2(染瓦器)	: 이상(異相)
미진: 동일한 성	: 동상(同相)
각(무루)의 업환(業幻) + 불각(무명)의 업환(業幻)	: 이상(異相)
진여: 동일한 성	: 동상(同相)

불각은 각에 기반하여 있으며, 따라서 각이 없다면 불각도 없다. 각 또한 불각에 기반해서만 각이라고 말할 수 있다. 그러므로 각과 불각은 서로를 여읜 별개의 것이 아니라, 서로 긴밀한 의존관계에 있다고 볼 수 있다. 각과 불각, 무루와 무명이 모두 대승 일법인 일심, 진여성에 기반하여 그로부터 형성된 모습, 업(業)에 따라 환(幻)으로 지어진 모습인 것이다. 이런 의미에서 각과 불각은 같은 모습이라고 할 수 있다.

여기서 같은 모습인 동상(同相)이라고 하는 것은 그 모습을 띠게 되는 근본 성품이 같다는 말이다. 각과 불각, 무루와 무명이 모두 진여성품으로 이루어져 있기 때문이다. 그러나 각과 불각, 무루와 무명은 비록 동일한 성품에서 비롯되었지만, 구체적으로 현실에서 전개된 모습은 서로 다르다. 따라서 이 둘을 다시 서로 다른 모습인 이상(異相)이라고 하는 것이다.

이처럼 동상이기도 하고 이상이기도 한 이런 관계를 기신론은 여러 가지 질그릇의 관계에 비유한다. 여러 상이한 모양의 질그릇은 비록 그 모습이 다 다르지만 모두 동일한 재료인 미진으로부터 빚어진 그릇이다. 따라서 그것들은 겉모습이 서로 다르기에 다른 모습이라고 할 수 있지만, 또 다른 한편으로는 그 근본 재료가 다 마찬가지라는 점에서 모두 같은 모습이라고도 할 수 있다. 이와 마찬가지로 각과 불각, 무루와 무명도 그 드러난 모습이 서로 다르기에 이상이라고 할 수 있지만, 그래도 그 근원이 진여성이라는 점에서는 서로 같기에 동상이라고 할 수 있는 것이다.

이 때문에 경전에서는 이 진여의 의미에 의거해서 '일체 중생은 본래 상주하여 열반에 들어가 있으며, 지혜(보리)의 법은 닦을 수 있는 모습도 아니고 지을 수 있는 모습도 아니어서 결국 얻을 것이 없다. 또 (진여에는) 볼 수 있는 색의 모습이 없는데도 색의 모습을 보는 일이 있는 것은 오직 염오의 업의 환(幻)을 따라 만들어진 것일 뿐이지, '지혜의 색'(지색)의 불공의 성품이 아니다. '지혜의 모습'(지상)은 볼 수 있는 것이 없기 때문이다'라고 말한다.

是故修多羅中, 依於此眞如義故說, 一切衆生本來常住入於涅槃, 菩提之法非可修相, 非可作相, 畢竟無得. 亦無色相可見, 而有見色相者唯是隨染業幻所作, 非是智色不空之性, 以智相無可見故.

각과 불각이 그 성품이 같다는 의미에서 근본적으로 동일한 모습이므로, 깨달은 상태의 부처와 불각 상태의 중생은 하나이며, 나아가 각으로 들어가는 열반과 불각으로 살게 되는 윤회가 둘이 아니다. 그러므로 '불각의 중생이 이미 열반에 있다'고 말하게 된다. 말하자면 깨달아 얻을 보리가 이미 중생에게 갖추어져 있다는 뜻이다. 그러므로 보리의 법은 수행하여 비로소 닦는 것도 아니고 의지적으로 비로소 짓는 것도 아니라는 것, 결국 노력하여 얻는 것이 아니라는 것을 말하게 된다. 중생에게 이미 갖추어져 있기 때문이다. 중생이 불각이지만, 불각이 각과 다르지 않기에, 중생의 마음이 이미 본각을 갖고 있고 중생이 이미 열반에 들어 있다는 것이다.

색(色)은 마음이 지은 경계인 가유(假有)로서 있을 뿐 그 자체 객관적으로 마음 바깥에 실재하는 것이 아니다. 볼 수 있는 색의 모습이란 것은 따로 없다. 그런데도 우리가 색의 모습을 보는 것은 우리의 마음이 염오의 업에 따라 거짓으로 색경(色境), 즉 색의 경계를 형성하기 때문이다. 색이란 그렇게 마음에 의해 환(幻)으로 만들어진 것이다.

'지혜의 색'인 지색(智色)은 지혜의 작용으로 나타나고 따라서 오직 지혜로만 포착될 수 있는 진여법신의 색이지, 우리 일반 범부가 육안으로 볼 수 있는 색이 아니다. 우리는 우리 자신의 업에 따라 환으로 그려진 색을 볼 뿐이지, 진여법신의 여실불공의 성품을 보는 것은 아닌 것이다. 진여법신의 모습인 지상(智相)은 우리 범인의 눈인 안근에 보여지는 색경에 속하는 것이 아니다. 그러므로 '지상은 불가견(不可見)'이라고 말한다. 우리가 색을 본다는 것은 지혜의 상을 보는 것이 아니라, 오직 염업(染業)에 따라 환상으로 지어진 망경계를 보는 것일 뿐이다.

'다른 모습'은 갖가지 질그릇이 각각 같지 않은 것과 같다. 이와 같이 무루(각)와 무명(불각)은 (각각) '염에 따르는 환의 차별'(수염환차별) 과 '성이 오염된 환의 차별'(성염환차별)이다.
異相者如種種瓦器各各不同. 如是無漏無明隨染幻差別性染幻差別故.

각(覺)		불각(不覺)	
무루(無漏)		무명(無明)	
수염환차별(隨染幻差別)	≠	성염환차별(性染幻差別)	: 이상(異相)

지금까지 각과 불각이 서로 모습은 달라도 그 둘을 가능하게 하는 근본 성품이 진여성으로 동일하기에 동상(同相)이라는 것을 말하였다면, 이제 여기에서는 그 둘이 성은 같아도 그 드러난 모습이 서로

168

다르기에 다른 모습인 이상(異相)이라는 것을 밝힌다. 다른 상을 밝히는 위의 구절을 두 가지 환차별의 차이로 해설한 것은 "수염환차별은 무루법이고 성염환차별은 무명법이다"[74]라는 원효의 설명에 따른 것이다.

앞에서 각과 불각, 무루와 무명이 다 업의 환(幻)이라고 말하였다. 진여의 기반 위에서 업을 따라 각 또는 불각, 무루 또는 무명의 모습이 모두 거짓으로, 환으로 펼쳐진다는 말이다. 환은 차별상으로 드러난다. 그러므로 환의 차별, 즉 '환차별'이라고 말한다.

각의 모습은 염을 따르는 '수염환차별(隨染幻差別)'이다. 이것은 앞서 '수염본각'에서 논했던 것처럼 각의 모습이 그 각을 가리던 염의 모습을 따라서 드러나는 것을 뜻한다. 마치 거울 전체가 먼지로 뒤덮여 있는 상태에서 조금씩 먼지를 닦아나가면 먼지가 닦여진 만큼 바닥이 드러나게 되듯이, 제거되는 염을 따라 각의 모습이 드러나기에 '수염환차별'이라고 부른다. 본각 자체는 부증불감인데 수염본각은 염을 따라 상이한 차별상으로 드러나기에 환이라고 한 것이다.

반면 무명 내지 불각의 모습은 무명에 따라 진여성 자체가 염오되어 나타나는 차별적 모습이다. 그러므로 무명의 모습을 성이 오염된 환의 차별이란 뜻에서 '성염환차별(性染幻差別)'이라고 부른다. 이처럼 각과 불각, 무루와 무명은 그 모습이 각각 수염환차별과 성염환차별로서 서로 다른 모습을 보인다.

---

74) 원효, 759상, "隨染幻差別者是無漏法, 性染幻差別者是無明法."

3. 생멸의 인연(因緣)

1) 의(意)와 의식(意識)으로의 전변(轉變)

(1) 다섯 가지 의(意)

그 다음 '생멸의 인연'은 이른바 중생은 심에 의거하여 의와 의식
이 전개되기 때문이다. 이 의미는 무엇인가?

復次生滅因緣者, 所謂衆生依心·意意識轉故. 此義云何?

심(진여심) ——(전)—→ 염심(생멸식) ┌ 의: 아뢰야식 + 말나식
〈인(因)〉　　　　↑　　　　　　　　　└ 의식: 분별사식(제6의식)
　　　　　　　무명
　　　　　　〈연(緣)〉

지금까지 '심생멸법(心生滅法)'으로 심의 각과 불각의 양상을 설명하
였다면, 이제부터는 그러한 심의 생멸이 발생하게 되는 인과 연, 즉
생멸의 인연을 논한다. 본래 불생불멸의 심이 생멸하게 되는 원인 내
지 조건은 무엇인가? 불생불멸의 진여심 내지 여래장심이 그 상태에
머물러 있지 않고, 생멸하는 중생심으로 전환하는 것을 여기서는 '심
에 의거하여 의와 의식이 전개되는 것'이라고 말한다. 심에 의거해서
의와 의식이 전개된다는 것은 곧 심으로부터 의와 의식이 전개된다
는 말이다. 그렇다면 심으로부터 의와 의식이 전개된다는 것은 무슨
의미인가?

아뢰야식에 의거하여 무명이 있다고 말하고, 불각으로 (마음이) 일어나 능히 보고 능히 나타나며, 능히 경계를 취해 념을 일으켜 상속하기 때문에 '의'라고 이름한다.

以依阿梨耶識說有無明, 不覺而起, 能見, 能現, 能取境界, 起念相續故說爲意.

심(아뢰야식) ——(전)—→ 염심(생멸식): 의(意)
=진여심　　　　　↑
〈인〉　　　근본무명　　　① 불각이기(不覺而起)　- 무명업상
　　　　　　〈연〉　　　② 능견(能見)　　　　- 능견상
　　　　　　　　　　③ 능현(能現)　　　　- 경계상
　　　　　　　　　　④ 기념(起念)　　　　- 지상
　　　　　　　　　　⑤ 상속(相續)　　　　- 상속상

　심으로부터 왜 의와 의식이 전개되는가? 그것은 바로 무명이 있기 때문이다. 불생불멸의 진여심이 자신을 자각하지 못하기에 그 무명으로 인해 생멸과 화합한 식이 바로 '아뢰야식'이다. 이처럼 불생불멸의 진여성과 생멸상의 화합식인 아뢰야식에는 자신의 본성을 알지 못하는 무명이 전제되어 있으며, 바로 이 무명으로 인해 불생불멸의 진여심이 생멸하는 의(意)와 의식(意識)으로 전개되는 것이다. 다시 말해 생멸하는 염심(染心)이 일어나게 되는 것은 결국 진여심과 무명때문이다. 진여심을 인(因)으로 하고 무명을 연(緣)으로 하여 생멸하는 염심이 일어난다.

　이처럼 불생불멸의 진여심을 생멸과 화합한 아뢰야식이 되게 하는 것은 근본무명이다. 무명에 의해 진여심이 생멸식으로 전환한다. 여기에서는 그렇게 전환된 생멸식인 염심의 활동을 다섯 가지로 논한다. 마음 본래의 바탕인 진여심이 근본무명에 싸여 있으면, 자신을 자각하지 못하는 마음은 자기도 모르게 움직이게 되는데, 이것이 ① '불

각의 움직임'이다. 그러면 이러한 불각의 움직임으로 인해 식이 이원화되는데, 곧 보는 자와 보여지는 것으로의 이분화가 그것이다. 그렇게 해서 능히 보는 자의 ② '능견(能見)'과 그에 상응해서 능히 드러내는 것인 ③ '능현(能現)'의 경계가 나타난다. 이렇게 경계가 나타나면 그 경계를 취하는 '능취경계(能取境界)'가 일어난다. 그렇게 경계를 취해서 념이 일어나는 것이 ④ '기념(起念)'이고, 념이 그 다음의 념을 불러 일으켜 념이 끊어지지 않고 이어지는 것이 ⑤ '상속(相續)'이다. 이처럼 다섯 가지 단계로 작용하는 마음을 기신론은 '의(意)'라고 부른다.

이상 다섯 가지 마음의 작용은 앞서 불각에서 논한 세 가지 미세한 상과 두 가지 거친 상에 각각 해당한다. 앞에서는 불각이 갖는 상을 논한 것이고, 여기에서는 무명으로부터 어떻게 해서 이런 마음의 생멸상이 일어나게 되는지 그 인연을 논한 것이라고 볼 수 있다.

유식과 비교하자면 여기서 논하는 불각의 움직임과 능견상과 능현상은 심층 아뢰야식의 작용이고 기념과 상속은 말나식의 작용이라고 할 수 있다. 기신론에서는 이러한 아뢰야식과 말나식을 합하여 의(意)라고 칭하고 있다. 즉 '심(心)'은 불각 이전의 진여심이고 일심이며, 불각에 의거하여 활동하는 제8아뢰야식과 제7말나식을 합해서 '의'에 포함시킨 것이다. 그러므로 여기에서의 심의식의 개념은 유식사상에서의 심의식 개념과 다음과 같은 차이를 보인다.

		〈유식론의 심의식〉	〈기신론의 심의식〉
제8아뢰야식 ┌ 불생불멸(진여심)	┐ 심(心)	─ 심	
└ 생멸(업식/전식/현식)	┘	┐ 의	
제7말나식	─ 의(意)	┘	
제6의식	─ 의식(意識)	─ 의식	

이 의(意)에 다시 다섯 가지 이름이 있다. 무엇이 그 다섯 가지인가?

此意復有五種名. 云何爲五?

앞서 언급한 다섯 가지 활동을 기신론은 다시 각각 다섯 가지 식으로 부른다.

〈의의 활동〉		〈불각의 상(相)〉	〈식의 이름〉	
① 불각	→	무명업상	업식(業識)	⎤
② 능견	→	능견상	전식(轉識)	⎬ 제8아뢰야식
③ 능현	→	능현상	현식(現識)	⎦
④ 능취경계	→	지상	지식(智識)	⎤ 제7말나식
⑤ 기념상속	→	상속상	상속ㅅ(相續識)	⎦

a. 업식(業識)

첫째는 '업의 식'(업식)이라고 이름하니, 무명의 힘으로 불각의 마음이 움직이는 것을 말하기 때문이다.

一者名爲業識, 謂無明力不覺心動故.

의(意)의 첫 번째가 업식이다. 업식은 불각의 3세상 중의 첫 번째인 무명업상을 만드는 식으로 곧 유식에서의 제8아뢰야식에 해당한다. 아뢰야식은 지난 업의 남은 세력인 업력, 즉 종자(種子)를 간직한 식이다. 업식이 무명으로 인해 움직이는 것이 곧 아뢰야식 내 종자가 현행(現行)하는 것이다. 업식의 활동인 '종자의 현행화'가 곧 자아와 세계, 주관과 객관, 견분(見分)과 상분(相分)으로의 이원화 활동이다. 견분은 주관적 부분으로서 '능견상'에 해당하고, 상분은 객관적 부분으로서 '경계상'에 해당한다. 이하에서 밝혀지듯이 능견상을 만드는 식이 전식이고, 경계상을 만드는 식이 현식이다.

b. 전식(轉識)

둘째는 '전환의 식'(전식)이라고 이름하니, 움직이는 마음에 의거하여 상을 볼 수 있기 때문이다.

二者名爲轉識, 依於動心能見相故.

전식(轉識)은 업식(業識)으로부터 전환된 식을 뜻하며, 3세상 중 능견상을 만드는 식에 해당한다. 아뢰야식의 이원화 활동이 견분과 상분으로의 이분화 활동인데, 그 활동 안에서 견분인 능견상을 만드는 식이 곧 전식이다. 업식으로부터 전환하여 형성된 식이며, 능히 상을 바라보는 주관으로 활동하는 식이다.

c. 현식(現識)

셋째는 '나타내는 식'(현식)이라고 이름하니, 이른바 일체 경계를 나타낼 수 있는 것이 마치 밝은 거울이 색과 모양을 나타내는 것과 같다. 현식 또한 그와 같이 그 5진이 다가옴에 따라 곧 나타내어 전후가 없다. 일체시에 저절로 일어나 항상 앞에 있기 때문이다.

三者名爲現識, 所謂能現一切境界, 猶如明鏡現於色像. 現識亦尔, 隨其五塵對至, 卽現無有前後. 以一切時任運而起, 常在前故.

아뢰야식의 이원화 활동 결과 등장하는 견분과 상분 중 주관적 견분(능견상)을 만드는 식이 전식이고, 객관적 상분(경계상)을 만드는 식이 현식이다. 일체의 경계를 나타내는 식이라는 의미에서 '나타내는 식’ 즉 ‘현식’이라고 한다. 경계를 나타내는 식이란 점에서 현식은 밝은 거울에 비유된다. 거울이 상을 나타내듯이 현식이 대상 세계인 일체 경계를 나타내는 것이다.

그런데 거울이 상을 나타내기 위해서는 먼저 거울 앞에 사물이 주어져야 한다. 여기에서는 현식에 대해서도 마치 다섯 먼지인 5진(塵), 즉 색·성·향·미·촉이 마주 다가와야 현식에 경계상이 나타나는 것처럼 설명하고 있다. 그러나 이럴 경우라면 거울 바깥에 사물이 따로 있듯이, 현식 바깥에 실재 사물이 5진으로 따로 존재하는 것이 된다. 그 경우 5진은 그로 인해 현식이 나타내는 상 내지 경계와는 다른 것이 된다. 과연 이런 설명이 타당한가? 현식 바깥에 현식 또는 전식 내지 업식과 독립적으로 그 자체 따로 존재하는 5진을 설정해도 되는가? 이 물음은 아래에서 그럴 수 없다는 것으로 대답된다.

현식의 활동에 의해 나타나는 경계는 시간적 선후가 없이 동시에 한꺼번에 나타나는 것이다. 그래서 항상 그렇게 눈앞에 펼쳐져 있다고 한다. 원효는 “일체시에 저절로 일어나 항상 앞에 있다’는 것은 제6, 제7식이 끊어지고 멸하는 때가 있는 것과 같지 않기 때문이다.”[75]라고 설명한다. 이로써 제8식의 경계는 끊어짐이 없는 부단의 것임을 알 수 있다.

아뢰야식의 경계를 설명함에 있어 경론이 서로 다른 것에 대해 원효는 다음과 같이 자문한다. 『기신론』에서는 단지 5진(塵)을 말하지만, 『능가경』에서는 ‘아려야식이 자신(우근신)과 자생기세간(기세간) 등을 일시에 분별하여 경으로 나타내되 전후가 없다고 안다’고 말하고,

---

75) 원효, ‘760상, “以一切時任運而起常在前故者, 非如第六七識有時斷滅故.”

『유가론』에서는 '아뢰야식이 두 가지 반연되는 경계로 말미암아 전변하니, 첫째는 내집수(습기와 유근신)를 요별함으로 말미암고 … 둘째는 외무분별기상(外無分別器相, 기세간)을 요별함으로 말미암아서이다'라고 하고 …『중변론』은 '이 식이 취하는 네 가지 경계는 진(塵, 기세간), 근(根, 유근신), 아(我), 식(識)에 포함되는 것이다'라고 하니, …『중변론』과 『능가경』에 의하면 습기가 그 식의 경계가 아니고, 유가론에 의하면 성진이나 일곱 가지 식 등이 그 소연이 아니고, 이 논에 의하면 근과 식 등이 이 식이 나타내는 경계가 아니다. 이와 같이 서로 다르니, 어떻게 화합하여 회통할 수 있겠는가?"[76] 원효가 설명하는 대로 각 경론이 아뢰야식의 소연으로 주장하는 것과 빠진 것을 정리해보면 다음과 같다.

『기신론』	『능가경』	『유가론』		『중변론』
근 x	습기 x	내집수	습기(習氣)	습기 x
오진	자신		유근신	근(根)/아(我)
식 x	자생기세간	외무분별기상(기세간)		진(塵)
		식 x		식(識)

이러한 자신의 반문에 대해 원효는 회통정신을 발휘하여 자답한다. "이것은 서로 어긋나는 것이 아니다. 어째서 그러한가? 대상이 오직 이 법일 뿐이라고 말한 것이 아니기 때문이고, 다른 법이 경계

---

76) 원효, 760중하, "此論中但說五塵, 楞伽經云, 阿黎耶識分別現境自身資生器世間等一時而知非是前後. 瑜伽論說, 阿賴耶識由於二種所緣境轉, 一由了別內執受者 … 二由了別外無分別器相者 … 中邊論云, 是識所取四種境界, 謂塵根我及識所攝. … 若依中邊論及楞伽經, 則習氣等非此識境. 若依瑜伽論, 聲塵及七種識等非其所緣. 依此論說, 現根及識等亦非此識所現境界. 如是相違, 云何和會?"

가 아니라고 말한 것도 아니기 때문이다."[77] 그렇다면 왜 다르게 설명하였는가? 『중변론』은 … 오직 현행하는 모든 법만을 말하고 습기 종자는 그 상이 나타나지 않아 식과 다를 바 없기에 말하지 않았다. 『유가론』은 상이 견을 여의고 상속하지 않음을 나타내고자 … 법이 식에 의해 요별됨을 말하고, 심법은 진(塵)을 여의고 성립하지 않으니 그 뜻이 자명해서 따로 말하지 않았다. 나머지 논에서의 드러냄과 드러내지 않음의 뜻도 이에 따라 알 수 있다. 한쪽에 치우쳐 집착해서 통법(通法)의 설을 비방해서는 안 된다"[78]고 자답한다. 중관과 유식과 여래장사상이 근본 통찰에서는 마찬가지라고 보는 원효의 회통적 불교이해를 엿볼 수 있다.

d. 지식(智識)

넷째는 '아는 식'(지식)이라고 이름하니, 염법과 정법을 분별하는 것을 말하기 때문이다.

四者名爲智識, 謂分別染淨法故.

제8아뢰야식의 능견상에 따라 경계상이 형성되면, 그 경계에 근거해서 제식의 활동이 있게 되는데, 그중 첫 번째가 제7말나식의 활동이다. 기신론은 이를 '염정을 분별하는 식'으로서 '지식'이라고 부른다. 즉 아뢰야식에 의해 나타나는 경계상을 연하여 그 안의 염과 정

---

77) 원효, 760하, "此非相違. 何以故? 不以言唯緣如此云故. 不言餘法非境界故."
78) 원효, 760하, "中邊論欲明現起諸法, 皆是本識所現, 離識之外更無別法, 是故唯說現行諸法, 習氣種子, 其相不顯與識無異, 是故不說. 瑜伽論等爲顯諸相無有離見自相續者, … 說爲此識所了別. 諸心之法離塵不立, 其義自顯, 故不引說. 諸餘論顯沒之意, 準之可知. 不可偏執一隅, 以謗通法之說也."

의 차이를 분별하여 아는 식이다.

염과 정에 대한 말나식의 분별은 앞서 지상(智相)에서 언급했던 애와 비애의 분별과 같은 차원의 분별이다. 이 염정의 분별은 아직 의식 차원의 사량분별이 아니므로 분별적 '식(識)'이 아닌 '지(智)'라고 불린다.

e. 상속식(相續識)

다섯째는 '이어가는 식'(상속식)이라고 이름하니, 념이 상응하여 끊어지지 않기 때문이다. 과거 무량한 세월의 선악의 업을 유지시켜 사라지지 않게 하기 때문이며, 또 현재와 미래의 고락 등의 과보를 능히 성숙시켜 어긋남이 없게 하기 때문이다. 또한 능히 현재 이미 겪은 일을 홀연히 생각하게 하고, 미래의 일을 자기도 모르게 허망하게 생각하게 한다.

五者名爲相續識, 以念相應不斷故. 住持過去無量世等善惡之業, 令不失故, 復能成熟現在未來苦樂等報, 無差違故. 能令現在已經之事忽然而念, 未來之事不覺妄慮.

아뢰야식의 견분과 상분, 주관과 객관의 분별 위에서 아는 자로서의 식의 활동을 '지식'이라고 하는데, 이때 안다는 것은 결국 생각이 일어나고 생각이 분별하는 것이다. 그러한 생각인 념(念)은 생주이멸을 반복하면서 끊임없이 일어나 단절 없이 이어진다. 이렇게 념이 이어지도록 하는 식을 '상속식'이라고 한다.

불교에 따르면 일체 제법은 모두 무상한 찰나 생멸적 존재이다. 일체 제법은 모두 아뢰야식의 전변 활동 결과 드러난 경계상이며 그 경계상은 한 찰나에 생했다가 그 다음 찰나에 멸한다. 다만 그렇게 찰나 생멸하는 것으로서 매 순간 생하기에 경계는 부단히 이어져 끊어지지 않는다. 그러므로 기신론은 경계상에 대해 '일체시에 저절로 일어나 항상 앞에 있다'고 말한다. 만일 우리가 이러한 경계상의 실상을 여실하게 안다면, 우리의 념 또한 찰나 생멸할 것이다.

그런데 우리의 념은 생하고 나서 그 다음 찰나에 곧 멸하지 않고, 머무르고 바뀌고 나서야 멸한다. 생주이멸하는 것이다. 념이 머무른다는 것은 일단 생한 념은 다음 찰나에 본래 멸하고 없는데, 그 없는 것을 계속 붙들고 지켜 잡아둔다는 말이다. 없는 것을 붙잡고 있기에 그 념을 망념(妄念)이라고 한다. 전념으로 인해 일어난 후념이 이미 사라지고 없는 전념을 계속 붙들어 거기에 매여 있다면, 그것이 곧 머무르는 념, 이어가는 념, 상속하는 념이다. 이처럼 전념이 후념으로 이어져 념념상속하게 하는 식이 바로 상속식이다.

이 상속식이 제7말나식인가 제6의식인가에 대해 여러 설이 있지만, 일단 여기에서 상속식이 '의(意)'로 분류되어 있으며 나아가 상속식이 형성하는 '상속상'이 지식의 지상과 더불어 제7말나식 지위의 '주상'에 속하고, 또 상속식의 '부단상응염'이 의식차원의 수행단계인 신상응지(3현위)를 넘어선 보살초지(정심지)에서 비로소 극복될 수 있다는 것 등에 근거해서 말나식의 작용으로 간주하기로 한다.

그렇지만 상속식이 말나식의 작용이라고 해서 의식의 작용 내지 아뢰야식의 작용과 무관한 것은 아니다. 상속식이 전념과 후념을 이어 념념상속하게 함으로써, 그 상속의 힘에 의해 업(業)과 보(報)가 이어져 윤회가 성립하는데, 불교에서 업보는 선업이 락과(樂果)를 낳고 악업이 고과(苦果)를 낳는 것이다. 지나간 선·악의 업의 힘(업력)이 사라지지 않고 유지되었다가 인연이 닿는 순간 미래의 락과 고의 결과로 드러나는 것이 업보의 연속성이며, 이 업보의 원리에 따라 다시 태어나게 되는 것이 윤회이다. 그런데 실제로 업과 보의 연속이 실현되어 윤회하는 식은 아뢰야식이다. 다만 아뢰야식에서 업의 과보로서 형성되는 경계상은 찰나에 생하고 그 다음 찰나에 멸하는 상인데, 상속식은 그렇게 생하는 념이 다음 찰나에 멸하지 못하게끔 붙잡아 주와 멸로 이끌어 념념상속을 이루므로 이 식은 아뢰야식이 아니라 말나식이다. 나아가 상속식의 념념상속에 의해 없는 과거를 기억하고 없는 미래를 예상하는 정신작용이 가능해지는데, 실제 기억이나 예상 등의 활동을 하는 식은 제6의식이지만 그런 기억이나 예상을 가능하게 하는 념념상속의 식은 의식의 소의가 되는 말나식인 것이다.

제7말나식과 제6의식은 근(根)과 식(識)으로 서로 연결되어 있기에, 식의 활동을 분절하여 어느 한 식에 속하는 것으로 분류하기가 애매할 수가 있다. 원효는 상속식을 말나식이 아닌 의식의 작용으로 해석한다. "이 다섯 번째 식(상속식)은 오히려 의식이지만, 의식을 낸다는 뜻에 의거하여 의(意) 가운데 넣어 통섭시켰다."[79] 이처럼 원효는 상속식을 '의식'으로 간주하므로, 이 자리에서 기신론이 상속식을 '의'에 포함시킨 것에 대해 '의식을 일으키는 식이라는 의미에서 의에 포함시킨 것'이라고 설명하는 것이다. 그러나 '의식을 일으키는 식'이 곧 말나식이기에, 이 설명에 따르더라도 상속식은 의식이 아니라 말나식으로 해석하는 것이 더 타당하리라고 본다.

상속식을 의식이 아닌 말나식으로 해석하면서 상속상과 지상을

---

79) 원효, 759하, "此中第五猶是意識, 而約生後義, 通入意中攝."

함께 말나식의 상으로 간주한다면, 원효가 논한 것을 약간 수정하여 기신론의 내용을 최종적으로 다음과 같이 정리할 수 있다.

멸상(의식)	기업상	↓
		불각
이상(의식)	계명자상	
	집취상	↓
		상사각
주상(말나식)	상속상(초지 멸)	
	지상(제7지 멸)	↓
		수분각
생상(아뢰야식)	현상(제8지 멸)	
	전상(제9지 멸)	
	업상(제10지 멸)	↓
		구경각

(2) 삼계유심(三界唯心)

이 때문에 삼계는 허망하고 거짓이며 오직 마음이 만든 것일 뿐이다. 마음을 여의면 육진 경계는 없다.

是故三界虛僞唯心所作. 離心則無六塵境界.

삼계(三界):
1. 욕계(欲界): 탐진치의 욕망의 세계. 일반 범부의 세계
2. 색계(色界): 욕망이 없는 색(물질)의 세계. 4선(禪)을 닦고 태어나는 곳
3. 무색계(無色界): 색 없이 정신만 있는 세계. 4두색정(無色定)을 닦고 태어나는 곳

삼계(三界)는 유정(有情)이 윤회하는 세 종류의 세계를 말한다. 탐·진·치의 욕망이 있는 욕계(欲界), 욕망은 없고 정신을 가진 몸만 있는 색계(色界), 몸은 없고 순수 정신만이 있는 무색계(無色界)가 그것이다.

탐·진·치의 일반 범부가 성욕을 넘어서지 못하면 그 생의 욕망에 따라 다시 태어나게 되는 곳이 욕계이다. 4선(禪)을 닦다가 선정 상태에서 죽어 다시 태어나게 되는 곳이 색계이고, 4무색정(無色定)을 닦다가 무색정 상태에서 죽어 다시 태어나게 되는 곳이 무색계이다. 여기에서는 그렇게 중생이 윤회하는 삼계 전체가 모두 허망한 세계라고 말한다. 일체 세계는 모두 마음의 업에 따른 보로서 마음이 만든 것이기에 마음을 떠나 따로 존재하는 것이 아니기 때문이다. 마음이 만든 세계라는 의미에서 삼계는 모두 허망한 환(幻)이고 가(假)이다.

6진(塵)은 안·이·비·설·신·의의 6근(根)에 상응하는 여섯 경계인 6경(境)을 뜻한다. 색·성·향·미·촉 오진에다 의식 대상으로서의 제6경인 법경을 더한 것이 바로 여섯 경계인 육진이다. 육진은 우리가 지각하는 현상 세계이며, 이러한 현상 세계는 모두 마음을 떠나 존재하지 않는다.

이 의미는 무엇인가? 일체법은 모두 마음으로부터 일어나 망념으로 생긴 것이기 때문이다. 일체 분별은 곧 자신의 마음을 분별하는 것이다. 마음은 마음을 볼 수 없으니, 얻을 수 있는 상이 없다. 세간의 일체 경계가 모두 중생의 무명 망심에 의거하여 유지될 수 있는 것임을 마땅히 알아야 한다.

此義云何? 以一切法皆從心起, 妄念而生. 一切分別卽分別自心. 心不見心, 無相可得. 當知世間一切境界皆依衆生無明妄心而得住持.

일체 제법은 모두 마음으로부터 일어나고 마음이 행하는 허망한 생각을 따라 생겨난다. 마음이 무명에 의해 움직이면 망념이 일어나고, 그 망념에 따라 일체 제법이 생겨나기 때문이다. 그러므로 세간 일체 제법을 분별하는 것은 결국 그런 세상 일체 경계를 만들어 내는 자기 자신의 마음을 분별하는 것이 된다. 마음은 자기가 만들어낸 상을 보는 것이다. 세간 사물이 다 마음이 만들어낸 상이다.

그러나 마음은 스스로 만든 대상세계를 상으로 바라볼 뿐, 그런 상을 만들어내는 마음 자체를 다시 상(相)으로 바라보는 것은 아니다. 분별되는 것들이 상으로 등장하지, 분별하는 마음 자체가 상으로 얻어지는 것은 아니다. 마음 자체를 다시 마음의 대상으로 객관화하여 인식해서는 안 된다는 것을 강조하기 위해 '마음은 마음을 볼 수 없다'고 말한다.

이 세간에서 마음의 대상으로 등장하는 것들은 모두 우리의 마음이 무명에 가려 일으킨 망상에 따라 일어나고 유지되는 것이다. 삼계, 일체법, 세간 일체 경계는 모두 다 생멸식인 의(意)가 자신의 대상으로 바라보는 식의 대상일 뿐이다. 의식의 대상이 되는 대상 세계가 모두 다 우리 마음의 무명과 망심에 의해 생겨나고 만들어지고 유지되는 것이다.

이 때문에 일체법은 거울 속 상과 같이 얻을 수 있는 체가 없고 오직 마음의 허망함일 뿐이다. 마음이 성기면 갖가지 법이 생기고, 마음이 멸하면 갖가지 법이 멸하기 때문이다.
是故一切法如鏡中像無體可得, 唯心虛妄. 以心生則種種法生, 心滅則種種法滅故.

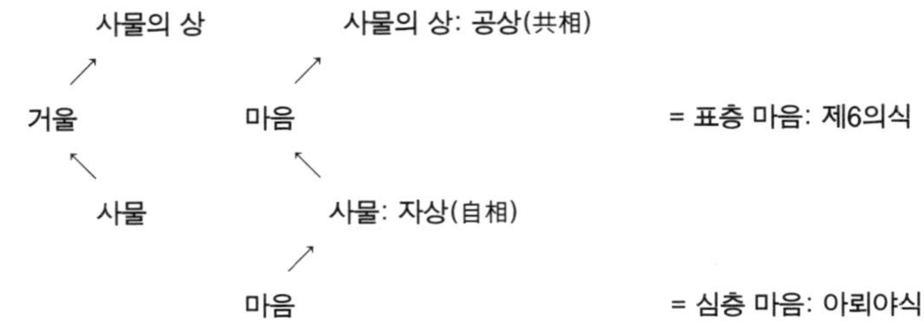

일체법을 마음이 그린 상으로 간주하는 것은 곧 일체 제법을 거울이 그린 상, 거울 중에 드러나는 상과 마찬가지의 것으로 여긴다는 것을 뜻한다. 거울 중의 상이 거울에 의해 생겨나고 거울이 있어야만 존재하는 것처럼, 일체법은 마음에 의해 생겨나고 마음에 의해 유지되고 존속된다. 거울이 없어지면 상이 사라지듯, 일체법 또한 마음이 있으면 존재하고 마음이 사라지면 따라서 함께 사라진다. 그러므로 일체는 그 자체 존재가 아니라 마음에 의해 생겨나고 마음을 따라 사라지는 허망한 것이라고 말한다.

여기에서 마음을 거울에 비유할 때 주의해야 할 점은 비유의 초점이 거울의 수동성이 아닌 거울의 능동성에 있다는 것이다. 즉 거울이 거울 앞에 주어지는 사물을 수동적으로 받아들이고 내비추어 사물을 상으로 모사하거나 재생하는 것을 염두에 둔 비유가 아니라는 것이다. 따라서 거울 비유에서 우리는 우선 거울과 마음의 차이에 주목해야 한다. 거울은 그 앞에 사물이 주어져야 사물의 상을 만들어내지만, 마음이 상을 만드는 것은 그 앞에, 즉 마음 바깥에 사물이 있어서가 아니다. 오히려 우리가 일상적으로 사물 자체라고 여기는 것이 실은 우리 마음이 만든 것일 뿐이다. 즉 마음이 만드는 상은 그 상에 앞서 존재하는 사물을 모사하는 이차적인 모상이 아니라, 바로 사물 자체인 것이다. 사물 자체가 바로 마음이 만든 것이기에 허망하다는 것을 강조하는 것이다.

따라서 거울의 비유를 대할 때 우리는 우리의 식을 두 차원으로 구분해야 한다. 즉 거울이 상을 비추듯 사물의 상을 그려내는 우리의 표층의식과 다시 그보다 더 심층에서 사물 자체 또는 일체 세간 경계를 만들어내는 우리의 심층 마음을 구분해야 한다. 표층의식은 우리가 일상적으로 의식이라고 부르는 제6의식이고, 심층 마음은 우리의 의식에 포착되지 않은 채 활동하는 심층 아뢰야식이다. 표층 의식인 제6의식이 만들어내는 상은 사물의 표상으로서 공상(共相)인 데 반해, 심층 마음이 만들어내는 상은 우리에게 자상(自相)으로 주어지는 사물 자체이다. 결국 마음을 거울에 비유하여 마음이 일체를 만든다고 말할 때, 마음에 의해 만들어지는 세계는 단지 의식이 형성한 개념 세계(공상의 세계)를 뜻하는 것이 아니라 개념 너머의 현상 세계(자상의 세계) 자체를 뜻한다. 그리고 그렇게 일체를 형성하는 식은 단지 개념적 사려분별의 의식이 아니라 그 보다 더 심층에서 작용하는 아뢰야식인 것이다.

(3) 의식(意識)

그 다음 '의식'이라고 말하는 것은 이 상속식이 모든 범부의 취착이 점차 깊어짐에 따라 아와 아소를 헤아리고 갖가지로 허망하게 집착하며 일을 따라 반연하고 6진(塵)을 분별하는 것을 '의식'이라고 이름한 것이다.

復次言意識者, 卽此相續識依諸凡夫取著轉深, 計我我所, 種種妄執, 隨事攀緣, 分別六塵, 名爲意識.

원효와 법장은 둘 다 기신론의 이 문장을 "言意識者卽此相續識"이라고 끊어 읽어 "의식이라고 말하는 것은 곧 이 상속식이다"로 해석한다. 그래서 원효와 법장은 상속식을 말나식이 아닌 의식이라고 주장한다. 그렇지만 문장을 그렇게 끊어 읽지 않고 '상속식(말나식, 의)이 (범부의 취착이 깊어짐에 따라) 주(아)·객(아소)을 분리하고 집착하여 육진을 분별하는 것을 의식이라고 부른다'는 식으로 계속 연결하여 읽으면, 의식은 의근인 말나식이 육진을 분별하는 것으로 해석하게 된다. 그렇게 하면 앞에서 이미 상속식을 '의(意)'로 분류하면서 말나식으로 풀이한 것을 여기서 다시 부정하고 '의식'이라고 주장할 필요가 없게 된다.

본래 의(意)가 의 자신을 아는 것이 제7식이고, 그 의가 의의 대상이 되는 육진을 아는 것이 제6식이다. 의근이 육경을 아는 식(제6식)을 그 근을 따라 '의식'이라고 부르고 나니, 의근이 자기 자신을 아는 식(제7식)을 다시 또 '의의 식'이란 뜻에서 '의식'이라고 할 수 없어 그냥 '의(manas)'라고 부른 것이다. 이 '마나스'를 중국에서 그냥 음역하여 '말나식'이라고 부른 것이다. 요약하면 의(意)의 자기의식이 말나식이고 의의 대상의식이 제6의식이다. 즉 상속식(말나식)에 해당하는 의가 6진을 분별하는 식이 의식이다. 그러므로 여기서의 주장은 '의식은 곧 상속식이다'가 아니고, '의식은 상속식이 육진을 분별하는 식이다'가 된다.

여기에서는 의식의 활동이 상속식인 말나식에 의거한다는 것, 따라서 말나식의 집착이 깊어짐에 따라 의식의 허망 분별이 일어난다는 것을 강조한다. 말나식의 집착에 의거하여 일어나는 의식은 아와 아소, 즉 나와 나에 속하는 것들, 한마디로 주관과 객관을 헤아려 분별하며 그렇게 함으로써 다시 또 집착을 일으키고 대상에 얽매인다.

이를 한마디로 '6진을 분별한다'고 말한 것이다.

　유식불교는 전5식에서는 주와 객, 내와 외의 분별이 아직 행해지지 않고 제6의식에서 비로소 그러한 분별이 행해진다고 설명한다. 우리는 흔히 슬픔을 보면 슬퍼지고, 기쁨을 보면 기뻐진다. 그런데 장미를 보아도 장미가 되지 않고, 빨간색을 보아도 빨갛게 되지 않는 이유는 무엇인가? 그것은 장미를 보되 이미 장미를 '나' 아닌 것으로 의식하고, 빨간색을 보되 이미 빨간색을 나 아닌 것으로 의식하기 때문이다. 그리고 그것은 제6의식의 근저어 이미 '나'에 대한 생각이 있고 그 '나'의 범위가 한정되어 있기 때문이다. 이 한정된 나라는 생각이 바로 제7말나식의 작용이다. 이처럼 제6의식의 분별력은 바로 제7말나식의 자아식에 의거한 것이다. 제7갈나식이 나라는 의식, 자아식을 가지고 있기 때문에, 거기에 속하지 않은 모든 내용이 다 나 아닌 것, 대상으로 주어진 것이라는 분별을 일으키게 한다. 그러므로 기신론은 의식이 상속식의 집착에 의거한다는 것, 상속식의 취착이 깊어짐에 따라 의식의 주객 분별, 육진 분별이 일어나게 된다는 것을 강조한 것이다. 이처럼 제6의식은 의 자신과 의의 대상을 분리하여 아는 식이다. 즉 주관 자아와 객관 대상을 분리 분별하는 식이다. 그러므로 제6의식을 '분리식'이라고도 부른다.

'분리하는 식'(분리식)이라고도 이름하고 또 '일을 분별하는 식'(분별사식)이라고도 이름하는데, 이 식이 견번뇌(見煩惱)와 애번뇌(愛煩惱)에 의거하여 증장하는 의미이기 때문이다.

亦名分離識, 又復說名分別事識, 此識依見愛煩惱增長義故.

의식 차원의 번뇌:
1. 견(見)번뇌(견해, 머리의 번뇌) = 견혹(見惑), 견도혹(見道惑)(견도에서 끊어짐)
2. 애(愛)번뇌(애착, 가슴의 번뇌) = 수혹(修惑), 수도혹(修道惑)(수도에서 끊어짐)

　의식이 분리식으로 불리는 것은 주와 객, 자와 타를 분별하기 때문인데, 그러한 주객 분별, 자타 분별 위에서 의식은 다시 객관 대상에 대해 이것과 저것을 분별하고, 이 일과 저 일을 분별하여 인식한다. 그러므로 의식을 '일을 분별하는 식'이란 의미에서 '분별사식(分別事識)'이라고도 부른다.

　의식은 주객을 분별하고 자타를 분별하는 등 일체를 계탁(計度) 분별한다. 여기에서는 이러한 의식의 활동이 결국은 우리의 견애번뇌, 즉 견번뇌와 애번뇌에 의거한 것임을 강조한다. 불교는 번뇌를 생각 차원에서 일어나는 번뇌와 느낌이나 정서 차원에서 일어나는 번뇌, 즉 이성적 번뇌와 감정적 번뇌 둘로 구분한다. 전자를 견해에 미혹한 번뇌라는 의미에서 '견번뇌(見煩惱)'라고 하고, 후자를 애착에서 일어나는 번뇌라는 의미에서 '애번뇌(愛煩惱)'라고 한다.

　원효는 견번뇌를 견혹(見惑), 애번뇌를 수혹(修惑)이라고 하고, 법장은 견번뇌를 견도혹(見道惑), 애번뇌를 수도혹(修道惑)이라고 부른다. 견혹 또는 견도혹은 바른 견해를 통해 제거될 수 있는 미혹이고, 수혹 또는 수도혹은 수행을 통해 제거될 수 있는 미혹을 뜻한다.

　그런데 유식불교는 의식보다 더 깊은 심층 아뢰야식을 발견하였기에, 번뇌를 다시 의식 차원의 번뇌와 말나식이나 아뢰야식 차원의 번뇌 둘로 구분한다. 의식차원의 번뇌를 의식의 분별에 따라 일어난 번뇌란 의미에서 '분별기번뇌(分別起煩惱)'라고 하고, 말나식과 아뢰야식 차원의 번뇌를 의식적 사려분별에 앞서서 이미 태어날 때부터 갖

고 태어나는 번뇌란 의미에서 '구생기번뇌(俱生起煩惱)'라고 한다. 그리
고 의식차원의 번뇌는 의식의 변화인 견도에서 끊어질 수 있지만, 말
나식과 아뢰야식에 자리한 번뇌는 의식보다 더 깊은 차원의 번뇌이
기에 의식의 변화인 견도에서 극복되는 것이 아니라, 그보다 더 심층
적 변화가 일어나는 수도에서 비로소 극복된다고 주장한다. 구생기
번뇌를 끊을 수 있는 수도단계가 바로 대승의 보살10지이다. 심층번
뇌에서도 견번뇌와 애번뇌는 구분된다. 심층의 견번뇌는 참된 지혜
를 막는 장애라는 의미에서 '소지장(所知障)'이라고 하고, 심층의 애번
뇌는 고통소멸의 열반에 이르는 것을 막는 번뇌라는 의미에서 '번뇌
장(煩惱障)'이라고 한다.

의식 차원 – 분별기(分別起)번뇌 ː 견번뇌(견혹見惑)·애번뇌(수혹修惑)
말나식·아뢰야식 차원 – 구생기(俱生起)번뇌 ː 소지장(법집法執)·번뇌장(아집我執)

이상의 번뇌를 주지(主地)라는 이름 하에 다시 종합하여 정리하면
다음과 같다.

1. 근본무명(根本無明)주지 ─ 말나식·아뢰야식의 번뇌
2. 견일처(見一處)주지 (견번뇌 = 견혹)
3. 욕애(欲愛)주지(욕계에 머무름) ┐
4. 색애(色愛)주지(색계에 머무름) │ (애번뇌 = 수혹/사혹) 의식 차원의 번뇌
5. 유애(有愛)주지(무색계에 머무름) ┘

2) 생멸의 인연

(1) 인연의 깊은 의미

무명훈습에 의거하여 일어나는 식은 범부가 알 수 있는 것이 아니며, 또 이승(二乘)의 지혜로 깨달을 수 있는 것도 아니다.
依無明熏習所起識者非凡夫能知, 亦非二乘智慧所覺.

의식이 견애번뇌(見愛煩惱)에 의해 증장되는 식이라면, 의식보다 더 심층의 식은 견애번뇌보다 더 심층에서 작용하는 근본 번뇌인 무명(無明)에 의해 일어나는 식이다. 근본무명주지에 의해 일어나는 식이 바로 무명업식과 전식과 현식의 제8아뢰야식이다. 제8아뢰야식의 활동은 심층 마음의 활동이므로 우리의 표층적인 분별의식으로 알아볼 수 없다. 그러므로 무명 훈습에 의한 식을 일반 범부는 능히 알지 못한다고 말한다.

그런데 여기에서는 일반 범부뿐 아니라 불법을 공부하고 수행하는 소승 성문과 연각까지도 이 아뢰야식을 알지 못한다고 말한다. 심층 마음인 아뢰야식에 대한 통찰, 일체 세간경계를 형성하는 업식에 대한 통찰은 대승에 와서 비로소 행해졌기 때문이다. 다시 말해 소승 불교는 개체적 자아의 공성(아공, 인무아)만 알뿐, 우리가 경험하는 현상세계 일체 제법의 공성(법공, 법무아)은 알지 못하고 법유(法有)를 주장한다. 법공을 모른다는 것은 아뢰야식의 식소변인 일체 제법에 대해 그 '유식성(唯識性)' 내지 '일체유심조(一切唯心造)'를 알지 못하고 그것을 마음 바깥의 실유로 여긴다는 것이다. 이처럼 일체 제법을 실유로 생각하는 것은 그러한 일체 제법을 형성해내는 아뢰야식의 활동성, 즉 무명에 입각한 무명업식과 전식과 현식의 작용을 깨닫지 못하기 때문이다. 유식성은 대승 유가행파가 처음 발견한 것이기에, 여기에서는 아뢰야식의 작용은 성문과 연각인 이승의 지혜로도 알지 못한다고 말한다.

(이는) 보살이 처음의 바른 믿음[正信]에서 발심하고 관찰하여 법신을 증득해도 적은 부분만을 알 수 있고, 나아가 보살 구경지에 이르더라도 다 알 수는 없으며, 오직 부처만이 다 안다는 것을 뜻한다.
謂依菩薩從初正信發心觀察, 若證法身, 得少分知, 乃至菩薩究竟地不能知盡, 唯佛窮了.

대승 52위(位)의 수행을 하는 자가 바로 대승 보살이다. 초 정신(正信)은 10신위(信位) 중 제1신위이다. 여기에서 발심하여 10신의 과정에서 믿음을 닦아 완성하면 10주(住), 10행(行), 10회향(迴向)에 이른다. 이 3현위(賢位)는 의식 차원에서 사유하고 관찰하는 수행단계라고 볼 수 있다. 이 단계의 수행을 마치면 보살 초지에 이르게 되는데, 이 단계에서 법신(法身)을 증득하기 시작한다. 법신을 증득한다는 것은 마음에 일어나는 망념을 여의고 점차 마음의 바탕을 깨달아가는 것을 뜻한다. 자성청정심, 일심, 진여심을 증득하는 것이다. 진여심이 곧 일체 세간 경계를 형성하는 진여법신이므로, 마음 본성의 자각을 법신의 증득이라고 말하는 것이다. 자성청정심의 자각, 일심의 자각, 법신의 증득, 이는 곧 일체 분별의식을 멈추고 무분별의 경지에 들어가 무분별지(無分別智)를 증득함을 뜻한다.

그러나 자신 안의 자성청정심 내지 법신을 증득한다고 해서 법신의 활동을 모두 다 알게 되는 것은 아니다. 즉 법신이 무명에 의해 훈습되어 일체 세간 경계를 형성해내는 활동을 구체적으로 다 꿰뚫어 아는 것은 아닌 것이다. 단지 무분별경지를 체득하는 것으로 그치지 않고, 그 무분별의 일심 내지 법신으로부터 어떻게 분별적인 세간 경계가 형성되는지를 모두 다 아는 것은 '무분별지 이후 얻어지는 앎'이란 의미에서 '후득지(後得智)'라고 한다. 근본 무분별지와 무분별후득지를 합하여 '일체지(一切智)'라고 부른다. 일체지는 오직 부처의 경지가 되어야만 얻게 된다고 한다.

그러므로 여기에서는 초발심의 보살 또는 보살10지 상의 보살 또는 보살의 궁극경지인 구경지에 이른 보살이라고 해도 일체지를 얻는 것은 아니라고 말한다. 아뢰야식에 대해 다 아는 것은 아닌 것이다. 구경지의 보살도 아직 부처는 아니기 때문이다. 일체지를 얻는 것, 마음 자체에 대해 다 아는 것이 왜 이렇게 어려운가?

무슨 까닭인가? 이 마음은 본래부터 자성이 청정하지만, 무명이 있어 무명에 의해 오염되어 그 '오염된 마음'(염심)이 있다. 비록 염심이 있다고 해도 (청정한 마음은) 항상되고 불변한다. 이 때문에 이 의미는 오직 부처만이 알 수 있다.
何以故? 是心從本以來, 自性淸淨, 而有無明, 爲無明所染有其染心. 雖有染心, 而常恒不變. 是故此義唯佛能知.

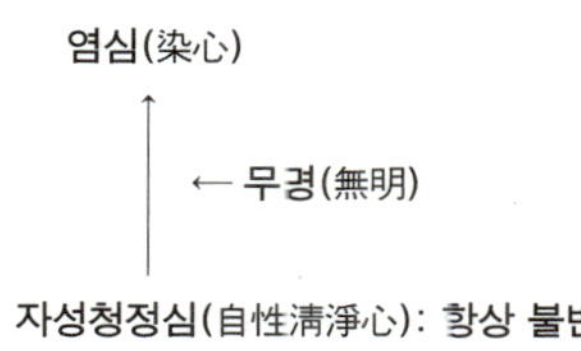

　마음의 자성이 본래 청정하기에 일체 중생의 근본 마음을 자성청정심이라고 한다. 그렇지만 또 처음부터 무명이 있어서 그 자성청정심을 오염시켜 오염된 마음으로 바꿔놓는다. 그러나 그렇게 오염되었다고 해도 그 마음 자체는 본래의 청정성을 유지하면서 변화하지 않고 남는다.

　무명에 물든 염오성과 마음 본래의 청정성, 무명에 물든 염오심의 생멸과 자성청정심의 항상 불변하는 불생불멸성은 서로 모순되는 것처럼 보이기에 우리의 일반적인 표층 의식이 이해하기 힘들다. 기신론은 이것을 논리적으로 설명하고 있지만, 개념 차원을 넘어 여실하게 아는 것은 법신을 증득하는 경지에 이르러야 비로소 가능한 것이다. 따라서 이와 같은 존재의 궁극신비는 수행을 통해 무분별지와 무분별후득지의 일체지를 획득한 부처만이 비로소 깨달아 알 수 있는 그런 경지라고 말한다.

이른바 심성은 항상 무념이기 때문에 '불변'이라고 이름한다. '하나의 법계'(일법계)에 통달하지 못하기 때문에 마음이 (진여에) 상응하지 못하고 홀연히 념이 일어나는 것을 '무명'이라고 이름한다.

所謂心性常無念故, 名爲不變. 以不達一法界故, 心不相應忽然念起, 名爲無明.

염심(染心): 념(念)을 일으킴: 심 자체를 모름, 일법계에 불상응.

← 무명(=근본무명주지)

자성청정심: 불변, 무념(無念)의 심 자체: 일법계

여기에서 항상되고 변화하지 않는 자성청정심이 그럼에도 불구하고 무명에 물들어 염심이 된다는 것, 따라서 우리의 마음에 청정심과 염심, 불생불멸과 생멸이 함께하게 된다는 것을 다시 간략히 언급하고 있다.

마음의 본성을 불변이라고 말하는 것은 그 마음이 언제나 념(念)을 떠나 있기 때문이다. 념을 떠난 마음은 청정한 마음, 일심이며 진여법신이다. 이 진여법신의 세계가 곧 일법계 내지 일진법계이다. 그런데 우리 의식이 일법계에 이르러 그것을 깨달아 알지 못하면, 그 마음은 일법계와 상응하지 않는 마음이다. 그 마음은 무념에 머물러 있지 못하고 홀연히 념을 일으킨다. 이처럼 홀연히 념을 일으키는 마음은 자기 자신의 본성을 자각하여 알지 못하는 무명(無明)의 마음이다. 무명으로 가려 있기에 일법계에 상응하지 못하고 따라서 홀연히 념을 일으키는 것이다.

이하에서는 그렇게 무명으로부터 홀연히 일어난 념들이 어떤 종류의 오염을 가지고 있는지, 그리고 그러한 오염이 각각 수행의 어느 단계에서 극복되어 결국 염오를 벗은 자성청정심에 이를 수 있는지, 그 길을 제시한다.

(2) 여섯 가지 염심(染心)

염심(染心)에는 여섯 가지가 있다. 무엇이 그 여섯 가지인가?
染心者有六種. 云何爲六?

자성청정심이 무명에 물들어 더 이상 청정하지 않게 바뀐 마음이
곧 오염된 마음인 염심(染心)이다. 여기에서는 청정심이 염심이 되게끔
마음을 오염시키는 염(染)을 여섯 가지로 구분하여 논하면서, 수행의
어느 단계에서 점차적으로 또는 궁극적으로 각각의 염심의 염(染)을
여의게 되는지를 밝힌다. 염심의 염을 완전히 여의게 되면, 염심은 다
시 자성청정심으로 전환된다. 표층의 염심으로부터 심층의 염심에 이
르기까지 하나씩 차례로 염심의 염을 여의어가는 과정이 곧 범부에서
이승(二乘)과 보살을 거쳐 부처의 경지로 나아가는 과정이다.

1. 집상응염(執相應染):　　　　의식(분별사식)의 오염　　　: 집취상, 계명자상을 형성
2. 부단상응염(不斷相應染):　　말나식(상속식)의 오염　　　: 상속상을 형성
3. 분별지상응염(分別智相應染):　말나식(지식)의 오염　　　　: 지상을 형성
4. 현색불상응염(現色不相應染):　아뢰야식(능현식)의 오염　: 경계상을 형성
5. 능견심불상응염(能見心不相應染): 아뢰야식(능견식)의 오염　: 능견상을 형성
6. 근본업불상응염(根本業不相應染): 아뢰야식(업식)의 오염　　: 업상을 형성

a. 집상응염(執相應染)

첫째는 '집착의 상응염'(집상응염)이니, 이승(二乘)의 해탈(의 경지)이나
(대승 보살의) '믿음에 상응하는 지위'(신상응지)에 의거하여 멀리 여의
기 때문이다.

一者執相應染, 依二乘解脫及信相應地遠離故.

집상응염(執相應染):　집착하는 의식의 오염
　　　　　　　　　　　신상응지(信相應地, 10주·10행·10회향)에서 여읨

집상응염(執相應染)　┌ 집(執): 집착하게 하는 오염
　　　　　　　　　　└ 상응(相應): 대상(념법)에 상응하여 일어나는 오염

　　집상응염(執相應染)은 의식을 물들여 분별사식(分別事識)으로 작용하게 하는 오염이다. 이 오염에 물들어 의식은 집착하고 분별하여 집취상과 계명자상을 형성한다. 이 오염은 의식의 대상인 념법(念法)에 상응해서 일어나는 오염이기에 '상응염(相應染)'이라고 부른다.

　　집상응염이 의식의 오염이기에, 이 오염은 의식 단계에서의 수행을 통해 닦아나가고 극복될 수 있다. 즉 법공의 깨달음이나 유식성의 자각이 아직 없어도 아공의 깨달음만으로도 여읠 수 있는 오염이다. 그러므로 이승이 번뇌를 여의어 해탈한 단계 또는 대승 보살이 보살십지에 이르기 전 10주(住), 10행(行), 10회향(迴向)의 신상응지(信相應地)에서 여의게 된다고 말한다. 신상응지에서 집상응염을 여의면 마음은 곧 그 다음 단계인 보살초지로 나아가게 된다.

b. 부단상응염(不斷相應染)

둘째는 '부단하는 상응염'(부단상응염)이니, '믿음에 상응하는 지위'(신상응지)에 의거하여 방편을 수학하면 점차적으로 버릴 수 있다가, '맑은 마음의 지위'(정심지)를 얻으면 궁극적으로 여의기 때문이다.

二者不斷相應染, 依信相應地修學方便, 漸漸能捨, 得淨心地究竟離故.

부단상응염(不斷相應染)은 제7말나식을 물들여 상속식(相續識)으로 작용하게끔 하는 오염이다. 이 오염에 물들어 생각이 단절됨이 없이 념념으로 상속하여 상속상을 형성하게 된다. 념을 부단히 이어지게 하는 오염이며, 식의 대상에 상응하여 일어나는 오염이기에 '부단상응염'이라고 한다.

이 오염은 표층적인 제6의식보다 더 깊은 마음 작용인 제7말나식에서의 오염이다. 신상응지에서 심사관(尋伺觀)의 방편 수행을 통해 점차 버려나간다고 해도 그것을 궁극적으로 완전히 여의게 되는 것은 보살 초지인 정심지(淨心地)에 들어가서이다. 보살 초지에서 부단상응염을 여의면, 마음은 보살 제2지로 나아가게 된다.

c. 분별지상응염(分別智相應染)

셋째는 '분별지의 상응염'(분별지상응염)이니, '계를 갖춘 지위'(구계지)에 의거하여 점차적으로 여의다가, '상 없는 방편의 지위'(무상방편지)에 이르면 궁극적으로 여의기 때문이다.

三者分別智相應染, 依具戒地漸離, 乃至無相方便地究竟離故.

분별지상응염은 제7말나식을 물들여 지식(智識)으로 작용하게 하는 오염이다. 이 오염에 물들어 말나식은 호오를 분별하고 고락을 분별하면서 아는 자로서의 상인 지상(智相)을 형성하게 된다. 지상을 형성하는 분별지의 오염이며 식의 대상에 상응하여 일어나는 오염이기에 이를 '분별지상응염'이라고 부른다.

　말나식이 형성하는 지상은 상속상보다 더 심층의 것이다. 따라서 지상을 형성하는 분별지상응염은 상속상을 형성하는 부단상응염보다 더 심층의 오염이다. 그러므로 이 오염은 보살초지보다 더 깊이 내려간 보살 제2지인 구계지(具戒地)에서부터 점차 극복되기 시작해서 보살 제7지인 무상방편지(無相方便地)에 이르러야 비로소 완전히 여의게 된다. 보살 제7지에서 분별지상응염이 완전히 제거되면, 마음은 그 다음 단계인 보살 제8지로 나아간다.

d. 현색불상응염(現色不相應染)

넷째는 '색을 나타내는 불상응염'(현색불상응염)이니, '색이 자재한 지위'(색자재지)에 의거하여 여읠 수 있기 때문이다.
四者現色不相應染, 依色自在地能離故.

　　　현색불상응염(現色不相應染) : 색을 나타내는 아뢰야식의 오염
　　　　　　　　　　　　　　　　 보살 제8지(색자재지)에서 여읨

　　　현색불상응염(現色不相應染) ┌ 현색: 색을 나타내는 오염
　　　　　　　　　　　　　　　　 └ 불상응: 대상에 상응하지 않고 일어나는 오염

　현색불상응염(現色不相應染)은 아뢰야식을 물들여 색을 나타내는 현식(現識)으로 작용하게끔 하는 오염이다. 이 오염에 물듦으로써 아뢰야식은 능현식(能現識)으로 작용하여 색의 경계상(境界相)을 형성한다. 이 오염은 이미 있는 경계에 상응해서 일어나는 오염이 아니라, 어떤 것에도 상응함이 없이 아뢰야식 자체가 스스로 색의 경계를 스스로

형성하는 오염이기에 상응염이 아닌 불상응염(不相應染)이라고 한다.

보살 제8지인 색자재지(色自在地)는 일반 범부와 달리 아뢰야식의 경계상인 색으로부터 자유 자재한 지위이다. 그러므로 이 지위에 이르면 색을 형성하는 오염으로부터도 자유로워진다. 따라서 현색불상응염은 색자재지에서 여의게 된다고 말한다. 이렇게 현색불상응염을 여의면, 마음은 그 다음의 보살 제9지로 나아가게 된다.

e. 능견심불상응염(能見心不相應染)

다섯째는 '능히 바라보는 마음의 불상응염'(능견심불상응염)이니, '심이 자재한 지위'(심자재지)에 의거하여 여읠 수 있기 때문이다.

五者能見心不相應染, 依心自在地能離故.

능견심불상응염(能見心不相應染) : 보는 마음의 아뢰야식의 오염
보살 제9지(심자재지)에서 여읨

능견심불상응염(能見心不相應染)은 아뢰야식을 물들여 능히 보는 전식(轉識)으로 작용하게끔 하는 오염이다. 이 오염에 물들어 아뢰야식은 스스로 보려고 하는 능견식(能見識)으로 작용하여 능견상(能見相)을 형성한다. 이 오염은 다른 어떤 것에 상응하여 일어나는 오염이 아니기에 불상응염이라고 한다.

일반 범부는 무명에 의해 아뢰야식 자체가 스스로 이원화하여 능견의 마음으로 작용하므로, 우리는 우리 자신의 마음에 있어서조차 자유 자재하지 못하다. 우리의 마음이 이미 능견심불상응염에 의해 오염되어 있기 때문이다. 이 오염으로부터 벗어나는 단계가 보살 제9지이다. 보살 제9지에서의 수행을 통해 보살은 이 오염으로부터 벗

어나 마음이 자재하게 되므로 이 지위를 심자재지(心自在地)라고 부른다. 심자재지에서 능견심불상응염을 여의면, 마음은 그 다음 단계인 보살 제10지로 나아간다.

f. 근본업불상응염(根本業不相應染)

여섯째는 '근본 업의 불상응염'(근본업불상응염)이니, '보살지가 다하는 지'(보살진지)에 의거하여 '여래의 지위'(여래지)에 들어가면 여읠 수 있기 때문이다.

六者根本業不相應染, 依菩薩盡地得入如來地能離故.

근본업불상응염(根本業不相應染): 근본 업의 아뢰야식의 오염
보살 제10지(보살진지)~여래지에서 여읨

근본업불상응염(根本業不相應染)은 아뢰야식을 물들여 업력에 따라 동하는 업식(業識)으로 작용하게끔 하는 오염이다. 이 오염에 물듦으로써 아뢰야식은 무명업상을 형성하며 결국 주와 객, 능과 소, 견과 상으로 이원화하게 된다. 이는 다른 어떤 것에 상응함이 없이 자체적으로 일어나는 오염이므로 불상응염이라고 한다.

보살10지 중 마지막 지인 보살 진지(盡地)에서 우리의 마음을 번뇌로 물들이는 마지막 오염인 근본업불상응염이 제거되면, 마음은 드디어 보살지를 떠나 그 다음 단계의 여래지, 즉 부처의 경지로 나아가게 된다. 보살 진지에서 마음의 오염이 모두 제거되면 그 자리가 곧 여래지이다.

이상의 여섯 단계를 다음과 같이 정리해볼 수 있다.

1. 집상응염(執相應染): 의식(분별사식)의 오염-신상응지(10주·10행·10회향)에서 여읨
2. 부단상응염(不斷相應染): 말나식(상속식)의 오염-신상응지~제1지(정심지)에서 여읨
3. 분별지상응염(分別智相應染): 말나식(지식)의 오염-제2지(구계지)~제7지(무상방편지)에서 여읨
4. 현색불상응염(現色不相應染): 아뢰야식(능현식)의 오염-제8지(색자재지)에서 여읨
5. 능견심불상응염(能見心不相應染): 아뢰야식(능견식)의 오염-제9지(심자재지)에서 여읨
6. 근본업불상응염(根本業不相應染): 아뢰야식(업식)의 오염-제10지(보살진지)~여래지에서 여읨

일법계의 의미를 요달하지 못한 자는 신상응지에서부터 관찰하여 끊음을 배우고, 정심지에 들어가 분(分)에 따라 여읠 수 있다가, 여래지에 이르면 완전히 여읠 수 있기 때문이다.

不了一法界義者從信相應地觀察學斷, 入淨心地隨分得離, 乃至如來地能究竟離故.

이 문장은 지금까지 여섯 단계로 논한 것을 한 문장으로 정리한 것이다. 즉 아직 자성청정심을 증득하지 못해 무명으로 인한 오염을 갖고 있는 자가 어떻게 해야 그 오염을 극복하고 여래지에 이를 수 있는지를 밝힌 것이다. 신상응지부터 시작해서 정심지를 거쳐 여래지에 이르기까지 각 단계 마다에서 자기 수준에 맞게 조금씩 오염을 여의어나가다 보면 마지막 여래지에 이르러 결국 오염을 완전히 여의게 된다는 것이다. 이 과정을 보살 52수행단계에 따라 도표화해 보면 다음과 같다.

```
10신      범부                                                      → 불각
10주   ┐
10행   │ 3현위(신상응지)    - 분별사식(의식)의 오염인 〈집상응염〉을 여윔  → 상사각 성취
10회향 ┘
10지      보살위
   제1지. 환희지(정심지)   - 상속식(말나식)의 오염인 〈부단상응염〉을 여윔
   제2지. 이구지(구계지)  ┐
   제3지. 발광지          │
   제4지. 염혜지          │
   제5지. 극난승지        │
   제6지. 현전지          │
   제7지. 원행지(무상방편지)┘ 지식(말나식)의 오염인 〈분별지상응염〉을 여윔  → 수분각 성취
   제8지. 부동지(색자재지)  - 능현식(아뢰야식)의 오염인 〈현색불상응염〉을 여윔
   제9지. 선혜지(심자재지)  - 능견식(아뢰야식)의 오염인 〈능견심불상응염〉을 여윔
   제10지. 법운지(무구지)  - 업식(아뢰야식)의 오염인 〈근본업불상응염〉을 여윔 → 구경각 성취
등각      여래지           : 일체 염을 모두 여윈 지위
정각(묘각)
```

(3) 상응(相應)과 불상응(不相應)

'상응'이라고 말하는 의미는 심법(心法)과 념법(念法)이 서로 다르지만 오염과 청정의 차별에 의거하여 '아는 모습'(지상)과 '대상의 모습'(연상)이 같음을 말하기 때문이다.

言相應義者謂心念法異, 依染淨差別而知相緣相同故.

```
생각하는 자(주): 심법(心法)   ≠   생각되는 것(객): 념법(念法)   : 이(異)
   능연: 지상(知相)              소연: 연상(緣相)
      염(染)        =         염(染)            : 동(同) - 상응
      정(淨)        =         정(淨)
```

이 문장과 다음 문장은 세 가지 상응염에서의 상응과 세 가지 불상응염에서의 불상응이 각각 무엇을 의미하는지를 설명하고 있다.

202

상응염은 의식과 말나식의 오염이고, 불상응염은 아뢰야식의 오염이
다. 아뢰야식의 활동에 있어서는 그 마음의 활동과 독립적으로 마음
의 대상이 따로 존재하지 않는다. 아뢰야식의 활동에 의해 비로소 능
견상과 경계상이 형성되기 때문이다. 반면 말나식과 의식은 아뢰야
식에 의해 형성된 경계상을 대상으로 전제하면서 그것을 반연하므
로, 거기에는 마음인 심법(心法)과 그 마음의 대상인 념법(念法)이 따로
존재한다. 그러므로 심법과 념법이 서로 다르다고 말한다.

　이와 같이 상응염에 있어서는 심법과 념법이 서로 다르므로, 심
법이 형성하는 지상(知相)과 념법에서 형성되는 연상(緣相)도 서로 다르
다. 그러나 그 두 상이 청정과 오염에 있어서는 서로 일치한다. 의식
과 말나식의 활동에 있어서는 그 식의 오염이 그 식이 대상으로 삼는
대상에 상응하여 일어나기에 그 오염을 '상응염'이라고 한다.

'불상응'의 의미는 심이 불각이기에 항상 차이가 없어서 지상과
연상이 같아질 수 없기 때문이다.
不相應義者謂卽心不覺, 常無別異, 不同知相緣相故.

생각하는 자(주관): 심법(心法)　　→　　생각되는 것(대상): 념법(念法)　　: 불상응
　　능변(能變), 인(因)　　　　　　　　　　소변(所變), 과(果)

　아뢰야식을 오염시키는 근본은 바로 불각(不覺) 내지 무명(無明)이
다. 아뢰야식이 무명 불각에 의해 업식이나 능견식이나 능현식으로
작용할 때는 그 심에 상응하는 대상이 따로 있는 것이 아니라, 그 심

의 작용에 의해 비로소 만들어지는 것이다. 그렇게 주와 객, 능과 소가 아직 구분되어 있지 않으므로, 아뢰야식에 있어서는 주관의 지상과 객관의 연상을 구분하여 논할 수 없으며, 따라서 지상과 연상이 같다 혹은 다르다를 말할 수 없다.

식의 활동에 그 대상이 따로 없으므로 그 식을 물들이는 오염이 대상으로 인해 생기는 것이 아니다. 이처럼 오염이 대상에 상응해서 일어나는 것이 아니라 식 자체로부터 일어나는 것이기에 이를 '불상응염'이라고 한다.

(4) 무명(無明)과 염심(染心)

또한 '염심(染心)'의 의미는 '번뇌의 장애'(번뇌애)라고 이름하는데, 진여의 근본 지혜를 방해할 수 있기 때문이다. '무명'의 의미는 '지혜의 장애'(지애)라고 이름하는데, 세간의 자연적 업(業)의 지혜를 방해할 수 있기 때문이다.

又染心義者名爲煩惱导, 能障眞如根本智故. 無明義者名爲智导, 能障世間自然業智故.

염심(染心) = 번뇌애(煩惱礙) = 진여 근본지(근본무분별지=여리지)를 막음
무명(無明) = 지애(知礙)　　 = 세간 자연업지(후득지=여량지)를 막음

지혜의 관점에서 보면 근본무분별지(진여 근본지 = 여리지)에 입각해서 무분별후득지(세간 자연업지 = 여량지)가 가능하다. 이런 지혜를 가로막는 것이 근본무명과 염심인데 근본무명에 입각해서 염심이 일어나므로, 심층의 근본 무명이 진여 근본지를 가리고 그 근본 무명에 입

각한 염심이 세간 자연업지를 가리는 것으로 생각하게 된다. 그렇지만 여기에서는 반대로 염심이 진여 근본지를 장애하고 무명이 세간 자연업지를 장애한다고 말한다. 이에 원효는 다음과 같이 자문자답한다. "무명은 이지(理智)를 장애하고 염심은 양지(量智)를 장애하는 것일 텐데, 어째서 그렇지 않는가? 반드시 그런 것은 아니기 때문이다. 반드시 그러하지는 않다는 것은 논에서 스스로 말한 것과 같다."[80] 이하에서 그것을 설명한다.

이 의미는 무엇인가? 염심에 의거하여 능히 보고 능히 나타내며 망령되게 경계를 취하여 평등성을 어기기 때문이다.
此義云何? 以依染心能見能現, 妄取境界, 違平等性故.

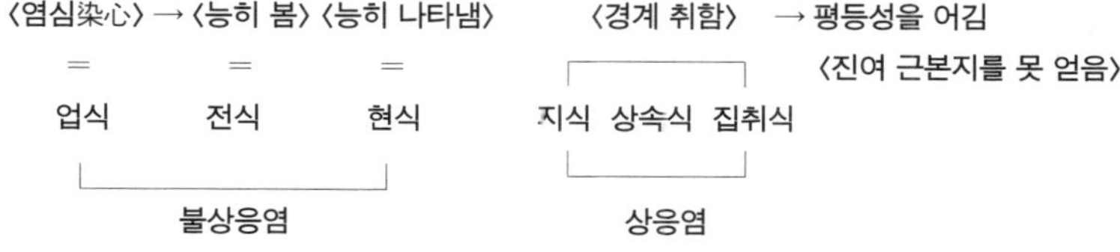

자성청정심이 업의 번뇌에 물들어 오염됨으로써 업식(業識)이 된다. 이 오염된 업식에 의거해서 능히 보는 전식(轉識)과 능히 나타내는 현식(現識)의 작용이 있게 되고, 이어 그렇게 나타난 경계상에 허망하게 집착하는 작용이 있게 된다. 업식과 능견과 능현이 3불상응염에

---

80) 원효, 765상, "無明應障理智, 染心障於量智. 何不爾者? 未必爾故. 未必之意如論自說."

의해 오염된 작용이라면, 망취경계는 3상응염에 의해 오염된 작용이다. 이러한 작용은 모두 마음을 번뇌로 물들이는 오염 때문이다. 마음의 청정한 본성을 그대로 깨달아 알 수 없는 것은 그 마음을 번뇌로 물들인 염심(染心) 때문인 것이다. 이와 같이 염심으로 인해 진여근본지에 이르지 못하므로 염심이 번뇌애로서 진여근본지를 방해한다고 말한다.

일체법은 항상 고요하여 일어나는 상이 없는데, 무명으로 인해 깨닫지 못하여 망령되게 법에 어긋나므로 세간 일체 경계에 수순하는 갖가지 앎을 얻을 수가 없기 때문이다.
以一切法常靜無有起相, 無明不覺妄與法違故, 不能得隨順世間一切境界種種智故.

<무명/불각>　→　법에 어긋남　→　세간 일체 경계의 지를 얻지 못함
〈세간 자연업지를 못 얻음〉

　　일체 제법은 일심 내지 진여법신으로부터 형성된 것이다. 진여심인 마음 자체는 본래 고요하여 무념무상이다. 그런데 무명으로 인해 념이 일어나고 상이 생겨, 그 상을 따라 마음이 움직여 허망분별을 일으킨다. 세간 일체 경계란 일심으로부터 형성된 경계를 말한다. 이 세간 일체 경계에 수순해서 있는 그대로의 앎을 얻으면 그것이 후득지(後得智)가 되는데, 무명으로 가려져 있어 그러한 세간의 갖가지 지혜를 얻지 못한다. 결국 무명 때문에 세간 자연업지(自然業智)를 얻지 못하는 것이다.

이처럼 무명에 근거해서 염심이 생기고 여리지에 기반해서 여량지가 가능하지만, 무명이 여량지(세간업지)를 장애하고 염심이 여리지(근본지)를 장애한다고 말할 수 있는 것은 장애가 생겨나는 순서와 장애를 없애나가는 순서가 서로 일치하지 않기 때문이다. 근본무명에 입각해서 생겨난 염심을 제거해야만 비로소 마음근본에 이르러 진여 근본지를 얻게 되므로 수행의 과정에 따라 '염심이 근본지를 장애한다'고 말할 수 있고, 그렇게 진여 근본지를 얻어 무명이 제거되면 드디어 일체 제법이 밝아지므로 '무명이 서간 자연업지를 장애한다'고 말할 수 있는 것이다.

원효는 "현료문(顯了門) 중에서는 이장(二障)이라고 하고, 은밀문(隱密門) 중에서는 이애(二礙)라고 한다"[81]고 하여 장애에서 장(障)과 애(礙)를 드러난 차원의 장애와 드러나지 않는 차원의 장애로 구분한다. 그리고 현료문의 장에 대해 번뇌장과 소지장을 구분하고, 은밀문의 애에 대해 번뇌애와 지애를 구분한다. 현료문은 밝게 드러난 것으로서 표층 의식 차원을 뜻하고, 은밀문은 비밀스럽게 감추어진 것으로서 심층 말나식과 아뢰야식의 차원을 뜻한다고 볼 수 있다.

```
┌ 장(障): 현료문(顯了門):     번뇌장  + 소지장        - 의식 차원
└ 애(礙): 은밀문(隱密門):   번뇌애(오염) +지애(무명)   - 말나식·아뢰야식 차원
```

아뢰야식은 무명으로 인해 마음에 움직임이 일어나고 그에 따라 능견 능현의 상이 나타나게 하는 존재론적 차원의 식이다. 반면 말나식과 의식은 아뢰야식의 이러한 활동성을 알지 못하는 상태에서 자아에 대한 집착과 세계에 대한 집착을 일으키고 그 집착에 따라 사려

---

81) 원효, 764하, "顯了門中名爲二障, 隱密門內名爲二礙."

분별하게 하는 인식론적 차원의 식이다.

의식 말나식보다 더 심층의 아뢰야식에 이르고 다시 아뢰야식의 핵심인 무념무상의 진여법신을 증득하면, 단번에 근본여래지 내지 근본 무분별지를 얻을 수 있다. 그렇지만 심층 아뢰야식이 어떤 방식으로 자아와 현상 세간을 형성하는지를 알 수 있으려면, 무념무상 불생불멸의 진여심이 어떻게 무명에 의해 념(念)을 일으켜 생멸과 화합한 아뢰야식으로 전환되고, 이 아뢰야식이 어떻게 작용해서 견(見)·상(相)으로 이원화하는지, 그리고 그에 기반해서 아뢰야식으로부터 어떻게 말나식과 의식의 작용이 일어나는지를 여실하게 직관해야 한다. 이것이 바로 무분별지 증득 이후 후득지를 얻는 과정이라고 볼 수 있다. 근본 무분별지와 더불어 후득지까지 더함으로써 일체지를 얻는 것은 부처의 경지에서만 가능하다고 한다. 이때 비로소 무명을 완전히 여의었다고 말할 수 있다. 그러므로 염심이 근본 무분별지를 막고, 무명이 세간 자연업지를 막는다고 말한다.

3) 생멸상(生滅相)

(1) 생멸상의 차이

그 다음 생멸상을 분별하면 두 가지가 있다. 무엇이 그 두 가지인가? 첫째는 거친 것이니 심과 상응하기 때문이고, 둘째는 미세한 것이니 심과 상응하지 않기 때문이다.

復次分別生滅相者有二種. 云何爲二? 一者麤, 與心相應故. 二者細, 與心不相應故.

3추상 : 상이 심(경계상)과 상응(相應)
      집취상(執取相) ── 의식의 상
      상속상(相續相) ┐
      지상(智相)   ┘ 말나식의 상
3세상 : 상이 심과 불상응(不相應)
      경계상(境界相) ┐
      능견상(能見相) ┤ 아뢰야식의 상
      무명업상(無明業相) ┘

여기에서는 이미 앞에서 논했던 3세상(細相)과 3추상(麤相)을 여섯 가지 생멸상으로서 다시 논한다. 그중 3추상이 심과 상응한다는 것은 3추상은 의식 말나식이 형성한 상으로서 그에 상응하는 대상이 있다는 뜻이다. 3추상이 아뢰야식의 경계상을 반연하여 생긴 상이므로, 3추상이 상응하는 대상은 바로 3추상이 반연하는 경계상이다. 아뢰야식의 경계상이 곧 심의 상이기에 심과 상응한다고 말한다. 반면 3세상이 심과 불상응한다는 것은 3세상은 아뢰야식이 형성한 상으로서, 그 상은 무엇을 반연하여 형성된 상이 아니므로 상응하는 것이 없다고 말한다.

또 거친 것 중의 거친 것은 범부의 경계이고, 거친 것 중의 미세한 것과 미세한 것 중의 거친 것은 보살의 경계이며, 미세한 것 중의 미세한 것은 부처의 경계이다.

又麤中之麤凡夫境界, 麤中之細及細中之麤菩薩境界, 細中之細是佛境界.

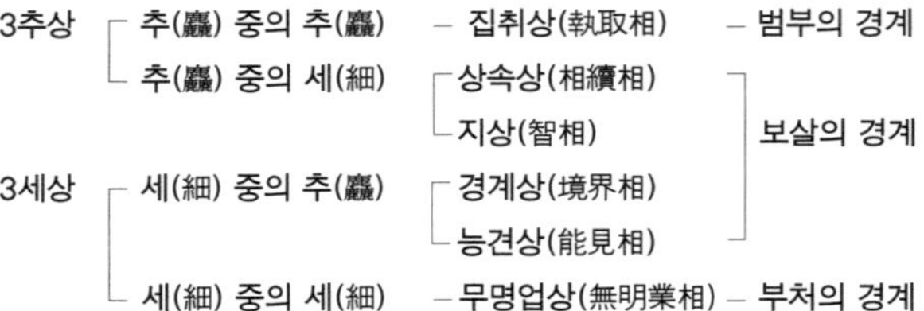

여기에서는 미세한 상을 다시 세와 추로, 거친 상을 다시 세와 추로 구분하여, 그 각각이 어떤 사람의 경계가 되는지를 밝힌다. 일반 범부는 의식 차원에서 형성되는 상만 의식하여 그것을 자신의 경계로 삼으므로, 일반 범부의 경계가 되는 상은 오직 의식이 형성한 집취상뿐이다. 수행을 하여 보살지에 이른 10지 상의 보살은 말나식이 형성한 추(麤) 중 세(細)의 상과 아뢰야식이 형성한 세(細) 중 추(麤)의 상을 포착하여 자신의 경계로 삼는다. 그러나 아뢰야식의 가장 미세한 상인 세(細) 중 세(細)의 무명업상은 무명을 완전히 벗어난 부처만이 자신의 경계로 삼을 수 있다. 각 생멸상을 경계로 삼는다는 것은 그 생멸상을 자신의 식의 대상으로 인지할 수 있다는 말이다.

원효는 상속식을 의식으로, 상속상을 의식의 상으로 보므로 추와 세에 대해 다음과 같이 말한다. "추 중의 추는 앞의 세 가지 중 둘이고, 추 중의 세는 세 가지 중 뒤의 하나이다. 앞의 것 중 처음 둘은 모두 의식에 있어 행상이 거칠기 때문에 범부가 아는 것이고, 뒤의 하나는 제7식이며 행상이 거칠지 않아 범부가 알 수 있는 것이 아니다."[82] 문제는 상속식이 과연 의식인가 하는 것이다.

---

82) 원효, 765중, "麤中之麤者謂前三中初二是也. 麤中之細者卽此三中後一是也. 以前中初二 俱在意識, 行相是麤, 故凡夫所知也. 前中後一是第七識, 行相不麤, 非凡所了也."

(2) 생멸상의 인과 연

이 두 가지 생멸은 무명훈습에 의해 있게 된 것이니, 이른바 인에 의거하고 연에 의거한 것이다. 인에 의거한다는 것은 불각의 의미 때문이고, 연에 의거한다는 것은 허망한 경계지음의 의미 때문이다.
此二種生滅依於無明熏習而有, 所謂依因依緣. 依因者不覺義故, 依緣者妄作境界義故.

무명 → 불각(인因) → ┌ 무명업상
　　　　　　　　　　　├ 능견상
　　　　　　　　　　　└ 경계상
　　　　　　　　└→　경계(연緣) → ┌ 지상
　　　　　　　　　　　　　　　　　├ 상속상
　　　　　　　　　　　　　　　　　└ 집취상

　　3세상과 3추상이 무엇을 인(因)과 연(緣)으로 삼아 생겨난 것인지를 설명한다. 인(因)은 과(果)를 성립시키는 직접적 원인이고, 연(緣)은 과를 성립시키는 간접적 원인 내지 조건이다. 모든 생멸상에 있어 직접적 원인은 무명(無明)이다. 그러므로 두 종류의 생멸상이 모두 무명에 의한 훈습(무명훈습)의 결과라고 말한다. 모든 생멸상의 인(因)은 결국 무명이다.
　　생멸상의 연(緣)은 생멸상이 생겨나게 되는 반연 대상을 말한다. 3세상(細相)은 무엇인가를 반연하여 생겨난 것이 아니고 단지 무명 불각에 의해 생겨난 것이다. 반면 3추상(麤相)은 무명 불각에 의거하되 아뢰야식이 형성한 경계상을 반연하여 생겨나는 상이므로, 그처럼 아뢰야식의 경계상을 대상으로 삼는 허망한 경계지음이 연(緣)이 된다. 한마디로 불각(不覺)이 인(因)이 되어 일어나는 것이 3세상이고, 그렇게 해서 형성된 경계를 연(緣)해서 일어나는 것이 3추상이다.

만약 인이 멸하면 곧 연이 멸한다. 인이 멸하기 때문에 불상응심이 멸하고, 연이 멸하기 때문에 상응심이 멸한다.

因滅則緣滅. 因滅故不相應心滅. 緣滅故相應心滅.

```
불각(不覺)으로 인하여   ┌ 무명업상 ┐
    (불각=인)          능견상    불상응심(不相應心)
                      └ 경계상 ┘
                         └→ 이 경계(境界)를 연하여   ┌ 지상 ┐
                             (경계=연)          상속상    상응심(相應心)
                                              └ 집취상 ┘
```

인이 멸하면 연도 따라서 멸한다는 것은 무명 불각의 인(因)에 의해 3세상이 생기는데, 그 중 경계상이 그 다음의 3추상에 대한 연(緣)이 되기 때문이다. 불각이 없으면 3세상이 생겨나지 않고, 그래서 경계가 만들어지지 않으면 결국 연이 갖추어지지 않으므로 3추상도 생겨나지 않기 때문이다.

여기에서는 3세상을 불상응심(不相應心)이라고 하고, 3추상을 상응심(相應心)이라고 한다. 아뢰야식의 3세상을 불상응심이라고 하는 것은 아뢰야식으로 활동하는 심이 그 자체로 존재하면서 견분(見分)인 능견상과 상분(相分)인 경계상을 스스로 형성하는 것이지, 그 마음에 상응하는 법이 따로 있지 않기 때문이다. 그리고 말나식과 의식의 3추상을 상응심이라고 하는 것은 그것들이 아뢰야식에 의해 형성된 경계를 반연하여서 그 경계를 알고(지상), 그것을 아는 생각이 상속하고(상속상), 그것을 집취하므로(집취상), 그렇게 마음에 상응하는 경계가 따로 있기 때문이다. 한마디로 3세상은 그에 상응하는 것이 없기에 불상응심이고, 3추상은 경계상을 연하여 일어나 결국 상응하는 연이 있기에 상응심이다.

(3) 심체(心體)과 심상(心相)

[문] 만약 심이 멸한다면 어떻게 상속하는가? 만약 상속한다면 어떻게 궁극에는 멸한다고 말하는가?
[답] 이른바 멸한다는 것은 으직 마음의 모습(심상)이 멸한다는 것이지, 마음 자체(심체)가 멸한다는 것이 아니다.
問日, 若心滅者, 云何相續? 若相續者, 云何說究竟滅? 答日, 所言滅者唯心相滅, 非心體滅.

심상(心相):	생멸상 —	생멸상속(연속) - 단멸
≠	↑	
심체(心體):	불생불멸 —	상속(항속)

생멸상은 심이 생멸하는 모습인데, 그와 같이 심이 생하고 또 멸한다면 그 심이 어떻게 상속하는 심일 수 있는가? 또는 반대로 만일 심이 상속하는 것이라면, 어떻게 궁극적으로 멸한다고 말할 수 있는가?

이 물음에 답하기에 앞서 우선 분명해져야 하는 것은 여기서 언급되는 '상속(相續)'의 의미와 '멸(滅)'의 의미이다. 지금까지 기신론은 마음이 일으킨 념이 생멸하면서 상속하는 념념상속을 말해왔다. 즉 하나의 념은 한 찰나에 생하고 그 다음 찰나에 곧 멸하지만, 그 멸하는 념이 멸함과 동시에 그 다음 념을 생하므로, 념들이 계속 이어져서 상속하는 것이다. 말하자면 각각의 념은 그 자체 생멸하지만, 념념은 이어져서 계속 상속하는 것이다. 그러므로 이때의 상속은 생멸하는 것들의 이어짐이며, 이는 '연속'이라고 부를 수 있다.

그런데 '상속이 어떻게 멸(滅)과 양립할 수 있는가?'라는 위의 질문에서의 상속은 이런 생멸의 '연속'을 뜻하는 것이 아니라, 오히려 생멸과는 대립되는 의미, 즉 끝까지 멸하지 않고 남는다는 의미의 상속으로서, 이는 '항속'이라고 말할 수 있다. 이처럼 '상속'의 의미는 생멸상속의 의미에서의 '연속'과 멸하지 않고 존재한다는 의미에서의 '항속'으로 구분된다. 마찬가지로 '멸'의 의미도 두 가지로 구분되는데, 하나는 생멸상속하는 과정 안에서의 멸이고 다른 하나는 그런 생멸상속의 과정 자체가 전체적으로 끝나는 멸이다. 전자는 생멸상속 과정 안에서 그 다음의 생으로 이어지는 멸이고, 후자는 그 다음의 생이 일어나지 않게끔 생멸과정 자체가 끝나는 멸이다. 그러므로 전자의 멸은 그냥 '멸'로 칭하고 후자의 멸은 '단멸' 내지 '단절'로 칭하여 구분하기로 한다.

위의 질문에 대해 기신론은 마음 자체(심체)와 마음의 모습(심상)을 구분함으로써 답한다. 마음 자체는 불생불멸의 여래심이지만 그 마음이 무명에 의해 오염되면 마음은 생멸의 모습을 띠게 된다. 그러므로 생멸하는 것은 마음의 모습인 심상일 뿐이고 그런 심상을 떠올리는 마음 자체인 심체는 생멸하지 않고 항상적으로 존재한다. 다시 말해 심상의 기저에 놓인 심체는 불생불멸로서 상속(항속)하는데 반해, 그 심체가 일으킨 심상은 념념상속(연속)을 이루며 생멸하되 무명이

다하면 그 생멸상속마저 끊어져 단멸할 수도 있다. 그러나 생멸하든 단멸하든 그렇게 변화하는 것은 심상일 뿐이고 심체는 불생불멸로 남는다는 것이다.

마치 바람이 물에 의거하여 움직이는 모습을 갖는 것과 같다. 만약 물이 멸하면 바람의 모습이 의지할 바가 없어 단절되지만, 물이 멸하지 않기 때문에 바람의 모습은 상속한다. 단지 바람만이 멸하기 때문에 움직이는 모습은 따라 멸하지만 물이 멸하는 것은 아니다.

如風依水而有動相. 若水滅者, 則風相斷絕無所依止, 以水不滅, 風相相續. 唯風滅故, 動相隨滅, 非是水滅.

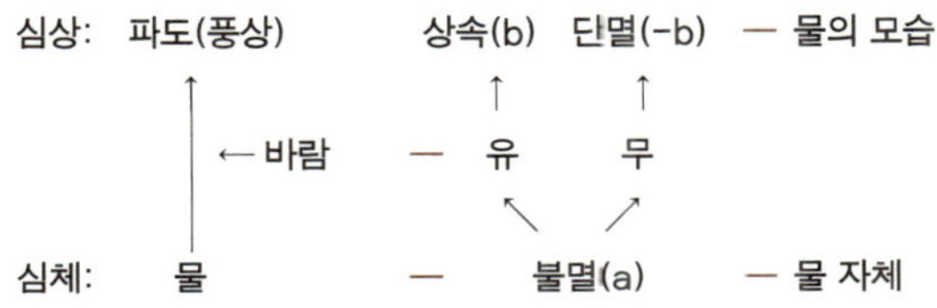

심체와 심상의 구분에 근거해서 상속(항속)과 멸(단멸)의 양립 가능성을 논한 후 여기에서는 이를 다시 바닷물과 파도의 비유를 들어 설명한다. 심체와 심상을 각각 물 자체와 물이 바람 따라 움직이는 모습인 파도 내지 풍상(風相)에 비교한 것이다.

바다에 파도가 일어 동상(動相)이 생기면 우리는 그것을 오로지 바람에 의한 것이라고 생각하지만, 거기 바람에 의한 동상이 있을 수 있는 것은 바람 따라 움직일 수 있는 물이 있기 때문이다. 물이 없다면 아무리 바람이 불어도 동상도 풍상도 찾아볼 수 없게 된다. 물이 있기에 풍상이 있는 것이다. 다만 바다에 물이 항상 존재하기 때문에, 우리는 파도가 일어나는 원인을 물이 아니라 바람이라고만 여기게 된다. 그러나 여기서는 파도의 풍상이 단지 바람 때문만이 아니라 바다의 물 때문이라는 것을 강조한다. 그리고 바로 이 물은 바람이 멸하고 따라서 바다의 풍상이 멸해도 계속 남는 것임을 강조하는 것이다.

물이 있기에 거기 바람이 불어 풍상이 있게 된다. 만약 물이 멸하고 없다면 풍상이 생길 수가 없다. 즉 물이 있기에 풍상이 상속하는 것이다. 그러나 '물이 있기에 풍상이 있다'고 해서, 그러니까 '풍상이 없으면 물도 없다'는 말은 아니다. 'a → b'가 성립하지만, 그렇다고 '-b → -a'가 성립하는 것은 아니다. 왜 그러한가? 이것은 a가 b의 필요조건이지 충분조건은 아니기 때문이다. 물은 풍상이 있기 위해 필요한 조건이지만 물이 있다고 반드시 풍상이 있는 것은 아니다. 즉 물이 있어도 풍상이 없을 수 있다. 'a → -b'도 가능하다. 혹은 거꾸로 말해 풍상이 없어도 물이 있을 수 있다. '-b → a'도 가능한 것이다. 결국 물(a)은 풍상이 있는가(b) 없는가(-b)와 상관없이 있다는 말이다. 그러므로 풍상이 있는가 없는가 하는 물의 모습의 차원과 그 모습과 상관없이 있는 물 자체의 차원을 구분해야 하는 것이다.

무명도 이와 같이 심체에 의거하여 움직인다. 만약 심체가 멸하면 중생이 의지할 바가 없어 단절되지만, 체가 멸하지 않기 때문에 마음은 상속할 수 있다. 단지 어리석음[癡]만이 멸하기 때문에 심상이 따라 멸하지만 심의 지혜가 멸하는 것은 아니다.

無明亦尒, 依心體而動. 若心體滅者,[83] 則衆生斷絶無所依止, 以體不滅, 心得相續. 唯癡滅故, 心相遣滅, 非心智滅.

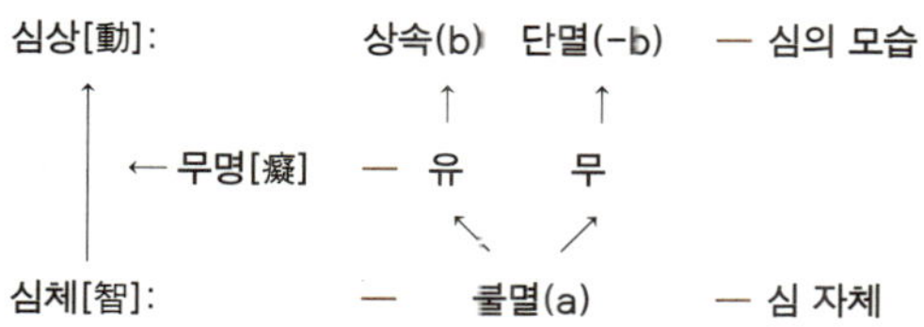

바다에 바람이 불면 바닷물이 움직여 파도가 일듯, 심체에 무명풍이 불면 마음이 움직여 심상이 일어난다. 심상은 심 자체가 무명의 바람을 따라 일어나는 모습이다. 그러므로 생멸하는 심상을 일으키는 모든 중생의 마음 자체는 바로 불생불멸의 심체이다. 이 심체에 무명풍이 불어 생멸상이 생기는 것이다. 무명이 있어 생멸상이 생기든 무명이 멸해 생멸상이 멸하든, 그 바탕에는 항상 불생불멸의 마음 자체가 있다.

심체에 불어오는 무명풍이 멎는다면, 즉 무명이 다하고 치(痴)가 다한다면, 마음은 더 이상 움직이지 않고 따라서 심상이 생기지 않는다. 심상은 생기지 않지만, 그런 생멸상을 여읜 마음 자체는 남으며, 그렇게 남겨지는 마음 자체는 어리석음이 멸한 지혜의 마음이다.

---

83) 『고려대장경』에는 '者' 자가 없다.

4. 염정훈습(染淨熏習)

1) 훈습의 4법

그 다음 훈습(熏習)의 의미를 갖는 네 가지 법(法)이 있기 때문에, 염법(染法)과 정법(淨法)이 일어나 끊어지지 않는다.
復次有四種法熏習義故, 染法淨法起不斷絶.

'훈습(熏習)'은 '스며들 훈(熏)', '물들 습(習)'으로 스며들어 물들게 한다는 뜻이다. 어떤 것을 알게 모르게 물들여 같은 종류의 것으로 만들어가는 것을 뜻한다. 깨끗한 것도 오염과 함께하면 오염에 물들게 되고, 더러운 것도 깨끗한 것과 함께하면 깨끗함에 물들어간다. 이처럼 깨끗한 것(정법)과 오염된 것(염법)이 서로를 물들여간다. 이러한 훈습을 성립시키는 기본 존재(법)로 기신론은 네 가지를 든다.

무엇이 그 네 가지인가? 첫째는 정법이니 '진여(眞如)'라고 이름한다. 둘째는 일체 오염의 원인이니 '무명(無明)'이라고 이름한다. 셋째는 허망한 마음이니 '업식(業識)'이라고 이름한다. 넷째는 허망한 경계이니 이른바 '6진(塵)'이다.
云何爲四? 一者淨法名爲眞如. 二者一切染因名爲無明. 三者妄心名爲業識. 四者妄境界所謂六塵.

1. 정법(淨法) = 진여(眞如)
2. 염인(染因) = 무명(無明)
3. 망심(妄心) = 업식(業識)
4. 망경계(妄境界) = 육진(六塵)

진여(정법) ————————→ 업식(망심) ————————→ 육진(경계)
　　　　　　　　　↑ 훈습
　　　　　　무명(염인)

이상 열거한 네 가지 법은 염정 상호간의 훈습을 가능하게 하는 기본적 법이다. 일체 훈습을 가능하게 하는 가장 기본적인 법은 진여(眞如)이다. 진여는 곧 자성청정심이므로 일체를 깨끗하게 물들이는 정법훈습의 근본이다. 이 정법의 진여를 오염으로 물들여가는 주된 원인은 무명(無明)이다. 그러므로 무명은 염법훈습의 주된 원인인 염인(染因)이다. 불생불멸의 정법 진여가 염인인 무명에 훈습되어 생멸하는 허망한 마음이 되는데, 이것이 망심인 업식(業識)이다. 이 업식은 허망한 경계를 형성하는데, 그것이 바로 마음의 경계인 육진(六塵)이다. 기신론은 이상 네 가지를 염정훈습을 성립시키는 네 가지 법(法)이라고 부른다.

여기서 망심은 업식만을 의미하는 것이 아니고, 의식 말나식을 다 포괄한 것이다. 업을 지어 종자를 남기는 식, 훈습하는 식이 의식과 말나식이다. 이런 망식까지를 다 함께 포괄하되 그 중 근본이 되는 식인 아뢰야식을 들어 업식이라고 말한 것이다.

훈습의 의미는 마치 세간의 의복이 실제로는 향기가 없지만 만약 사람이 향으로써 스며들게 하고 물들게 하면 향기를 갖게 되는 것과 같다.

219

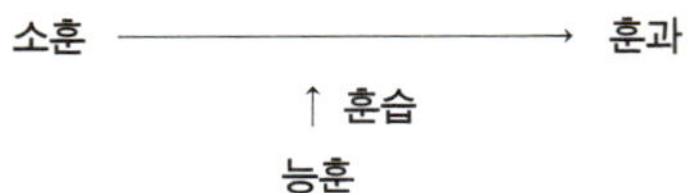

훈습을 설명하기 위해 비유적으로 옷에 향이 배어드는 과정을 제시한다. 옷에 본래 향기가 없는데, 향을 피워 놓은 곳에 옷을 오래 두면 그 옷에 향기가 스며들고 배어들어 옷에서 향기가 나게 된다. 이와 같이 스며들어 물들이는 것을 '훈습'이라고 한다. 향이 무향의 옷을 훈습하여 유향의 옷으로 바꾼 것이다. 이 훈습과정에 대해 향을 훈습의 주어로 놓으면, '향이 옷을 훈습한다'라고 말할 수 있다. 향이 옷에 향기를 스며들게 하기 때문이다. 그런데 이것도 두 가지로 읽힐 수 있다. 훈습의 목적어를 훈습당하는 것으로 보면 '향이 (무향의) 옷을 훈습한다'가 되고, 목적어를 훈습된 결과의 것으로 보면 '향이 (유향의) 옷을 훈습한다'가 된다. 또는 이 과정에 대해 옷을 주어로 놓아 '옷이 향을 훈습한다'라고도 말할 수 있다. 옷이 향의 향기를 받아들여 향기에 물드는 것이기 때문이다. 따라서 훈습에서는 능훈과 소훈과 훈습결과 셋을 분명하게 구분하는 것이 필요하다. 이하에서는 변화시키는 힘을 훈습하는 것(능훈)으로 놓고, 변화되기 이전의 소훈처(소훈)와 변화된 이후의 훈습결과(훈과)를 구분하며, 이를 다음과 같이 표시한다.

　　본래 훈습은 유식불교에서 잠재식(潛在識)과 현행식(現行識), 종자(種子)와 현행(現行)의 관계를 담고 있는 중요개념이다. 불교는 기본적으로 업(業)은 보(報)를 갖기 마련이라고 본다. 만일 뜻이나 말이나 몸으로 지은 업이 미처 그 결과인 과보를 낳지 않았다면, 그 업은 자신의 보를 낳기까지 그 힘을 유지해야 하는데, 그렇게 남아 있는 업의 세력, 업력(業力)을 '종자(種子)'라고 부르며, 이 종자들이 아뢰야식의 흐름을 이룬다고 본다. 마치 나무가 다시 나무를 낳기 위해 종자를 남기듯이, 업이 보를 낳기 위해 남겨놓은 업력이 종자이며, 이와 같이 식(識)이 업력인 종자를 남기는 것을 '훈습'이라고 한다. 나무의 종자가 지상이 아닌 땅 밑에 가려진 채 겨울을 나고 때가 되면 지상으로 자라나듯, 업이 남긴 세력인 종자는 의식에 드러나지 않는 심층 마음인 아뢰야식에 저장되어 성장하다가, 때가 되어 인연이 닿으면 구체적 현상으로 드러난다. 종자가 현상으로 구체화 내지 현실화되는 것을 '현행(現行)'이라고 한다. 종자가 현행화하는 것이 곧 종자인 업력이 발휘되어 보를 낳는 것이다. 그러므로 아뢰야식은 단지 잠재태로서의 종자흐름만을 뜻하는 것이 아니라, 종자가 구체적 현실태로 현행화된 것까지를 포함한다.

　　유식불교는 업을 짓는 현행식(6식이나 말나식)이 종자를 남기는 것을 '현행훈종자(現行熏種子)'라고 하고, 그렇게 심겨진 종자가 아뢰야식 내에서 생멸·성장하는 것을 '종자생종자(種子生種子)'라고 하며, 다시 그렇게 성장한 종자가 여러 현행식(아뢰야식과 6식·말나식)으로 현행화하는 것을 '종자생현행(種子生現行)'이라고 한다. 현행훈종자에서의 훈이 곧 '훈습'이다. 향이 무향의 옷에 향내를 훈습하여 옷을 유향의 옷으로 만들 듯이, 6식이나 말나식의 현행이 아뢰야식에 종자를 남기는 것이 훈습이다. 이때 종자는 집착과 번뇌가 있는 업으로부터 남겨지는 종자이기에 번뇌 있는 종자인 유루종자(有漏種子)이다. 본래 인간의 마음은 번뇌 없는 무루식(無漏識)인 진여이지만, 무명으로 인해 유루종자의 훈습이 무시이래로 진행되어 왔기에, 훈습 당하는 소훈처는 결국 아뢰야식이다. 이처럼 유식불교에 따르면 종자를 남기는 능훈식은 업을 짓는 6식과 말나식이고, 소훈처는 아뢰야식이 된다.

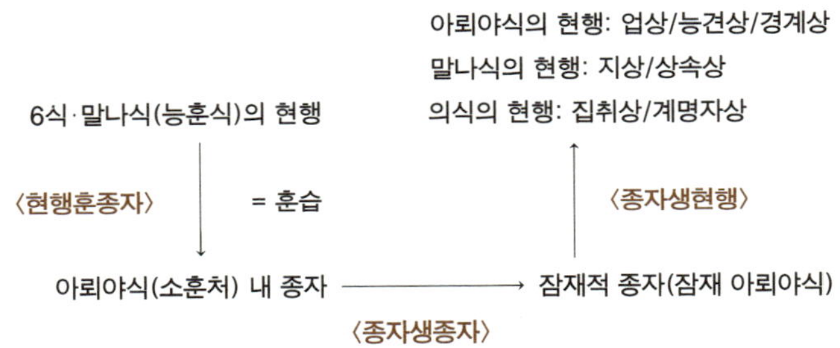

이것(훈습)도 이와 같다. 진여는 정법이어서 실제로는 오염이 없지만, 다만 무명으로써 훈습하기 때문에 '오염된 상'(염상)이 있게 된다.
此亦如是. 眞如淨法實無於染, 但以無明而熏習故, 則有染相.

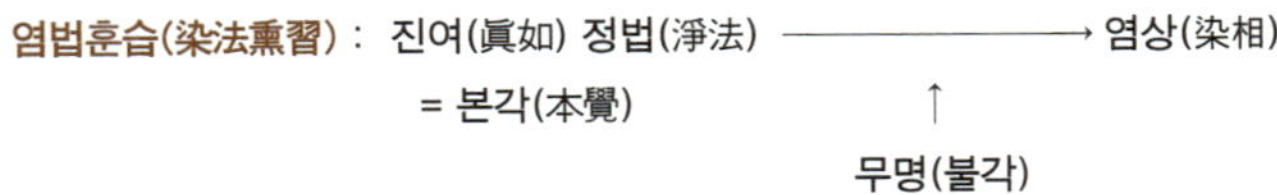

위의 문장은 '진여정법 以무명 而훈습 則유염상'으로 정리된다. 즉 '진여정법(소훈) 以무명(능훈) 而훈습 則유염상(훈습결과)'이다. 다시 말해 청정한 진여가 무명에 의해 오염으로 훈습되면 결과적으로 염상

222

을 갖게 된다는 것이다. 이 과정을 '염법훈습'이라고 한다. 여기서 무명에 의해 훈습되기 전의 진여정법은 본각의 진여이다. 다만 이 진여는 염정으로 훈습되는 진여정법이므로, 생멸을 떠난 진여문의 진여가 아니라 생멸문의 성정본각의 진여이다.

기신론은 훈습을 논하면서 진여를 염법훈습의 소훈처로 삼고 있는 데 반해, 유식논서인 『섭대승론』과 『성유식론』은 소훈처가 아뢰야식이지 진여가 아니라고 강조한다. 이는 유식논서들이 무명에 물들기 전의 진여정법에서 출발하지 않고 진여를 물들이는 염인인 무명에서부터 출발하여 논한 글이기 때문이다. 반면 기신론은 그러한 무명과 불각을 걷어내는 수행의 과정을 드러내고자 무명에 의해 물들기 전인 진여를 훈습이 일어나는 출발로 삼고 있다고 볼 수 있다. 원효는 이에 대해 "훈습의 의미에 두 가지가 있다. 그 논(『섭대승론』)은 생각할 수 있는 훈습을 말하므로 상법(常法)은 훈습될 수 없다고 하였지만, 이 논(『대승기신론』)은 그 생각할 수 없는 훈습을 밝히므로 무명이 진여를 훈습하고 진여가 무명을 훈습한다고 말한다. 나타내고자 하는 뜻이 같지 않으므로 서로 어긋나는 것이 아니다."[84]고 말한다.

무명은 염법이어서 실제로는 청정한 활동(정업)이 없지만, 다만 진여로써 훈습하기 때문에 '청정한 작용'(정용)이 있게 된다.

無明染法實無淨業, 但以眞如而熏習故, 則有淨用.

---

84) 원효, 768상, "熏習之義有其二種. 彼論ᄀ約可思議熏, 故說常法不受熏也. 此論明其不可思議熏, 故說無明熏眞如, 眞如熏無明. 顯意不同, 故不相違."

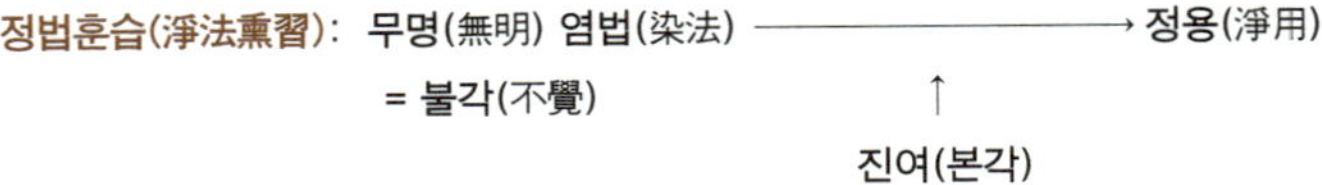

위의 문장은 '무명염법 以진여 而훈습 則유정용'으로 정리된다. 즉 '무명염법(소훈) 以진여(능훈) 而훈습 則유정용(훈습결과)'이다. 다시 말해 오염된 무명이 진여에 의해 청정하게 훈습되면 그 결과 청정한 활용을 갖게 된다는 것이다. 이러한 훈습과정을 '정법훈습'이라고 한다. 진여에 의해 청정하게 훈습되기 이전의 무명(無明)은 곧 불각(不覺)을 뜻한다.

염오의 상(相)을 낳는 염법훈습과 청정한 용(用)을 낳는 정법훈습은 곧 마음의 본래바탕인 진여로부터 염오의 허망분별상을 그려나가는 과정과 다시 그 허망분별상을 지워나가 청정한 바탕을 회복해가는 과정이라고 볼 수 있다. 이하에서는 이러한 염법훈습과 정법훈습을 좀 더 세분하여 상술한다.

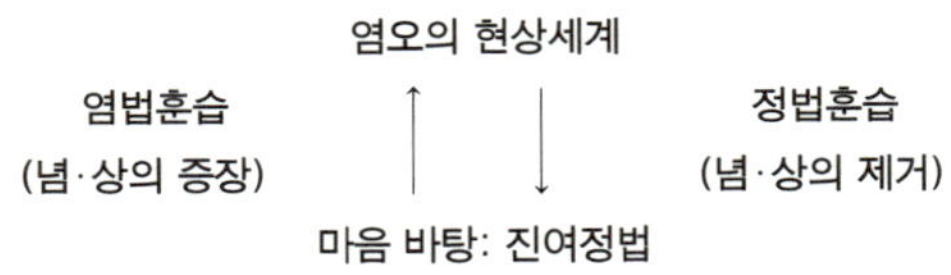

2) 염법훈습(染法熏習)

(1) 세 가지 염법훈습

어떻게 훈습하기에 염법을 일으켜 끊어지지 않게 하는가?
云何熏習起染法不斷?

정법진여가 오염되어 가는 염법훈습과 염법이 청정하게 바뀌어 가는 정법훈습 중에서 먼저 염법훈습을 논한다. 염법훈습을 다음과 같은 세 가지로 구분하여 설명한다.

1. 무명훈습(無明熏習)
2. 망심훈습(妄心熏習)
3. 망경계훈습(妄境界熏習)

a. 무명훈습(無明熏習)

이른바 진여법에 의거하기 때문에 무명이 있다. 염법의 인(因)인 무명이 있기 때문에 진여를 훈습하고, 훈습하기 때문에 망심이 있게 된다.

所謂以依眞如法故有於無明. 以有無明染法因故卽熏習眞如, 以熏習故則有妄心.

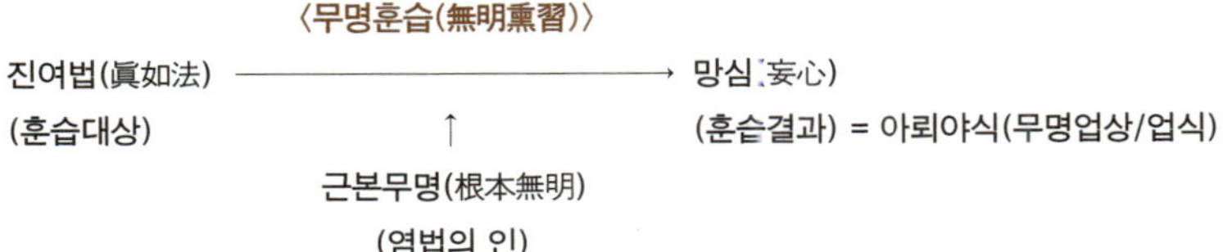

순수한 정법으로서 진여가 있다. 진여는 곧 진여심으로서 스스로를 자각하여 아는 본각의 마음이다. 그런데 자각하여 깨달아 아는 '각성(覺性)'은 깨닫지 못하는 '불각(不覺)' 내지 '무명(無明)'의 가능성을 내포한다. 진여가 있기에, 그 진여를 알지 못하는 무명이 함께 하는 것이다. 진여를 알지 못하는 이 무명이 곧 근본 무명이고 근본 불각이다.

근본 무명이 진여를 오염으로 물들여 진여를 오염된 망심으로 전환시킨다. 이를 무명이 진여를 훈습하는 '무명훈습(無明熏習)'이라고 한다. 무명훈습에서는 능훈(能熏)이 염인(染因)인 무명이며, 무명에 의해 훈습당하는 소훈(所熏)이 진여정법이고, 무명에 의해 훈습되어 나타나는 훈습결과가 망심(妄心)이다. 여기서의 망심은 진여심이 스스로를 자각하지 못해 허망하게 동하기 시작하는 마음, 무명업상을 형성하는 마음, 한마디로 무명 업식(業識)에 해당하는 제8아뢰야식이다.

b. 망심훈습(妄心熏習)

망심(妄心)이 있기 때문에 무명(無明)을 훈습한다. 진여법을 요달하지 못하기 때문에 자기도 모르게 넘(念)이 일어나 허망한 경계(境界)를 나타낸다.

以有妄心卽熏習無明. 不了眞如法故不覺念起, 現妄境界.

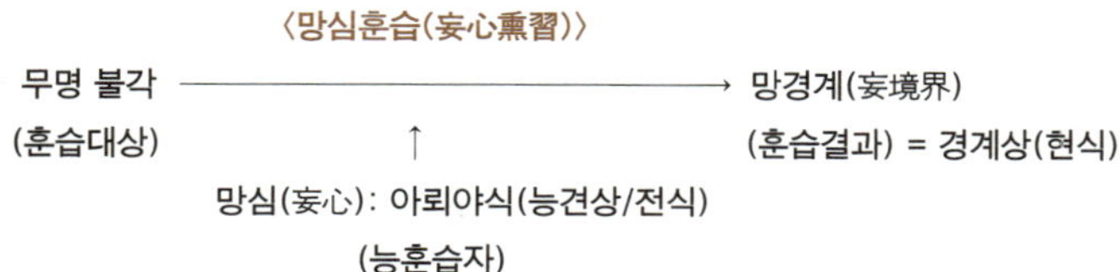

무명훈습에 의해 형성된 망심이 곧 무명 업식인 아뢰야식이다. 이 아뢰야식의 무명 내지 불각이 넘(念)을 일으켜 허망한 대상세계인 망경계를 형성한다. 이를 망심(아뢰야식)이 무명을 훈습하는 '망심훈습(妄心熏習)'이라고 한다. 망심훈습 결과 망경계가 생겨난다.

아뢰야식에서 일어나는 불각의 넘이 망경계를 낳는다는 것은 앞서 논한 대로 망심인 아뢰야식이 무명업상을 일으켜 능(能)·소(所)로 이원화되면서 보는 자가 능견상이 되고 그 능견에 의해 보여지는 것으로서 경계상이 나타나는 것을 뜻한다. 한마디로 망심훈습 결과 나타나는 망경계는 곧 아뢰야식이 형성한 경계상이다.

c. 망경계훈습(妄境界熏習)

염법의 연(緣)인 망경계가 있기 때문에, 망심을 훈습하여 그것(망심)이 생각하고(념) 집착하여(착) 갖가지 업(業)을 짓고 일체 심신의 고통을 받게 된다.

以有妄境界染法緣故, 卽熏習妄心. 令其念著造種種業受於一切身心等苦.

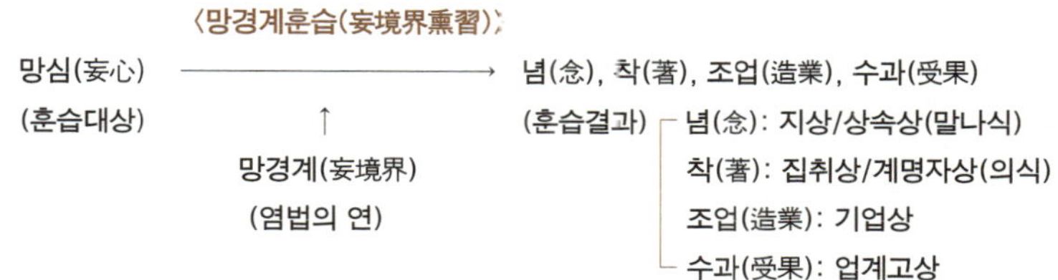

망식인 아뢰야식으로부터 망경계가 형성되면, 그렇게 형성된 망경계가 연(緣)이 되어 망심을 훈습한다. 이를 망경계가 망심을 훈습하는 '망경계훈습(妄境界熏習)'이라고 한다. 망경계훈습의 결과로 망심은 생각하고(념) 집착하며(착), 온갖 업을 짓고(조업), 그 결과 집착과 업에 따른 보를 받게 된다(수과).

망경계가 연이 되어 망심을 훈습한다는 것은 아뢰야식이 형성한 경계상에 의거해서 말나식과 의식의 작용이 일어난다는 것이다. 념을 일으키는 것은 말나식이 지상과 상속상을 형성하는 것이고, 집착을 일으키는 것은 의식이 집취상과 계명자상을 형성하는 것이다. 그렇게 해서 갖가지 업을 짓는 것이 곧 기업상을 형성하는 것이고, 그 업에 따라 심신의 보를 받는 것이 곧 업계고상을 형성하는 것이다.

이상 세 가지 염법훈습은 서로 연결되어 있다. 맨 처음의 무명훈습에서는 무명이 진여를 훈습하여 망심을 낳는데, 그 다음 망심훈습에서는 그렇게 나타난 망심이 다시 무명을 훈습한다. 즉 무명에 의한 훈습의 결과로 망심이 형성되는데 그 망심이 다시 무명을 훈습하므로 둘이 서로 순환관계를 이룬다. 나아가 그 두 번째 망심훈습에서 망심이 무명을 훈습하여 망경계를 낳는데, 세 번째 망경계훈습에서는 그렇게 나타난 망경계가 다시 망심을 훈습한다. 즉 망심에 의한 훈습 결과로 망경계가 생기는데 그 망경계가 다시 망심을 훈습하므로 여기에서도 둘이 서로 순환관계를 이룬다. 이처럼 세 가지 염법훈습은 서로 순환적으로 연결된다.

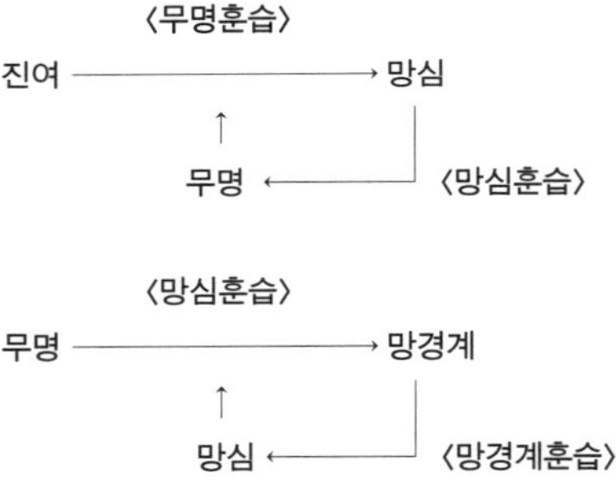

그런데 이상의 세 가지 염법훈습은 그 훈습이 어느 차원에서 일어나고 작용하는가에 따라 다시 각각 두 단계로 구분된다.

(2) 각 염법훈습의 두 단계

a. 망경계훈습(妄境界熏習)의 두 단계

이 망경계훈습의 의미에는 두 가지가 있다. 무엇이 그 두 가지인가? 첫째는 '생각(념)을 증장시키는 훈습'(증장념훈습)이고, 둘째는 '취착(취)을 증장시키는 훈습'(증장취훈습)이다.

此妄境界熏習義則有二種. 云何爲二? 一者增長念熏習, 二者增長取熏習.

망경계훈습(妄境界熏習) :
　1. 증장념훈습(增長念熏習) : 말나식의 작용: 지상과 상속상을 형성
　2. 증장취훈습(增長取熏習) : 의식의 작용: 집취상과 계명자상을 형성

　　망경계훈습은 아뢰야식의 식소변인 망경계를 연하여 일어나는 훈습인데, 이 훈습이 말나식의 차원에서 일어나는가 아니면 의식의 차원에서 일어나는가에 따라 둘로 구분된다. 망경계를 연하여서 말나식은 생각(념)을 증장시키고, 의식은 분별 집착(착)을 증장시키기 때문이다. 말나식은 념을 증장시켜 '생각하는 나', '아는 나'라는 '지상(智相)'을 형성하고, 그 생각하는 나가 하나로 이어지게끔 념념상속하게 하여 '상속상'을 형성한다. 그리고 의식은 일체 경계에 대해 주객분별 내지 자타분별하면서 취착하는 '집취상'을 형성하고, 나아가 상들을 언어문자로 고정시켜 계탁분별하는 '계명자상'을 형성한다.

b. 망심훈습(妄心熏習)의 두 단계

망심훈습의 의미에는 두 가지가 있다. 무엇이 그 두 가지인가? 첫째는 '업식의 근본적 훈습'(업식근본훈습)이니, 능히 아라한(성문)과 벽

지불(독각)과 일체 보살이 '생사의 고통'(생사고)을 받도록 하기 때문이다. 둘째는 '분별사식을 증장시키는 훈습'(증장분별사식훈습)이니, 능히 범부가 '업에 매인 고통'(업계고)을 받도록 하기 때문이다.

妄心熏習義有二種. 云何爲二? 一者業識根本熏習, 能受阿羅漢辟支佛一切菩薩生死苦[85]故. 二者增長分別事識熏習, 能受凡夫業繫苦故.

> 망심훈습(妄心熏習)
> 1. 업식근본훈습(業識根本熏習): 업식의 작용만 있게 함(망경계 형성)
>   성문, 연각, 보살의 훈습
>   생사고(生死苦)를 받음 – 변역생사(變易生死)를 받음
> 2. 증장분별사식훈습(增長分別事識熏習): 분별사식을 증장시킴(취착의 조업 일으킴)
>   범부의 훈습
>   업계고(業繫苦)를 받음 – 분단생사(分段生死)를
>   받음

망심훈습(妄心熏習)은 망심이 무명을 훈습하여 망경계를 형성하는 과정인데, 이는 곧 근본망식인 아뢰야식이 망경계인 세간 경계를 형성한다는 말이다. 이는 곧 아뢰야식이 망경계(기세간)를 형성할 근을 가진 존재(유근신)로 태어난다는 것, 따라서 업식(業識)이 육도(六道)에 윤회하여 생사고를 받게 된다는 것을 뜻한다.

이처럼 세간에 태어나 생사고를 받게 되는 망심훈습은 다시 둘로 구분된다. 윤회하여 생사고를 받되 이승 보살과 일반 범부의 훈습과정이 서로 다르기 때문이다. 이승과 보살의 망심훈습은 업식의 근본훈습의 작용에 따라 기세간 안에 특정 유근신으로 태어나되, 그 이상의 집착이나 업지음이 일어나지 않는다. 즉 그들은 업에 따라 기세간

---

85) 『고려대장경』에는 '生滅苦'로 되어 있다.

을 형성하고 그 안에서 살아가지만 다시 그 삶에서 계탁 분별하거나 집착하여 새로운 업(業)을 쌓아가지는 않는다. 그러므로 그들은 생사의 기본적인 고통만을 받는다. 이러한 망심훈습을 업식이 행하는 근본적 훈습이란 뜻에서 '업식근본훈습(業識根本熏習)'이라고 부른다.

반면 일반 범부의 망심훈습은 기세간 안에 특정 유근신으로 태어난 후 의식의 집착과 분별작용을 일으켜 새로운 업을 짓게 한다. 따라서 생사의 고통에다 그 업으로 인한 고통 내지 업에 매인 고통(업계고)를 더 받게 된다. 이런 망심훈습을 업식이 분별사식을 증장시키는 훈습이란 의미에서 '증장분별사식훈습(增長分別事識熏習)'이라고 부른다.

이승과 보살의 업식근본훈습과 일반 범부의 증장분별사식훈습은 각각 그 결과로서 서로 다른 생사를 일으킨다. 일반 범부가 받게 되는 생사는 번뇌의 유루업인인 번뇌장으로 인해 삼계 중에 태어났다 죽게 되는 생사로서, 그 수명에 제한된 분한(分限)이 있고 형상에 구분되는 형단(形段)이 있다. 범부가 받는 이러한 생사를 '분단생사(分段生死)'라고 한다. 이와 구분해서 이승과 보살이 받게 되는 생사는 번뇌의 유루(有漏) 업인(業因)에 의해서가 아니라 무루(無漏) 업인인 무명 내지 소지장으로 인해 태어나는 생사이다. 이는 아라한이나 독각이 번뇌를 멸해 업에 따른 삼세윤회를 벗어나되 부처가 되어 열반에 드는 대신 성불을 미뤄 놓고 하화중생(下化衆生)이라는 자비(慈悲) 원력(願力)에 따라 이 땅에 중생의 몸으로 다시 태어나게 되는 보살의 생사이다. 따라서 이를 '의생신(意生身)' 또는 '변화신(變化身)'이라고도 한다. 이 생사는 수명이나 신체상의 제한을 받지 않기에 이를 분단생사와 구분해서 '변역생사(變易生死)'라고 하며, 일반 범부가 파악하기 어려워서 '부사의생사(不思議生死)'라고도 한다. 보살이 번뇌의 유루 업인 없이 원력으로 몸을 받아 태어나도 생사의 고통을 받는 것은 그래야 다른 중생의 고통에 대한 공감과 자비를 말할 수 있기 때문일 것이다.

분단생사(分段生死): 유루업인(번뇌장)　　　　→ 거친 이숙과(異熟果): 업력(業力)의 결과
변역생사(變易生死): 무루업인(소지장 = 무명)　→ 미세한 이숙과(異熟果): 원력(願力)의 결과

번뇌장 – 아집: 소승의 극복 대상 – 극복하면 아라한이 됨
소지장 – 법집: 대승의 극복 대상 ┌ 극복하면 부처가 됨
　　　　　　　　　　　　　　　 └ 극복하지 않고 다시 태어나면 보살이 됨

c. 무명훈습(無明熏習)의 두 단계

무명훈습(無明熏習)의 의미에는 두 가지가 있다. 무엇이 그 두 가지인가? 첫째는 '근본훈습'이니, 능히 업식을 성취하는 의미이기 때문이다. 둘째는 '일으켜진 견과 애의 훈습'(소기견애훈습)이니, 능히 분별사식을 성취하는 의미이기 때문이다.

無明熏習義有二種. 云何爲二? 一者根本熏習, 以能成就業識義故. 二者所起見愛熏習, 以能成就分別事識義故.

무명훈습(無明熏習):
　1. 근본훈습(根本熏習): 근본무명이 진여를 근본업식으로 전환시킴
　2. 소기견애훈습(所起見愛熏習): 근본업식의 지말무명이 아견과 아애의 분별사식을
　　　　　　　　　　　　　　　일으킴

　무명훈습은 무명이 진여를 훈습하여 망심을 일으키는 것이다. 이 무명훈습도 무명이 어느 차원까지 망심을 작동시키는가에 따라 둘로 구분된다. 하나는 근본무명이 진여를 훈습하여 진여를 근본 업식으로 전환시키는 훈습이고, 다른 하나는 그 근본 업식에 포함된 지말(枝

末) 무명이 다시 업식으로 하여금 아견(我見) 아애(我愛)의 망심을 일으키게 하는 훈습이다. 전자는 근본무명에 의해 근본 업식이 이루어지는 것이므로 '근본훈습(根本熏習)'이라고 하고, 후자는 지말무명에 따라 분별의식 차원에서 아견 아애의 견애를 일으키는 것이므로 '소기견애훈습(所起見愛熏習)'이라고 한다.

이상과 같이 세 가지 염법훈습은 모두 그것이 어떤 마음 수준에서 일어나는가에 따라 각각 두 가지로 구분된다. 심층 마음인 의(意)의 차원에서 일어나는 훈습과 표층의식인 분별사식 차원에서 일어나는 훈습이 그것이다. 이상을 다시 정리해보면 다음과 같다.

	의(업식) 차원의 훈습	의식(분별사식) 차원의 훈습
〈망경계훈습〉	증장념훈습	증장취훈습
〈망심훈습〉	업식근본훈습	증장분별사식훈습
〈무명훈습〉	근본훈습	소기견애훈습

지금까지 기신론을 따라 논해 온 훈습을 유식의 훈습과 비교해보면, 유식의 훈습은 '현행훈종자'에서의 '훈'이며, 따라서 능훈식은 6식과 말나식이고, 소훈식은 아뢰야식으로 간주된다.

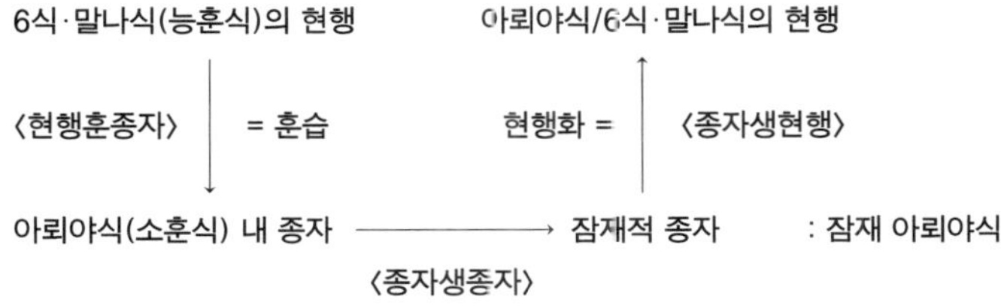

반면 기신론에서는 업력을 담은 종자에너지(정보)가 이행해가는 경로가 모두 훈습으로 간주된다. 근본 무명에 의해 진여가 업식으로

전환되는 것은 진여에 포함된 각(覺)의 정보가 지워져 불각(不覺)이 되는 것이고, 이는 곧 염(染) 내지 망(妄)정보가 무명에서 업식으로 이동해간 것이라고 볼 수 있다. 이처럼 무명으로부터 업식으로 염의 정보가 이동해가는 것이 무명훈습이다. 그 다음 그 불각의 업식으로부터 다시 경계상으로 망(妄)의 정보가 이동해가는 것이 망심훈습이다. 말하자면 이는 곧 업식이 망(妄)의 정보를 따라 망경계를 형성하는 과정이라고 볼 수 있다. 그 다음 그렇게 경계에 담겨져 있던 망정보가 다시 망식인 의식과 말나식으로 이동해가는 것이 망경계훈습이다. 경계에 있던 정보를 따라, 즉 경계를 연하여 말나식은 지상과 상속상을 형성하고, 의식은 집취상과 계명자상을 형성하기 때문이다.

진여 ── (무명) ──→ 근본망식:업식 ──────────────→ 망경계 ──────────────→ 망식
　〈무명훈습〉　　　　　　〈망심훈습〉　　　　　　　　〈망경계훈습〉
　　　　　　　　　　　(아뢰야식의 작용)　　　　　　(말나식·의식의 작용)
　　　　　　　　업상,능견상,경계상 형성　　지상,상속상,집취상,계명자상 형성

3) 정법훈습(淨法熏習)

어떻게 훈습하기에 정법(淨法)을 일으켜 끊어지지 않게 하는가?
云何熏習起淨法不斷?

지금까지 진여의 마음이 무명으로 인해 점점 오염된 마음으로 바뀌어가는 염법훈습을 설명하였다면, 이제부터는 오염된 마음이 다시 진여로 인해 점점 청정한 마음으로 바뀌어가는 정법훈습을 설명한다.

(1) 두 가지 정법훈습

a. 진여훈습(眞如熏習)

이른바 진여법이 있기 때문에 무명을 훈습할 수 있다. 훈습의 인연력(因緣力)이 있기 때문에 망심으로 하여금 생사의 고통을 싫어하고 열반을 즐겨 구하게 한다.

所謂以有眞如法故能熏習無明. 以熏習因緣力故. 則令妄心厭生死苦, 樂求涅槃.

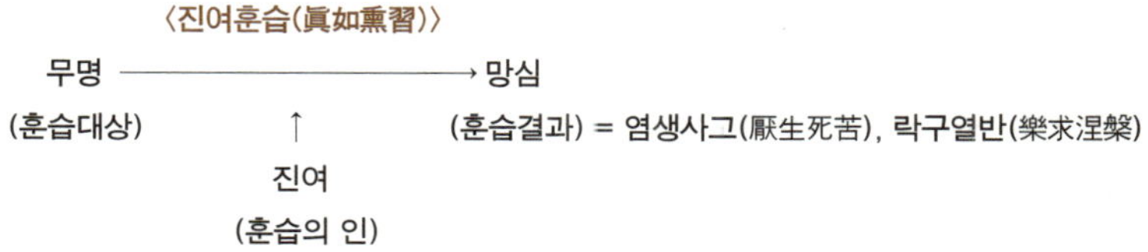

깨끗한 청정심을 오염된 염오심으로 바꿔 놓는 출발이 무명이라면, 거꾸로 무명에 의해 오염된 염오심을 깨끗한 청정심으로 바꾸어 놓는 출발은 진여이다. 진여가 있기에 그것을 깨닫지 못하는 불각의 무명이 있다. 결국 무명이 있는 한 그 근저에는 무명에 의해 가려지기 이전의 진여가 있는 것이다. 따라서 무명에 의해 훈습된 염오심은 다시 그 바탕에 놓여 있는 진여에 의해 청정하게 훈습되어간다. 이를 진여가 무명을 훈습하는 '진여훈습(眞如熏習)'이라고 한다. 진여훈습은 염오의 마음을 청정하게 물들여 다시 진여의 청정성을 회복하게 하는 훈습이다. 이처럼 진여는 훈습을 통해 도달하고자 하는 목적이면서 또 동시에 그 훈습을 일으키는 능훈(能熏)이다. 마음을 진여로 향하게 하는 것은 다른 어떤 것이 아니라 바로 진여 그 자체인 것이다. 진여는 우리 마음 가장 깊은 심층에 자리하고서 비록 현상적으로는 무명에 가려 의식에 드러나지 않지만 그래도 그 무명의 어둠을 뚫고 우리의 마음을 다시 진여 자신에게로 불러들이는 것이다.

진여에 의해 훈습된 마음은 비록 그 마음이 완전하게 깨끗해진 청정심이 아니고 염오에 물든 망심이라고 할지라도 생사의 고통을 싫어하고 즐겨 열반을 구하고자 하는 그런 마음작용을 일으킨다. 따라서 누구나 생사의 고통을 싫어하고 열반을 구하는 것을 보면, 그 마음이 청정 진여에 물들어 있음을 알 수 있다.

b. 정법 망심훈습(妄心熏習)[86]

이 망심에 '(생사를) 싫어하고 (열반을) 구하는 인연력'(염구인연력)이 있기 때문에 진여를 훈습한다.

以此妄心有厭求因緣力故, 卽熏習眞如.

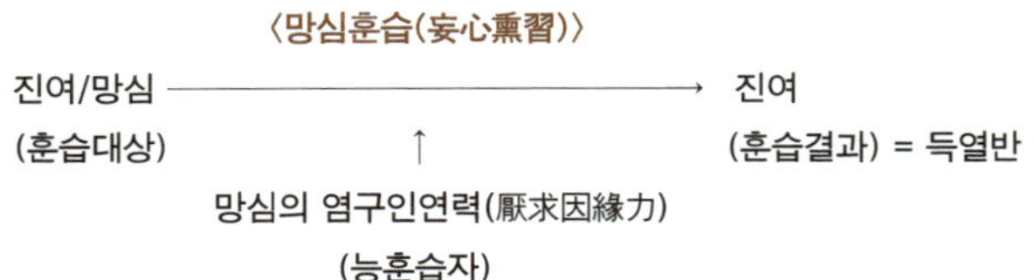

범부의 마음은 무시이래의 무명에 의해 물든 염오심이다. 그런데 진여가 무명을 훈습하는 진여훈습 결과 그 허망한 마음인 망심 한 가운데에 생사의 고통을 싫어하고 열반을 구하려는 인연의 힘, 염구인

---

86) 이 훈습에서 능훈습자가 망심이므로 그냥 '망심훈습'이라고 이름하는 것이 옳겠지만, 염법훈습에서도 '망심훈습'이 있으므로 그것과 구분하기 위해 '정법 망심훈습'이라고 부르고자 한다. 무명과 진여 사이에 놓여 있는 망심이 오염의 방향으로 작용하는 것이 염법의 망심훈습이고, 청정의 방향으로 작용하는 것이 정법의 망심훈습이라고 할 수 있다.

연력(厭求因緣力)이 생겨난다. 그리고 바로 그 힘에 의해 중생은 비록 망심을 갖고 헤맬지라도 생사고통을 싫어하고 고통 없는 열반을 구하면서 스스로를 점점 더 청정하게 만들어나간다. 이렇게 망심 안의 염구인연력이 마음 속의 진여의 자리를 점점 더 크게 확장해나가는 것을 망심이 진여를 훈습하는 '망심훈습(妄心熏習)'이라고 한다. 염구인연력을 따라 중생이 수행해나감으로써 자신을 진여 본래의 모습으로 바꾸어가는 것이다. 진여가 무명을 물들여 수행심을 일으키고, 중생의 망심이 그 수행심에 따라 진여를 완전히 회복하기까지 계속 수행해나가는 것이다.

이하에서는 망심이 진여로 나아가는 망심훈습의 수행과정을 다시 단계적으로 설명한다. 원효는 이를 다섯 개의 수행 단계로 구분하여 설명한다.

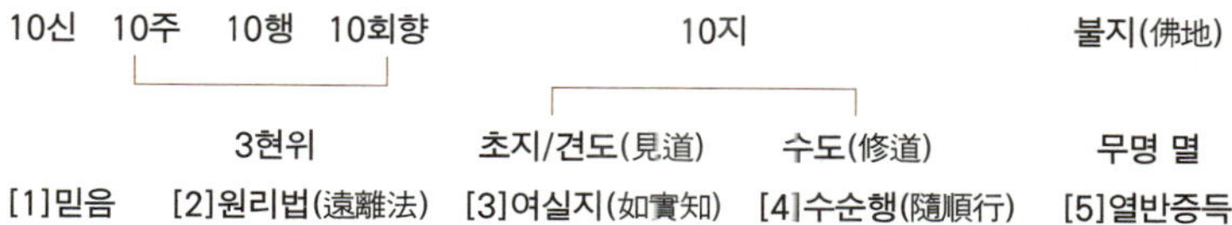

[1] 스스로 자신의 성품을 믿고 [2] 마음이 허망하게 움직일 뿐 앞의 경계가 없다는 것을 알아 '멀리 여의는 법'(원리법)을 닦는다. [3] 앞에 경계가 없다는 것을 여실(如實)하게 알기 때문에(여실지) [4] 갖가지 방편으로 '수순하는 행'(수순행)을 일으켜서 취착하지 않고(불취) 생각하지 않는다(불념). [5] 그리하여 오랜 동안의 훈습의 힘에 의해서 무명이 멸하기에 이르게 된다.

[1] 자신의 성을 믿음: 10신위(信位)에서의 믿음
[2] 원리법을 닦음: 3현위(賢位)에서의 수행
[3] 앞에 경계가 없음을 여실하게 앎: 보살초지 견도(見道)에서의 유식관(唯識觀)
[4] 여러 방편으로 수순행(隨順行)을 일으킴: 보살 10지위(地位)에서의 수도(修道)
[5] 무명이 멸함: 과지(果地)인 불지(佛地)에서의 열반 증득

[1] 정법훈습은 망심의 무명이 진여에 의해 물들여지는 진여훈습으로 시작된다. 그러므로 출발은 스스로 자신 안의 진여 성품을 믿는 것이다. 즉 자신의 본성이 본래 불생불멸의 진여 성품이라는 것을 믿는 것이다. 이처럼 자신 안의 여래성을 믿는 것이 바로 10신위(信位)에서 믿음을 확립하는 수행이다.

[2] 자신 안의 진여성에 대한 믿음이 확실하면, 그에 기반해서 본래 마음은 불생불멸인데 허망하게 움직인다는 것, 그 허망한 움직임에 따라 눈앞에 허망 경계가 그려지므로 그것이 참으로 실재하는 것이 아니라는 것을 알게 된다. 그렇게 함으로써 경계를 벗어나 멀리 여의는 원리법(遠離法)을 닦아나간다. 원리법은 10주, 10행, 10회향의 3현위에서의 수행법이다.

[3] 원리법을 닦아나가다 보면, 마음의 본성이 불생불멸의 진여성이고 우리가 의식하는 세계는 허망하게 일어난 마음이 허망하게 그린 허망분별의 허상이라는 것을 여실하게 알게 된다. 이처럼 일체 대상세계가 업식이 형성한 상이며 단지 마음의 경계라는 것을 여실하게 아는 것을 유식성(唯識性)의 자각 또는 세계 실상에 대한 '여실지견(如實之見)'이라고 한다. 이 여실지견을 얻는 지위가 보살초지이며, 이

를 깨달음의 길인 '견도(見道)'라고 한다.

[4] 보살 초지의 견도(見道)에서 유식성을 깨닫고 난 보살은 이제 그 이후의 보살지인 수도(修道)에서 여러 가지 방법으로 진여에 수순하는 '수순행(隨順行)'을 닦는다. 여기서는 수순행을 닦는 것을 념에 취착하지 않고 념을 일으키지 않는 것, 즉 불취(不取) 불념(不念)으로 설명한다. 앞서 논했듯이 취를 증장시키는 것은 의식의 작용이고 념을 증장시키는 것은 말나식의 작용이며, 이런 작용은 모두 아뢰야식이 형성한 경계를 따라 일어나는 작용이다. 그러므로 일체 경계가 모두 허망 경계라는 것을 여실히 안다면, 이제 더 이상 경계에 취착하는 의식 작용과 경계를 념(念)하는 말나식의 작용이 일어나지 않도록 해야 한다. 그러므로 보살 초지에서의 여실지견을 얻고 난 후 보살은 나머지 보살지에서 불취 불념이 되도록 수순행을 닦는다고 말한다.

[5] 의식과 말나식의 증장취(增長取), 증장념(增長念)의 작용이 더 이상 일어나지 않는다는 것은 더 이상 업(業)을 짓지 않는다는 것이다. 즉 더 이상 경계에 대한 취착과 사려분별의 업을 짓지 않는 것이며, 따라서 능훈식으로서의 현행이 있지 않기에 그로 인해 더 이상 유루(有漏) 종자가 생겨나지 않게 된다. 즉 종자의 훈습이 일어나지 않는 것이다. 현행훈종자를 통해 종자가 심겨지고 쌓여서 종자생종자로서 유지되는 것이 유루종자들의 흐름인 제8아뢰야식, 즉 근본업식이다. 그 제8식에 유루종자가 고갈되어 끊어지는 것은 곧 아뢰야식의 무명이 점점 얕아진다는 말이다. 이처럼 업을 짓지 않는 수행을 오래도록 계속하면, 결국 아뢰야식 내의 유루종자가 다 없어지게 된다. 그렇게 해서 유루 번뇌가 모두 걷히고 나면 마음 본래의 본각(本覺)이 드러나게 되니, 이것이 곧 무명(無明)이 멸하는 것이다.

무명이 멸하기 때문에 마음에 일어남이 없고, 일어남이 없기 때문에 경계가 그에 따라 멸한다. 인(무명)과 연(경계)이 함께 멸하여서 심상이 모두 다하는 것을 '열반을 얻고 자연업을 이룬다'고 이름한다.

以無明滅故心無有起, 以無起故境界隨滅. 以因緣俱滅故, 心相皆盡名得涅槃成自然業.

무명(인) ⟶ 무명업상
　　　　　　능견상 ┐ 3세상
　　　　　　경계상 ┘
　　　　　　└ 경계(연) ⟶ 지상
　　　　　　　　　　　　상속상 ┐ 3추상
　　　　　　　　　　　　집취상 ┘

　이미 논하였듯이 무명에 따라 마음이 움직여서 무명업상이 생기고 이로부터 능견상과 경계상이 생겨나니, 이것이 곧 무명으로 인(因)해 마음에 생겨나는 삼세상이다. 그리고 다시 이 마지막 경계상에 따라 지상과 상속상과 집취상이 생겨나니, 이것이 곧 경계를 연(緣)하여 생겨나는 삼추상이다.

　여기에서는 10지 보살의 수행이 깊어지다 보면 결국 무명이 멸하고, 무명이 멸하면 마음에 상이 일어나지 않는다는 것을 말한다. 상이 일어나지 않는다는 것은 3세상이 일어나지 않는다는 것이다. 그러면 결국 경계상이 형성되지 않기에 경계를 반연해서 생겨나는 3추상 또한 일어나지 않게 된다.

　결국 인(因)인 무명도 멸하고 연(緣)인 경계도 멸하여 인연이 다 없어지면 마음에는 추상(麤相)이든 세상(細相)이든 아무런 상(相)도 일어나지 않게 되며 따라서 마음은 무상(無相)이 된다. 즉 마음을 가리는 상들이 멸하고 마음 바탕인 진여법신만이 남게 된다. 이 상태에 이르는 것을 열반(涅槃)을 얻는다고 말한다. 그렇게 얻어진 진여법신 자체로부터 불가사의한 업용 내지 작용이 발현되는데, 이는 의식의 사려분별이나 의도가 개입되지 않고 진여법신 자체로부터 자연스럽게 발현되는 것이기에 자연업(自然業)을 이룬다고 말한다. 열반을 얻음이 증득(證得)이고, 자연업을 이룸이 성취(成就)이다.

(2) 각 정법훈습의 두 단계

a. 정법 망심훈습(妄心熏習)의 두 단계

망심훈습(妄心熏習)의 의미에는 두 가지가 있다. 무엇이 그 두 가지인가? 첫째는 '분별사식의 훈습'(분별사식훈습)이니, 모든 범부와 이승의 사람들이 생사의 고통을 싫어하는 것에 의해 자신의 능력에 따라 점차적으로 무상도(無上道)를 향해 나아가기 때문이다. 둘째는 '의(意)의 훈습'(의훈습)이니, 모든 보살이 발심하여 용맹스럽게 속히 열반으로 나아가기 때문이다.

妄心熏習義有二種. 云何爲二? 一者分別事識熏習, 依諸凡夫二乘人等厭生死苦, 隨力所能, 以漸趣向無上道故. 二者意熏習, 謂諸菩薩發心勇猛速趣涅槃故.

정법 망심훈습: 망심(분별사식 + 의)이 행하는 수행
  1. 분별사식훈습(分別事識熏習): 범부와 이승의 수행　－ 의식 차원의 수행
  2. 의훈습(意熏習):　　　　　　　　　보살의 수행　　　　－ 말나식, 아뢰야식 차원의 수행

염오에 물든 일반 범부일지라도 어느 순간 자신 안의 진여성에 눈뜨게 되면 생사 아닌 열반을 구하는 마음이 일어나게 된다. 이러한 염구인연력(厭求因緣力)에 의해 망심(妄心)이 점차적으로 진여 증득을 향해 나아가는 과정이 바로 망심훈습이다.

망심훈습도 앞서 논한 염법훈습과 마찬가지로 그것이 어떤 의식 수준 또는 어떤 수행 단계에서 일어나는가에 따라 두 가지로 구분된다. 우리의 일반 표층 의식인 제6의식의 수준에서 일어나는 범부와 이승의 망심훈습을 '분별사식훈습(分別事識熏習)'이라고 하고, 그보다 더 깊은 말나식이나 아뢰야식 차원에서 일어나는 대승보살의 망심훈습을 '의훈습(意熏習)'이라고 한다.

일반 범부나 이승의 훈습이 분별사식훈습이라고 불리는 것에 대해 원효는 다음과 같이 설명한다. "이 식(분별사식)은 모든 대상(진)이 오직 식(識)이라는 것을 알지 못한다. 그래서 마음 바깥에 경계가 실재한다고 집착한다. 범부와 이승은 비록 (열반을 향한) 취향이 있지만 아직도 싫어할만한 생사와 흠모할만한 열반이 따로 있다고 계탁(計度)하므로 분별사식의 집착과 다르지 않다. 그러므로 이를 '분별사식훈습'이라고 이름한다."[87] 반면 대승보살은 대상경계가 모두 공이라는 법공을 알기에 분별 집착을 벗은 상태에서 염구인연력을 발휘한다.

b. 진여훈습(眞如熏習)의 두 단계

진여훈습(眞如熏習)의 의미에는 두 가지가 있다. 무엇이 그 두 가지

---

87) 원효, 769중, "此識不知諸塵唯識, 故執心外實有境界. 凡夫二乘雖有趣向, 而猶計有生死可厭, 涅槃可欣, 不異分別事識之執, 故名分別事識熏習."

인가? 첫째는 '(진여) 자체와 그 공덕으로 인한 훈습'(자체상훈습)이고,
둘째는 '(진여의) 작용으로 인한 훈습'(용훈습)이다.
眞如熏習義有二種. 云何爲二? 一者自體相熏習, 二者用熏習.

진여훈습(眞如熏習): 진여 법신이 일으키는 수행
 1. 자체상훈습(自體相熏習): 진여심체와 그 공덕지혜가 일으키는 수행
                    = 진여의 내훈(內熏)
 2. 용훈습(用熏習): 진여법신의 용(보신과 응신)이 외연으로 작용
                    = 진여의 외연(外緣)

    진여훈습은 중생심 안의 불생불멸의 진여성이 그 진여성을 가리는 무명을 걷어내기 위해 무명을 청정한 진여성으로 물들이는 것이다. 이렇게 진여에 물듦으로써 우리는 비로소 생사를 싫어하고 열반을 구하는 염구인연력(厭求因緣力)을 일으키게 되며, 이 염구인연력에 따라 자신을 진여로 완성해나가는 망심훈습을 수행하게 된다. 이처럼 진여훈습은 망심훈습에 선행한다.

    이러한 진여훈습도 그것이 어떤 마음 단계에서 일어나는지에 따라 둘로 구분된다. 자신 안의 진여심 자체가 내적으로 훈습을 일으키는 것을 '자체상훈습'이라고 하고, 진여법신이 다른 중생에게 외적인 인연으로 작용해서 그 외연으로 인해 타인이 훈습하게 되는 것을 '용훈습'이라고 한다. 자체상훈습은 자체의 진여에 의해 내적으로 훈습되는 '내훈'이고, 용·습은 외연에 의해 흔습되는 것으로 이때는 진여가 '외연'으로 작용한다. 이하에서는 두 가지 진여훈습을 좀 더 상세히 풀이한다.

① **자체상훈습**(自體相熏習)

'자체상훈습(自體相熏習)'은 시작 없는 세월로부터 무루법(無漏法)을 갖추고 불가사의한 활동을 구비하여 경계(境界)의 성품을 만드는 것이다.

自體相熏習者從無始世來具無漏法, 備有不思義業, 作境界之性.

진여의 ┌ 체(體) = 무루법으로 각 중생 안의 진여 심체
　　　　└ 상(相) = 진여 심체가 일으키는 지혜 공덕(功德)

중생은 누구나 자신 안에 청정한 무루법의 진여를 갖고 있다. 각 중생 안의 진여가 바로 무루법으로서의 진여 심체이다. 그리고 이 진여심체가 일으키는 모습은 지혜 공덕이며 또 불가사의한 업(業)의 발현이다. 이러한 진여의 체(體)와 상(相)이 일으키는 훈습이 진여의 자체상훈습(自體相熏習)이다.

진여가 무시이래의 무루법과 부사의업을 통해 경계의 성을 짓는다는 것은 진여가 능관자로서 관(觀)하되 그 진여에 의해 관해지는 대상 또한 진여라는 말이다. 즉 중생은 자신 안의 진여에 의해 다시 자신 안의 그 진여를 경계로 삼게 되며, 그렇게 함으로써 자신 안의 진여에 대한 믿음을 갖게 되고 또 그 진여로 나아가게 된다.

이 두 가지 의미로 항상 훈습하여 힘이 있기 때문에 능히 중생으로 하여금 생사의 고통을 싫어하고 열반을 즐겨 구하게 하며, 자신에게 진여법이 있다는 것을 스스로 믿어 발심 수행하게 한다.

依此二義恒常熏習, 以有力故, 能令衆生厭生死苦, 樂求涅槃, 自信己身有眞如法, 發心修行.

진여의 체와 상, 즉 진여 심체와 그 지혜 공덕이 중생의 마음을 깨끗하게 훈습하는 것이 진여훈습이다. 이 진여 본체와 진여의 지혜에 의해 훈습됨으로써 그 훈습된 힘에 의거해서 중생은 결국 생사의 고통을 싫어하고 열반을 구하는 염구인연력을 갖게 되며 그 인연력에 따라 수행하게 된다. 이처럼 자체상훈습은 중생이 자기 자신에게 진여법신과 그 지혜가 있다는 것을 믿어 스스로 수행으로 나아가게 되는 과정을 뜻한다.

[문] 만약 이와 같은 의미라면 일체 중생에게 모두 진여가 있어 평등하게 모두 훈습해야 할 텐데, 어째서 믿음이 있기도 하고 믿음이 없기도 하여 무량한 전후의 차별이 있는가? 모두 마땅히 일시에 진여법이 있다는 것을 스스로 알아 부지런히 방편을 닦아 평등하게 열반에 들어야 할 것이다.
問曰, 若如是義者, 一切衆生悉有眞如等皆熏習, 云何有信無信無量前後差別? 皆應一時自知有眞如法, 勤修方便等入涅槃.

진여훈습 중 자체상훈습은 중생 안의 진여가 중생의 무명을 훈습하여 중생으로 하여금 열반을 구해 수행하게 하는 것이다. 그리고 이 심체로서의 진여는 모든 중생에 대해 동일하고 평등한 하나의 진여이다. 그렇다면 이 평등한 하나의 진여는 모든 중생에게 동일하게 작용하여 모든 중생이 다 일시에 자신 안의 진여를 자각하고 수행하게 되어야 하지 않겠는가? 어째서 누구는 어려서 자신 안의 진여를 믿어 수행하기도 하고, 누구는 늙도록 자신의 진여성을 믿지 못해 수행할 생각도 하지 않고 그러는가? 평등한 진여에 의한 진여훈습이 왜 사람들에게 있어 시간적 선후의 차별상을 보이는가?

[답] 진여는 본래 하나이지만 무량 무변의 무명이 있어서 본래부터 자성이 차별이 있어 그 두텁고 얇음이 같지 않기 때문이다. 항하의 모래보다 더 많은 '상번뇌(上煩惱)'가 무명에 의거하여 차별을 일으키고, '아견과 아애의 염번뇌'(아견애염번뇌)가 무명에 의거하여 차별을 일으킨다. 이와 같이 일체의 번뇌가 무명에 의거하여 일으켜져서 전후로 무량한 차별이 있으니, 이는 오직 여래만이 알 수 있기 때문이다.

答曰, 眞如本一, 而有無量無邊無明, 從本已來自性差別厚薄不同故. 過恒河沙[88]等上煩惱依無明起差別, 我見愛染煩惱依無明起差別. 如是一切煩惱依於無明所起, 前後無量差別, 唯如來能知故.

심층의 번뇌 　　　: 상번뇌(上煩惱) 　　　　　　 = 소지장 　－무명
의식 차원의 번뇌: 아견(我見)·아애(我愛)번뇌 　= 번뇌장 　┌견번뇌: 소지장
　　　　　　　　　　　　　　　　　　　　　　　　　　　　　└애번뇌: 번뇌장

일체 중생의 심체인 진여는 본래 평등한 하나이다. 그런데 자신의 진여를 자각하지 못하는 무명이 그 진여를 훈습하여(염법훈습 중의 무명훈습) 심이 염오(染汚)의 모습을 띠게 된다. 그러나 무명훈습된다고 해도 그 마음 바탕의 마음 심체는 끝까지 청정한 진여로 남는다.

---

88) 『고려대장경』에는 '恒沙'라고만 되어 있다.

그렇게 남아 있는 진여는 다시 무명을 훈습하여(정법훈습 중의 진여훈습) 중생심으로 하여금 청정을 회복하게 한다. 문제는 진여는 평등한 하나이지만, 그 진여를 가리는 무명과 그 무명으로 인한 번뇌에는 두껍고 얇음의 차별이 있다는 것이다. 이 번뇌의 차별 때문에 자신 안의 진여성을 믿음에 있어서나 그 믿음에 따라 수행을 행함에 있어 천차만별의 차이가 있게 된다.

또 모든 불법에는 인(因)이 있고 연(緣)이 있으니, 인과 연이 구족되어야 일이 완성될 수 있다. 마치 나무 안의 불의 성품이 불의 '직접적 원인'(정인)이어도 만약 그것을 아는 사람이 없어 방편을 빌리지 않는다면 능히 스스로 나무를 태우는 그런 일은 없는 것과 같다.
又諸佛法有因有緣, 因緣具足乃得成辨. 如木中火性是火正因, 若無人知, 不假方便, 能自燒木, 無有是處.

나무의 불탐의 인(因)과 연(緣)
　┌ 인(因): 나무의 화성(가소성)
　└ 연(緣): 불을 지피는 방편

다른 일체의 것과 마찬가지로 불법(佛法)에도 인(因)과 연(緣)이 있다. 어떤 일이든 인과 연이 화합하여야 그 일이 성취된다. 예를 들어 나무가 타는 것은 나무 안에 불의 성품인 화성(火性), 즉 가소성이 있기 때문이다. 나무 안의 화성(火性)을 불탐에 있어서의 인(因)이라고 할 수 있다. 그런데 나무가 타기 위해서는 단지 그 인(因)만으로는 충분하지 않으며, 그 인이 인으로 작동할 수 있게끔 하는 조건인 연(緣)이 필요하다. 예를 들어 성냥이나 횃불 등으로 불을 붙여야 타게 된다. 이처럼 모든 일은 인과 연이 함께 작용함으로써만 이루어질 수 있다.

중생도 이와 같아서 비록 정인(正因)인 훈습하는 힘이 있다고 해도 만약 제불보살(諸佛菩薩)과 선지식(善知識) 등을 만나 그들을 연(緣)으로 삼지 않는다면 능히 스스로 번뇌를 끊고 열반에 들어가는 그런 일은 없다.

衆生亦爾, 雖有正因熏習之力, 若不遇諸佛菩薩善知識等以之爲緣, 能自斷煩惱入涅槃者, 則無是處.

중생의 단번뇌(斷煩惱) 입열반(入涅槃)의 인(因)과 연(緣)
　┌ 인: 진여 심체와 지혜 공덕 – 자체상훈습(自體相熏習)
　└ 연: 제불보살 선지식의 만남 – 용훈습(用熏習)

　나무가 불타기 위해 나무 자체 안에 있는 화성의 인(因)만으로는 충분하지 못하고 반드시 그 인을 작동하게 하는 연(緣)이 필요한 것처럼, 중생이 진여성을 믿고 수행하기 위해서도 자신 안에 있는 진여성의 인(因)만으로는 충분하지 못하고 그 믿음을 일깨워주고 수행을 이끌어줄 불보살(佛菩薩) 내지 선지식(善知識)의 연(緣)이 반드시 필요하다.
　그러므로 모든 중생 안에 평등한 진여 성품이 모두 구족되어 있다고 해도, 실제 그 진여성을 믿고 수행하게끔 하는 연(緣)을 언제 만나는가에 따라 믿음과 수행에 있어 무한한 시간 상의 차별이 있게 되는 것이다.

만약 외연의 힘이 있다고 해도 내면의 정법(淨法)에 아직 훈습력이 있지 않으면, 또한 궁극적으로 생사의 고통을 싫어하고 열반을 즐겨 구할 수가 없다.

若雖有外緣之力, 而內淨法, 未有熏習力者, 亦不能究竟厭生死苦樂求涅槃.

염구인연력(厭求因緣力)에 따른 수행은 인(因)과 연(緣)이 함께 갖추어져야지만 발휘될 수 있다. 각자 안에 있는 진여성이 그 인인데, 안에서 그 인이 발휘되지 못하게 가리고 있는 것이 내면의 무명이고, 바깥에서 그 인이 발휘되도록 도움을 주는 것이 외연(外緣)이다. 인이 발휘되기 위해 반드시 외연이 필요하지만, 그러나 외연만 있다고 해서 일이 성취되는 것도 아니다. 아무리 훌륭한 제불보살을 만나고 뛰어난 선지식을 만났다고 해도, 내 안의 진여성이 내적으로 그 훈습력을 발휘하지 못한다면 정법훈습은 일어나지 않을 것이다.

만약 인과 연이 다 갖추어져 있다면, 이른바 자신에게 훈습의 힘이 있고 또 제불보살 등의 자비의 원력에 의해 보호 받는다면, 능히 고통을 싫어하는 마음을 일으키고 열반이 있다는 것을 믿어 선근(善根)을 닦아 익힐 수 있다. 선근을 닦음이 성숙해지기 때문에 제불보살의 가르침이 주는 이익과 기쁨을 만나서 능히 열반도(涅槃道)를 향해 앞으로 나아가게 된다.

若因緣具足者, 所謂自有熏習之力, 又爲諸佛菩薩等慈悲願護故, 能起厭苦之心, 信有涅槃, 修習善根. 以修善根成熟故, 則値諸佛菩薩示教利喜, 乃能進趣向涅槃道.

염구인연력을 발휘하여 수행하고 열반을 향해 나아갈 수 있기 위해서는 인과 연이 구족되어야 함을 강조한다. 인(因)은 각자 안에 있는 진여성이며, 연(緣)은 바깥에서 만나게 되는 제불보살이다. 이 둘이 함께함으로써만 진여훈습이 제대로 성취될 수 있는 것이다. 지금까지 정법훈습의 내인(內因)으로서 자신 안의 진여의 자체상훈습을 논하였다면, 이제부터는 수행하고자 하는 중생에게 외연으로 작용하는 진여의 용훈습(用熏習)을 논한다.

② 용훈습(用熏習)

'진여가 작용하는 훈습'(용훈습)은 바로 중생의 외연(外緣)의 힘이다. 이와 같은 외연에는 무량한 의미가 있지만 간략히 말하면 두 가지이다. 무엇이 그 두 가지인가? 첫째는 '차별적 연'(차별연)이고 둘째는 '평등한 연'(평등연)이다.

用熏習者卽是衆生外緣之力. 如是外緣有無量義, 略說二種. 云何爲二? 一者差別緣, 二者平等緣.

용훈습(用熏習):
  1. 차별연(差別緣): 불보살이 차별적 모습으로 등장 – 의식의 경계인 응신(應身)으로 등장
  2. 평등연(平等緣): 불보살이 평등한 모습으로 등장 – 수행의 경계인 보신(報身)으로 등장

기신론은 진여훈습을 자체상훈습과 용훈습 둘로 구분한다. 자체상훈습은 진여 심체의 무량공덕상인 지혜에 의한 훈습이고, 용훈습은 진여 심체가 자연적으로 발현하여 다른 중생을 교화하는 연(緣)으로 작용하는 훈습이다. 지금까지 자체상훈습을 논하였고, 이제부터는 용훈습을 논한다.

진여 심체의 용훈습(用熏習)이 다른 중생의 득도(得道)의 길에 외연 (外緣)으로 작용할 때 그 작용 방식에 따라 용훈습은 다시 둘로 구분된다. 일체 중생에게 각각 상이한 차별적 방식으로 작용하는 것을 '차별연(差別緣)'이라고 하고, 일체 중생에게 평등하게 동일한 방식으로 작용하는 것을 '평등연(平等緣)'이라고 한다.

원효는 차별연과 평등연에 대해 다음과 같이 설명한다. "차별연은 범부와 이승의 분별사식훈습을 위해 연을 짓는 것이다. 연을 짓는 자는 10신(信) 이상에서 제불까지 모두 연을 지을 수 있다. 평등연은 보살의 업식훈습을 위해 연을 짓는 것이다. 연을 짓는 자는 초지 이상 제불까지이다. 평등연을 비로소 지을 수 있는 동체지력(同體智力)에 의거해야 하기 때문이다." [89]

	수행자(외연이 필요한 자)	수행	수행을 돕는 자(연을 짓는 자)
차별연	범부 이승	분별사식훈습	십신 이상의 불보살: 응신(應身)
평등연	십해(十解) 이상 보살	업식훈습	초지 이상의 불보살: 보신(報身)

②-1. 용훈습(用熏習)의 차별연(差別緣)

'차별연(差別緣)'은 어떤 사람이 제불보살 등에 의거하여 처음 발심하여 도를 구하기 시작한 때부터 부처가 되기까지 그 과정 중에 보거나 생각함에 있어 (불보살이) 혹 권속 부모 친척이 되기도 하고 혹 급사가 되기도 하고 혹 친구가 되기도 하고 혹 원수가 되기도

---

89) 원효, 770중, "差別緣者爲彼凡夫二乘分別事識熏習而作緣也. 能作緣者十信以上乃至諸佛
皆得作緣也. 平等緣資爲諸菩薩業識熏習而作緣也. 能作緣者初地以上乃至諸佛. 要依同
體智力方作平等緣故."

하고 혹 사섭(四攝)을 일으키기도 해서 일체 실행되는 무량한 행의 연(緣)이 된다. 그리하여 (불보살이) 대비(大悲)의 훈습의 힘을 일으켜서 능히 중생으로 하여금 선근(善根)을 증장하게 하여 보거나 들음에서 이익을 얻게 하기 때문이다.

差別緣者此人依於諸佛菩薩等, 從初發意始求道時, 乃至得佛, 於中若見若念, 或爲眷屬父母諸親, 或爲給使, 或爲知友, 或爲寃家, 或起四攝, 乃至一切所作無量行緣. 以起大悲熏習之力, 能令衆生增長善根, 若見若聞得利益故.

사섭(四攝): 중생을 구제하기 위한 네 가지 이타행
1. 보시(布施)
2. 애어(愛語)
3. 이행(利行)
4. 동사(同事)

진여 심체가 작용하여 다른 중생의 득도의 길에 외연으로 나타나되 각 중생의 상황에 맞춰 각기 차별적 모습으로 나타나는 것을 차별연(差別緣)이라고 한다. 어떤 사람이 불보살에 의지하여 발심하고 수행하다 보면, 불보살이 그 수행자의 마음에 감응하여 그에게 가장 적절한 방식으로 등장하여서 그를 득도의 길로 이끌어준다. 예를 들어 그 수행자에게 부모나 친척의 관계로 나타날 수도 있고 또는 친구나 심지어 원수의 형태로 나타날 수도 있다. 또는 보시(布施), 애어(愛語), 이행(利行), 동사(同事)의 네 가지 이타행(利他行)인 사섭(四攝)을 통해 수행자를 득도의 길로 이끌어가기도 한다. 이는 모두 범부나 이승(二乘)의 무명(無明)이 진여로 훈습되어가는 진여훈습의 과정에 불보살이 차별연으로 작용하는 것이다.

이와 같이 제불 보살이 차별적인 연(緣)으로 등장하여서 수행자로 하여금 선근을 닦게 한다. 진여법신으로부터 발휘되는 이러한 차별 연은 진여의 정법훈습력(淨法熏習力)이 작용하는 것이며, 중생은 그 진여의 훈습력에 따라 자신의 선근을 증장함으로써 갖가지 이익을 얻게 된다.

이 연(차별연)에는 두 가지가 있다. 무엇이 그 두 가지인가? 첫째는 '가까운 연'(근연)이니, 빠르게 제도할 수 있기 때문이다. 둘째는 '먼 연'(원연)이니, 오랜 시간이 걸려 제도할 수 있기 때문이다.
此緣有二種. 云何爲二? 一者近緣, 速得度故. 二者遠緣, 久遠得度故.

차별연(差別緣):
　1. 근연(近緣): 빠르게 제도하는 연(緣)
　2. 원연(遠緣): 천천히 제도하는 연(緣)

불보살이 중생 제도를 위해 차별연으로 작용하는 방식을 두 가지로 구분한다. 중생이 빨리 득도하도록 작용하는 연을 '근연(近緣)'이라고 하고, 중생이 오랜 기간을 두고 득도하게끔 작용하는 연을 '원연(遠緣)'이라고 한다.

이 근연과 원연의 두 연을 분별하면 다시 두 가지가 있다. 무엇이 그 두 가지인가? 첫째는 '수행을 증장시키는 연'(증장행연)이고, 둘째는 '도를 받는 연'(수도연)이다.

是近遠二緣分別復有二種. 云何爲二? 一者增長行緣, 二者受道緣.

차별연(差別緣):
  1. 증장행연(增長行緣): 수행을 증장시킴 = 방편행   – 행(行)의 연(緣)
  2. 수도연(受道緣): 도를 받게 함 = 지혜를 얻게 함   – 해(解)의 연(緣)

빨리 제도하는 연이든 천천히 제도하는 연이든, 그 연에 대해 다시 두 가지 구분이 가능하다. 즉 제도하는 과정에서 수행의 증장을 돕는 연이 있고, 결과적으로 주어질 지혜의 증득 내지 득도를 돕는 연이 있다.

원효는 증장행연과 수도연을 각각 행(行)의 연과 해(解)의 연으로 구분하여, "증장행연은 보시나 지계 등 모든 행을 일으키는 것이고, 수도연은 문(聞)·사(思)·수(修)를 일으켜 도(道)에 들어가게 하는 것이다"[90]라고 설명한다.

증장행연(增長行緣): 행(行)의 연: 보시, 지계 등 행(行)을 일으키는 것
수도연(受道緣):   해(解)의 연: 문·사·수를 일으켜 도(道)를 얻게 하는 것

②-2. 용훈습(用熏習)의 평등연(平等緣)

'평등연(平等緣)'은 일체 제불보살이 모두 일체 중생을 제도하고 해탈시키고자 원하여서 자연스럽게 훈습하여 항상 버리지 않고, 동체 지혜의 힘에 의해 (중생이) 보고 듣는 바에 따라 응하여 나타나 활동하는 것이다. 이른바 중생이 삼매에 의거하여 제불을 평등하게 볼 수 있기 때문이다.

---

90) 원효, 770중, "增長行緣者能起施戒等諸行故. 受道緣者起聞思修而入道故."

平等緣者一切諸佛菩薩皆願度脫一切衆生, 自然熏習恒常不捨, 以同體智力故, 隨應見聞, 而現作業. 所謂衆生依於三昧, 乃得平等見諸佛故.

평등연(平等緣)은 부처와 보살이 중생을 구도하고 해탈시키려는 서원(誓願)에 따라, 중생이 수행하여 삼매에 들었을 때 그 삼매에 나타나 업용(業用)을 짓는 것이다. 이는 중생과 부처가 동체(同體)이기 때문이며, 동체의 지혜(知慧)가 힘을 갖기 때문이다. 그 동체지력에 의해 자연적으로 진여의 작용이 일어나기에 '자연적 훈습'이라고 한다. 그리고 누구나 수행을 통해 삼매에 들면 모든 불보살을 볼 수 있으므로, 삼매에 든 수행자에게 불보살이 평등하게 그 모습을 드러낸다는 의미에서 '평등연'이라고 한다. 수행 삼매 중에 보는 부처를 '보신(報身)'이라고 한다.

'삼매에 의거하여 제불을 평등하게 본다'에 대해 원효는 이렇게 말한다. "십해(十解) 이상의 모든 보살 등이 부처의 보신을 본다. 무량한 상호가 모두 끝이 없으며 제한(분제상)을 여의었으므로 '제불을 평등하게 본다'고 말한다."[91]

이상 진여훈습 중 용훈습에서의 차별연과 평등연의 구분은 결국 그러한 훈습이 마음의 어느 차원에서 일어나는가, 즉 분별사식인가 업식인가에 따른 구분과 일치한다. 우리의 일상적 표층 의식인 분별사식(제6의식)이 취할 수 있는 외연은 차별연이고, 수행을 통해 보살10지에 이른 대승 보살 수행자가 취할 수 있는 외연이 평등연이기 때문이다. 이상의 내용을 훈습 전체와 더불어 다시 요약하면 다음과 같다.

---

91) 원효, 770중, "十解以上諸菩薩等見佛報身. 無量相好皆無有邊離分齊相, 故言平等見諸佛也."

		의(意) 차원의 훈습	의식(분별사식) 차원의 훈습
염법훈습	망경계훈습	증장념훈습	증장취훈습
	망심훈습	업식근본훈습	증장분별사식훈습
	무명훈습	근본훈습	소기견애훈습
정법훈습	망심훈습	의훈습	분별사식훈습
	진여훈습	자체상훈습	
		용훈습:평등연	용훈습: 차별연

이 체훈습(體熏習)과 용훈습(用熏習)을 분별하면 다시 두 가지가 있다.
무엇이 그 두 가지인가?

此體用熏習分別, 復有二種, 云何爲二?

지금까지 체훈습(자체상훈습)과 용훈습을 따로 논의해 왔는데, 이제
이 둘을 합해서 진여법신과의 상응 여부에 따라 다시 둘로 구분한다.

1. 미상응훈습(未相應熏習): 아직 진여법신의 체·용과 상응하지 못함
2. 이상응훈습(已相應熏習): 진여법신의 체·용과 이미 상응함

첫째는 '아직 상응하지 않은'(미상응) 훈습이니, 범부와 이승(二乘)과
초발의보살 등이 의(意)와 의식으로써 훈습하여 '믿음의 힘'(신력)에
의거하기 때문에 수행할 수는 있지만, 아직 체(體)에 상응하는 '무
분별심'을 얻지 못하고 아직 용(用)에 상응하는 '자재업수행'을 얻
지 못함을 뜻하기 때문이다.

一者未相應, 謂凡夫二乘初發意菩薩等以意意識熏習, 依信力故而能修行,
未得無分別心與體相應故, 未得自在業修行與用相應故.

256

미상응훈습의 수행자 : 범부와 이승: 의식(意識)의 훈습
　　　　　　　　　　초발의보살 : 의(意)의 훈습

미상응훈습의 두 측면:
 1. 무분별심(無分別心)을 얻지 못함: 진여 심체(법신)와 불상응　　　　　– 무분별지 없음
 2. 자재업수행(自在業修行)을 얻지 못함: 진여의 용(보신, 응신)과 불상응 – 후득지 없음

　　미상응훈습(未相應熏習)은 마음 본래의 바탕인 진여법신과 아직 상응하지 못한 훈습, 아직 완성되지 않은 훈습을 뜻한다. 범부와 이승은 단지 표층 의식(분별사식)의 차원에서만 수행할 뿐이고, 초발심보살은 의(意)의 차원에서 수행하되 아직 심층 아뢰야식에 이르지는 못하므로, 두 경우 다 심체(心體)인 진여법신을 증득하지 못한 것이다. 그러므로 진여의 체(體)를 증득하는 무분별지(無分別智)를 얻지 못하고, 따라서 진여의 체로부터 자연스럽게 발현되는 진여의 업용인 자연업(自然業)도 아직 이루지 못한 단계이다. 이와 같이 진여 심체나 그 용에 상응하지 못한 훈습을 '미상응훈습'이라고 부른다.

둘째는 '이미 상응하는'(이상응) 훈습이니, 법신보살이 무분별심을 얻어 모든 부처의 지혜와 작용에 상응하며, 오직 '법의 힘'(법력)에 의거하여 자연적으로 수행하여 진여를 훈습하고 무명을 멸함을 뜻하기 때문이다.

二者已相應, 謂法身菩薩得無分別心與諸佛智用相應, 唯依法力自然修行, 熏習眞如滅無明故.

이상응훈습(已相應熏習)의 수행자: 법신(法身) 보살 = 지상(地上) 보살

이상응훈습의 두 측면:
1. 1지~7지: 진여체에 상응: 무분별지를 얻음(법신 증득) - 여리지(근본무분별지)
2. 8지 이상: 진여체와 용에 상응: 자재업수행을 얻음(응신, 보신 증득) - 여량지(후득지)
    제8지: 색자재지
    제9지: 심자재지
    제10지: 법운지

이상응훈습(已相應熏習)은 수행자가 이미 자신의 마음 본체인 진여 법신을 증득하여 본체와 상응하게 된 훈습을 말한다. 진여 본체에 상응함으로써 무분별지를 얻을 뿐 아니라, 그렇게 증득된 본체로부터 자연스럽게 발현되는 진여용(眞如用)과도 상응하여 자유자재한 업용(業用)을 발휘할 수 있다. 이상응훈습의 수행자는 법신 보살이다. 법신 보살은 자신의 심체를 진여로 증득한 10지 보살을 뜻한다. 진여를 증득함으로써 법신의 체(體)와 상응하고 또 그 작용에 상응하므로, 오로지 진여에 의거하여 또는 법력(法力)에 의거하여 저절로 자연적으로 수행한다고 말한다.

이상응훈습에 대해 원효는 다음과 같이 설명한다. "법신보살은 십지보살이다. '무분별심을 얻었다'는 것은 체와 상응하기 때문이다. '모든 부처의 지혜와 작용에 상응한다'는 것은 여량지가 있기 때문이다. '자연적으로 수행한다'는 것은 제8지 이상에서는 무공용(無功用)이기 때문이다."[92] 위의 미상응훈습과 이상응훈습과 관련된 사항을 정리하면 다음과 같다.

---

92) 원효, 770하~781상, "法身菩薩者, 十地菩薩. 得無分別心者, 與體相應故. 與諸佛智用相應者, 以有如量智故. 自然修行者, 八地以上無功用故."

진여체용훈습:
  1. 미상응훈습: 범부/이승(의식의 훈습) – 초발의보살(의의 훈습): 신력으로 수행
        진여체에 불상응
        진여용에 불상응
  2. 이상응훈습: 십지보살: 진여 법력으로 수행
        1지~7지: 진여체에 상응
        8지 이상: 진여체와 용에 상응

그 다음 염법은 무시이래로 훈습하여 끊어지지 않다가 부처가 된 후에는 끊어짐이 있다. (그러나) 정법훈습은 미래가 다하도록 끊어짐이 없다. 이 의미는 무엇인가? 진여법이 항상 훈습하기 때문에, 망심이 멸하면 법신이 현현하여 용훈습을 일으키는 까닭에 끊어짐이 없는 것이다.

復次染法從無始以來熏習不斷, 乃至得佛後則有斷. 淨法熏習則無有斷, 盡於未來. 此義云何? 以眞如法常熏習故, 妄心則滅. 法身顯現, 起用熏習故無有斷.

염법훈습: 무명과 더불어 ·· ⟶ 무시 유종(有終)
정법훈습: 진여와 더불어 ·· ⟶ ··· 무시 무종(無終)

염법훈습은 무명에 의해 일어나는데, 무명이 시작이 없으므로 염법훈습 또한 시작이 없다. 그러나 부처가 되면 무명이 다하므로 염법훈습 자체도 끊어지게 된다. 이처럼 염법훈습은 시작은 없지만 다함이 있다.

반면 정법훈습은 진여에 의해 일어나는데 진여가 시작 없이 본래부터 있는 것이므로 정법훈습 또한 그 시작이 없이 본래 있는 것이다. 그리고 진여는 무명과 망심이 끊어진 이후에도 계속 남아 있는 것이므로 정법훈습 자체는 끊어짐이 없이 영원히 계속된다. 무명이

다하여 망심이 멸하면 법신(法身)이 드러나는데, 그렇게 현현한 법신
은 다른 중생을 위해 계속 용훈습(用熏習)을 일으키기 때문이다.

5. 3대(大)

기신론에 따르면 대승, 곧 큰 수레의 역할을 담당하는 존재(법)는 바
로 중생심이며, 중생심은 곧 진여심이다. 이하에서는 대승이 왜 대승
이라고 불리는지 그 의미를 밝히기 위해 진여 자체(체)와 그 공덕(상)
과 작용(용)의 위대함을 풀이한다. 진여 자체와 상과 용의 위대함을
각각 체대(體大), 상대(相大), 용대(用大)라고 부른다.

1) 체대(體大)

그 다음 '진여자체상'은 일체 범부와 성문과 연각 그리고 보살과
모든 부처에게 증감이 없으며 이전에 생긴 것도 아니고 이후에 멸
하는 것도 아니며 필경 언제나 그러하다.

復次眞如自體相者一切凡夫聲聞緣覺菩薩諸佛無有增減, 非前際生, 非後
際滅, 畢竟常恒.

진여의 체대
  1. 부증불감(不增不減): 일체 중생에게 평등한 하나임
  2. 항상됨 ┌ 상(常) = 과거에 시작(생)이 없음, 과거는 범부의 지위이다.
          └ 항(恒) = 미래에 끝(멸)이 없음, 미래는 불과(佛果)이다.

진여 자체는 육도 윤회하는 일반 범부에서부터 수행하는 성문(聲門)과 연각(緣覺), 보살지에 이른 대승 보살, 나아가 무명을 멸하고 열반을 증득한 부처에 이르기까지 모든 중생에게 있어 동일하다. 각각 서로 다른 중생이라고 해서 진여의 체(體)에 크고 작음의 차이가 있지 않기에, 진여의 체는 부증불감(不增不減)이라고 한다.

나아가 일체 중생에게 평등한 이 진여는 시작도 끝도 없이 항상(恒常)된 것이다. 말하자면 진여에게는 진여가 있기 이전과 진여가 있은 이후라는 것이 없다. 즉 진여는 있기 이전에 없다가 생겨난 것이 아니고, 진여가 있은 이후에 없어지게 되는 것도 아니다. 그러므로 진여는 불생불멸인 것이다. 이상이 진여의 체대를 말한 것이라면, 이하에서는 그러한 진여가 갖춘 공덕(功德)을 말하다.

2) 상대(相大)

본래부터 성품이 스스로 일체 공덕을 충만하게 갖추고 있다. 이른바 자체에 [1] 대지혜 광명의 의미, [2] 법계를 두루 비춤의 의미, [3] 진실된 앎의 의미, [4] 자성청정심의 의미, [5] 항상됨과 즐거움과 아와 청정의 의미, [6] 청량함과 불변과 자유자재의 의미가 있기 때문이다.

從本已來, 性自滿足一切功德. 所謂自體有大智慧光明義故, 遍照法界義故, 眞實識知義故, 自性淸淨心義故, 常樂我淨義故, 淸凉不變自在義故.

진여는 자체 안에 일체 공덕(功德)을 구족하고 있다. 이 진여의 공덕이 곧 진여의 상(相)이다. 그래서 공덕상(功德相)이라고 말한다. 여기서는 진여의 여섯 가지 공덕상의 명칭을 제시할 뿐이고, 이에 대한 좀 더 상세한 설명은 아래에서 문답의 형식으로 주어진다. 우선 여섯 가지 명칭을 열거하면 다음과 같다.

[1] 대지혜광명(大智慧光明): 진여 본각 지혜의 밝음
[2] 변조법계(遍照法界): 본각이 현상 제법을 널리 비춤
[3] 진실식지(眞實識知): 본각의 비춤이 진실됨
[4] 자성청정심(自性淸淨心): 진여 성품의 청정함
[5] 상락아정(常樂我淨): 진여 성덕의 원만함
[6] 청량불변자재(淸凉不變自在): 성덕의 불변성과 자유자재함

이와 같이 항하의 모래보다 더 많고 떠나지도 끊기지도 다르지도 않는 불가사의한 불법(佛法)을 구족하고 있다. 그리하여 충만하게 갖추어져 부족한 바가 없다는 의미이기 때문에 '여래장(如來藏)'이라고 이름하고 또 '여래법신(如來法身)'이라고도 이름한다.

具足如是過於恒沙不離不斷不異不思議佛法, 乃至滿足無有所少義故, 名爲如來藏, 亦名如來法身.

진여(眞如) = 여래장(如來藏) = 여래법신(如來法身)

진여의 모습 내지 공덕이 무량하게 많은데, 그것이 진여의 체를 떠난 것이 아니므로 '불리(不離)'이고 단멸이 없기에 '부단(不斷)'이며 체와 더불어 하나이기에 '불이(不異)'이다. 일반 범부가 헤아릴 수 없게끔 무량한 공덕이기에 '부사의(不思議)'이고 부처만이 통달하기에 '불법(佛法)'이라고 한다. 이런 무량한 공덕이 중생심 안에 여래의 능력으로서

모두 함장되어 있기에 '여래장(如來藏)'이라고 하고, 이 여래장으로부터 일체 제법 현상이 전개되기에 '여래법신(如來法身)'이라고 부른다.

[문] 앞서 진여는 그 체(體)가 평등하여 일체의 상(相)을 여읜다고 말했는데, 왜 다시 체에 이와 같은 갖가지 공덕이 있다고 말하는가?

問曰, 上說眞如其體平等離一切相, 云何復說體有如是種種功德?

상은 곧 체가 가지는 모습 내지 공덕이다. 그런데 진여는 그 체가 평등하여 현상 세계 사물들이 보이는 것과 같은 그런 차별적 모습을 띠지 않는데, 어떻게 그런 진여가 무수한 갖가지 공덕상을 가질 수 있단 말인가?

[답] 비록 실제로 그런 여러 공덕의 의미가 있기는 하지만, 차별적 상(相)이 없고 평등하고 한결같아 오직 하나의 진여일 뿐이다. 이 의미는 무엇인가? 분별이 없어 분별상(分別相)을 여의기 때문에 둘이 없다.

答曰, 雖實有此諸功德義, 而無差別之相, 平等[93]一味唯一眞如. 此義云何? 以無分別離分別相, 是故無二.

진여가 공덕상을 갖는 까닭에 대해 여기서는 두 가지 방식으로 답한다.

---

93) 『고려대장경』에는 '平' 자가 없다.

1. 차별적 공덕상을 지닌다고 해도 진여 자체는 분별상이 없으므로 평등한 하나이다. 이것이 위 문장이 말하는 바이다. – 하나의 진여(성)

2. 진여가 비록 평등한 하나이지만 그래도 차별적 모습을 나타낸다. 다음 문장이 이것을 말한다. – 차별적 모습(상)

(그렇다면) 다시 무슨 의미로 차별을 말할 수 있는가? 업식(業識)의 생멸상(生滅相)에 의해 나타나기 때문이다.
復以何義得說差別? 以依業識生滅相示.

```
진여 ┌ 체(體): 평등(平等)
     └ 상(相): 진여의 차별 공덕상(功德相)         ↔      업식의 생멸상
          차별상:염법(染法)에 대한 정법(淨法)              차별상:염법(染法)
```

진여 자체가 부증불감의 평등한 하나로서 일체의 차별상을 떠난 것이라면, 그럼 어째서 차별적 모습이 있게 되는가? '업식의 생멸상에 의해 나타나기 때문'은 그에 대한 총괄적 대답이다.

진여 자체는 하나이지만 그 진여 본식(本識)을 자각하지 못하는 무명(無明)으로 인해 업식(業識)의 작용이 있게 되고, 그 업식으로부터 무한한 생멸 염법(染法)의 차별상이 생겨난다. 따라서 그 염법의 차별상에 대해 그 반대되는 정법(淨法)의 차별상, 즉 진여의 무량공덕상이 드러나게 되는 것이다. 왜냐하면 진여 정법은 염법 차별상의 가능 근거이기도 하며 또 염법을 정화하여 대치해나갈 힘이기 때문이다. 그러므로 진여 자체는 비록 하나이지만, 그럼에도 불구하고 차별상을 갖는다고 말할 수 있는 것이다.

이는 마치 갖가지 모습이 그려진 그림에 있어 그 그림의 바탕이 되는 도화지 자체는 본래 일체 차별상을 여읜 평등한 하나이지만, 만약 그 위에 그려진 그림을 지워나가면서 그 바탕을 확인하고자 한다면, 그렇게 확인되는 모습은 결국 지워지는 그림의 차별상에 따라 마찬가지로 차별적 모습을 보이게 되는 것과 같다. 이런 의미에서 기신론은 진여가 차별 공덕을 가지게 되는 것에 대해 그것은 업식에 의한 생멸상 때문이라고 설명한다. 아래에서는 업식의 차별적 생멸상에 따라 진여의 차별적인 공덕상이 드러나게 되는 과정을 앞의 여섯 가지 모습 각각에 의거해 좀 더 상세히 설명한다.

이것(차별)이 어떻게 나타나는가? 일체법은 본래 오직 마음일 뿐이며 실제로는 념(念)이 없는데, 허망한 마음이 있어 불각(不覺)으로 념을 일으켜 여러 경계를 보기 때문에 무명(無明)이라고 부른다. 심성이 일어나지 않는 것이 곧 '대지혜광명(大智慧光明)'의 의미이기 때문이다.[1]

此云何示? 以一切法本來唯心實無於念, 而有妄心, 不覺起念, 見諸境界故說無明. 心性不起, 卽是大智慧光明義故.

<업식(業識)의 생멸상(生滅相)>　　　　　<진여(眞如)의 공덕상(功德相)>
무명(無明): 망심이 념(念)을 일으켜 경계를 봄　←　[1] 대지혜광명(大智慧光明)

마음 자체는 진여 내지 여래장으로서 망념을 갖고 있지 않으며 따라서 일체의 차별상을 떠나 있다. 그런데 마음이 그 자신을 알지 못하여 허망한 마음을 일으키면 그 망심 안에 망념이 일어나고 그 망념이 일체 경계를 보게 된다. 이처럼 망심이 차별 경계만을 보고 마음 자체의 본래 각성을 망각하는 것이 무명(無明)이다. 이 무명에 반대되는 것이 바로 진여의 '대지혜광명(大智慧光明)'이다. 대지혜광명이 어두운 것이 무명이고, 무명이 다한 자리에 밝혀지는 것이 대지혜광명인 것이다.

만약 마음이 봄[見]을 일으키면 보지 않음[不見]의 상이 있게 된다. 심성이 봄을 여의는 것이 곧 '법계를 두루 비춤'(변조법계)의 의미이기 때문이다.[2]
若心起見則有不見之相. 心性離見卽是遍照法界義故.

〈업식(業識)의 생멸상(生滅相)〉　　　〈진여(眞如)의 공덕상(功德相)〉
견(見)과 불견(不見)의 대립　　↔　　[2] 변조법계(遍照法界)

마음이 움직여서 보고자 하는 '견(見)'이 생기면, 마음은 곧 보는 것과 보지 않는 것, 견(見)과 불견(不見)으로 이원화된다. 이렇게 견이 일어나면 곧 불견이 일어나, 마음은 더 이상 하나로 두루 통하지 않고 분열되며 따라서 법계 전체를 두루 비추지 못하게 된다. 이에 반해 만일 마음에 견(見)이 일어나지 않는다면, 마음은 차별 없이 법계를 두루 비출 것이며 이를 '변조법계(遍照法界)'라고 한다.

만약 마음에 움직임이 있으면, 진실한 앎(식지)도 아니고 자성이 있는 것도 아니고 상(常)도 아니고 락(樂)도 아니고 아(我)도 아니고 정

⑩도 아니며 뜨거운 번뇌로 쇠(衰)하고 변(變)하여 자재(自在)하지 못하게 되며, 그리하여 항하의 모래보다 더 많은 망령된 오염의 의미가 갖추어지게 된다. 이 의미에 대비되기 때문에 심성에 움직임이 없는 것이 곧 항하의 모래보다 더 많은 청정공덕상의 의미가 나타나는 것이 된다.[3~6]

若心有動非眞識知, 無有自性, 非常非樂非我非淨, 熱惱衰變則不自在, 乃至具有過恒沙等妄染之義. 對此義故, 心性無動則有過恒沙等諸淨功德相義示現.

〈업식(業識)의 생멸상(生滅相)〉		〈진여(眞如)의 공덕상(功德相)〉
진실로 아는 것이 아님	←	[3] 진실식지(眞實識知)
자성이 있지 않음	←	[4] 자성청정심(自性淸淨心)
상락아정이 아님	←	[5] 상락아정(常樂我淨)
번뇌로 쇠변하여 자재하지 못함	←	[6] 청량불변자재(淸凉不變自在)

마음이 일어나 움직임이 생겨나면 마음은 바탕으로서의 마음 전체가 아니라 그 중의 일부분으로 제한되게 된다. 그렇게 제한된 마음으로 아는 것은 진실된 앎이 아니게 된다. 또한 마음은 그만큼 자기 자성(自性)을 잃어버리게 된다. 그리하여 마음은 그 본래 성품인 상락아정(常樂我淨)을 더 이상 유지하지 못하고 번뇌로 인해 쇠락하고 변화하며 결국 마음 자체의 자유자재함을 잃게 된다. 이렇게 해서 결국 수많은 차별적인 허망한 염오(染汚)에 휩싸이게 된다.

마음이 움직일 경우 이러한 생멸상이 나타나게 되므로, 만약 마음이 움직이지 않는다면 이런 생멸상을 대치할 만한 모습이 있음을 알 수 있다. 즉 마음에 움직임이 없으면 마음 본래의 무분별적 하나가 회복되고, 그에 따라 앞의 차별적 염오와 대비되는 그 반대 측면이 드러나게 된다. 말하자면 마음은 진실한 앎을 갖게 되고 자신의 본성을 지니게 되며 따라서 상락아정(常樂我淨)이 유지되고 청량불변(淸凉不變)하면서 자유자재(自由自在)하게 된다. 바로 이것을 마음의 무량한 청정(淸淨) 공덕상(功德相)이라고 한 것이다.

만약 마음이 일어나 다시 눈앞에 생각할 수 있는 법(法)을 보면 곧 부족함이 있게 된다. 이와 같이 정법(淨法)의 무량공덕은 곧 일심(一心)이므로 다시 생각될 수 있는 것이 없다. 이 때문에 (공덕이) 충만하게 갖추어져 있는 것을 '법신여래장(法身如來藏)'이라고 이름한다.
若心有起, 更見前法可念者, 則有所少. 如是淨法無量功德卽是一心, 更無所念. 是故滿足, 名爲法身如來之藏.

무량공덕의 마음 = 일심(一心) = 법신여래장(法身如來藏)

마음은 본래 무분별적 하나로서 법계 전체를 두루 비추고 있다. 그런데 그 마음 안에 제한된 념(念)이 일어나면, 념은 전체 중에서 눈앞에 부각되는 그 특정 법(法)만 주목하여 그것을 전체로부터 분리해서 의식하게 된다. 이처럼 념을 따라 마음이 부분으로 제한되기에 마음에는 제한됨의 의식인 부족함이 있게 되는 것이다.

그러나 그러한 제한은 전체의 근거 위에서 가능한 것이다. 그 전체로서의 마음 자체는 본래 념(念)으로 포착될 수 있는 대상이 아니며, 일체의 념(念)과 상(相)을 여읜 것이다. 따라서 념으로 제한하지 않는 한, 마음은 그 자체 법계 전체를 두루 비추는 광명이며 지혜이다. 이처럼 일체의 제한과 분별을 넘어선 전체로서의 하나의 마음인 일심(一心)은 무량한 공덕을 갖추고 있어 부족함이 없다. 무량공덕을 구족한 이 마음을 법신여래성을 간직한 것이란 의미에서 '법신여래장(法身如來藏)'이라고 부른다.

3) 용대(用大)

(1) 진여(眞如)의 작용

그 다음 '진여의 작용'은 이른바 모든 부처와 여래가 본래 '인의 지위'(인지)에서 대자비심을 일으켜 모든 바라밀을 닦아 중생을 섭수교화(섭화)하는 것이다.[행]
復次眞如用者所謂諸佛如來本在因地, 發大慈悲, 修諸波羅密, 攝化衆生.

여기에서는 진여의 작용(作用) 내지 업용(業用)을 설명한다. 진여의 작용이란 부처와 여래가 중생을 제도하는 것과 관련된 작용을 말한다. 부처는 자신의 진여법신을 깨달은 자이고, 여래(如來)는 진여와 하나인 자를 말하는데, 진여와 하나인 자가 자신을 진여법신으로 깨닫는 것이므로 결국 둘은 같은 것이다. 부처와 여래의 중생제도에 대해 '깨달음의 원인이 되는 수행의 지위'인 인위(因位)와 '수행의 결과가 되는 깨달음의 지위'인 과위(果位)를 구분하여, 우선 인위(因位)를 설명하고 있다. 대자비심에 따라 바라밀을 닦음으로써 중생을 포섭하고 교화하고자 함이 그것이다.

원효는 용대(用大)의 설명을 인(因)의 풀이와 과(果)의 풀이 둘로 크게 구분하고, 인의 풀이를 다시 행(行)과 원(願)과 방편(方便)의 셋으로 구분한다.[94] 바로 위의 문장은 진여의 작용 중 그 행을 논한 것이고, 다음의 두 문장은 각각 원과 방편을 설명한 것이다. 그리고 그에 이어 과(果)의 풀이가 나온다.

진여의 인위(因位)에서의 작용:
1. 행(行): 발대자비(發大慈悲) ~ 섭화중생(攝化衆生)
2. 원(願): 입대서원(立大誓願) ~ 진어미래(盡於未來)
3. 방편(方便): 이취일체중생(以取一切衆生) ~ 무별이고(無別異故)

큰 서원을 세워서 모든 중생계를 남김없이 '제도하여 해탈'(도탈)시키고자 하는데, 시간적으로 제한을 두지 않고 미래가 다하도록 하고자 한다.[원]
立大誓願, 盡欲度脫等衆生界, 亦不限劫數, 盡於未來.

여기에서는 여래가 중생을 제도하여 해탈시키고자 큰 서원을 세움을 말한다. 모든 중생계를 남김없이 제도하려는 것은 그 서원(誓願)이 공간적으로 무한하다는 것, 그리고 다함이 없이 언제까지나 제도하려는 것은 그 서원이 시간적으로 무한하다는 것을 말해준다.

일체 중생을 자기 몸과 같이 여기기 때문에 또한 중생상(衆生相)을 취하지 않는다. 이것은 무슨 의미 때문인가? 일체 중생과 자신이 진여로서 평등하여 차이가 없다는 것을 여실하게 앎을 뜻하기 때

---

94) 원효, 772상중 참조.

문이다.[방편]

以取一切衆生如己身故, 而亦不取衆生相. 此以何義? 謂如實知一切衆生
及與己身眞如平等無別異故.

　　여기에서는 여래의 중생 제도 방편으로서 지혜(知慧)와 자비(慈悲)
를 논한다. 여래가 자신을 마음 바탕의 진여로 깨달으면 바로 그 진
여법신이 곧 일체 중생의 마음바탕이기에, 여래는 모두가 다 동체(同
體)라는 것을 여실하게 알게 되는데, 이것이 곧 '지혜(知慧)'이다. 그리
고 이 동체 의식으로부터 일체 중생의 고통을 그대로 공감(共感)하는
대자대비의 마음이 일어나게 되는데, 이것이 곧 '자비(慈悲)'이다. 이처
럼 여래가 중생을 제도하고자 하는 것은 자신과 일체 중생이 결국 하
나라는 것을 알기 때문이며, 그 앎에 기반해서 대자비심이 일어나기
때문이다. 이처럼 여래는 지혜와 자비의 방편을 갖고 중생을 제도한
다. 여기까지는 진여의 작용을 중생 제도의 인위(因位)에서 원과 행과
방편을 들어 설명한 것이고, 아래에서는 그러한 인위로부터 따라오
는 과위(果位)를 설명한다.

이와 같은 큰 방편지가 있기 때문에 무명을 없애 본래의 법신(法身)
을 본다. 자연스럽게 불가사의한 업(業)의 갖가지 작용이 있어, 진
여와 더불어 평등하게 일체처에 두루하지만, 또한 얻을 수 있는
작용의 상이 없다.

以有如是大方便智, 除滅無明見本法身. 自然而有不思議業種種之用. 即
與眞如等遍一切處, 又亦無有用相可得.

진여의 과위(果位)에서의 작용:
  1. 자리(自利)의 과: 제멸무명(除滅無明), 견본법신(見本法身)
  2. 이타(利他)의 과:
      용의 깊음: 자연스런 부사의업의 용이 있음
      용의 광대함: 진여와 더불어 평등하게 일체처에 두루함
      용의 무상(無相): 얻을 수 있는 용상이 없음

앞서 언급한 지혜와 자비는 중생 제도를 위해 여래가 갖게 되는 '대방편지(大方便智)'이고, 여기에서는 그러한 방편을 통해 나타나는 결과를 설명한다. 원효는 위의 문장을 세 부분으로 구분한다. '이유여시대방편지(以有如是大方便智)'는 앞의 인위(因位)에서의 작용을 간단히 정리한 것이며, 그 뒤는 진여의 과위(果位)에서의 작용을 설명한 것으로, 이것은 다시 자리(自利)의 과(果)와 이타(利他)의 과(果)로 구분된다.[95] 자리의 과는 방편지가 갖추어짐에 따라 무명을 멸하고 법신(法身)을 보게 되는 것이다. 지혜가 생기면 무명이 멸하게 되며 결국 무명에 의해 가려졌던 마음 바탕의 법신이 드러나 그 법신을 증득(證得)하게 된다. 이것이 지혜를 통해 얻게 되는 자리적 결과이다.

나아가 법신을 증득하게 되면 그것으로부터 여러 가지 진여의 업용(業用)이 발생하는데, 이 업용은 다른 중생을 제도할 수 있는 이타(利他)의 과(果)에 해당한다. 법신을 증득한 자는 진여로서 평등하게 일체처에 두루하며 법계를 두루 비춤으로써 갖가지 작용을 일으킬 수 있다. 그러나 그러한 진여의 작용은 일반 범부의 의식으로 파악할 수 있는 것이 아니기에 '부사의업(不思議業)'이라고 하며, 일반적인 모습이나 개념으로 서술되거나 규정될 수 없기에 '얻을 수 있는 상이 없다'고 말한다.

---

95) 원효, 772중 참조.

무슨 까닭인가? 모든 부처와 여래는 오직 법신의 '지혜의 모습'(지상)의 몸(신)일 뿐이고 제일의 진리이어서 속제(俗諦)의 경계가 없고 시설(시)과 행위(작)를 여의었기 때문이다. 다만 중생이 보고 듣는데 따라 이익을 얻게 하기에 이를 용(用)이라고 부른다.
何以故? 謂諸佛如來唯是法身智相之身, 第一義諦, 無有世諦境界, 離於施作. 但隨衆生見聞得益故說爲用.

진여의 작용에 대해서는 왜 얻을 수 있는 상이 없는가? 진여법신이 일체 제법의 근거이기에 그 진여의 작용은 일체 모든 곳에 두루 편재하는데, 그런데도 그 작용에 특별한 모습이 없다고 하는 것은 무슨 까닭인가?

이에 대해 기신론은 부처와 여래는 본래 법신(法身)으로서 오직 지혜의 모습만을 가질 뿐이기 때문이라고 설명한다. 부처는 오직 절대적 진리 내지 제일의제(第一義諦)로서 언급될 수 있을 뿐이지, 일반 사람들이 세속적 의미에서 대상으로 파악할 수 있는 그런 세간 경계의 모습을 갖고 있지 않다. 따라서 세속적 의미에서의 개념에 따라 사량분별될 수 있는 것이 아니다. 그러므로 일체의 개념적 규정, 시설 행위를 떠난 것이라고 말한다.

부처는 본래 법신으로서 지혜 이외의 다른 어떠한 상(相)도 갖고 있지 않지만, 중생을 상대해서는 중생의 근기에 따라 중생이 보고 들어 알 수 있을 만한 여러 가지 상이한 도습으로 나타나 중생에게 이익을 준다. 그러한 법신의 작용을 진여법신의 업용이라고 하는데, 이것이 곧 진여법신의 응신(應身)과 보신(報身)으로의 현현(顯現)이다.

(2) 진여(眞如)의 두 가지 용(用)

이 용(用)에는 두 가지가 있다. 무엇이 그 두 가지인가?
此用有二種. 云何爲二?

진여 자체인 법신(法身)의 작용에는 두 가지가 있다. 여기서 논하는 진여의 용은 진여법신이 다른 중생을 제도하기 위해 모습을 드러내는 활동을 말한다. 그 두 가지가 곧 응신(應身)과 보신(報身)인데, 아래에서는 이 각각을 좀 더 상세히 설명한다.

1. 응신(應身): 중생과 이승(二乘)의 분별사식(分別事識)이 보는 것
   외적 대상으로 받아들여지는 것
2. 보신(報身): 보살의 업식(業識)이 보는 것
   전식(轉識)의 현현으로 받아들여지는 것

a. 응신(應身)

첫째는 분별사식(分別事識)에 의거하여 범부와 이승(二乘)의 마음에 보여지는 것으로, 이를 '응신(應身)'이라고 이름한다.
一者依分別事識, 凡夫二乘心所見者, 名爲應身.

분별사식은 마음 표층의 제6의식을 말한다. 우리가 일상적으로 자아나 세계로 여기는 것이 모두 심층 아뢰야식의 전변(轉變) 작용을 통해 드러난 식소변(識所變)이라는 유식성(唯識性)을 알지 못하고, 그것을 마음 바깥의 객관 실재로 받아들이는 마음이 분별사식이다.
범부나 이승은 자기 자신의 마음을 현상 제법의 바탕인 진여법신

으로 자각하여 알지 못하고, 일체를 오직 표층적인 제6의식의 차원에서 바라보고 이해할 뿐이다. 따라서 이들은 불신(佛身)을 보게 될 때도 제6의식의 차원에서 의식의 대상으로만 받아들인다. 이처럼 제6의식의 대상으로 보여지는 부처의 몸을 진여(眞如)의 응신(應身)이라고 한다.

전식(轉識)이 나타낸 것임을 알지 못하기 때문에 바깥에서부터 온 것으로 보며, 색(色)의 한계(분제)를 취하므로 완전하게 알 수 없기 때문이다.
以不知轉識現故, 見從外來, 取色分齊, 不能盡知故.

범부나 이승은 유식성을 알지 못한다. 즉 내가 보는 일체의 것이 모두 다 진여성의 발현이고 아뢰야식의 현현이라는 것을 모르고, 내 마음 바깥으로부터 내게 주어지는 것으로 여긴다. 이는 곧 나 자신을 일체를 포괄하는 진여심, 평등 여래법신으로 자각하여 알지 못하기 때문이다.

전체를 자기 자신의 마음으로 자각하지 못하기에 마음에 한계를 긋고 있으며 결국 그 마음이 보는 대상의 인식에 있어서도 그러한 제한성의 한계를 벗어나지 못한다. 따라서 눈앞에 주어지는 대상을 색(色)의 한계를 가지는 것으로만 여긴다.

원효는 '색의 한계를 취하므로 완전하게 알 수 없다(취색분제, 불능진지)'에 대해 이렇게 설명한다. "(범부나 이승이) 본 '분제를 갖는 색'은 곧 한계[邊]가 없는 것이며 분제상을 여읜 것이다. 그런데도 그들은 오직 '분제가 있다'는 의미만을 취하여 '분제가 곧 한계가 없는 것임'을 알지 못한다. 그래서 '취색분제 불능진지'라고 말한다."[96]

법장은 화신과 보신 등의 불신(佛身)과 중생심의 관계에 대해 아래와 같이 자문자답한다.

1. "[문] 불신(佛身)이 어째서 오직 중생의 식일 뿐인가? [답] 이는 중생의 진심(眞心)은 제불의 체와 평등하여 둘이 아니기 때문이다. 다만 중생이 자신의 참된 이치에 미혹해서 망념을 일으킬 뿐이다."[97] 그러므로 중생이 자기 자신의 진여성을 자각하지 못하고 무명에 싸여 자신을 분별사식으로만 알고 있으므로, 법체 내지 심체의 발현인 불신을 외부로부터 주어지는 응신으로 여기는 것이다.

2. "[문] (진여의) 용은 진(眞)으로부터 나오는데, 어째서 전식(轉識)이 나타낸다고 말하는가? [답] 전식은 아뢰야식 중의 전상(轉相)이다. 이 전상에 의거하여 비로소 현식이 모든 경계를 나타낸다. 이 식은 곧 진망화합식이다."[98] 아뢰야식이 진(진여)과 망(무명)의 화합식이라는 것은 곧 진(眞)과 망(妄)이 서로를 여의지 않음을 의미한다. 망(妄)은 진에 의거한 망이고, 진(眞)은 망을 떠나 따로 나타나지 않는다. 결국 진여의 작용은 망을 진으로, 전식(轉識)에 의한 염법(染法)을 정법(淨法)으로 바꾸는 청정한 작용인 것이다. 그러므로 진여의 용을 논하자면 전식의 나타냄을 논할 수밖에 없다.

3. "[문] 이것은 중생 자체의 마음 안의 진여의 용인데, 어째서 부

---

96) 원효, 773상, "其所見有分齊色卽無有邊, 離分齊相. 彼人唯取有分齊義, 未解分齊則無有邊. 故言取色分齊, 不能盡知故也."
97) 법장, 274하, "〈問〉佛身何故唯衆生識耶?〈答〉衆生眞心與諸佛體平等無二. 但衆生迷自眞理起於妄念."
98) 법장, 275상, "〈問〉用從眞起. 何故說言轉式現耶?〈答〉轉識卽是梨耶中轉相. 依此轉相方紀現識現諸境界. 此識卽是眞妄和合."

처의 보신과 화신을 말하는가? [답] 중생의 진심은 제불의 체와 차별이 없다. 그러므로 『화엄경』에서는 '만약 삼세의 모든 부처를 알고자 한다면 마땅히 마음이 모든 여래를 만든다는 것을 관해야 한다'고 말한다. 또 『부증불감경』에서는 '법신이 곧 중생이고 중생이 곧 법신이다'라고 말한다. 법신과 중생은 의미는 하나이고 이름만 다를 뿐이다. 법신을 따라 보신과 화신의 용이 생기는 것이 어찌 중생의 진심이 아닐 수 있겠는가?"[99]

b. 보신(報身)

둘째는 업식에 의거하여 모든 보살이 초발의로부터 보살구경지에 이르기까지 마음으로 보는 것으로, 이를 '보신(報身)'이라고 이름한다.

二者依於業識, 謂諸菩薩從初發意, 乃至菩薩究竟地心所見者, 名爲報身.

초발의보살은 10주(住) 중 제1주에 해당하고 보살구경지는 10지(地) 중 마지막 지이다. 10주, 10행, 10회향, 10지의 보살은 일반 범부의 분별사식보다 더 심층의 마음을 아는 자이다. 다만 지전(地前)의 보살은 그것을 믿음으로 알고, 지상(地上) 보살은 그것을 수행력 내지 법력(法力)으로 여실하게 안다. 따라서 이들은 의식에 주어지는 것이 업식의 소변이라는 것을 알기 때문에, 눈앞에 드러나는 것을 마음 바깥으로부터 주어진 객관 존재라고 생각하지 않는다. 이런 자들이 보는 진여의 모습을 보신(報身)이라그 한다. 원효는 "십해(十解) 이상의 보

---

99) 법장, 275상, "〈問〉乃是衆生自心之中眞如之用. 云何說言佛報化耶? 〈答〉衆生眞心卽諸佛體更無差別. 故華嚴經云, 若人欲求知三世一切佛, 應當如是觀心造諸如來. 又不增不減經云, 法身卽衆生, 衆生卽法身. 法身與衆生, 義一名異也. 旣從法身起報化用, 何得不是衆生眞心耶?"

살은 오직 마음일 뿐 외진(外塵)이 없다는 의미를 이해할 수 있다."[100]
고 하며, 따라서 업식에 따라 보신을 볼 수 있는 보살은 유식성을 이
해하는 10(解), 즉 10(住) 이상의 보살이라고 설명한다.

몸에는 무량한 색이 있고 색에는 무량한 상이 있으며 상에는 무량
한 호가 있다.
身有無量色, 色有無量相, 相有無量好.

법신진여의 현현으로서의 여래의 몸은 색으로 나타나는데, 그 색
에는 무량한 모습이 있고, 그 모습에는 무량한 뛰어난 특징들이 있
다. 여래의 몸에 무량한 색이 있다는 것은 그 색에 분제, 즉 한계가
없다는 말이다.

몸이 가지는 색이 나타내는 모습이 상(相)이다. 불신(佛身)이 뚜렷
하게 드러내는 모습을 상(相)이라고 하고, 미세해서 잘 알아보기 어려
운 모습을 호(好)라고 한다. 여래가 나타내는 모습을 흔히 32상(相) 80
호(好)라고 한다.

(보신이) 머무는 곳인 의지처(의과)에도 또한 무량한 갖가지 장엄(莊嚴)
이 있어, 모든 곳에 나타나 끝이 없고 다할 수가 없고 한계의 모습
을 여의어 그 응하는 바에 따라 항상 유지할 수 있으며 훼손되지
도 상실되지도 않는다.

---

100) 원효, 773상, "十解以上菩薩能解唯心無外塵義."

所住依果亦有無量種種莊嚴, 隨所示現卽無有邊, 不可窮盡, 離分齊相, 隨
其所應常能住持, 不毀不失.

　　앞에서 진여법신의 현현으로서의 보신의 무량한 장엄을 논하였
다면, 여기에서는 그 보신이 머무는 의지처인 국토(國土)의 장엄에 대
해 논한다. 의지처는 정보(正報)가 의거하여 머문다는 뜻에서 '의보(依
報)' 내지 '의과(依果)'라고 부른다. 보신이 무량한 공덕상과 무량한 종
호를 띠고 나타나듯이 보신이 머무는 불국토 또한 갖가지 무량한 장
엄을 갖추고 있다는 것이다.

　　응신(應身)이 분제를 가진 색으로 드러나는데 반해, 보신은 무량한
색, 즉 공간적으로 한계가 없고 시간적으로 다함이 없는 존재로 나타
난다. 한 마디로 분제상(分齊相)이 없는 모습으로 나타난다. 한계 없이
무한한 모습이면서도 각각의 중생의 상황에 따라 그에 상응하여 나
타난다. 그러면서도 그 나타나는 모습에 있어 손상되거나 상실되는
것이 없는데, 이는 그렇게 나타나는 보신은 우리의 일상 의식이 포착
하는 현상 세계의 일반적 질서를 따르는 것이 아니기 때문이다.

이와 같은 공덕은 모두 제바라밀 등 무루행(無漏行)의 훈습과 부사
의(不思議)한 훈습으로 인해 성취되며 무량한 '기쁨의 상'(락상)을 구
족하고 있기 때문에 '보신(報身)'이라고 부른다.
如是功德皆因諸波羅密等無漏行熏及不思議熏之所成就, 具足無量樂相故
說爲報身.

보신은 일반 범부가 아니라 수행을 통해 일정 경지에 이른 사람에게만 그 업식에 보여지는 부처의 모습이다. 그렇다면 누가 그런 보신으로 현현하는 것인가? 그것은 다름 아닌 모든 중생심 안에 갖추어진 진여법신이다. 누구나 수행을 통해 진여법신을 증득하면 그 지혜와 대자대비의 원력에 따라 불가사의한 업용(業用)으로서 다른 중생의 제도를 위해 응신이나 화신으로 나타날 수 있는 것이다. 이것이 중생심 내지 진여심의 용(用)의 위대함이다. 보신은 진여법신의 현현으로서 존재 자체가 갖고 있는 무한한 기쁨인 열반락(涅槃樂)을 담고 있다고 한다.

기신론은 응신과 보신의 차이를 불신(佛身)이 유식성을 모르는 분별사식(分別事識)에 드러나는 것과 유식성을 아는 업식(業識)에 드러나는 차이로 설명한다. 원효는 경론에 따라 응신(화신)과 보신이 서로 다르게 규정되고 있음을 밝힌다. "『동성경』에서는 '예토에서의 성불(成佛)을 화신이라고 하고 정토에서의 성도(成道)를 보신'이라고 설한다. 『금고경』에서는 '32상 80종호 등의 상을 응신이라고 하고 육도의 모습을 따라 나타난 몸을 화신'이라고 설한다. 『섭대승론』에 의하면 초지 이전에 보는 것을 변화신이라고 하고 초지 이상에서 보는 것을 수용신이라고 한다. 지금 이 논에서는 범부 이승에 의해 보여지는, 육도의 차별적 모습을 응신이라고 하고, 십해 이상의 보살에 의해 보여지는, 분제색을 떠난 모습을 보신이라고 한다."[101] 이름이나 규정은 조금씩 차이가 있어도 불신을 화신과 보신 두 가지로 구분해서 설명하는 것은 마찬가지이다.

---

101) 원효, 773상중, "同性經說, 穢土成佛名爲化身, 淨土成道名爲報身. 金鼓經說, 三十二相八十種好等相名爲應身, 隨六道相所現之身名爲化身. 依攝論說, 地前所見名變化身, 地上所見名受用身. 今此論中 凡夫二乘所見六道差別之相名爲應身, 十解以上菩薩所見離分齊色名爲報身."

	〈화신(化身)〉	〈보신(報身)〉
『기신론』	분별사식이 보는 것	업식이 보는 것
『동성경』	예토(穢土)에서의 성불(成佛)	정토(淨土)에서의 성도(成道)
『금고경』	〈화신(化身)〉　　　　〈응신(應身)〉	
	육도에 나타나는 몸 ≠ 32상 80종호	
『섭대승론』	〈변화신(變化身)〉	〈수용신(受用身)〉
	초지 이전에서 보는 것	초지 이상에서 보는 것

(3) 진여(眞如) 현시(顯示)의 단계

또 범부에 의해 보여지는 것은 그 거친 색이다. 육도에 따라 각각 보는 것이 같지 않고 갖가지 다른 종류이며 기쁨의 상을 받는 것이 아니기 때문에 '응신(應身)'이라고 부른다.

又爲凡夫所見者是其麤色. 隨於六道各見不同, 種種異類, 非受樂相故說爲應身.

범부는 일체를 분별사식에 따라 의식의 대상으로만 보므로 그러한 자신의 근기에 따라 진여를 보되 거친 색으로만 본다. 그러므로 일반 범부에게 진여는 응신으로 나타난다. 응신은 각 중생이 자기 근(根)에 따라 보는 것이며, 따라서 천, 인, 축생, 수라, 아귀, 지옥의 6도를 윤회하는 중생이 각각 응신으로 보는 것이 서로 다를 수밖에 없을 것이다.

각각의 육도에 나타나는 응신은 그 육도 중생과 같은 근(根)을 가진 존재로 나타날 것이다. 지옥계에 나타난 응신은 지옥중생처럼 괴롭힘을 당하는 응신이고, 인간계에 나타난 응신은 다른 인간들과 마찬가지로 생로병사의 고통을 받는 응신이다. 그래서 응신불(應身佛)로서의 석가모니도 생로병사의 과정을 겪은 것이다. 이처럼 단지 락(樂)의 상만 갖는 것이 아니라 고락(苦樂)의 상을 다 받으므로, 이를 '응신(應身)'이라고 부른다.

여기에서 육도에 따라 서로 다른 것을 본다고 할 때 범부만을 언급하는 것은 범부만 업에 따라 육도윤회하기 때문이다. 성문 연각의 이승(二乘)은 수행의 결과 인간계나 천상으로 윤회하므로, 여기에서는 제외시켰다고 볼 수 있다. 그러나 이승 또한 범부와 마찬가지로 분별 사식을 통해 불신(佛身)을 보므로 결국 응신만을 본다고 말할 수 있다.

그 다음 초발의보살 등이 보는 것은 (그들이) 진여법을 깊게 믿기 때문에 적은 부분이라도 본다. (그들은) 색상과 장엄 등의 것이 옴도 없고 감도 없으며 한계(분제)를 떠나고 오직 마음에 의거하여 나타나 진여를 여의지 않는다는 것을 안다. 그러나 이 보살들은 여전히 자신을 분별하는데, 아직 법신의 지위에 들지 않았기 때문이다.

復次初發意菩薩等所見者, 以深信眞如法故, 少分而見. 知彼色相莊嚴等事無來無去離於分齊, 唯依心現不離眞如. 然此菩薩猶自分別, 以未入法身位故.

초발의보살이란 아직 10지에 이르지 못한 지전(地前) 보살을 말한다. 이 보살은 유식성을 믿고 있으므로 응신이 아닌 보신(報身)을 본다. 그러나 그들이 유식성을 아는 것은 단지 깊은 믿음으로 아는 것이지 여실하게 아는 것은 아니다. 따라서 보신을 조금만 본다고 말한다. 그들은 그들이 보는 것이 색의 분제를 떠나 있음을 알고 마음에 의거하여 나타나는 것임을 안다.

　그러나 그 앎은 여실하게 증득한 앎이 아니고 스스로의 사려 분별로써 아는 것이기에, 아직 진여를 증득한 단계, 곧 법신(法身)의 지위에 들어간 것이 아니다. 따라서 지상(地上)의 보살이 보신을 보는 것과는 구분된다. 보신은 보살의 삼매 속에 드러나는 법신이라고 할 수 있다.

만약 정심지(淨心地)를 얻으면 보이는 것이 미묘해지고 그 용이 수승하게 바뀐다. 그리하여 보살지가 다하는 데에 이르면 그 구경을 본다.

若得淨心所見微妙其用轉勝. 乃至菩薩地盡, 見之究竟.

　정심지(淨心地)는 보살 10지 중 초지이다. 초지에서 비로소 미묘한 색을 보게 되며 지(地)의 단계가 깊어질수록 그 용(用)이 점점 더 수승해진다. 제10지인 보살 진지(盡地)에 이르면, 수행자 자신이 법신을 증득하는 경지에 이르러 궁극의 근원을 보게 되므로 구경을 본다고 말한다.

　보살지에 이른 수행자는 일반 범부가 응신만을 보는 것과 달리 법신의 현현으로서의 보신을 볼 뿐만 아니라 그 스스로 법신의 지위에 들어서게 된다. 즉 수행자 자신이 정법훈습을 통해 무명을 걷어냄으로써 진여법신을 증득(證得)하기에 이르는 것이다. 그렇게 되면 수행자는 자신이 바라보던 법신의 현현으로서의 보신이 바로 자기 자신 안의 진여법신의 현현이라는 것을 알게 된다. 수행이 깊어짐에 따라 궁극으로 나아가게 되면, 결국 보는 자와 보여진 것의 구분이 사라지면서 그 둘이 하나로 일치하게 되는 것이다. 내가 바라보던 진여가 결국 그 진여를 바라보던 나 자신의 진여라는 것을 알게 된다. 이 둘이 완전히 일치하여 더 이상 보는 자와 보여지는 자가 둘이 아니게 되는 것이 부처의 경지이다.

만약 업식(業識)을 여의면 보는 상이 없다. 모든 부처의 법신에는 피차간에 바꿔가며 볼 색상이 없기 때문이다.
若離業識則無見相. 以諸佛法身無有彼此色相迭相見故.

업식(業識)을 여읜다는 것은 업식에 의해 일어나는 전식(轉識)과 현식(現識)도 다 함께 여의게 되는 것이다. 그러므로 보는 견분도 없고 보여지는 상분도 없어, 견상이 다 없게 된다. 결국 보는 것도 보이는 것도 없다. 무명이 없고 업식의 작용이 없으면 오직 진여 법신만이 남게 되며, 그때에는 주객 내지 견상으로 분별하여 보는 것이 없게 된다.

이와 같이 부처의 법신에 이르면 자신이 다른 법신을 본다거나 또는 다른 법신에 의해 보여지는 일이 없다. 그래서 '부처의 법신에 는 피차간에 바꿔가며 볼 색상이 없다'고 말한다. 이상 범부와 이승 과 보살과 부처가 보는 것을 각각 구분하여 정리하면 다음과 같다.

1. 범부와 이승이 보는 것　　　– 응신, 추색(麤色)
2. 보살이 보는 것　　　　　　– 보신
　1) 초발의보살(初發意菩薩): 분제를 떠남, 그러나 아직 분별이 남음
　2) 정심지보살(淨心地菩薩): 미묘한 색을 봄, 법신의 지위에 들어감
　3) 진지보살(盡地菩薩): 구경을 봄
3. 부처가 보는 것　　　　　　– 업식을 여의어서 견상이 없음

(4) 색(色)과 심(心)의 관계

[문] 만약 모든 부처의 법신이 색상을 여의었다면, 어떻게 색상을 나타낼 수 있는가?
問曰, 若諸佛法身離於色相者, 云何能現色相?

법신은 일체 분별상을 여의며 따라서 색상도 여읜 것이라면, 그런 법신이 어떻게 추색(麤色)의 응신(應身)이나 세색(細色)의 보신(報身)으로 자신을 나타낼 수 있는가 하는 물음이다. 색이 아닌 것이 어떻게 색의 모습으로 나타날 수 있는가?

[답] 이 법신이 곧 색(色)의 체(體)이기 때문에 색을 나타낼 수 있다. 이른바 본래부터 색(色)과 심(心)은 둘이 아니다.
答曰, 卽此法身是色體故能現於色. 所謂從本以來色心不二.

<pre>
         현상 제법   = 색(色)
            ↑
    법체 = 법신(색의 체)   = 심(心)
</pre>

현상적 차별상으로 나타나는 것이 색(色)이다. 현상 제법은 색으로 존재한다. 그런데 기신론은 현상 제법의 기반 또는 바탕을 법체(法體) 내지 법신(法身)으로서 진여(眞如) 내지 중생심(衆生心)이라고 설명하였다. 결국 현상 제법의 색(色)이 곧 마음의 현현(顯現)이라는 것이다. 이처럼 기신론은 드러난 색(色)에 대해 그 기반을 심(心)으로 풀이함으

로써 색(色)과 심(心)이 본래 둘이 아니라고 주장한다. 그러나 어떤 의미에서 색과 심이 둘이 아닌가? 아래에서는 이를 설명한다.

색(色)의 성(性)이 곧 지(智)이기 때문에 색의 체가 무형인 것을 '지신(智身)'이라고 이름하며, 지의 성이 곧 색이기 때문에 법신이 일체처에 두루한다고 말한다.

以色性卽智故, 色體無形說名智身. 以智性卽色故, 說名法身遍一切處.

> 색(色)의 성(性)이 지(智): 색즉시공(色卽是空)
> 지(智)의 성(性)이 색(色): 공즉시색(空卽是色)

여기서는 색(色)의 성(性)이 곧 지혜이고, 또 지(智)의 성(性)이 곧 색(色)이라고 말한다. 색(色)의 성이 지(智)라고 하는 것은 색이 본각(本覺)의 빛 아래에서 비로소 색으로 드러나기 때문이다. 지혜 내지 본각은 모두 일심(一心)에 속한다. 이처럼 색의 성이 지인 것은 색이 심을 떠난 것이 아니기 때문이다. 이는 『반야심경』에서 말하는 '색즉시공(色卽是空)'의 이치에 상응한다. 색의 바탕, 즉 색의 체(體)는 곧 심(心)으로서 무형(無形)이며 이를 지혜의 몸, 즉 '지신(智身)'이라고 부른다.

그리고 다시 지(智)의 성(性)이 곧 색(色)이라고 하는 것은 지혜의 본성 내지 마음의 바탕이 다시 색(色)으로 나타나므로, 색의 현상 세계 전체가 결국 지혜의 본성을 지닌 법신의 현현(顯現)이라는 말이다. 이는 곧 『반야심경』에서 말하는 '공즉시색(空卽是色)'에 해당한다. 색으로 드러나는 일체처가 모두 다 법신(法身)의 현현이기에 '법신이 일체처에 두루한다'고 말한다.

현시되는 색(色)은 한계가 없어 마음에 따라 시방세계의 무량한 보살과 무량한 보신과 무량한 장엄을 나타낼 수 있다. 각각 차별이 있지만 모두 한계가 없어 서로를 방해하지 않는다. 이것은 심식(心識)의 분별이 알 수 있는 것이 아니니, 진여의 자재한 용(用)의 의미이기 때문이다.

所現之色無有分齊, 隨心能示十方世界無量菩薩無量報身無量莊嚴. 各各差別, 皆無分齊, 而不相妨. 此非心識分別能知, 以眞如自在用義故.

법신이 일체처에 두루하여 한계가 없듯이, 법신이 드러내는 색 또한 한계가 없다. 보살의 마음에 따라 갖가지 모습의 보신과 장엄 경계로 드러나 차별상을 보이지만, 그러면서도 그렇게 드러난 경계가 서로를 방해하는 일은 없다. 이 현상의 국토 안에 장엄 불국토가 펼쳐져도 그것이 서로 방해되지는 않는다는 말이다.

그러나 이와 같이 보살이 수행 결과 보게 되는 보신에 대해서는 우리 일반 범부가 분별사식으로 판단하여 알 수 있는 것이 아니다. 보신은 진여법신의 자유자재한 작용이기 때문이다.

이상으로 체대, 상대, 용대의 대(大)의 의미를 설명하는 의장문(義章門)을 마친다. 진여의 체와 무량한 공덕상 그리고 진여의 무량한 작용, 응신 보신으로의 현현을 설명한 것이다.

(5) 생멸문(生滅門)에서 진여문(眞如門)으로

그 다음 생멸문(生滅門)으로부터 진여문(眞如門)으로 들어가는 것을 현시한다.

기신론의 핵심개념은 일심(一心) 이문(二門)이다. 일체 세간법과 출세간법을 포괄하는 것이 일심인데, 이 일심은 진여와 생멸의 두 측면을 가진다. 생멸에서 진여로 나아가는 문이 진여문이고 진여에서 생멸로 나아가는 문이 생멸문이기에 이문(二門)이 된다. 기신론 Ⅲ-1. 현시정의가 바로 이 일심이문을 드러내어 밝히는 부분이다. 처음에 심진여문을 간단히 다룬 후 지금까지 심생멸문을 훨씬 더 복잡하고 상세하게 논하였다. 이하에서는 다시 간단하게 생멸문에서 진여문으로 나아가는 것을 제시함으로써 전체를 완결한다.

이른바 오온(五蘊)을 추구하면 색과 심이 있지만, 육진(六塵) 경계(境界)는 필경 무념(無念)이다. 마음에는 형상이 없기 때문에 시방으로 구해도 끝내 얻을 수 없다.
所謂推求五陰, 色之與心, 六塵境界畢竟無念. 以心無形相, 十方求之, 終不可得.

```
심신 =  신(身)        +              심(心)
         |                    ┌───────────────┐
오온 =  색온         +      수온 / 상온 / 행온 / 식온
```

일반 범부가 일상적으로 자아라고 여기는 것은 바로 심신의 나, 색(色)·수(受)·상(想)·행(行)·식(識) 5온(蘊)의 나이다. 물리적 존재인 신(身)이 곧 색이고, 심리적 존재인 심(心)이 곧 수·상·행·식이다. 이

색·수·상·행·식의 무더기를 진제(眞諦)는 '5음(陰)'으로 번역하였고 현장(玄奘)은 '5온(蘊)'으로 번역하였다.

그런데 불교가 강조하는 것은 일체가 무상하고 고(苦)이며 공(空)이라는 것이다. 색이 곧 공이라는 것을 강조한 것이 중관(中觀) 사상이고, 공으로 드러나는 진여가 곧 심이기에, 색이 곧 심이라는 것을 강조하는 것이 유식(唯識) 사상이다. 유식에 따르면 일체 제법이 모두 다 심(心)의 변현 결과로서 마음을 떠나 존재하는 것이 아니다. 그러므로 마음을 떠나 마음 바깥에서 그 자체로 존재하는 6진 경계를 찾을 수는 없다. 일체는 마음의 경계인 것이다.

그렇지만 6진 경계를 그려내는 마음 자체는 다시 경계로 그려지지 않는다. 마음은 어떤 모습으로도 포착되지 않기에 시방 세계 어디에서도 끝내 얻을 수 있는 것이 아니다. 마음이 본래 그렇게 념(念)을 여읜 것이기에, 6진 경계 또한 무념(無念)일 뿐이다.

마치 사람이 미혹하기 때문에 동(東)을 서(西)라고 해도 방향이 실제로 바뀌지 않는 것처럼, 중생도 이와 같이 무명으로 미혹하기 때문에 마음을 생각[念]이라고 여겨도 마음은 실제로 움직이지 않는다.
如人迷故謂東爲西, 方實不轉, 衆生亦爾, 無明迷故謂心爲念, 心實不動.

마음은 불가득이지만 중생을 떠나 있는 것이 아니다. 우리가 아무리 미혹해서 동서 방향을 분간하지 못한다고 해도 방향 자체가 실제로 바뀌는 것이 아니고 오히려 제대로 된 방향이 근저에 있기에 우리가 방향에 미혹하다고 말할 수 있는 것처럼, 중생의 마음 또한 그러하다.

우리가 아무리 우리 자신의 본래 마음인 진여성을 자각하지 못하고 자신을 스스로 떠올린 망념과 동일시하면서 그 망념에 이끌린다고 해도, 마음 바탕의 청정한 진여성이 사라지거나 망념으로 바뀌게 되는 것은 아니다. 오히려 진여성과 그 본각이 근저에 놓여 있기에 그 진여 본각을 알지 못하는 미혹이 미혹으로 성립하는 것이다.

만약 능히 관찰하여 마음에 념(念)이 없다는 것을 알면, 수순하여 진여문에 들어갈 수 있기 때문이다.
若能觀察, 知心無念, 卽得隨順入眞如門故.

자신 안의 마음 바탕을 관하여 그것이 그 마음 안에 떠오르는 망념(妄念)과 하나가 아니라는 것, 마음은 본래 무념(無念)이라는 것을 여실하게 아는 것이 곧 자신의 마음을 진여로 자각하는 것이다. 그와 같이 생멸하는 망념을 따라가지 않고 그 망념을 넘어 무념의 자리로 나아가는 것이 바로 생멸문에서 돌아서서 진여문(眞如門)으로 들어서는 것이다. 생멸문에서 몸만 돌리면 바로 그 자리가 곧 진여문이다.

Ⅲ-2

대치사집

對治邪執

○

'삿된 집착을 다스린다는 것'(대치사집)은 일체의 삿된 집착이 모두 '아(我)가 있다는 견해'(아견)에 의거한 것이므로 만약 아를 여의면 삿된 집착이 없다는 것이다. 이 아견에는 두 가지가 있다. 무엇이 그 두 가지인가? 첫째는 '인간에게 아가 있다는 견해'(인아견)이고, 둘째는 '법에 아가 있다는 견해'(법아견)이다.

對治邪執者一切邪執皆依我見, 若離於我則無邪執. 是我見有二種. 云何爲二? 一者人我見, 二者法我見.

> 두 가지 아견 → 두 가지 삿된 집착
> 1. 인아견(人我見): 인간(나, 유근신)에 아가 있다는 견해 → 아집
> 2. 법아견(法我見): 법(세계, 기세간)에 아가 있다는 견해 → 법집

여기에서 '아(我)'는 자타 분별에서의 '너' 아닌 '나'라는 의미의 '자아(自我)'를 뜻하는 것이 아니라, 일체 존재를 각각의 개별자이게끔 하는 개별 실체라는 의미의 '아'이다. 그러므로 '아(我)'는 '나'로 번역하지 않고 그냥 '아'로 읽는다.

아견(我見)은 곧 만물이 각각 개별 실체로서 존재한다는 견해이다.

그 중 인간이 각각 개별 실체로서 존재한다는 견해, 즉 인간에게 아(我)가 있다는 견해가 '인아견(人我見)'이고, 객관 사물인 법(法)이 각각 개별 실체로서 존재한다는 견해, 즉 법에 아가 있다는 견해가 '법아견(法我見)'이다. 기신론은 인간이든 세계든 일체가 고정된 실체인 아가 없기에 아견은 옳지 않은 견해, 즉 사견(邪見)이라고 본다. 그리고 이 사견인 아견이 옳지 않은 집착인 사집(邪執)을 낳는다고 말한다. 인간에게 아가 있다고 생각하는 인아견은 자신의 주관적 아에 집착하는 아집(我執)을 낳고, 일체법에 아가 있다고 생각하는 법아견은 객관적 법에 집착하는 법집(法執)을 낳는다.

1. 인아견(人我見)에 의한 범부의 사집(邪執)

'인아견(人我見)'은 모든 범부에 의거하여 말하는 것으로 다섯 가지가 있다. 무엇이 그 다섯 가지인가?
人我見者依諸凡夫說有五種. 云何爲五?

이하에서 논할 다섯 가지 인아견을 먼저 제시해본다.

1. 허공이 곧 여래성이다.
2. 진여열반(眞如涅槃)이 곧 공이다.
3. 여래장(如來藏)에 색(色)·심(心)이 따로 있다.
4. 여래장에 세간 생사법(生死法)이 포함된다.
5. 중생에 시작이 있고, 열반에 끝이 있다.

이상 다섯 가지 인아견에 대해 법장은 다음과 같이 개괄한다. "앞의 둘은 공(空)에 대한 잘못된 집착이고, 뒤의 셋은 유(有)에 대한 전도된 앎이다. 앞의 둘 중 첫째는 사물의 공을 법체라고 망집하고, 둘째는 법체가 오직 공무(空無)일 뿐이라고 망집한다. 유(有)에의 집착 셋 중 첫째는 성덕(性德)이 색(色)·심(心)과 같다고 집착하고, 둘째는 법성에 본래 염(染)이 있다고 집착하며, 셋째는 염정(染淨)에 시종(始終)이 있다고 집착한다."[102]

1. 공(空)을 법체(法體)로 집착	공(空)에 대한 잘못된 집착
2. 법체(法體)를 오직 공무(空無)로 집착	
3. 성덕(性德)이 색심(色心)과 같다고 집착	
4. 법성에 염(染) 있다고 집착	유(有)에 대한 전도된 앎
5. 염정에 시종(始終)이 있다고 집착	

1) 인아견(人我見) 1 : 허공이 곧 여래성이다

첫째는 경전에서 '여래 법신이 필경 적막하여 마치 허공과 같다'고 한 말을 듣고, 그것이 집착을 타파하기 위한 것인 줄을 모르고서 '허공이 여래성이다'라고 말하는 것이다.

一者聞修多羅說, 如來法身畢竟寂寞, 猶如虛空, 以不知爲破著故, 卽謂虛空是如來性.

이것은 여래법신에 대한 잘못된 견허이다. 여래성 내지 여래법신

---

102) 법장, 276하, "初二於空謬執. 後三於有倒知. 前二中 初一妄執事空以爲法體. 次一妄執法體唯是空無 執有三中初執性德同色心. 次執法性本有染. 後執染淨有始終."

을 잘못 아는 것이 인간 안에 개별 실체인 아가 있다고 여기는 인아견과 무슨 상관이 있는가? 본래 인아견은 '인간 안에 개별 실체인 아가 있어, 각각의 인간이 개별 실체로서 존재한다'는 견해이다. 이에 반해 기신론은 자아의 공성만을 알고 여래성을 알지 못하는 것, 따라서 빈 공간인 허공을 여래성으로 여긴다거나(인아견1), 진여 열반이란 그저 단순한 공에 지나지 않는다고 여기는 것(인아견2)을 인아견이라고 비판한다. 여래법신 내지 진여 열반을 잘못 아는 것이 인아견과 무슨 상관이 있는가?

석가모니는 '제행무상', '일체개고', '제법무아'를 설했다. 이것이 불교의 삼법인이다. 일체는 무상이고 고이고 무아이기에 결국 공(空)이라는 것이다. 그런데 이것은 그러한 무상한 고의 현실에 머무르라는 것이 아니라, 그런 고의 현실로부터 벗어나 '열반적정'을 구하라는 것이다. 이것이 제4법인이다. 따라서 성문과 연각은 무상·고·무아의 생멸의 생사 너머 불생불멸의 열반에 이르고자 수행한다.

그런데 일반 범부는 일체가 무아이고 공이라는 가르침을 듣고는 여래법신이나 진여 열반까지도 모두 다 공일 뿐이라고 여긴다. 무상·고·무아의 개체 너머 다른 어떤 것도 인정하지 않는 것이다. 따라서 중생심 안의 불생불멸의 진여성 내지 여래성을 그저 빈 허공처럼 없는 것으로 여기는 것이다.

이에 기신론은 일반 범부가 여래성이나 진여성을 단순히 허공과 같은 부정성으로만 이해하는 것은 결국 자신을 궁극적 개별 실체로 여기고 있기 때문이라고 비판한다. 나 자신을 개별적 존재인 개체로 여기기 때문에 그 개체성 너머 일체 제법의 공통 기반으로서의 진여 법신을 인정하지 않기 때문이다. 말하자면 개별 자아를 실유로 간주하는 것은 범부의 속제적(俗諦的) 관점이고, 이와 달리 일체를 공(空)이라고 여기는 것은 진제적(眞諦的) 관점이다. 진제적 관점에서 보면 현상세계의 일체 제법은 공이고 오직 적정(寂靜) 여래(如來) 내지 진여(眞如) 열반(涅槃)만이 참이다. 그런데 다시 그 진여 열반마저도 공(空)이라고 말한다면, 그것은 곧 진제를 부정하고 다시 속제로 나아가는 것이 된다. 예를 들어 범부의 아집은 꿈에서 내가 꿈속 나를 나로 고집하는 것과 같으며, 이와 달리 불교가 꿈속의 나는 공이라고 말할 때는 꿈에서 깨어난 경지에서 하는 말이다. 꿈에서 깨어나 보면 꿈속에서 뛰어다니던 나는 공이고 실재는 오직 누워 꿈꾸다가 깨어난 나, 진여일 뿐이기 때문이다. 그런데 다시 깨어난 나인 진여도 공이라고 말한다면 그것은 곧 꿈을 꾸는 것과 꿈에서 깨어남의 구분, 속제와 진제의 구분을 부정함으로써 다시 꿈속 세계로 돌아가 버리고 마는 것이다. 만약 꿈 이외에 다른 아무것도 없다면, 일체가 오직 꿈일 뿐이라면, 즉 꿈으로부터 깨어남이 없다면, 꿈은 더 이상 꿈이 아니라 그 자체가 실재가 되기 때문이다. 그러므로 기신론은 허공을 여래성으로 보는 견해, 또는 진여열반을 공으로 보는 견해는 결국 인간을 개별 실체로 간주하는 인아견 또는 아집에 해당한다고 보는 것이다.

그렇다면 경전은 그처럼 잘못된 견해를 낳을 수 있는 말, '여래법신이 허공과 같다'는 말을 왜 하였는가? 이는 여래법신을 개별 사물과 같은 망집(妄執)의 유(有), 속제(俗諦)의 유로 생각해서는 안 된다는 것을 말하기 위해서이다. 즉 일반 범부의 속제적 집착을 깨기 위한 것, 속제와는 다른 진제(眞諦)에 눈뜨게 하기 위한 것이다. 그래서 여래법신은 속제의 색(色)과는 다르다는 것을 강조한 것이다. 그런데 그런 진제의 여래법신을 단지 추상적인 허공(虛空)과 같은 것으로 간주한다거나

아니면 일반 망집의 유가 공이듯 마찬가지로 공이라고 생각해버린다
면, 이는 경전의 의도를 벗어나 삿된 견해로 나아간 것이 된다.

어떻게 다스리는가?

云何對治

이하에서는 '허공이 여래성이다'라는 인아견을 다스리기 위해 '허
공과 여래성은 서로 다르다'는 것을 밝힌다. 허공은 망(妄)이고 여래
성은 진(眞)이기에 둘은 서로 다르므로 하나로 볼 수 없다는 것이다.
기신론이 지금까지 여래성을 일체 제법의 법체(法體), 법신(法身)의 대
지혜광명으로 밝혀왔기에, 이 부분에서는 허공이 망(妄)이라는 것을
더 길게 설명한다.

법장은 '허공이 여래성이다'를 반박하는 기신론 본문 중 '허공은
망이다'라는 부분을 다음과 같이 상세히 나누어 해석한다. 이하에서
는 이에 따라 풀이한다.[103]

  1. '허공은 망이고 실이 아님'(虛空是妄非眞)을 밝힘
    1-1. 입(立)
      1-1-1. 정유(情有)임을 입: 명허공상(明虛空相) ~
      1-1-2. 리무(理無)임을 입: 체무부실(體無不實) ~
    1-2. 석(釋)
      1-2-1. 정유를 해석: 이대색고유(以對色故有) ~
      1-2-2. 리무를 해석: 이일체색법(以一切色法) ~
    1-3. 결(結)
      1-3-1. 정유의 결론: 소위일체경계유심(所謂一切境界唯心) ~
      1-3-2. 리무의 결론: 약심리어망동(若心離於妄動) ~
  2. '법신은 실이고 망이 아님'(法身是眞非妄)을 밝힘: 유일진심(唯一眞心) ~

---

103) 법장, 276하 이하 참조.

(이하를) 밝힘으로써 (다스린다.) 허공의 모습은 그 허망한 법이며 체(體)가 없어 실(實)이 아니다.[1-1]
明虛空相是其妄法, 體無不實.

허공이 망이고 진이 아니라는 것을 주장한다. 허공의 상이 '망법'이라는 것은 그것이 오직 허망분별에 의해서만 있다는 말이다. 이를 '허망한 정(情)에 따라서만 있다'는 의미어서 '정유(情有)'라고 한다. 그리고 허공의 상이 '체가 없고 실이 아니다'라는 것은 그것이 그 자체로는 있지 않고 따라서 실재하는 것이 아니라는 말이다. 이를 '이치상으로는 없다'는 의미에서 '리무(理無)'라그 한다.

색(色)과 대비되기 때문에 있으며, 이 볼 수 있는 상(相)이 마음으로 하여금 생멸하게 한다.[1-2-1]
以對色故有, 是可見相令心生滅.

이 부분은 허공이 허망한 정(情)에 따라서만 유(有)라는 것, 즉 정유(情有)를 설명한다. 허공은 그 자체로 있지 않고 오직 색과 대비되어 색이 아닌 것으로서만 있으므로 그 자체 허망하며, 단지 망정에 따라서만 있는 것이다. 나아가 색 아닌 것으로 있기에 색과 마찬가지로 그 상(相)이 볼 수 있는 상인 가견상(可見相)이다. 우리는 색이 있으면 색을 보고, 색이 없으면 그 자리에서 빈 허공을 보기 때문이다. 가견의 상은 우리 마음에 상을 만드므로 심은 그 상에 따라 생멸하게 된다.

일체 색법이 본래 이 마음이기 때문에 실제로 바깥의 색은 없다.
만약 색이 없으면 허공의 모습도 없다.[1-2-2]
以一切色法本來是心, 實無外色. 若無色者則無虛空之相.

여기에서는 허공은 이치에 따라 무라는 것, 즉 리무(理無)를 설명
한다. 이치상으로 볼 때 색(色)이란 것이 본래 심(心) 이외의 다른 것이
아니며, 따라서 마음 바깥에 실재하는 색이란 없다. 그러므로 색과
상대적으로 있는 허공이란 것 또한 색이 없듯이 없는 것이다.

이른바 일체 경계는 오직 마음이 허망하게 일어나기 때문에 있다.
만약 마음이 허망한 움직임을 여의면, 곧 일체 경계가 멸한다.[1-3]
所謂一切境界唯心妄起故有. 若心離於妄動, 則一切境界滅.

볼 수 있는 상(相)은 모두 마음이 지은, 마음의 경계이다. 즉 마음
을 따라 허망하게 일어난 망법(妄法)이며 망정(妄情)에 따라서만 있는
정유(情有)이다. 허공 또한 이렇게 마음을 따라 일어난 망법이므로 망
정에 따라서만 있을 뿐이다. 그러나 그렇게 정유로 있는 것은 이치상
으로는 없는 것이다. 일체 경계 내지 허공은 이치상 마음의 경계일
뿐이기에 마음의 움직임을 여의면 그것 또한 멸하여 없는 것이기 때
문이다. 이렇게 허공이 정유이면서 곧 리무(理無)임을 함께 논한다.

오직 하나의 진심이 두루하지 않는 곳이 없으니, 이것은 여래의

광대한 성품의 지혜의 궁극적 의미를 뜻하는 것이지 허공의 모습
과 같은 것은 아니기 때문이다.[2]
唯一眞心無所不遍, 此謂如來廣大性智究竟之義, 非如虛空相故.

마음의 움직임이 없으면 마음의 움직임이 형성하는 일체의 경계
가 사라지며 오직 마음 자체인 진심(眞心)만이 일체처에 두루하게 된
다. 진심이 유일한 하나라는 것은 진심이 일체를 포괄하는 전체로서
의 하나, 일심(一心)이라는 말이다. 그러므로 진심은 무소부재하여 두
루하지 않는 곳이 없다. 이처럼 없는 곳이 없이 두루한 것으로 우리
는 흔히 빈 공간인 허공을 떠올린다. 그렇지만 진심이 일체처에 두
루한다는 것은 여래의 본성인 대지혜광명(大知慧光明)으로서 있는 것이
지, 무정(無情)과 같은 추상적 공간으로서 있는 것이 아니다. 이처럼
일체에 퍼져 있는 여래의 지혜가 곧 성자신해(性自神解)이고 공적영지
(空寂靈知)이며 본각(本覺)이다. 따라서 무소부재한 일심의 여래성을 자
각성(自覺性)이 없는 추상적인 빈 허공과 동일시할 수는 없는 것이다.

2) 인아견(人我見) 2 : 진여 열반이 곧 공이다

둘째는 경전에서 '세간의 모든 법은 필경 체(體)가 공(空)하며 그리
하여 열반과 진여의 법(法)도 필경 공하니, 본래 자체가 공하여 일
체 상(相)을 여의었다'라고 한 말을 듣고, 그것이 집착을 타파하기
위한 것인 줄을 모르고서 '진여와 열반의 성품이 오직 그 공일 뿐
이다'라고 말하는 것이다.

二者聞修多羅說, 世間諸法畢竟體空, 乃至涅槃眞如之法亦畢竟空, 從本已來自空離一切相, 以不知爲破著故, 卽謂眞如涅槃之性唯是其空.

경전에서는 일체 제법의 공성(空性)을 설한다. 마찬가지로 열반과 진여에 대해서도 그것이 공(空)이라고 말한다. 이는 일반 범부가 열반이나 진여를 정유(情有)로 생각하고 상(相)으로 집착할까봐 이를 경계하기 위해 하는 말이다. 범부의 집착을 깨기 위해 열반과 진여가 공이고 일체의 상을 떠난 것이라고 말하는 것이다.

그런데 그 본의를 모르고 오히려 열반 내지 진여를 단지 공일 뿐이라고 주장한다면, 이는 오히려 정유(情有)와 상(相)을 유로 집착하고서, 상(相)이 아닌 진여 열반을 단지 공이라고 말하는 것이 된다. 따라서 기신론은 이러한 주장을 인아견으로 인한 사집(邪執)이라고 비판한다.

어떻게 다스리는가? 진여법신은 무량한 성공덕(性功德)을 구족하고 있기 때문에 그 자체가 불공(不空)이라는 것을 밝힘으로써 (다스린다.)
云何對治? 明眞如法身自體不空, 具足無量性功德故.

진여법신은 그것이 일체 생멸하는 염오상을 여의었다는 점에서 공(空)이지만, 바로 그렇기에 불변하는 청정법을 구족하였다는 점에서 불공(不空)이다. 이 불공으로 인해 진여법신은 대지혜광명, 진실식지(眞實識智), 상락아정(常樂我淨) 등 무한한 성공덕을 구족하고 있는 것이다. 이처럼 진여법신은 우리 일반 범부가 다 헤아리지 못할 무량한 성공덕을 갖추고 있지 단순히 아무것도 아닌 공무(空無)가 아니라는 것을 알게 되면, 진여와 열반이 단순히 공이라는 주장은 무너지게 된다.

3) 인아견(人我見) 3 : 여래장에 색(色)·심(心)이 따로 있다

셋째는 경전에서 '여래장은 증감이 없으며 자체가 일체 공덕의 법을 구비한다'라고 한 말을 듣고, 그것을 이해하지 못하고서 '여래장에 색법(色法)과 심법(心法)의 자상(自相)의 차별이 있다'라고 말하는 것이다.

三者聞修多羅說, 如來之藏無有增減, 體備一切功德之法. 以不解故, 卽謂如來之藏有色心法自相差別.

여래법신은 그 자체 부증불감 불생불멸이지만 여래진여를 알지 못하는 중생의 무명으로 인해 생멸 인연 따라 현상 세계의 갖가지 차별상을 형성하게 된다. 그렇지만 중생 안의 진여법성은 다시 무명을 진여로 훈습하여 염법을 정법으로 대치하게 하는데, 이때 무량한 진여공덕상이 발휘된다. 그러므로 무량한 진여공덕상은 무명으로 인한 현상 세계의 차별상을 대치하는 양상이지, 여래법신 자체의 양상이 아니다. 색법(色法)과 심법(心法)의 이원적 분별성은 생멸적 현상 세계에 나타나는 이원성이지 절대 무분별의 여래성 자체는 아닌 것이다.

이 점을 분명히 알지 못하고 현상계의 차별상인 색과 심을 여래장 자체 안에 포함되어 있는 이원적 분별로 이해하는 것은 맞지 않다. 여래장은 색(色)과 심(心), 능(能)과 소(所), 정(淨)과 염(染) 등 일체의 이원적 분별을 넘어선 것이기 때문이다. 여래장 자체를 현상적인 색심 이분법 또는 심신 이원론의 틀에 따라 생각하는 것은 아직도 색심(色心) 화합 또는 명색(名色) 화합의 오온 나지 자아가 공이라는 것을 철저하게 자각하지 못하기 때문이다. 그러므로 여래장에 색법 심법이 따로 있다고 여기는 것을 인아견이라고 하는 것이다.

어떻게 다스리는가? 오직 진여의 의미에 의거하여 말한 것이기 때문이다. 생멸 염오의 의미로 인해 나타나는 것은 차별이라고 말하기 때문이다.
云何對治? 以唯依眞如義說故. 因生滅染義示現說差別故.

```
여래장 ┌ 체: 부증불감
       └ 상: 공덕상        ↔       현상 세계의 차별상
                                   = 〈색·심 이분〉
```

색심(色心)의 차별은 진여 여래장 자체 안에 들어있는 것이 아니라, 그 여래장이 생멸심으로 작용할 때 드러나는 것일 뿐이다. 그런데도 여래장 안에 색심의 차별이 있다고 여기는 것은 불생불멸의 여래장과 그 여래장이 생멸의 인연 따라 드러나는 현상적 모습과의 차이를 간과하기 때문이다. 따라서 그런 인아견을 대치하기 위해서는 불생불멸의 진여의 차원과 그 진여가 무명으로 인해 염정(染淨)으로 훈습되어 나타나는 차별적 현상의 차원을 분명히 구분해야 한다. 색과 심의 차별은 진여 차원에서 성립하는 것이 아닌 것이다.

4) 인아견(人我見) 4 : 여래장에 세간 생사법이 포함된다

넷째는 경전에서 '일체 세간의 생사 염법은 모두 여래장에 의거하여 있으며, 일체 제법은 진여를 여의지 않는다'라고 한 말을 듣고, 그것을 이해하지 못하고서 '여래장 자체에 일체 세간의 생사(生死)

등의 법이 갖추어져 있다'라고 말하는 것이다.

이 네 번째 인아견도 세 번째와 비슷한 문맥에서 발생하는 잘못된 견해이다. 즉 여래장 자체와 그 여래장이 생멸의 인연 따라 형성하는 차별상을 구분하지 못하고 그 둘을 뒤섞음으로써 야기되는 삿된 견해인 것이다. 색심 이분법이든 염정 이분법이든 생사 이분법이든 일체의 분별적 차별상은 다 진여 내지 여래장 자체에 포함되어 있는 것이 아니라, 여래장이 연을 따라 일어남으로써 전개되는 차별상인 것이다. 그러므로 그런 차별상을 여래장 자체에 갖추어진 것이라고 말할 수 없다. 여래장 자체는 생멸하는 일체의 차별상을 넘어선 무분별적 하나이기 때문이다.

어떻게 다스리는가? 여래장에는 본래부터 오직 항하의 모래보다 더 많은 청정한 공덕이 있을 뿐이어서 진여의 의미를 여의지도 않고 끊지도 않고 그 의미와 다르지도 않기 때문이다. 항하의 모래보다 더 많은 번뇌의 염법(染法)은 오직 '허망하게 있는 것'(망유)이며 본성 자체가 본래 없는 것이어서 무시이래로 아직 한 번도 여래장과 상응한 적이 없기 때문이다.

여래장 ┌ 체: 부증불감
      └ 상: 공덕상   ↔   세간의 차별상
        = 〈청정 공덕〉   = 〈번뇌 염법〉

여기서도 여래장 자체와 여래장이 무명으로 인해 망법(妄法)으로
나타나는 것을 구분해야 한다는 것을 강조한다. 생멸하는 염법(染法)
은 무명을 따라 나타난 망법이므로 무자성이고 공이다. 허망한 현상
일 뿐이어서 여래장과 상응하지 않고, 무명이 다하면 결국 사라지게
되는 것이다. 그러므로 그런 망법을 여래장 자체 안에 포함된 것으로
여길 수는 없는 것이다.

만약 여래장 자체에 망법(妄法)이 있다면, (진여의) 증득과 이해가 허
망을 영원히 쉬게 하는 그런 일은 없겠기 때문이다.
若如來藏體有妄法, 而使證會永息妄者, 則無是處故.

처음의 두 대치사집에서는 망법이 공이듯이 여래성도 공이라고
여기는 것을 비판하였으며, 그 다음 두 대치사집에서는 망법의 허망
분별성이 여래장 안에 이미 구비되어 있는 것처럼 여기는 것을 비판
하였다. 이들은 모두 망법이 드러나는 현상의 차원과 그들 망법의 기
반으로서의 여래장의 차원, 속제의 차원과 진제의 차원을 구분하지
않고 혼동함으로써 생겨나는 사견(邪見)과 사집(邪執)이다. 기신론에서
는 여래법신의 진제적(眞諦的) 실유성을 강조하며, 모든 중생심의 여
래장이 현상의 차별상을 넘어선 무분별적 하나라는 것을 강조한다.
그렇게 해야지만 열반적정을 지향하는 불교적 수행이 의미를 가질

304

수 있기 때문이다. 망법을 멸하고서 증득해야할 진여법신을 밝히는
것이 기신론의 궁극 지향점인 것이다.

5) 인아견(人我見) 5 : 중생에 시작이 있고, 열반에 끝이 있다

다섯째는 경전에서 '여래장에 의거하기 때문에 생사가 있고 여래
장에 의거하기 때문에 열반을 얻는다'라고 하는 말을 듣고, 그것
을 잘 이해하지 못하고서 '중생에 시작이 있다'고 말하고, 또 시작
이 있다고 보기 때문에 다시 '여래가 얻은 열반에 그 다함이 있어
다시 중생이 된다'라고 말하는 것이다.

五者聞修多羅說, 依如來藏故有生死, 依如來藏故得涅槃. 以不解故, 謂衆
生有始, 以見始故, 復謂如來所得涅槃有其終盡還作衆生.

'A에 의해 B가 있다'는 것은 두 가지 방식으로 읽힐 수 있다. 하나
는 'A의 바탕 위에서 B가 성립한다'이고, 다른 하나는 'A가 끝나면서
B가 있게 된다'이다. A를 원인, B를 결과로 놓고 보면, 전자의 경우
는 A가 B의 생멸과 상관없이 그 바탕에 놓여 있는 불생불멸의 기반
이고, 후자의 경우는 A가 멸하면서 B가 생겨나는 식으로 둘이 하나
의 생멸계열을 이룬다. 전자는 A와 B가 서로 다른 차원의 존재일 때
성립하고, 후자는 A와 B가 같은 차원의 것일 때 성립한다.

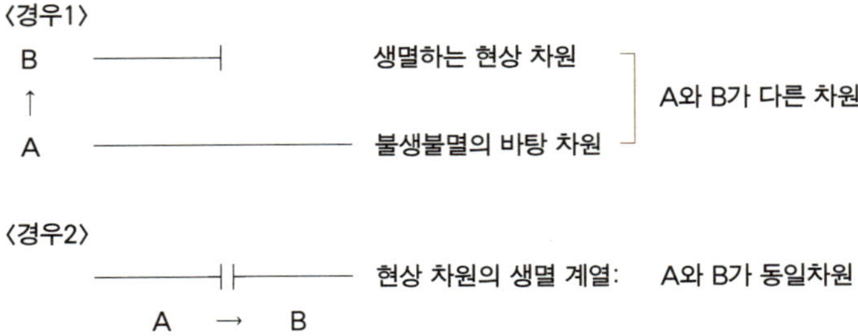

경전에서 '여래장에 의해 생사가 있다'고 하는 것은 전자의 의미이지 후자의 의미가 아니다. 여래장이 생사의 바탕이고 기반이라는 말이지 그 둘이 같은 차원에서 하나의 생멸계열을 이룬다는 말은 아니다. 그러므로 그 문장에 입각해서 마치 열반이 끝나면서 중생이 생겨나는 것처럼, 중생에 시작이 있다거나 여래가 증득한 열반에 끝이 있다고 말할 수는 없는 것이다.

어떻게 다스리는가? 여래장에는 시작(전제)이 없기 때문에 무명의 모습 또한 시작이 없다. 만약 삼계 바깥에 생기기 시작하는 중생이 다시 있다고 말하면, 이는 곧 외도(外道) 경전의 설이다. 또 여래장에는 끝(후제)도 없다. 모든 부처가 얻은 열반이 그것(여래장)과 상응하여 끝이 없기 때문이다.

云何對治? 以如來藏無前際故, 無明之相亦無有始. 若說三界外更有衆生始起者, 卽是外道經說. 又如來藏無有後際. 諸佛所得涅槃與之相應則無後際故.

대승 곧 큰 수레의 역할을 담당하는 것은 오직 중생심일 뿐이며,

중생심은 곧 진여심이고 여래장이다. 여래장이 일체를 열반으로 실어 나를 수 있는 것은 일체 제법이 모두 다 그 여래장에 근거한 것이기 때문이다. 그래서 기신론은 생사와 열반이 모두 여래장에 의거한 것이라고 말한다.

그러나 생사와 열반이 여래장에서 갖는 위치는 서로 다르다. 생사는 여래장이 무명에 의해 가려짐으로써 생멸 인연 따라 망법(妄法)으로 등장하는 것이지만, 열반은 그런 일체의 허망 분별 내지 생사가 멈춘 자리에 나타나는 것이다. 그러므로 열반은 여래장과 더불어 끝이 없지만, 생사는 무명과 더불어 끝나는 것이다. 여래장은 그 자체 무시무종(無始無終)이다. 중생의 무명 또한 무시이래로 있지만, 무명을 진여로 훈습하여 닦아 나가면 염법이 다하고 무명이 다하게 된다. 그러니까 무명 중생의 윤회는 끝이 있다. 다만 그 염법을 대치한 청정 진여성은 더불어 끝나지 않고 계속되어 끝이 없다.

2. 법아견(法我見)에 의한 이승(二乘)의 사집

법아견(法我見)은 이승(二乘)의 둔한 근기 때문에 여래가 단지 인무아만 설하여 그 설이 구경(究竟)이 아니므로, (이승이) 오온의 생멸법이 있음을 보고 생사를 두려워하며 열반에 허망하게 취착하는 것이다.

法我見者依二乘鈍根故, 如來但爲說人無我, 以說不究竟, 見有五陰生滅之法, 怖畏生死, 妄取涅槃.

이승(二乘):　　　　　아공(我空)　·　법유(法有)　　　: 생사와 열반의 이분법
　　　　　　　(오온, 생멸, 생사) (제법, 불생불멸, 열반)

인간 각자에게 개별적 실체가 있지 않다고 보는 것이 인무아이다. 인간은 오온의 화합물로서 인연 따라 형성된 환(幻)이고 공(空)이라고 보는 것이다. 그런데 이처럼 인무아만을 아는 이승(二乘)은 오온 화합물로서의 인간은 무아이지만, 화합물이 아닌 유위 제법이나 무위법은 그 자체 자기 자성을 가지는 실체(實體)라고 여긴다. 이를 '아공(我空) 법유(法有)' 내지 '법아견(法我見)'이라고 한다.

이승은 자아는 공이지만 법은 실유라고 여기면서, 생사와 열반을 대립으로 이해한다. 그리하여 이승은 생멸하는 유위법 너머 무위법(無爲法)의 열반으로 나아가고자 한다. 이는 생사와 열반, 아와 법, 생멸과 불생불멸을 서로 분리된 두 가지로 분리하여 생각하기 때문이다. 아(我)는 공(空)이고 법(法)은 유(有)이며, 생사는 피해야 할 것이고 열반은 취해야 할 것이라는 식으로 이분하는 것이다.

어떻게 다스리는가? 오온(오음)법의 자성은 생하지도 않고 따라서 멸하는 것도 없어 본래 열반이기 때문이다.
云何對治? 以五陰法自性不生則無有滅, 本來涅槃故.

오온(五蘊)의 유위법(有爲法)이 그 실체가 있지 않고 공하다는 것은 결국 그 바탕에는 무위(無爲)의 진여(眞如)가 있다는 것이다. 오온이 무자성이고 공이라는 것은 결국 그 오온의 생멸 현상이 환(幻)이고 망(妄)이라는 것, 그것 역시 진여의 드러남이라는 것을 말해준다.

그러므로 진여와 무명 중생, 불생불멸과 생멸, 열반과 생사는 근본적으로 서로 대립되는 두 개가 아니라 결국 하나이다. 진여에 근거해서 무명이 있고, 열반에 근거해서 생사가 있기에, 그 중 어느 하나를 버리고 다른 하나를 취할 수 있는 것이 아닌 것이다. 생멸하는 오온의 현상이 환이고 망이기에, 오히려 그 오온의 근저에 진여가 있는 것이다.

그 다음 궁극적으로 망집을 여의면 염법과 정법이 모두 다 상대적이어서 말할 만한 자상이 없다는 것을 마땅히 알아야 한다.
復次究竟離妄執者, 當知染法淨法皆悉相待, 無有自相可說.

여기서는 대승적 불이법문(不二法門)을 강조한다. 이분법적으로 분별된 어느 하나를 버리고 다른 하나만을 취착하는 것은 망집이다. 일체의 이원성은 모두 하나를 통해 다른 하나가 성립하는 것이며 결국 허망분별이기 때문이다.

대승은 이처럼 허망하게 분별된 둘 중 어느 하나에 취착하지 않을 것을 강조한다. 오히려 그렇게 분별된 것들은 모두 다 우리의 업(業)과 망념에 따라 일어나는 허망 분별이기에 그 허망성과 상대성을 깨닫고 일체 분별을 넘어서기를 지향하는 것이다.

이 때문에 일체법은 본래부터 물질도 아니고 마음도 아니고, 지혜도 아니고 인식도 아니며, 또 있는 것도 아니고 없는 것도 아니어서, 필경 그 상(相)을 말할 수 없다. 그런데도 언설이 있는 것은 언설을 빌려 중생을 인도하려는 여래의 뛰어난 방편(方便)임을 마땅히 알아야 한다.

是故一切法, 從本以來, 非色非心, 非智非識, 非有非無, 畢竟不可說相. 而有言說者, 當知如來善巧方便, 假以言說引導衆生.

염(染)과 정(淨), 색(色)과 심(心), 지(智)와 식(識), 유(有)와 무(無), 생사(生死)와 열반(涅槃) 등 일체의 이분법은 결국 언어 문자를 따라 방편으로 시설된 것이지 그 각각이 궁극적인 것이 아니며 따라서 각각의 상(相)을 얻을 수 있는 것이 아니다.

그런데도 이원적으로 구분하여 논하는 것은 염(染)에 치우친 중생을 구제하기 위해 그 반대로서 정(淨)을 말하고, 생사에 치우친 중생을 구제하기 위해 그 반대로서 열반을 말한 것이지, 그 둘이 서로 다른 것으로 따로 존재하는 것이 아닌 것이다. 그러므로 일체의 언설적 분별은 모두 중생을 인도하기 위한 시설 방편일 뿐이라고 말한다.

그 취지는 모두 생각을 여의고 진여로 돌아가기 위한 것이다. 일체법을 생각하는 것이 마음을 생멸하게 하여 '진실한 지혜'(실지)에 들어가지 못하게 하기 때문이다.

其旨趣者皆爲離念歸於眞如. 以念一切法, 令心生滅不入實智故.

염이든 정이든 어느 하나에 치우치려는 생각 자체를 넘어서서 그 이원성을 극복한 순수한 진여에 이르는 것, 무분별 지혜에 이르는 것이 대승의 궁극 지향점이다.

이원적 분별성을 넘어선 지혜를 무분별지혜(無分別智慧)라고 하며 또 일체의 념(念)을 여읜 참다운 지혜라는 의미에서 '실지(實智)'라고도 한다. 실지에 대비되는 개념이 '권지(權智)'이다. 권지는 실지인 무분별지에 기반하되 방편으로서 망념에 따른 분별까지도 모두 포괄하는 방편지(方便智)를 뜻한다.

Ⅲ-3
분별발취도상
分別發趣道相

○

'발심하여 도에 나아가는 모습을 분별함'(분별발취도상)은 일체 모든 부처가 증득한 도(道)에 일체의 보살이 발심하고 수행하여 나아가는 의미를 말하기 때문이다.

分別發趣道相者謂一切諸佛所證之道, 一切菩薩發心修行趣向義故.

보살이 마음을 내고 수행하는 것은 부처가 깨달아 증득한 궁극의 경지인 도(道)에 이르기 위해서이다. 이 절에서는 보살이 부처가 증득한 그 도에 이르기까지 구체적으로 어떤 방식으로 수행하는지를 밝혀 놓았다.

발심(發心)을 간략히 말하면 세 가지가 있다. 무엇이 그 세 가지인가? 첫째는 '믿음이 성취되는 발심'(신성취발심)이고, 둘째는 '이해하여 수행하는 발심'(해행발심)이고, 셋째는 '증득하는 발심'(증발심)이다.

略說發心有三種. 云何爲三? 一者信成就發心, 二者解行發心, 三者證發心.

발심의 세가지

1. 신성취발심(信成就發心): 십신에서의 신심을 통해 결정심(決定心)을 일으켜 십주(십해)에 이름
2. 해행발심(解行發心): 십행에서의 해행을 통해 회향심을 일으켜 십회향에 이름
3. 증발심(證發心): 십지에서의 수행을 통해 진심을 일으켜 법신을 증득

수행단계: 10신 → 10주 → 10행 — 10회향 → 10지 → 등각 · 묘각지
                    ↑   ↑   ↑
발심단계: 신성취발심   /   해행발심   /   증발심
              (결정심)   (회향심)   (진심)
                 =   =   =   =
            발심한 범부   이승/보살   보살   부처
            (육안)(천안)   (혜안)   (법안)   (불안)

이상은 보살이 발심하는 단계를 보살 수행의 52위(位)에 따라 구분한 것이다. 첫 번째 신성취발심(信成就發心)은 십신에서 신심(信心)을 성취하여 결정심(決定心)을 발해서 십주로 나아가는 발심이다. 십주의 제1주를 '발심주(發心住)'라고 한다. 두 번째 해행발심(解行發心)은 십행에서 해에 입각한 행을 닦아 회향(迴向心)을 발해서 십회향으로 나아가는 발심이다. 세 번째 증발심(證發心)은 보살십지에서의 수행을 통해 법신을 증득하여 진심(眞心)을 발하는 발심이다.

그러나 이러한 수행과 발심은 보살이 부처의 경지까지 나아가는 과정일 뿐이지 아직 부처의 지위에 이른 것은 아니다. 부처의 지위에 이르러야 비로소 육안(肉眼, 욕계를 보는 눈), 천안(天眼, 색계 · 무색계를 보는 눈), 혜안(慧眼, 지혜의 눈), 법안(法眼, 법신 증득의 눈), 불안(佛眼, 부처의 눈)의 5안(眼)이 다 열리게 된다고 한다.

이상 세 가지 발심과 52위와의 연결은 다음과 같은 원효의 설명에 의거한 것이다. "신성취발심(信成就發心)은 십주의 지위에 있으면서

겸해서 십신을 취한다. 십신위에서 신심을 닦아서 신심을 성취하여 결정심을 일으켜 십주에 들어가므로 '신성취발심'이라고 이름한다. 해행발심(解行發心)은 십회향에 있으면서 겸하여 십행을 취한다. 십행위에서 법공(法空)을 이해하고 법계에 수순하여 육도행(六度行)을 닦아 육도행이 순수하게 익으면 회향심을 일으켜 회향위에 들어가므로 '해행발심'이라고 이름한다. 증발심(證發心)은 초지이상에서 십지까지의 지위에 있으면서 앞의 이중의 유사한 발심에 의거하여 법신을 증득하고 진심(眞心)을 일으킨다."[104]

```
수행단계:  10신  →  10주  →  10행  →  10회향  →  10지  →  등각·묘각지
                      ↑              ↑                  ↑
발심단계:   신성취발심    /    해행발심    /    증발심
           〈신심성취,      〈해(법공)행(육도행)    〈법신증득,
            발결정심〉        발회향심〉              발진심〉
```

1. 신성취발심(信成就發心)

1) 신성취발심의 길

'신성취발심(信成就發心)'은 어떤 사람이 어떤 행을 닦아 믿음이 성취되어 발심을 감당할 수 있는 것인가?

---

104) 원효, 775상, "信成就發心者位在十住, 兼取十信, 十信位中修習信心, 信心成就發決定心, 卽入十住, 故名信成就發心也. 解行發心者在十迴向, 兼取十行. 十行位中能解法空, 隨順法界, 修六度行, 六度行純熟發迴向心, 入向位故, 言解行發心也. 證發心者位在初地以上 乃至十地, 依前二重相似發心, 證得法身發眞心也."

信成就發心者依何等人, 修何等行, 得信成就堪能發心?

어떻게 해서 신성취발심이 일어나게 되는가를 밝히기 위해 '누가?' '어떤 행을 닦아?' '믿음을 성취해 발심하게 되는가?'를 묻는다. 이하 문장은 이 각각의 물음에 답한다.

1. 누가 닦는가? :   소위의부정취중생(所謂依不定聚衆生)
2. 어떤 행을 닦는가? : 유훈습선근력고(有熏習善根力故) ~
3. 발심의 계기는? :   경일만겁(經一萬劫) ~

이른바 부정취중생(不定聚衆生)에 의거한다. [1]
所謂依不定聚衆生.

신성취발심(信成就發心)을 하는 자가 누구인가에 대한 답이다. 기신론은 발심과 관련하여 중생을 세단계로 나눈다. 일반 범부가 업보의 원리, 즉 선한 업에는 즐거운 과가 따르고 악한 업에는 괴로운 과가 따른다는 '선업락과(善業樂果) 악업고과(惡業苦果)'에 대한 믿음을 갖게 되면 이를 십신(十信)의 지위에 이른다고 한다. 이 십신위에서 수행함으로써 불법에 대한 믿음이 성취되면 불도를 향해 나아가기로 결정하는 마음, 즉 결정심(決定心)을 발하게 된다. 이를 '신성취발심'이라고 한다. 이렇게 해서 십주(十住)의 제1주인 발심주(發心住)에 들어서고 결국 십주, 십행, 십회향의 3현위로 나아가게 된다. 이처럼 결정심을 일으켜 3현위로 나아간 중생을 '바르게 결정된 중생'이란 의미에서 '정정취중생(正定聚衆生)'이라고 한다. 반면 업보에 대한 믿음으로 십신의 지위에는 이르렀지만 아직 결정심을 일으키지 못한 중생, 따라서 불도로 나아갈지 아닐지가 아직 결정되지 않은 중생은 '결정되지 않은 중생'이란 의미에서 '부정취중생(不定聚衆生)'이라고 한다. 그리고 아예 업보에 대한 믿음조차도 일으키지 않아 10신위에도 이르지 못한 중생을 '삿되게 결정된 중생'이란 의미에서 '사정취중생(邪定聚衆生)'이라고 한다. 이렇게 보면 신성취발심을 일으키게 될 중생은 아직 10신에서 믿음을 닦는 중생이므로 부정취중생이다.

3정취중생:
  1. 정정취(正定聚): 정도로 나아가게 결정된 중생: 10주 이상의 중생
  2. 부정취(不定聚): 정도로 갈지 사도로 갈지가 아직 결정되지 않은 중생
  3. 사정취(邪定聚): 사도로 나아가게 결정된 중생: 10신에 못 미침. 업보를 불신

수행단계:　　　　　　　→　　　　10신(信)　　→ 10주(住) → 10행(行) → 10회향
　　　　　　　　↑　1만 겁의 수행　↑　　　　　　　　　　↑
발심단계:　　　　　신심을 냄　　　〈신성취발심〉　　　〈해행발심〉
　　　　　　　　　　　　　　(발결정심)
　　　　　　　　↓　　　　　　↓
3정취중생: 사정취(邪定聚) ←　부정취(不定聚)　→　정정취(正定聚)

(부정취중생은) 훈습의 힘과 선근의 힘이 있기 때문에 업의 과보를 믿고 십선(十善)을 일으킬 수 있어 생사의 고통을 싫어하고 무상(無上)의 보리(菩提)를 구하고자 한다. 모든 부처를 만날 수 있어 친히 받들어 공양하며 신심(信心)을 수행한다.[2]

有熏習善根力故, 信業果報, 能起十善, 厭生死苦, 欲求無上菩提. 得值諸佛, 親承供養修行信心.

이 부분은 '어떤 방식으로 수행하는가?'라는 두 번째 물음에 대한 답으로 부정취중생이 어떻게 수행하여 신성취발심을 이루게 되는지를 설명한 것이다. 일단 부정취중생으로서 수행하기 위해서는 내적인 진여훈습력(眞如熏習力)이 있어야 하고 또 현재까지의 수행에 힘입은 선근의 힘이 있어야 한다. 그 훈습력(熏習力)과 선근력(善根力)에 의거해서 부정취중생은 우선 업보의 원리인 '선인락과 악인고과'에 대한 믿음을 갖고서 십악(十惡)을 피하고 십선(十善)을 행해야 한다. 그리고 생사의 고통을 싫어하고 최고의 지혜를 얻고자 하는 마음을 일으켜야 한다. 그러면서 수행의 외연으로서 부처를 만나 받들어 공양하며 믿는 마음을 닦아나가는 것이다. 원효는 이상의 내용을 다음과 같은 몇 단계로 나누어 설명하였다.[105]

1. 수행의 인
훈습력(여래장 내 훈습력): 유훈습(有熏習)
선근력(전생에 선근을 닦은 힘): 선근력고(善根力故)

2. 수행 과정
복분(福分)의 선(善)을 일으킴: 신업과보 능기십선(信業果報 能起十善)
도분(道分)의 심(心)을 발함: 염생사고 욕구무상보리(厭生死苦 欲求無上菩提)
도분(道分)의 선근(善根)을 닦음: 득치제불 친승공양 수행신심(得值諸佛 親承供養 修行信心)

(그렇게) 일만 겁을 경과하여 신심이 성취되기 때문에 제불보살이 가르쳐 발심하게 하거나, 혹 다비심 때문에 스스로 발심할 수 있거나, 혹 정법이 멸하려 함에 호법의 인연 때문에 스스로 발심할 수 있다.[3]

---

105) 원효, 775하 참조.

經一万劫信心成就故, 諸佛菩薩敎令發心, 或以大悲故能自發心, 或因正法欲滅以護法因緣故能自發心.

십신위(十信位)에서 복분(福分)의 십선을 행하고 도분(道分)의 선근을 닦다보면, 그 마지막 단계에서 신심을 성취하여 결정심을 발함으로써 드디어 십주(十住)의 초주에 들어가게 된다. 그렇게 되기까지 일만 겁이 걸린다고 한다. 여기서는 그러한 발심이 결정적으로 어떻게 완성되는가에 대해 세 가지 연(緣)을 제시한 것이다. 이 각각의 연은 나중에 언급할, 발심을 통해 얻게 되는 세 가지 마음과 연관된다.

1. 제불보살의 가르침에 따라 발심　－ 타력적 발심 － 직심(直心)을 얻음
2. 대비심에 따라 스스로 발심　　　－ 자력적 발심 － 비심(悲心)을 얻음
3. 호법을 위해 스스로 발심　　　　－ 자력적 발심 － 심심(深心)을 얻음

이와 같이 신심이 성취되어 발심한 사람이 정정취에 들어가 끝내 물러서지 않는 것을 여래종(如來種) 중에 머물러 '바른 원인'(정인)과 상응한다고 이름한다.
如是信心成就得發心者入正定聚, 畢竟不退, 名住如來種中正因相應.

신심을 성취하여 발심하게 되면 10신에서 10주로 나아가게 된다. 일단 10주로 들어서면 10주·10행·10회향의 3현위로 나아가게 되므로, 이렇게 10주로 들어선 중생을 바른 불도로 나아가게끔 결정된 중생이란 뜻에서 '정정취중생'이라고 한다. 정정취중생이 되면 끝내 뒤로 물러서지 않고 여래의 길로 나아가게 된다. 그러므로 이를

여래종(如來種)에 머문다고 한다. 중생심 안의 여래진여의 훈습의 인(因)을 따르기 때문에 정인(正因)과 상응한다고 한다.

만약 어떤 중생이 선근이 미약하거나 오랫동안의 번뇌가 깊고 두터우면, 비록 부처를 만나 공양할 수 있어도 인간이나 천인(天人)의 종자를 일으키거나 혹 이승(二乘)의 종자를 일으키며, 설혹 대승을 구하는 자가 있다고 해도 근기가 결정되지 않아 나아갔다 물러갔다 한다.

若有衆生, 善根微少, 久遠已來, 煩惱深厚, 雖値於佛亦得供養, 然起人天種子, 或起二乘種子, 設有求大乘者, 根則不定, 若進若退.

여기서부터는 10신위에서 노력하되 대승보살도를 향한 정정취로 나아가지 못하고 오히려 뒤로 물러나 이승지로 떨어져버리는 경우를 설명한 것이다. 법장은 정정취로 나아가지 못하고 퇴실하는 것에 대한 기신론의 설명을 내인과 외연 둘로 나눠 논한다. 위의 문장은 내인의 힘이 미약함을 설명한 것이고, 외연의 힘이 부족한 것에 대해서는 다음 문장이 설명한다.[106]

1. 내인(內因)의 힘이 미약해서 → 발(결정)심을 못함
  1-1. 미혹이 무거워서
  1-2. 덕이 없어서: 1-2-1. 인천을 구해서
                        1-2-2. 소승의 과를 구해서
                        1-2-3. 대승을 유예해서

---

106) 법장, 278하 참조.

혹은 제불에게 공양하되 아직 일만 겁을 경과하지 않고 중간에 연을 만나 발심하기도 하는데, 이른바 부처의 색상을 보고 발심하기도 하고, 혹 여러 스님을 공양함으로 인해 발심하기도 하고, 혹 이승 사람의 가르침으로 인해 발심하기도 하고, 혹 다른 사람에게 배워 발심하기도 한다. 이와 같은 발심은 모두 다 결정적이지 않아 악한 인연을 만나면 혹 다시 퇴실하여 이승의 지위로 떨어진다.

或有供養諸佛, 未經一萬劫, 於中遇緣亦有發心, 所謂見佛色相而發其心, 或因供養衆僧而發其心, 或因二乘之人敎令發心, 或學他發心. 如是等發心悉皆不定, 遇惡因緣, 或便退失墮二乘地.

여기서는 중생이 비록 발심한다고 해도 그것이 정정취로 이끄는 바른 발심이 아니고 잘못된 발심 내지 불안정한 발심이 되는 경우를 설명한다. 이는 수행 기간이 부족하거나 아니면 바깥에서 만나게 되는 외연이 수승한 것이 아니기 때문이다. 이런 경우는 발심이 결정적 발심이 아니기에, 즉 결정심을 발한 것이 아니기에 정정취로 나아가지 못하고 부정취에 머무르거나 사정취로 물러날 수 있다. 법장은 위의 구절을 다음과 같이 구분하여 설명하다.[107]

2. 외연의 힘이 열등해서 → 발심을 해도 부정(不定)의 발심을 함
  2-1. 수행 기간이 부족해서
  2-2. 외연이 수승하지 못해서: 2-2-1. 부처의 색상을 보고 발심해서
                                    2-2-2. 여러 승을 공양하고 발심해서
                                    2-2-3. 이승의 가르침 따라 발심해서
                                    2-2-4. 다른 사람에게 배워 발심해서

---

107) 법장, 278하~279상 참조.

2) 신성취발심과 수행방편

그 다음 신성취발심은 어떤 마음을 일으키는가? 간략히 말하면 세 가지가 있다. 무엇이 그 세 가지인가? 첫째는 '곧은 마음'(직심)이니, 진여법을 바르게 생각하기 때문이다. 둘째는 '깊은 마음'(심심)이니, 일체 선행 쌓기를 좋아하기 때문이다. 셋째는 '큰 자비의 마음'(대비심)이니, 일체 중생의 고통을 제거하고자 하기 때문이다.

復次信成就發心者發何等心? 略說三種. 云何爲三? 一者直心, 正念眞如法故. 二者深心, 樂集一切諸善行故. 三者大悲心, 欲拔一切衆生苦故.

결정심의 세 측면

1. 직심(直心) : 진여법을 바르게 생각함 　　　－ 자리행·이타행의 근본
2. 심심(深心) : 선행 쌓음을 좋아함 　　　　　－ 자리행의 근본
3. 비심(悲心) : 타 중생의 고통 제거를 윤함 　－ 이타행의 근본

믿음을 성취하는 신성취발심의 마음이 어떤 마음이기에 그것이 중생으로 하여금 결정적으로 불도를 이루게 하는지를 세 가지로 정리한 것이다. 이에 대해 원효는 이렇게 설명한다. "처음 말한 직심(直心)은 휘지[曲] 않음의 의미이다. 만약 진여를 넘하면 심이 평등하여 다시 다른 갈림이 없게 되니 어찌 돌아가 휨이 있겠는가? 그러므로 진여법에 대한 정념(正念)이라고 말하며, 이것이 (자리와 이타) 두 행의 근본이다. 심심(深心)은 궁극의 근원[窮原]의 의미이다. 만약 하나의 선이라도 구비되지 못하면 근원으로 돌아갈 근거가 없다. 근원으로 돌아감의 성취에는 반드시 만행이 구비되어야 한다. 그러므로 일체 선행 쌓기를 좋아함이라고 말하며, 이것이 자리행의 근본이다. 대비심(大悲心)은 널리 제도함의 의미이다. 그러므로 중생의 고통을 제거하

기를 원한다고 말하며, 이것이 이타행의 근본이다.”[108]

[문] 위에서 법계는 하나의 상(相)이고 부처의 체(體)에는 둘이 없다고 말하였었는데, 무슨 까닭에 오직 진여만 생각하는 것이 아니고 다시 모든 선행을 배우기를 구할 필요가 있는가?

問曰, 上說法界一相, 佛體無二, 何故不唯念眞如, 復假求學諸善之行?

불교에서 논하는 궁극의 법계, 부처의 체 내지 법체는 염정이나 선악의 이분법을 넘어선 것이다. 그렇다면 불도를 행해 발심한 마음은 진여법을 바르게 생각하는 직심(直心)으로 충분해야 할 것 같은데, 여기에서는 왜 굳이 선행을 쌓는 심심(深心)을 요구하는 것인지를 묻는다.

[답] 비유하자면 큰 마니보배는 체성이 맑고 청정해도 광석의 더러운 때가 있어, 만약 누군가 보배의 성품을 생각한다고 해도 방편을 써서 갖가지로 갈고 닦지 않으면 결국 청정함을 얻을 수 없는 것과 같다. 이와 같이 중생의 진여법도 체성은 공이고 청정해도 무량한 번뇌의 오염된 때가 있어, 만약 누군가 진여를 생각한다고 해도 방편을 써서 갖가지로 훈습하고 닦지 않으면 또한 청정함을 얻을 수 없다.

---

108) 원효, 776하, “初中言直心者是不曲義. 若念眞如, 則心平等, 更無別歧, 何有迴曲. 故言正念眞如法故. 卽是二行之根本也. 言深心者是窮原義. 若一善不備無由歸原, 歸原之成, 必具萬行, 故言樂集一切諸善行故, 卽是自利行之本也. 大悲心者是普濟義. 故言欲拔衆生苦故, 卽利他行之本也.”

答曰, 譬如大摩尼寶體性明淨, 而有鑛穢之垢, 若人雖念寶性, 不以方便, 種種磨治, 終無得淨. 如是衆生眞如之法體性空淨, 而有無量煩惱染垢, 若人雖念眞如, 不以方便種種熏修, 亦無得淨.

<pre>
마니보배 ┌ 체: 청정   ─ 보배를 간직함
        └ 표면의 때: 염오   ─ 때를 닦아야 보배
중생심 ┌ 체: 청정 진여법   ─ 진여법을 바르게 념함: 직심
        └ 표면의 때: 무량한 번뇌의 대 ─ 때를 닦음=선을 좋아함: 심심
</pre>

광석 안에 청정한 마니보배가 감추어져 있다고 해도, 그것을 드러내기 위해서는 결국 광석 표면에 붙어 있는 염오의 때를 닦아내야 한다. 안에 청정 보배가 있다고 해도 그 바깥이 염오의 때로 더러워져 있다면 청정함은 가려서 확인할 길이 없기 때문이다. 청정한 체를 확인하기 위해서는 염오를 덜고 청정을 회복해야 할 필요가 있다. 광석 안에 감추어져 있는 마니보배를 발견하기 위해 그 표면의 때를 닦아내는 것이 필요한 것처럼, 중생심 안의 청정 진여법을 확인하고 드러내기 위해서도 그 바깥에 묻어 있는 무량한 번뇌를 걷어내야 한다. 이 무량한 번뇌를 덜어가는 것이 곧 선행을 쌓는 것이다.

때가 무량하여 일체법에 두루하기 때문에 일체의 선행을 닦음으로써 다스린다. 만약 일체의 선법을 수행하면 자연히 진여법에 돌아가 수순하기 때문이다.

以垢無量遍一切法故, 修一切善行, 以爲對治. 若人修行一切善法, 自然歸順眞如法故.

선행을 통해 마음을 청정하게 만드는 것은 진여법을 제대로 직시하기 위해서도 필요한 것이다. 진여가 모든 중생심 안에 본래 청정보배로서 구비되어 있기는 하지만, 그것을 그런 것으로서 자각하여 알아보기 위해서는 그 진여성을 가리는 염법의 때가 닦여야 하기 때문이다. 마음의 때를 닦는 길은 곧 선행을 추구하여 그 염(染)을 정(淨)으로 대치해나가는 것이다. 그렇게 해야만 마음 심층에 놓여 있는 진여 보배가 자기 모습을 제대로 드러내게 된다. 그러므로 내면의 진여성을 확신하는 데에 이어 부지런히 선행을 닦는 것 또한 필요한 것이다. 이처럼 선행을 닦아나가는 것은 마음 근원에 이르기까지 일체 염법을 제거하여 순수 진여법을 드러내고 그 진여법을 실현하는 것이다. 그러므로 선행을 닦는 것이 진여법에 귀의하고 수순하는 것이라고 말한다.

방편은 간략히 말하면 네 가지가 있다. 무엇이 그 네 가지인가?
略說方便有四種. 云何爲四?

진여법체는 청정하지만 번뇌로 오염되어 있어서 궁극에 이르기 위해서는 진여를 념하는 것만으로는 충분하지 않고 갖가지 방편으로 선행을 닦아야만 한다. 이하에서는 진여법성에 수순(隨順)하기 위해 닦아야 할 방편을 네 가지로 제시한다. 신성취발심을 통해 얻어지는 결정심의 세 측면은 다음 네 가지 방편과 다음과 같이 연결된다.

직심(直心)　　　　　　　－ 1. 행근본방편(行根本方便): 불생(不生)과 부실(不失)을 관함
　　　　　　　　　　　　　　 － 법성의 머무름 없음에 수순
심심(深心): 자리(自利) ┌ 2. 능지방편(能止方便): 과(過)를 고침
　　　　　　　　　　　　　　 － 법성의 과오 없음에 수순
　　　　　　　　　　　　 └ 3. 발기선근증장방편(發起善根增長方便): 선(善)을 증장함
　　　　　　　　　　　　　　 － 법성의 치장 없음에 수순
비심(悲心): 이타(利他) － 4. 대원평등방편(大願平等方便): 대비심(大悲心)을 냄
　　　　　　　　　　　　　　 － 법성의 단멸 없음에 수순

첫째는 '행의 근본적 방편'(행근븐방편)이니, 일체법이 자성이 생함이 없음을 관찰하여서 허망한 견해를 여의어 생사에 머무르지 않고 ⑪ 일체법이 인연 화합하여 업의 과보가 사라지지 않음을 관찰하여서 대비심을 일으켜 모든 복덕을 닦고 중생을 섭수교화(攝受敎化)하여 열반에 머무르지 않는 것을 말한다. 법성이 머무름이 없음에 수순하기 때문이다.

一者行根本方便, 謂觀一切法自性無生, 離於妄見, 不住生死, 觀一切法因緣和合業果不失, 起於大悲, 修諸福德, 攝化衆生, 不住涅槃. 以隨順法性無住故.

1. 행근본방편(行根本方便):
　1) 일체법 자성의 불생(不生)을 관함 → 지혜: 망견(妄見)을 여읨 → 생사에 머무르지 않음
　2) 일체법 업보의 부실(不失)을 관함 → 자비: 비심(悲心)을 가짐 → 열반에 머무르지 않음

진여법에 수순하기 위한 가장 근본적 방편이다. 근본을 행하는 방편이기에 '행근본방편(行根本方便)'이라고 부른다. 이는 다시 두 측면을 포괄하는데, 일체법의 자성의 공성(空性)을 직관하는 지혜의 측면과 일체법의 인연 화합을 직관하는 자비(慈悲)의 측면이 그것이다. 그

리하여 생사에도 머무르지 않고 열반에도 머무르지 않는 것이며, 이로써 법성의 무주(無住)에 수순하는 것이다. 이러한 행근본방편을 수행해서 직심(直心)을 성취한다.

둘째는 '능히 그치는 방편'(능지방편)이니, 부끄러워하고 과오를 뉘우쳐서 능히 일체 악법을 그쳐 증장하지 않게 하는 것을 말한다. 법성이 모든 과오를 여의었음에 수순하기 때문이다.
二者能止方便, 謂慚愧悔過, 能止一切惡法不令增長. 以隨順法性離諸過故.

    2. 능지방편(能止方便): 악(惡)을 그침 = 참회
      1) 참괴(慚愧): (아직 짓지 않은 악을) 부끄러워함
      2) 회과(悔過): (이미 지은 과오를) 뉘우침

　두 번째 방편은 악을 행하지 않음으로써 악법이 증장하지 못하게 하는 것이다. 그렇게 해서 법성의 과오 없음에 수순하는 것이다. 이와 같이 악을 짓지 않는 능지방편(能止方便)을 통해 심심(深心)을 성취한다.

셋째는 '선근을 일으켜 증장하게 하는 방편'(발기선근증장방편)이니, 삼보에 부지런히 공양 예배하고 모든 부처를 찬탄하고 따라 기뻐하며 설법을 청하는 것을 말한다. 삼보를 사랑하고 공경하는 순후한 마음 때문에 믿음이 증장할 수 있고, 그리하여 능히 무상도를 구하는 뜻을 세운다. 또 불(佛)·법(法)·승(僧)의 힘에 의해 보호받기 때문에 능히 업장(業障)을 녹여 선근(善根)이 물러나지 않는다. 법성

이 '어리석음의 장애'(치장)를 여의었음에 수순하기 때문이다.

三者發起善根增長方便, 謂勤供養禮拜三寶, 讚歎隨喜勸請諸佛. 以愛敬三寶淳厚心故, 信得增長, 乃能志求無上之道. 又因佛法僧力所護故, 能銷業障, 善根不退. 以隨順法性離癡障故.

3. 발기선근증장방편(發起善根增長方便): 선(善)을 행함
  1) 선을 쌓는 길: 공양(供養), 예배(禮拜), 찬탄(讚歎), 수희(隨喜), 권청(勸請)
  2) 삼보(三寶)를 애경: 애(愛)와 경(敬)
  3) 삼보 애경의 결과: 3-1. 믿음 증장, 무상도를 구함 — 지혜증장
                           3-2. 불·법·승의 보호로 업장이 소멸 — 업장소멸

    세 번째 방편은 선을 행하는 방편이다. 선업을 쌓음으로써 법성이 어리석음의 장애를 여의었음에 수순하는 것이다. 앞의 두 번째 방편과 지금의 세 번째 방편은 악을 행하지 않고 선을 행함으로써 자리(自利)를 닦는 것이다. 이러한 자리행을 닦음으로써 심심(深心)을 성취한다.

넷째는 '큰 원으로써 평등을 구하는 방편'(대원평등방편)이니, 이른바 미래가 다하도록 일체 중생을 남김없이 교화하고 제도하여 모두를 결국은 무여열반에 들게 하고자 발원하는 것이다. 법성이 단멸이 없음에 수순하기 때문이다. 법성은 광대하고 일체 중생에 두루하며 평등하고 둘이 없어 이것과 저것을 생각하지 않아 궁극에는 적멸이기 때문이다.

四者大願平等方便. 所謂發願, 盡於未來, 化度一切衆生, 使無有餘, 皆令究竟無餘涅槃. 以隨順法性無斷滅故. 法性廣大遍一切衆生, 平等無二, 不念彼此, 究竟寂滅故.

4. 대원평등방편(大願平等方便): 일체 중생을 교화함

네 번째 방편은 중생 구제의 원(願)을 세우는 것이다. 미래가 다하도록 모든 중생을 끝없이 교화하여 모든 중생이 하나도 남김없이 모두 무여열반(無餘涅槃)에 들게 되기를 발원하는 것이다. 궁극에 이르러 지혜가 완성되면 그것이 곧 자비로 이어지는 것은 본래 진여법성이 두루 평등하여 일체의 분별, 자타 분별 및 주객 분별을 여읜 것이기 때문이다. 그러므로 타 중생의 고통이 그대로 나의 고통으로 다가와 모든 중생이 다 열반에 들기를 발원하게 된다. 이것이 법성의 영원함에 수순하는 것이다. 이러한 대원평등방편(大願平等方便)을 수행함으로써 비심(悲心)을 완성한다.

3) 신성취발심의 공덕

이하에서 논하는 발심의 공덕에 대해 원효는 다음과 같이 구분하여 설명한다.[109]

    [1] 수승한 덕을 나타냄: 보살발시심고(菩薩發是心故) ~
    [2] 미미한 허물을 밝힘: 연시보살미명법신(然是菩薩未名法身) ~
    [3] 권교(權敎)로 회통함: 여수다라중혹설(如修多羅中或說) ~
    [4] 진실한 행을 찬탄함: 우시보살일발심후(又是菩薩一發心後) ~

---

109) 원효, 777상중 참조.

보살이 이 마음을 일으키기 때문에 부분적으로 법신을 볼 수 있다. 법신을 보기 때문에 그 원력(願力)에 따라 여덟 가지 방식으로 나타나 중생을 이익되게 할 수 있다. 이른바 도솔천으로부터 물러나서 태(胎)에 들고 태에 머무르고 태 밖으로 나와 출가하여 성도하고 법륜을 굴리고 열반에 드는 것이다.[1]

菩薩發是心故, 則得少分見於法身. 以見法身故, 隨其願力, 能現八種利益衆生. 所謂從兜率天退, 入胎, 住胎, 出胎, 出家, 成道, 轉法輪, 入於涅槃.

신성취발심으로 인한 공덕:
1. 법신(法身)을 봄 – 자리(自利)의 공덕
2. 원력(願力) 따라 중생을 이익되게 함 – 이타(利他)의 공덕
　① 도솔천에서 나옴 ② 입태 ③ 주태 ④ 출태
　⑤ 출가 ⑥ 성도 ⑦ 전법륜 ⑧ 열반에 들어감

신성취발심을 한 보살의 수승한 덕을 드러낸 부분이다. 여기서는 발심으로 인한 공덕을 둘로 구분한다. 신성취발심을 행한 보살이 법신(法身)을 본다는 것은 자신의 본성을 보는 것, 즉 견성(見性)에 해당하며 이것이 곧 자리(自利)의 공덕이다. 또한 법신을 조금이라도 보게 되면, 자신의 원력(願力)에 따라 중생을 이익되게 하는데, 이것이 곧 이타(利他)의 공덕이다. 석가모니가 그랬듯이 여덟 가지 길을 거쳐 중생을 이익되게 한다.

보살이 법신을 부분적으로 본다는 것에 대해 원효는 이렇게 설명한다. "부분적으로 본다는 것은 자리의 공덕을 밝힌 것이다. 십해(十解) 보살이 인공(人空)의 입장에 의거해서 법계(法界)를 보는 것으로 이는 상사견(相似見)이다. 그러므로 '부분적으로'라고 말한다."[110] 상사각

---

110) 원효, 777상, "得少分見法身者是明自利功德. 十解菩薩依人空門見於法界, 是相似見, 故

(相似覺)은 불각(不覺)에서 본각(本覺)으로 나아가는 시각(始覺)의 과정에서 3현위의 수행자가 갖는 깨달음이다. 보살 십지에 이르러야 그 다음의 수분각(隨分覺)을 갖게 되고, 보살 진지에 이르러야 구경각(究竟覺)이 가능하다. 수분각, 구경각으로 나아가기 위해서는 신성취발심으로 그치지 않고 그 다음의 해행발심(解行發心)과 증발심(證發心)으로 나아가야 한다.

그러나 이 보살은 아직 법신이라고 이름하지 않는다. 그 과거의 무량한 세월로부터의 유루(有漏)의 업을 아직 능히 끊지 못하여 그 태어난 바에 따라 미세한 고통과 상응하기 때문이다. 그래도 업(業)에 매인 것은 아니니, 큰 원(願)의 자유자재의 힘이 있기 때문이다.[2]
然是菩薩未名法身. 以其過去無量世來有漏之業未能決斷, 隨其所生與微苦相應. 亦非業繫, 以有大願自在力故.

    1. 신성취발심 보살의 한계 :
        1-1. 무량한 과거의 유루(有漏)의 업을 다 끊지 못함
        1-2. 미세한 고통과 상응함
    2. 신성취발심 보살이 범부와 다른 점 :
        2-1. 업(業)에 매이지 않음
        2-2. 대원(大願)에 따른 자재력(自在力)이 있음

　　신성취발심의 보살이 가지는 한계를 밝힌 부분이다. 이 보살은 십신에서의 수행을 통해 십주(십해)로 나아간 보살이기에 신심(信心)의 힘

言少分也.”

에 의해 법신을 부분적으로 보는 것일 뿐, 실제 법신을 전체적으로 보거나 스스로 법신을 증득한 것은 아니다. 그러기에 보살 십지 상의 보살이나 부처와 달리 한계를 갖는다. 즉 과거의 번뇌 종자가 완전히 제거되지 않고 남아 있으므로 다시 태어나 생사의 고통을 겪는 것이다. 물론 분단생사(分段生死)를 받은 일반 범부처럼 거친 고통을 받지는 않지만, 그래도 변역생사(變易生死)로서 미세한 고통을 받는다. 그러나 그런 한계에도 불구하고 일반 범부와 비교하면 뛰어난 점이 있으니, 업에 매이지 않고 자신의 대원에 따라 자유로울 수 있다는 것이다.

예컨대 경전에서 혹 '물러나서 악취에 떨어지는 자가 있다'고 말하는 것은 그가 실제로 물러난다는 것이 아니라, 다만 초학의 보살이 아직 바른 지위에 들어가지 않았는데도 나태하다면 그를 두렵게 만들어 용맹정진하게 하고자 하기 때문이다.[3]
如修多羅中或說, 有退墮惡趣者, 非其實退, 但爲初學菩薩未入正位, 而懈怠者恐怖令使勇猛故.

부정취중생이 신성취발심을 이루고 나면 정정취중생이 된다. 정정취란 불도로 향한 길로 나아가게끔 정해져서 물러나지 않게 된다는 것인데, 이런 중생에 대해 '퇴보하는 자도 있다'라고 말하는 경전도 있는 것은 어쩐 일인가?

여기서는 경전에 나오는 그런 구절은 중생 교화를 위한 방편적 권교(權敎)라고 논함으로써 기신론의 논리와 회통시키고 있다. 『본업경』에서는 10주위에 오른 보살도 제7주인 '불퇴주'에 이르기 전에는 혹 잘못된 연을 만나 다시 물러설 수 있다고 설하는데, 이는 단지 중생교화를 위한 방편설일 뿐이라는 것이다.[111] 10주위에 든 후 방심하고 용맹정진하지 않을까봐 그런 나태한 보살을 경계하기 위한 방편이라는 것이다.

또 이 보살은 한 번 발심한 후에는 겁약함을 멀리 여의어 이승의 지위로 떨어지는 것을 끝내 두려워하지 않는다. 설혹 무량무변의 아승지겁 동안 부지런히 고난행을 닦아야만 열반을 얻게 된다고 듣는다 해도 겁약해지지 않는다. 일체법이 본래부터 그 자체 열반이라는 것을 믿어 알기 때문이다.[4]
又是菩薩一發心後, 遠離怯弱, 畢竟不畏墮二乘地. 若聞無量無邊阿僧祇劫勤苦難行乃得涅槃, 亦不怯弱. 以信知一切法從本以來自涅槃故.

신성취발심을 이룬 보살의 공덕을 찬탄하는 부분이다. 신성취발심을 이루어 10주위에 오른 보살은 절대 뒤로 물러서지 않고 앞으로 정진할 뿐 아니라, 뒤로 물러섬에 대해 겁을 내는 약한 마음을 일으키지 않는다는 것이다. 이는 믿음을 성취함으로써 진여 열반이 이미 항상 그 자리에 있다는 것을 믿어 알기 때문이다. 이처럼 절대 뒤로 물러섬이 없을 뿐 아니라 설혹 물러섬이 있다 해도 그로 인해 나약해지지 않고 앞으로 나아갈 뿐이기에, 이런 수행자를 정정취중생이라고 하는 것이다.

---

111) 원효, 777중 참조.

2. 해행발심(解行發心)

'이해하고 수행하는 발심'(해행발심)은 (신성취발심보다) 더욱 수승한 것임을 마땅히 알아야 한다.

解行發心者, 當知轉勝.

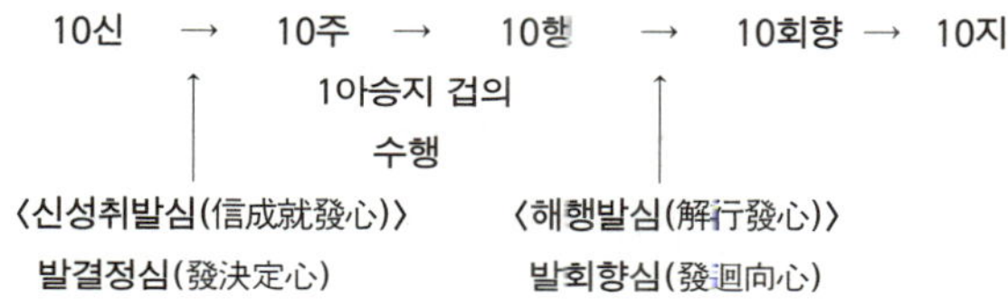

해행발심(解行發心)은 보살 52위 중 10주 10행위에서의 수행을 통해 10회향위로 나아가게 하는 발심으로 이때 발하는 심을 회향심(迴向心)이라고 한다. 신성취발심으로 처음 제1주인 정신지에 든 이후 1아승지 겁에 걸쳐 해행수행을 하고 나면 드디어 10회향위로 나아가는 해행발심이 일어난다. 그러므로 해행발심이 신성취발심보다 더욱 수승한 발심이라고 말한다.

신성취발심을 통해 믿음이 성취되고 나면 불법(佛法)에 대한 이해(해)가 생겨나고, 그러면 그 이해에 따라 수행(행)을 하게 된다. 따라서 이 단계의 수행을 '해행수행'이라고 부른다. 이하에서는 어떠한 해(解)와 행(行)을 통해 해행발심에 이르게 되는지를 설명한다.

이 보살은 처음의 바른 믿음으로부터 제1아승지 겁을 곧 채우려 하기 때문에, 진여법에 대한 깊은 이해가 눈앞에 나타나고 닦은 바가 상(相)을 여읜다.

以是菩薩, 從初正信已來於第一阿僧祇劫將欲滿故, 於眞如法中深解現前, 所修離相.

신성취발심에 의해 믿음이 완성됨으로써 제1주 정신지에서부터의 수행은 불법에 대한 이해를 바탕으로 한 수행이다. 이 수행에 기반이 되는 해(解)는 곧 진여법에 대한 이해이다. 진여법은 곧 일체 중생이 모두 진여라는 것이다. 일체 중생 안에 내재된 진여평등성을 자각하여 앎으로써 일체의 차별상을 벗어나는 것이 해행수행의 핵심이라고 볼 수 있다. 따라서 진여법의 이해에 근거해서 일체의 상(相)을 여의는 수행을 하게 된다고 말한다.

이하에서는 구체적으로 어떤 상(相)을 여의어서 어떤 행(行)을 행하는지를 설명하는데, 이 행은 결국 보살의 6바라밀에 해당한다. 다시 말해 대승 보살이 행하는 각각의 바라밀행이 법성에 대한 어떤 이해에 기반한 것인지를 밝히는 것이다.

[1] 법성의 체에 인색함과 탐냄이 없음을 알기 때문에 수순(隨順)하여 '단바라밀'(보시)을 수행한다. [2] 법성에 오염이 없어 5욕의 과오를 여의었음을 알기 때문에 수순하여 '시라바라밀'(지계)을 수행한다. [3] 법성에 고통이 없어 성냄의 번뇌를 여의었음을 알기 때문에 수순하여 '찬제바라밀'(인욕)을 수행한다. [4] 법성에 신심의 상

이 없어 게으름을 여의었음을 알기 때문에 수순하여 '비려야바라
밀'(정진)을 수행한다. [5] 법성이 항상 선정에 들어 있어 그 체에 산
란함이 없음을 알기 때문에 수순하여 '선바라밀'(선정)을 수행한다.
[6] 법성의 체가 밝아 무명을 여의었음을 알기 때문에 수순하여
'반야바라밀'(반야)을 수행한다.

以知法性體無慳貪故, 隨順修行檀波羅密. 以知法性無染離五欲過故, 隨
順修行尸羅波羅密. 以知法性無苦離瞋惱故, 隨順修行羼提波羅密. 以知
法性無身心相離懈怠故, 隨順修行毗黎耶波羅密. 以知法性常定體無亂故,
隨順修行禪波羅密. 以知法性體明離無明故, 隨順修行般若波羅密.

〈해(解)〉	〈행(行)〉 = 바라밀행
[1] 법성에 간탐(慳貪)이 없음을 앎 →	단(檀)바라밀(보시)/ 단나(Dāna)
[2] 법성이 오욕(五欲)을 여읨을 앎 →	시(尸)바라밀(지계)/ 시라(尸羅, Śīla)
[3] 법성이 성냄을 여읨을 앎 →	찬(羼)바라밀(인욕)/ 찬제(羼提, Kṣānti)
[4] 법성이 나태를 여읨을 앎 →	비려야(毗黎耶)바라밀(정진)/비리야(毘梨耶, Vīrya)
[5] 법성에 산란이 없음을 앎 →	선(禪)바라밀(선정)/ 선나(禪那, Dhyāna)
[6] 법성에 무명이 없음을 앎 →	반야(般若)바라밀(반야)/반야(般若, Prajñā)

바라밀(波羅密)은 범어 파라미타(Pāramita)의 음역으로 바라밀다(波羅密
多)로 음역하기도 한다. 생사 고해인 차안(此岸)에서 해탈 열반의 피안
(彼岸)으로 나아간다는 도피안(度彼岸)을 뜻하며, 나아가 그렇게 나아가
기 위한 수행을 뜻한다.

해행보살이 수행하는 바라밀은 대승 보살이 닦는 6바라밀과 일
치한다. 여기서는 각각의 바라밀행이 각각 어떤 이해에 기반하여 성
립하는지를 서술하고 있다. [1] 진여법신인 자신의 마음 바탕에 본래
인색함이나 탐냄이 없다는 것을 알면 그에 따라 결국 보시(布施)를 행

하게 된다. [2] 자신의 마음 본성이 본래 더러움이 없어 안이비설신 오감에 따라 일어나는 오욕을 여읜다는 것을 알면 결국 계(戒)를 지키게 된다. 그리고 [3] 자신의 마음이 본래 고통 없는 상락아정의 진여여서 성냄을 여읜다는 것을 알면 인욕(忍辱)을 하게 된다. [4] 마음 바탕의 진여에 몸이나 마음의 모습이 따로 있지 않기에 나태함을 여의었다는 것을 알면 정진하게 된다. [5] 마음이 본래 산란함이 없음을 알게 되면 선정을 닦게 되고, [6] 마음이 본래 무명 너머 본각을 갖고 있음을 알게 되면 반야를 닦게 된다. 이처럼 진여법성이 구체적으로 어떤 것을 여의고 있는지를 바르게 아는 것이 '해(解)'이며, 그 이해에 따라 그에 상응하는 행을 닦는 것이 '해(解)'에 수순하는 행(行)'이다.

이러한 해행을 통해 일어나는 발심이 곧 해행발심(解行發心)이며, 이렇게 발하게 되는 심이 곧 회향심(迴向心)이다. 회향심이 발함으로써 10회향으로 나아가게 되며, 그 단계를 거쳐 다시 10지로 나아가게 된다. 10지상에서 진여를 증득하여 진심을 발하는 증발심(證發心)이 일어난다.

3. 증발심(證發心)

1) 증발심의 지위(地位)와 경계(境界)

'증득하는 발심'(증발심)은 정심지(淨心地)에서부터 보살 구경지(究竟地)에 이르기까지이다.

證發心者從淨心地乃至菩薩究竟地.

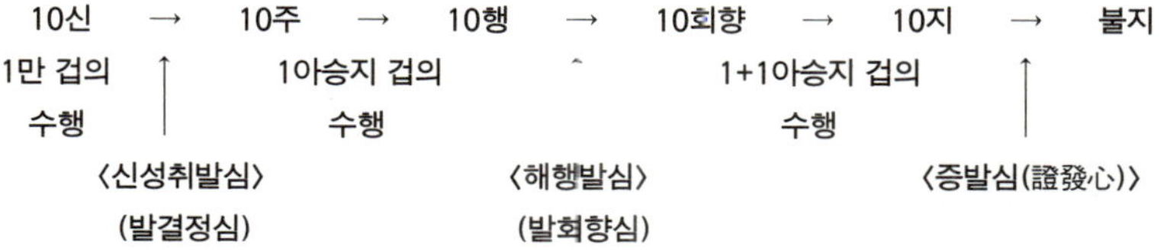

증발심(證發心)의 지위는 정심지(淨心地)에서 구경지(究竟地)까지이다. 정심지는 보살10지 중 제1지이고 보살 구경지는 마지막 제10지이다. 증발심은 보살 초지에서부터 보살 구경지에 이르기까지 수행한 보살이 일으키는 발심이다. 이 증발심에서는 과연 무엇을 증득하게 되는가?

어떤 경계를 증득(證得)하는가? 이른바 진여이다. 전식(轉識)에 의거하여 경계라고 말하지만, 이 증득에는 경계가 없고 오직 진여의 지혜일 뿐이니 (이를) '법신(法身)'이라고 이름한다.
證何境界? 所謂眞如. 以依轉識說爲境界, 而此證者無有境界, 唯眞如智, 名爲法身.

증득의 경계는 진여(眞如)이다. 우리의 일반적인 인식은 주(主)와 객(客), 능(能)과 소(所), 근(根)과 경(竟)의 이원적 분리 위에서 성립한다. 오근이 오경을 감각하고, 의근이 육경을 사념하는 것이 인식이다. 이처럼 근과 경의 분리 위에서의 인식대상을 경계(境界)라고 부른다.

반면 근과 경, 주와 객, 능과 소의 이원적 분별이 사라진 상태의 앎을 우리는 식(識)이 아닌 무분별적 지혜, 즉 지(智)라고 부른다. 불교적 수행은 이원적인 분별적 식을 무분별적 지로 전환시키는 전식득지(轉識得智)의 과정이다. 전식득지로써 얻게 되는 경지가 바로 진여이고 여래법신이다.

전식득지로써 진여를 증득한다는 것은 무엇을 의미하는가? 우리의 일반적인 이원적 식(識)이 어떻게 무분별적 지(智)로 전환될 수 있는가? 우리의 일반적 인식은 아뢰야식 자체가 무명에 의해 능과 소, 견과 상으로 이원화하여 능견상과 경계상을 형성함으로써 성립한다. 그런데 견분이 상분을 보되, 즉 능견상으로 경계상을 보되, 그 안에서 둘 간의 차별상을 보지 않고 상(相) 너머의 성(性)을 보게 된다면, 능과 소, 견과 상, 자와 타의 이원성을 넘어서게 된다. 즉 보여지는 경계상이 보는 능견상을 떠나 따로 존재하는 것이 아니라, 능견상에 의해 일어난 상(相)이라는 것을 알면, 능소 분별, 자타 분별을 넘어서게 되는 것이다. 그것이 곧 경계상 안에서 진여를 보고, 그럼으로써 자신 안에서 진여를 자각하는 것이다. 주객으로 분리된 능견상과 경계상 안에서, 곧 보는 나와 보여진 대상 안에서, 그 둘이 결국 하나라는 것을 아는 것이다. 대상 안에서 나를 발견하고 내 안에서 대상을 발견하여 결국 그 둘이 평등한 하나라는 것을 아는 것이다. 이 평등한 하나를 진여(眞如)라고 이름한다. 진여는 평등한 하나를 아는 진여 지혜로서 존재한다. 이 진여지혜를 법신(法身)이라고 이름하는 것이다.

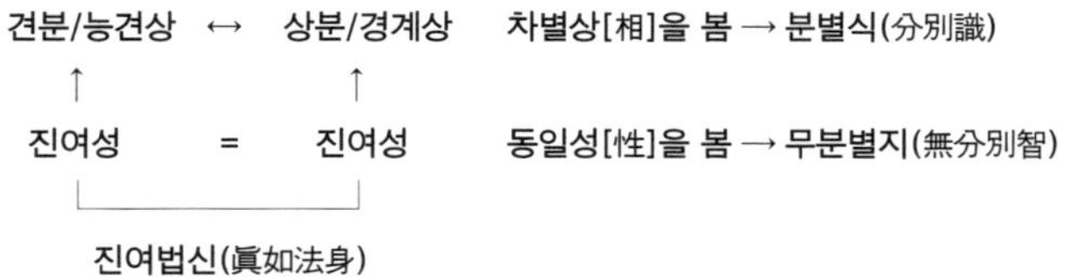

2) 증발심의 공덕(功德)

이 보살은 일념 사이에 시방 세계에 빠짐없이 이르러 모든 부처를
공양하며 법륜 굴리기를 청할 수 있다. 이는 오직 중생을 개도하
고 이익되게 하고자 해서이지 문자(文字)에 의존해서가 아니다.
是菩薩於一念頃能至十方無餘世界, 供養諸佛請轉法輪. 唯爲開導利益衆
生, 不依文字.

진여법신을 증득하면 그 심신(心身)이 개체적 한계를 벗어나므로
시공간적 제한을 벗어나 자유자재(自由自在)해진다. 그러므로 증발심
보살은 시간적 공간적 제한성을 넘어 단 일념에 일체 시방세계에 이
를 수 있다고 말한다. 그리하여 일체처의 모든 부처를 만나 공양하고
불법(佛法)을 청해 듣는다.

불법을 청해 듣는 것은 그 불법으로써 일체 중생을 이끌어 깨닫
게 하고 이익을 얻게 하기 위해서일 뿐이다. 불법 그 자체는 본래 일
체 차별적인 분별지를 넘어섰음에도 불구하고, 언어적 분별지에 매
여 있는 중생을 그 매임에서 풀어주기 위해서는 일단 언어적 분별사
량을 거치지 않을 수 없다. 문자를 넘어서는 경지로 나아가기까지는
문자적 분별이 불가피하기 때문이다. 이처럼 불법을 청해 듣는 것은
불법으로써 중생을 제도하기 위해서이지 불법의 문자적 이해에 머무
르기 위해서가 아니다.

혹 지위를 초월하여 빠르게 정각을 이룸을 보이니, 이는 겁약한

중생을 위하기 때문이다. 혹 내가 무량한 아승지겁 동안 불도를
이루어야 한다고 말하니, 이는 게으르고 교만한 중생을 위하기 때
문이다.
或示超地速成正覺, 以爲怯弱衆生故. 或說我於無量阿僧祇劫當成佛道,
以爲憍慢衆生故.

　　진여법신을 증득한 보살이 자신의 수행 기간을 짧게 단축하여 나
타내기도 하고, 반대로 길게 늘여서 표현하기도 하는 것을 말한다.
이것 또한 실제로 그러한 것이 아니라, 단지 중생 교화의 방편으로
그렇게 하는 것일 뿐이다. 수행을 겁내는 중생에게는 수행에 대한 용
기를 심어주기 위해 단기간의 완성 가능성을 말하고, 게으르거나 교
만한 중생에게는 겁을 주기 위해 그렇게 수행하다가는 끝없는 아승
지겁이 걸린다고 말하는 것이다.

이와 같이 무수한 불가사의한 방편을 보일 수 있지만, 실제로 보
살은 종성의 근기가 동등하고 발심도 동등하고 증득한 바도 동등
하여 초과하는 법이 없다. 일체 보살은 모두 삼 아승지 겁을 경과
하기 때문이다.
能示如是無數方便不可思議, 而實菩薩種性根等, 發心則等, 所證亦等, 無
有超過之法. 以一切菩薩皆經三阿僧祇劫故.

　　이 보살의 수행 과정에서 수행의 모습이나 그 기간이 서로 다른
것처럼 나타나는 것은 중생 교화의 방편상의 차이일 뿐이지 실제로

그런 차이가 있는 것은 아니다. 본래 십지 보살의 지위에 이른 보살은 모두 다 평등하여 발심이나 증득에 있어서도 그 양상이 다 같기 때문이다. 수행 기간은 누구다 다 3아승지 겁을 경과하는 것이라고 한다. 1만 겁의 수행을 거쳐 신성취발심에 이른 중생이 해행발심에 이르기까지 1아승지 겁을 수행하고, 다시 증발심에 이르기까지 2아승지 겁을 수행해서 결국 총 3아승지 겁의 수행을 필요로 하는 것이다.

다만 중생의 세계가 같지 않음에 따라 (중생이) 본 것과 들은 것과 근과 욕과 성이 다르기 때문에, 수행을 보여주는 데에도 또한 차별이 있는 것이다.
但隨衆生世界不同, 所見所聞根欲性異故, 示所行亦有差別.

　보살의 근기나 수행 과정에 차이가 있는 것이 아니라, 그 보살이 구제하고자 하는 일반 중생이 근기도 서로 다르고 또 바라는 바의 욕망이나 성품도 서로 다르기 때문에, 그에 맞추어서 교설을 펴다보니 방편상 다양한 모습의 차별상을 드러내게 되는 것일 뿐이다.

또 이 보살의 발심의 모습에 세 가지 심(心)의 미세한 모습이 있다. 무엇이 그 세 가지인가? 첫째는 진심(眞心)이니, 분별이 없기 때문이다. 둘째는 방편심(方便心)이니, 자연스럽게 두루 행하여 중생을 이익되게 하기 때문이다. 셋째는 업식심(業識心)이니, 미세하게 일어나고 멸하기 때문이다.

又是菩薩發心相者有三種心微細之相. 云何爲三? 一者眞心, 無分別故.
二者方便心, 自然遍行利益衆生故. 三者業識心, 微細起滅故.

증발심의 미세상:
  1. 진심(眞心)   – 근본 무분별지
  2. 방편심(方便心)   – 중생 제도를 위한 후득 자연업지(自然業智)
  3. 업식심(業識心)   – 근본업식(전식+현식) = 아뢰야식

증발심을 일으킨 지상위의 보살의 마음에 나타나는 세 가지 미세한 상(相)이다. 진심(眞心)은 법신진여를 증득함으로써 얻게 되는 무분별지의 마음이다. 그리고 방편심(方便心)은 아직 깨닫지 못한 중생을 제도하기 위해 다시 언설로써 분별하여 얻는 후득지(後得智)의 마음이다. 업식심(業識心)은 무분별지와 후득지가 함께하는 근본업식(根本業識)인 아뢰야식의 마음이다. 전식(轉識)과 현식(現識)의 이원성을 내포하고 있는 근본업식의 마음을 뜻한다.

십지위에서 증발심을 일으켜 법신을 증득해 나가는 보살에게는 이러한 세 가지 미세한 마음이 함께 작용하고 있다. 불지(佛地)에 이른 부처에게는 진심과 방편심은 있지만, 업식심은 일어나지 않는 데 반해, 아직 불지에 이르지 못하고 보살 십지에 있는 보살에게는 미세하게나마 생멸하는 업식심이 함께 작용하는 것이다.

또 이 보살의 공덕은 충만하게 완성되어 색구경처(色究竟處)에서 일체 세간 중 가장 높고 큰 몸을 나타내는데, (이는) '일념 상응의 지혜'(일념상응혜)로써 무명(無明)이 갑자기 다하는 것을 뜻하며 '일체종지(一切種智)'라고 이름한다. 자연스럽게 불가사의한 작용(업)이 있

어, 시방에 나타나 중생을 이익되게 할 수 있다.

又是菩薩功德成滿, 於色究竟處示一切世間最高大身, 謂以一念相應慧無明頓盡, 名一切種智. 自然而有不思議業, 能現十方利益衆生.

이 보살의 공덕이 다 이루어진다는 것은 제10지에 이르러서 인행(因行)이 완성되는 것을 뜻하며, 색구경처(色究竟處) 이하 문장은 그로 인해 나타나는 과위(果位)를 말한다. 수행이 다 완성되면 제10지 보살은 색계(色界) 중 최고의 경지인 색구경처로 나아가 그 안에서 가장 높고 큰 몸을 나타낸다.

색계는 욕계(欲界), 색계(色界), 무색계(無色界) 3계 중의 하나이다. 사선(四禪)을 닦으면 가게 되는 색계에 18천(天)이 있다. 초선천이 3, 이선천이 3, 삼선천이 3, 그리고 사선천이 9이어서 모두 18천이 된다. 그 중 최고의 천을 색구경천 또는 색구경처라고 한다. 제10지보살은 그 색구경처에서 일체 세간 중에서 가장 높고 큰 몸을 보인다고 한다. 원효는 "색구경천에서 성도한 자는 보신불(報身佛)의 타수용신(他受用身)이다"라고 말한다.[112]

보살 제10지에 이르면 경계상, 능견상, 무명업상의 생상(生相)이 다 멸한다. 즉 생주이멸의 일체 념(念)이 다 사라지는 것이다. 이 상태를 '일념(一念)'이라고 한다. 일념은 시각(始覺)이 상사각, 수분각을 거쳐 구경각에 이른 상태, 즉 시각이 다음의 근원에 이르러 본각(本覺)과 일치하는 상태이다. 일념이 본각고 계합하기에 '상응(相應)'이라고 말한다. 일념이 본각과 일치한다는 것은 곧 망념을 일으켜 본각을 가리던

---

112) 원효, 778중, "在於色究竟天成道則是報佛他受用身."

무명(無明)이 사라진다는 것이다. 무명이 사라진 일념상응의 지혜가 일체 제법을 두루 밝게 비추는 것을 '일체종지(一切種智)'라고 한다. 제8지 색자재지(色自在地)와 제9지 심자재지(心自在地)를 거쳐 제10지 무구지(無垢地)에 이르므로, 제10지에 이른 보살은 자연스러운 부사의업의 작용력을 갖게 되는 것이다. 이렇게 갖추어지는 불가사의한 작용력으로써 다른 중생을 이익되게 하는 이타행을 실행하게 된다.

[문 1] 허공이 끝이 없기 때문에 세계가 끝이 없고, 세계가 끝이 없기 때문에 중생이 끝이 없으며, 중생이 끝이 없기 때문에 심행(心行)의 차별에도 역시 또 끝이 없다. 이와 같이 경계는 한계지을 수 없으며, 알기 어렵고 이해하기 어렵다. 만약 무명이 끊어지면 마음의 지각[想]도 없을 텐데, 어떻게 알 수가 있어 '일체종지'라고 이름하는가?

問曰, 虛空無邊故世界無邊, 世界無邊故衆生無邊, 衆生無邊故心行差別亦復無邊. 如是境界不可分齊, 難知難解. 若無明斷, 無有心想, 云何能了名一切種智?

허공과 세계가 무변(無邊)하고 중생과 마음의 행이 무변하여 한계가 있지 않으므로 알기가 어려운데, 게다가 무명이 사라지면 마음의 생각도 함께 없어지는데, 어떻게 일체를 아는 지가 가능한가? 이에 대한 이하의 대답을 원효는 세 부분으로 구분한다.[113]

---

113) 원효, 779상 참조.

[1] 도리를 세움 : 도리(道理)를 세움
　　　　일체경계본래일심(一切境界本來一心) ~
[2] 잘못을 듦 : 유소견고유소불견(有所見故有所不見)을 밝힘
　　　　이중생망견경계고(以衆生妄見境界故) ~
[3] 옳은 것을 나타냄 : 무소견고무소불견(無所見故無所不見)을 밝힘
　　　　제불여래리어견상(諸佛如來離於見相) ~

[답] 일체 경계는 본래 일심(一心)이어서 상념(想念)을 여읜 것이다.[1]
答曰, 一切境界本來一心, 離於想念.

　세계와 중생과 마음 작용이 무변인데, 마음의 생각이 멎은 상황에서 어떻게 일체종지가 가능한가 라는 질문에 대한 답변이다. 일체 경계가 본래 일심이고 상념을 여의었다는 것은 이하에서의 답변을 위한 기본 원리로서 제시된 것이다.

중생이 허망하게 경계를 보기 때문에 심에 한계가 있고, 허망하게 상념을 일으켜 법성과 들어맞지 않기 때문에 분명하게 알지 못한다.[2]
以衆生妄見境界故, 心有分齊, 以妄起想念不稱法性故, 不能決了.

　중생들은 '보는 바가 있으므로 보지 못하는 것이 있음'을 밝힌 것이다. 마음이 허망하게 바라보기 시작하면 능(能)과 소(所), 견(見)과 상(相), 즉 보는 능견상과 보여지는 경계상으로 나뉘게 된다. 그렇게 마음에 한계가 생겨나면 생각, 즉 상념(想念)이 일어나 부분만 알고 나

머지 부분을 알지 못하는 상태에 이르게 된다. 하지만 그러한 부분적 앎은 그렇게 분별되기 이전의 전체적 앎에 기반한 것이며, 결국 본래의 전체적 앎을 가리는 허망 분별의 소산이다. 일체 경계는 분별되기 이전에 그 자체 일심으로 알려진 것이기 때문이다.

모든 부처와 여래는 본다는 생각[見想]을 여의어 두루하지 않는 곳이 없고 마음이 진실하기 때문에 곧 제법의 성(性)이며 자체가 일체 망법(妄法)을 드러내어 비춘다. 대지혜의 용(用)과 무량한 방편이 있어 모든 중생의 각각 얻은 이해에 따라 갖가지 법(法)의 의미를 모두 능히 열어 보인다. 이 때문에 '일체종지(一切種智)'라는 이름을 얻는다.[3]
諸佛如來離於見想無所不遍, 心眞實故, 卽是諸法之性, 自體顯照一切妄法. 有大智用, 無量方便, 隨諸衆生所應得解, 皆能開示種種法義. 是故得名一切種智.

부처는 '보는 바가 없으므로 보지 못하는 것이 없음'을 밝힌 것이다. 우리의 일상의식이 능견으로 분별하여 일체를 알지 못하고 부분적 앎에 그치는 데 반해, 본래의 마음, 진여심, 일심은 그러한 일체의 분별을 여읜 채 그 자체로 일체를 두루 안다. 본다는 생각을 일으키지 않으므로 능견상이 없고, 보는 상인 능견상이 없으므로 보여지는 경계상도 없다. 그렇게 견상의 분별이 일어나지 않은 상태에서 전체를 그 자체로 아는 것이다.
　　부처와 여래의 심(心)인 불심(佛心)은 진심(眞心)이며, 그 마음이 곧 일체 제법의 본성이다. 즉 불심 자체가 일체의 제법을 두루 밝게 비추어 드러내고 있다. 이를 현조(顯照)라고 한다. 그러므로 심과 법이 분리되지 않으며, 불심은 그 자체로 일체를 아는 것이다. 그렇게 불심이 일체 망법(妄法)까지를 모두 알고 있으므로 무량한 방편으로 망법의 이치를 드러내고 각종 법의 경계를 열어 보일 수 있다. 그러므로 '일체종지'라고 이름부를 수 있는 것이다.

[문2] 만약 모든 부처가 '자연업(自然業)'이 있어 일체처에 나타나 중생을 이익되게 할 수 있다면, 일체 중생이 그 몸을 보거나 신통한 변화를 관찰하거나 그 말을 들어 이익을 얻지 못함이 없을 텐데, 어째서 세간에는 (부처를) 볼 수 없는 사람이 많은가?
又問曰, 若諸佛有自然業, 能現一切處利益衆生者, 一切衆生若見其身, 若觀神變, 若聞其說, 無不得利, 云何世間多不能見?

모든 부처가 불가사의한 자연적인 작용력이 있어 모든 곳에서 중생을 위해 나타나는 것이라면, 즉 보신과 화신으로 나타나고 있다면, 모든 중생이 그 화신과 보신을 볼 수 있고, 또 그 신통력에 따른 변화도 보고 말씀도 듣고, 그렇게 하여 많은 이익을 얻을 수 있어야 할 텐데, 어째서 그렇지 않은가? 세간의 중생들은 왜 부처를 보지 못하는가?

[답] 모든 부처와 여래법신은 평등하고 일체처에 두루하며 작

의(作意)가 없기 때문에 '자연(自然)'이라고 말하지만, 다만 중생심에 의거하여서만 나타난다. 중생심은 마치 거울과 같으니, 만약 거울에 때가 있으면 색상이 나타나지 않는다. 이와 같이 중생심에도 만약 때가 있으면 법신이 나타나지 않기 때문이다.

答曰, 諸佛如來法身平等徧一切處, 無有作意故說自然, 但依衆生心現. 衆生心者猶如於鏡, 鏡若有垢, 色像不現. 如是衆生心若有垢, 法身不現故.

　　법신은 일체처에 나타나지만, 그 나타나는 방식은 중생심을 통해서이다. 중생심이 곧 진여심이기에 법신은 중생 안에 이미 드러나 있다고 할 수 있다. 즉 중생심 자체가 진여심이기에 중생심 안에 부처의 여래법신이 이미 현현해 있는 것이다. 그런데도 중생이 그 법신의 현현을 자각하지 못한다면, 이는 다만 그 중생심에 업장의 때가 끼어 있어 중생 스스로 자기 마음 안의 여래성을 자각하지 못하는 것일 뿐이다.

Ⅳ
수행신심분
修行信心分

○

이미 해석분을 말하였으니, 다음으로는 수행신심분을 말한다.
已說解釋分. 次說修行信心分.

이상으로 'Ⅲ. 해석분'을 마치고 이제부터 'Ⅳ. 수행신심분'으로 들어간다. 지금까지 해석분에서 대승의 바른 의미를 현시하였다면, 이제 수행신심분에서는 그러한 대승으로 나아가기 위해 닦아야 할 수행과 지녀야 할 믿음을 논한다.

이 (부정취) **중에서 아직 정정취에 들지 못한 중생에 의거하기 때문에 수행과 신심을 말한다. 어떤 신심이고, 어떻게 수행하는가?**
是中依未入正定聚[114]衆生故, 說修行信心. 何等信心, 云何修行?

불신	→	10신	→	10주 → 10행 → 10회향 → 10지 → 등각 · 묘각지

불신 → 10신 → 10주 → 10행 → 10회향 → 10지 → 등각 · 묘각지
　　　　　　 ↑　　　　　　　 ↑　　　　　 ↑
　　　　　 신성취발심　　　 해행발심　　 증발심
　 ↓　　　 ↓
사정취 ⇐ 〈부정취〉 ⇒ 정정취(正定聚)

---

114) 『고려대장경』에는 '聚' 자가 빠져 있다.

앞의 'Ⅲ. 해석분' 중 '3. 분별발취도상'에서는 대승 보살의 세 단계의 발심인 신성취발심, 해행발심, 증발심을 논하였다. 발심하기 전까지의 보살은 일단 부정취중생인데, 10신의 수행을 통해 믿음을 성취하여 결정심을 일으키면 10주로 들어서게 된다. 그렇게 십주에 들어선 중생은 불도를 향해 나아가게끔 바르게 정해진 중생이란 의미에서 '정정취중생(正定聚衆生)'이라고 부른다. 그는 신성취발심에 이어 해행발심과 증발심으로 나아가 결국 법신진여를 증득하게 된다. 이와 같이 분별발취도상에서의 논의가 부정취중생(不定聚衆生) 중에서 정정취로 나아간 중생을 다룬 것이라면, 여기에서의 논의는 부정취중생 중에서 아직 정정취로 나아가지 못한 중생을 다룬다.

부정취중생이 사정취(邪定聚)로 떨어지지 않고 바른 길, 정정취로 나아가기 위해서는 어떤 믿음을 닦고 어떻게 수행을 해야 하는가를 밝힌 것이다. 결국 대승 보살도로 나아가고자 신성취발심을 일으키기 위한 수행, 믿음을 닦는 수행이므로 10신에서의 수행이라고 볼 수 있다.

1. 4신심(信心)과 5수행(修行)

1) 네 가지 믿음

신심(信心)에는 간략히 말하면 네 가지가 있다. 무엇이 그 네 가지인가?

略說信心有四種. 云何爲四?

네 가지 신심(信心):
1. 근본(진여법)을 믿음
2. 불(무량공덕을 지닌 자)을 믿음
3. 법(큰 이익을 가진 법)을 믿음
4. 승(자리 · 이타의 수행자)을 믿음

무엇을 믿는가에 대해 기신론은 불 · 법 · 승 3보(寶) 세 가지를 든다. 다만 그에 앞서 가장 우선적으로 믿어야 할 근본으로서 진여법(眞如法)을 말한다. 진여가 믿음을 일으키는 중생심의 핵으로서 수행의 출발점이며 또 동시에 수행을 통해 증득해야 할 궁극적 목표점이기 때문이다.

첫째는 근본을 믿는 것이니, 이른바 진여법(眞如法)을 즐겨 생각하기 때문이다.

一者信根本, 所謂樂念眞如法故.

믿어야 할 첫 번째 것으로서 진여법을 제시한다. 진여법은 모든 수행의 근본이며 믿음의 근본이다. 여기서 진여법은 곧 진여심이며 중생심이다. 만법이 모두 다 진여로 말미암아 존재하고 또 모든 부처가 다 진여로 귀결되므로, 믿음의 근본이 진여가 되는 것이다.

둘째는 부처님에게 무량공덕이 있다고 믿는 것이니, (부처님을) 친근히 하고 공양하고 공경하여 선근을 일으켜 일체지를 구하고자 항상 생각하기 때문이다.

二者信佛有無量功德, 常念親近供養恭敬, 發起善根, 願求一切智故.

　　삼보 중 첫 번째인 부처님을 믿는다는 것은 부처님이 무량한 공덕을 가지고 있음을 믿는 것이다. 그렇게 부처님을 믿어 항상 친근히 여기고 공양하고 공경해야 한다. 이것은 결국 믿는 나 자신의 선근(善根)을 증장시키게 된다. 나의 선근이 증장되어 번뇌가 멸하고 무명이 멸해 나도 부처님처럼 일체지를 얻게 되기를 믿고 바라는 것이다. 여기서 믿음의 대상이 되는 부처는 곧 법신불(法身佛)이다. 보신불이나 화신불이 모두 법신불의 무량공덕의 발현이기 때문이다.

셋째는 법에 큰 이익이 있다고 믿는 것이니, 모든 바라밀을 수행하고자 항상 생각하기 때문이다.
三者信法有大利益, 常念修行諸波羅密故.

　　믿어야 할 삼보 중 법보(法寶)는 불교의 진리를 말한다. 여기서 진리는 이론적 내용과 실천적 내용을 포괄한다. 법을 믿는다는 것은 곧 불법 자체가 진리이며 불법에 따라 사는 것이 나를 살리고 나를 이익되게 하는 것임을 믿는 것이다. 불법을 믿으면서 항상 바라밀을 실천 수행하는 것이다.

넷째는 스님이 바르게 수행하여 자리이타를 할 수 있다고 믿는 것이니, 모든 보살을 친근히 하여 여실행(如實行)을 구하고 배우는 것을 항상 즐거워하기 때문이다.

四者信僧能正修行自利利他, 常樂親近諸菩薩衆, 求學如實行故.

스님들이 바르게 수행한다는 것 그리고 그 수행이 결국은 스님 자신에게 이익이 되고 또 다른 일반 중생에게도 이익이 된다는 것을 믿는 것이다. 스님에 대한 믿음은 곧 선지식에 대한 믿음이다. 선지식을 통해서만 참되게 불법을 알고 불도에 이를 수 있으므로 스님에 대한 믿음이 중요하다.

2) 수행의 5문(門)

수행에는 다섯 문(門)이 있어 이 믿음을 성취할 수 있다. 무엇이 그 다섯 가지인가?

修行有五門能成此信. 云何爲五?

위에서 말한 대승의 근본인 진여법고 불·법·승 3보에 대한 믿음을 이룰 수 있게 하는 다섯 가지 실천 수행의 길을 제시한다.

첫째는 보시문, 둘째는 지계문, 셋째는 인욕문, 넷째는 정진문, 다섯째는 지관문이다.

一者施門, 二者戒門, 三者忍門, 四者進門, 五者止觀門.

믿음을 성취할 수 있는 다섯 문:
  1. 시문(施門): 보시(布施)
  2. 계문(戒門): 지계(持戒)
  3. 인문(忍門): 인욕(忍辱)
  4. 진문(進門): 정진(精進)
  5. 지관문(止觀門): 선정(禪定) + 반야(般若)

여기서 제시하는 다섯 문은 대승 보살의 육바라밀에 해당한다. 육바라밀 중 마지막 선정과 반야를 합해서 지관문이라고 한 것이다.

(1) 시문(施門)

어떻게 보시문을 수행하는가?
云何修行施門?

세 가지 보시:
  [1] 재시(財施) : 약견일체(若見一切) ~
  [2] 무외시(無畏施) : 약견액난(若見厄難) ~
  [3] 법보시(法布施) : 약유중생(若有衆生) ~

보시에는 물질적으로 필요한 재물을 주는 재시(財施), 심리적으로 두려움이나 공포 또는 우울함이나 불안을 덜어주는 무외시(無畏施), 그리고 정신적으로 불법 내지 진리를 깨우쳐주는 법보시(法布施)가 있다.

만약 누구든 와서 구하고 찾는 것을 보면, 갖고 있는 재물을 능력에 따라 베푼다. 그렇게 함으로써 스스로 인색함과 탐심을 버리고 그를 기뻐하게 한다.[1]

若見一切來求索者, 所有財物隨力施與, 以自捨慳貪, 令彼歡喜.

남에게 자신의 재물을 주는 것이 재시(財施)이다. 재물 보시는 자신의 간탐(慳貪)을 극복하는 길이 된다. 보시를 할 때는 늘 내가 주는 자이고 네가 받는 자라는 생각 그리고 준다는 생각이 없어야 한다. 그렇게 해야만 보시가 자타 분별을 넘어서 마음을 확장하는 길이 되기 때문이다.

만약 힘든 일과 공포와 위협을 보면, 자기의 감당(능력)에 따라 무외를 베푼다.[2]
若見厄難恐怖危逼, 隨己堪任施與無畏.

다른 사람에게 심리적 도움을 제공하는 것이 무외시이다. 액난과 공포와 위협 등을 스스로 떠맡아 남을 편안하게 해주는 것이다. 무외시를 수행함으로써 자신의 겁약함을 극복할 수 있게 된다.

만약 어떤 중생이 와서 법을 구하면 자기가 이해할 수 있는 방편에 따라 설한다. 마땅히 명예나 이익이나 공경을 탐하거나 구하지 말아야 하니, 오직 자리(自利)·이타(利他)를 행하여 지혜로 회향(廻向)할 것을 생각해야 하기 때문이다.[3]
若有衆生來求法者, 隨己能解方便爲說. 不應貪求名利恭敬, 唯念自利利他廻向菩提故.

다른 사람에게 진리를 전해주는 것이 법보시(法布施)이다. 남에게 자신이 아는 불법을 알려주는 것이다. 그러나 불법을 설하면서 그것을 통해 세속적인 이익을 구한다거나 또는 자기 자신의 명예나 공경을 구한다거나 해서는 안 되며, 오직 진리와 깨달음을 향한 구도의 길에서 스스로를 이롭게 하고 또 남도 이롭게 한다는 그런 마음만을 지녀야 한다.

(2) 계문(戒門)

어떻게 지계문을 수행하는가?

云何修行戒門?

세 가지 지계문:
  [1] 섭율의계(攝律儀戒) : 소위불살(所謂不殺) ~
  [2] 십선법계(十善法戒) : 약출가자(若出家者) ~
  [3] 섭중생계(攝衆生戒) : 당호기혐(當護譏嫌) ~

이른바 살생하지 않고, 도둑질하지 않고, 사음하지 않는다. 두 말하지 않고, 악담하지 않고, 거짓말하지 않고, 꾸미는 말을 하지 않는다. 탐욕, 질투, 사기, 아첨, 성냄, 사견을 멀리 여읜다.[1]

所謂不煞,[115] 不盜, 不淫. 不兩舌, 不惡口, 不妄言, 不綺語. 遠離貪, 嫉, 欺詐, 諂曲, 瞋恚, 邪見.

---

115) '殺'의 이체자이다.

10악업:

1. 신업(身業): 살(殺, 살생), 도(盜), 음(淫, 사음)
2. 구업(口業): 양설(兩舌), 악어(惡語), 망언(妄言), 기어(綺語)
3. 의업(意業): 탐(貪), 진(瞋, 진애), 치(癡), 사견
          [+ 질(嫉, 질투), 기사(欺詐, 사기) 첨곡(諂曲, 아첨)]

지계문(持戒門) 중 첫 번째는 우선 10악업(惡業)을 금하는 계율을 지키는 것이다. 10악업은 신·구·의 삼업을 포괄한다. 여기에서는 의업 부분에 탐·진·치 이외에 질(질투)·기사(사기)·첨곡(아첨)을 덧붙여 말하였다.

만약 출가자라면, 번뇌를 꺾고 조복시켜야 하기 때문에 마땅히 심란하고 시끄러운 곳을 멀리하고 항상 고요한 곳에 처하며, 욕심을 적게 하여 만족할 줄 아는 두타행(頭陀行) 등을 닦고 익혀야 한다. 그리하여 작은 죄에도 마음에 공포와 두려움을 내어 참괴하고 회개하며, 여래가 제정한 금하는 계율을 가볍게 여겨서는 안 된다.[2]

若出家者, 爲折伏煩惱故, 亦應遠離憒閙常處寂靜, 修習少欲知足頭陀等行. 乃至小罪心生怖畏, 慚愧改悔, 不得輕於如來所制禁戒.

두타(頭陀)는 범어 두타(Dhūta)의 음역으로 번뇌를 제거한다는 뜻이다. 따라서 번뇌 제거를 위한 수행을 두타행이라고 한다. 여기에서는 출가자를 위한 계(戒)를 논한다. 출가자는 번뇌를 끊기 위해 조용한 곳에 머물며 수행해야 함을 강조한다. 그러면서 욕심을 줄여 만족하는 두타행 등을 닦아야 한다. 걸식하는 것도 두타행에 속한다. 나아가 출가자는 조금이라도 잘못했을 경우에는 곧 그 허물을 부끄럽게

여기고 회개해야 하며, 율장에 정해져 있는 계율을 잘 지켜야 한다.

마땅히 비난이나 혐오로부터 보호해야 하니, 중생으로 하여금 망령되게 잘못을 짓지 않도록 해야 하기 때문이다.[3]
當護譏嫌, 不令衆生妄起過罪故.

또한 출가자는 중생을 바르게 인도해야 할 책임이 있다. 그런데 오히려 스스로 비난받을 만한 일을 함으로써 다른 중생으로 하여금 불·법·승에 대해 허망한 생각을 일으켜 비방하게 한다면, 그것은 결국 남을 죄짓게 하는 것이므로 그 잘못이 더욱 커진다. 출가자는 자기 자신이 과오를 범하지 않을 뿐 아니라 다른 중생 또한 과오를 범하지 않도록 이끌어야 할 책임이 있기 때문이다.

(3) 인문(忍門)

어떻게 인문을 수행하는가?
云何修行忍門?

인욕(忍辱) 수행[116]
 [1] **타불요익인(他不饒益忍)**: 타인이 주는 불이익을 참음
          소위응인(所謂應忍) ~
 [2] **안수인(安受忍)**: 편안하게 받아들여 참음
          역당인(亦當忍) ~

---

116) 법장, 282중 참조.

이른바 다른 사람의 괴롭힘을 마땅히 참고 마음에 보복할 생각을
품지 말아야 한다.[1]
所謂應忍他人之惱, 心不懷報.

타인에 의해 주어지는 불이익을 참는 타불요익인(他不饒益忍)이다.
다른 사람이 내게 끼치는 불이익에 대해 성내거나 보복하려 하지 않
고 참는 것을 말한다.

이익과 손실, 헐뜯음과 기림, 칭찬과 비방, 고통과 즐거움 등의 일
을 또 마땅히 참아야 하기 때문이다.[2]
亦當忍於利衰毁譽稱譏苦樂等法故.

- 이(利): 물질적으로 이득을 봄
- 쇠(衰): 물질적으로 손실을 봄
- 훼(毁): 사실보다 더 크게 헐뜯음을 당함
- 예(譽): 사실보다 더 크게 높임을 당함
- 칭(稱): 사실대로 덕을 찬탄 받음
- 기(譏): 사실대로 허물을 지적 받음
- 고(苦): 핍박을 당해 고통 받음
- 락(樂): 기쁨을 받음

스스로 일체를 편안한 마음으로 참고 받아들이는 안수인(安受忍)이
다. 내게 닥치는 역경계(逆境界)이든 순경계(順境界)이든 화내거나 기뻐
하지 말고 둘 다 마음의 동요 없이 편안하게 받아들여 참는 것을 말
한다.

(4) 진문(進門)

어떻게 정진문을 수행하는가?

云何修行進門?

정진문에 대한 원효의 설명[117]
  [1] 정진의 수행 방식 : 소위어제선사(所謂於諸善事) ~
  [2] 장애와 장애 제거의 방편
    [2-1] 제거할 장애를 밝힘 : 부차약인(復次若人) ~
    [2-2] 제거하는 방법을 제시
      [2-2-1] 총체적 방법 : 시고응당(是故應當) ~
      [2-2-2] 네 가지 장애와 각각의 방법 제시 : 성심참회(誠心懺悔) ~

a. 정진의 길

이른바 모든 선한 일에 마음이 나태하여 물러나지 않는다. 뜻을
굳고 강하게 세워 겁약함을 멀리 여읜다. 과거 오래 전부터 일체
심신(心身)의 큰 고통을 헛되이 받아온 것에 이익이 없음을 응당 생
각한다. 그러므로 마땅히 많은 공덕을 부지런히 닦아 자리(自利) 이
타(利他)를 행하여 일체 고(苦)를 멀리 여읜다.[1]

所謂於諸善事心不懈退. 立志堅强遠離怯弱. 當念過去久遠已來虛受一切
身心大苦無有利益. 是故應勤修諸功德自利利他遠離衆苦.

여기에서는 정진을 수행하는 구체적 방식을 네 가지로 제시하고
있다.

---

117) 원효, 781상 참조.

1. 마음이 게을러져서 물러나지 않게 함

2. 뜻을 굳건히 함

3. 과거의 허망한 고통을 생각

4. 공덕을 쌓아 자리 · 이타를 행함

b. 예불(禮佛)과 참회(懺悔)

그 다음 어떤 사람은 비록 신심(信心)을 수행해도 이전 생으로부터 무거운 죄와 악업의 장애가 많기 때문에 삿된 마구니와 여러 귀신에 의해 괴롭힘을 당하여서 혹 세간 사무에 갖가지로 얽혀들거나 혹 병고로 괴로움을 받는 등 이와 같은 많은 장애가 있다.[2-1]

復次若人雖修行信心, 以從先世來多有重罪惡業障故, 爲邪魔[118]諸鬼之所惱亂, 或爲世間事務種種牽纏, 或爲病苦所惱, 有如是等衆多障导.

장애의 인연 ┌ 내인(因): 전생의 죄와 악업 장애
           └ 외연(緣): 마구니와 귀신의 뇌란(惱亂)
장애의 모습: 세간의 일에 얽혀 듦, 병고로 고통 받음 등

여기서는 수행자가 수행 과정에서 여러 가지 장애를 가질 수 있음을 밝힌다. 장애의 인과 연을 밝히고, 장애의 모습을 말한다. 장애의 근본 원인은 숙세에 지은 죄와 악업 때문이지만 그로 인해 마구니에 의해 방해 받음으로써 결국 현실적인 세간적 삶에서 이런 저런 장애의 모습이 나타날 수 있음을 설명한다.

---

118) 『고려대장경』에는 '魔邪'로 되어 있는티, 내용에 따라 바로 잡는다.

이 때문에 마땅히 용맹정진하여 주야로 여섯 번 제불에게 예배해야 한다.[2-2-1] 성심으로 참회하고 권청하고 따라 기뻐하며 지혜에 회향해야 한다. 항상 그렇게 하고 그만두지 않으면 모든 장애를 벗어날 수 있으니, 선근(善根)이 증장(增長)하기 때문이다.[2-2-2]

是故應當勇猛精勤, 晝夜六時禮諸佛. 誠心懺悔, 勸請隨喜, 迴向菩提. 常不休廢, 得免諸障, 善根增長故.

장애 제거의 ┌ 총체적 방식: 예불
              └ 개별적 방식: 1. 참회(懺悔): 악업의 장애를 제거
                              2. 권청(勸請): 정법(正法)을 비방한 장애를 제거
                              3. 수희(隨喜): 타인을 질투한 장애를 제거
                              4. 회향보리(迴向菩提): 삼계(三界)에 집착한 장애를 제거

장애가 있는 수행자가 어떤 방식으로 그 장애를 극복해야 할지를 논한다. 우선 예불이 총체적인 장애 제거의 길이 될 수 있는 것은 예불을 하면 부처님의 보호를 받아 능히 장애를 벗어날 수 있는 힘을 얻게 되기 때문이다. 그 다음의 네 가지 방식은 서로 다른 장애에 대한 서로 다른 대처 방식이다. 그렇게 끊이지 않고 정진하면 장애가 극복된다는 것이다.

원효는 각각의 수행이 어떤 장애를 극복하게 하는 것인가를 다음과 같이 설명한다. "첫째, 온갖 악업의 장애는 참회(懺悔)가 제거한다. 둘째, 정법을 비방한 것은 권청(勸請)이 제멸한다. 셋째, 타인의 우수함을 질투한 것은 수희(隨喜)가 대치한다. 넷째, 삼계에 즐겨 집착한 것은 회향이 대치한다."[119]

---

119) 원효, 781상, "一者諸惡業障, 懺悔除滅. 二者誹謗正法, 勸請滅除. 三者嫉妬他勝, 隨喜對治. 四者樂著三有, 迴向對治."

(5) 지관문(止觀門)

어떻게 지관문을 수행하는가?
云何修行止觀門?

지(止) = 사마타(Śamatha)　　= 선정바리밀 = 정(定)
관(觀) = 비파사나(Vipaśyanā) = 반야바리밀 = 혜(慧)

지(止)와 관(觀)에 대해 원효는 『유가사지론』「보살지」를 인용하여 다음과 같이 설명한다. "『유가사지론』에서 '이 중 보살이 제법에서 마땅히 알아야 할 분별되는 바가 없는 것을 지(止)라고 이름하고, 제법의 승의(勝義)의 이치와 무량한 안립(安立)의 이치에서 마땅히 알아야 할 세속의 묘지(妙智)를 관(觀)이라고 이름한다'고 하듯이, 이 얇은 진여문에 의거하여 모든 경계상을 멈추어 분별되는 바가 없으므로 무분별지를 이룬다. 또 생멸문에 의거하여 모든 상을 분별하여 모든 이치를 관찰하므로 후득지를 이룬다."[120] 이처럼 원효는 지와 관을 각각 진여문에서의 무분별지의 획득과 생멸문에서의 후득지의 획득 과정으로 설명한다.

지(止): 일체의 경계상을 멈춤　　　－ 진여문 － 무분별지(無分別智)를 이룸
관(觀): 인연 생멸상을 분별 관찰함 － 생멸문 － 후득지(後得智)를 이룸

---

120) 원효, 781중, "如瑜伽論菩薩地云, 此中菩薩卽於諸法無所分別當知名止. 若於諸法勝義
理趣及諸無量安立理趣世俗妙智當知名觀. 是知依眞如門止諸境相, 故無所分別卽成無分
別智. 依生滅門分別諸相觀諸理趣, 卽成後得智也."

이른바 '지(止)'는 일체 경계상을 그치는 것을 말하니, 사마타관(奢摩他觀)에 수순(隨順)하는 의미이기 때문이다.

所言止者謂止一切境界相, 隨順奢摩他觀義故.

우리의 일상 의식은 분별을 통해 온갖 경계상을 만들어나가는 데에 반해, 지의 수행에서는 그러한 일체의 경계상을 멈추게 하고 분별을 멈추는 것이다. 멈춘다는 의미에서 '지(止)'라고 한다. '지'는 범어 사마타(śamatha)의 한역 신역이다. 구역에서는 음역하여 '사마타'라고 하던 것을 신역에서는 의역하여 '지'라고 한 것이다. 그러므로 '지가 사마타관에 수순한다'는 것은 곧 '지가 지관에 수순한다'는 말이 된다. 무슨 의미인가?

여기서 원효는 방편으로서의 지와 관 그리고 정관(正觀)으로서의 지관과 관관을 구분한다.[121] 정관은 지와 관을 함께 쌍으로 닦는 '지관쌍운(止觀雙運)'을 말하며, 그렇게 함께 닦는 정관에서의 지를 '지관(止觀)', 정관에서의 관을 '관관(觀觀)'이라고 한다. 반면 방편(方便)으로서의 지와 관은 그 둘을 함께 닦는 정관을 고려하지 않고 그냥 단순하게 방편 상 그 둘을 구분하여서 각각 지와 관이라고 부르는 것이다. 그러므로 기신론에서 '지가 사마타관(지관)에 수순해야 한다'고 말하는 것은 '지는 정관에 따라, 즉 지관쌍운의 방식에 따라 행해져야 한다'는 말이고, '관이 비파사나관(관관)에 수순해야 한다'고 하는 것은 '관이 정관에 따라, 즉 지관쌍운의 방식에 따라 행해져야 한다'는 말이다.

---

121) 원효, 781중 참조.

정관(지관쌍운)의 ┌ 지 = 지관(사마타관)
                  └ 관 = 관관(비파사나관)
방편상 구분되는 ┌ 지 = 이 지는 정관 중 사마타관에 수순해야 함
                  └ 관 = 이 관은 정관 중 비파사나관에 수순해야 함

이른바 '관(觀)'은 인연생멸상을 분별하는 것을 말하니, 비파사나관(毗鉢舍那觀)에 수순(隨順)하는 의미이기 때문이다.

所言觀者謂分別因緣生滅相, 隨順毗鉢舍那觀義故.

관(觀)은 범어 비파사나(Vipaśyanā)의 한역 의역으로 생멸상을 분별하여 법상(法相)을 관찰하는 것을 뜻한다. 여기서도 단지 관(觀)만 행하는 것이 아니라, 관이 지관병행의 정관(正觀) 안에서 수행되어야 함을 나타내기 위해 '관이 비파사나관에 수순한다'라고 말한다. 관이 방편상 지와 구분되는 관이라면, 비파사나관은 관관으로서 지관쌍운에서의 관을 뜻한다. 그러므로 관이 '관관의 관이어야 한다'는 것을 '비파사나관을 수순한다'고 말한 것이다.

어떻게 수순(隨順)하는가? 이 두 가지 의미를 점차적으로 닦고 익혀 서로 버리거나 여의지 않으면 쌍으로 현전하기 때문이다.

云何隨順? 以此二義漸漸修習, 不相捨離, 雙現前故.

지가 사마타관을 수순하고 관이 비파사나관을 수순한다는 말에서 '수순(隨順)'의 의미가 무엇인지를 설명한 것이다. 위에서 설명하였듯이 수순한다는 것은 곧 지관을 함께 닦음 안에서의 지와 관이라는

것을 뜻한다. 방편상 지와 관을 구분해서 말하지만, 그 둘은 결코 분리되어서는 안 되며 함께 수행되어야 하는 것이다. 둘이 함께 현전하는 것이 곧 정관(正觀)이다. 그러므로 수순한다는 말은 곧 지와 관을 함께 닦는다는 것을 뜻한다.

원효는 『유가사지론』 「성문지」에 따라 심일경성(心一境性)이 아홉 가지 심주(心住)에서는 사마타라고 불리고 네 가지 혜행(慧行)에서는 비파사나라고 불린다고 설명한다.[122]

> 지: 일체 경계상을 그침 / 진여문: 무분별을 이룸 / 9심주의 심일경성: 사마타관
> 관: 인연생멸상을 관찰함/ 생멸문: 후득지를 이룸 / 4혜행의 심일경성: 비파사나관

9심주(心住)는 아래에서 지를 논할 때 상술할 것이므로, 여기서는 관에서의 4혜행(慧行)이 무엇인가만을 정리한다.[123]

> 4혜행(慧行):
> 1. 능정사택(能正思擇): 진소유성(시공적 존재:후득지, 세속지, 여량지)을 바르게 사택
> 2. 최극사택(最極思擇): 여소유성(진여: 무분별지, 승의제, 여리지)을 지극하게 사택
> 3. 주변심사(周徧尋思): 두루 널리 생각함
> 4. 주변사찰(周徧伺察): 두루 미세하게 고찰함

기신론에서 지관(止觀)에 관한 논의가 앞의 다른 네 가지 수행 방편에 비해 상당히 상세하고 길게 논의되고 있으므로 이하에서는 지관을 별도로 분류하여 설명하도록 한다.

---

122) 원효, 781하 참조.
123) 4慧行에 대해서는 원효, 782상 참조.

2. 지관의 수행

1) 지

(1) 9심주(心住)

만약 지(止)를 닦는다면, 고요한 곳에 머물며 단정하게 앉아 뜻을 바르게 한다.

若修止者, 住於靜處, 端坐正意.

> 지를 닦기 위한 조건:
>   1. 주위환경: 정처에 머묾
>   2. 몸: 단정히 앉음
>   3. 마음: 뜻을 바르게 함

지(止)를 닦기 위해 갖추어야 할 조건을 세 가지로 제시한다. 우선 갖춰야 할 주변 환경을 대표해서 고요한 곳에 머문다고 말한다. 그 다음으로는 몸과 마음이 준비되어야 한다. 단정히 앉는 것은 몸을 준비시키고, 뜻을 바르게 하는 것은 마음을 준비시키는 것이다. 원효는 지를 닦는 데 있어 갖추어야 할 조건을 다섯 가지로 제시한다. [124]

>   1. 고요한 곳에 머묾
>   2. 계(戒)를 청정히 지켜야 함. 청정하지 못하면 참회해야 함
>   3. 의식(衣食)이 만족하게 갖춰져야 함

---

124) 원효, 782하 참조.

4. 지도해줄 스승, 즉 선지식(善知識)을 만나야 함

5. 속된 인연을 끊어야 함

　　이렇게 준비가 되고 나면 지(止)의 수행에 들어가게 된다. 기신론에서 논하는 지의 수행과정을 원효는 『유가사지론』 「성문지」에 따라 9단계로 구분하여 마음이 머무는 '9심주(心住)'로 설명한다. 9심주는 다음과 같다.[125] 아래에서는 원효의 분류에 따라 설명한다.

9심주(心住):
　[1] 내주(內住): 바깥 경계로 향한 상(想)을 없앰
　[2] 등주(等住): 념(念)을 따르는 상(想)을 없앰
　[3] 안주(安住): 없앤다는 생각도 없앰
　[4] 근주(近住): 마음을 가깝게 잡아둠
　[5] 조순(調順): 마음을 안으로 모음
　[6] 적정(寂靜): 망심을 제거하여 고요히 머무름
　[7] 최극적정(最極寂靜): 정념(正念)에 머무름
　[8] 전주일취(傳住一趣): 마음을 전일하게 유지함
　[9] 등지(等持): 삼매에 들어감

호흡에 의거하지 않고, 형(形)과 색(色)에 의거하지 않고, 공(空)에 의거하지 않고, 지수화풍(地水火風)에 의거하지 않고 나아가 견문각지(見聞覺知)에도 의거하지 않는다.[1. 내주(內住)]

不依氣息, 不依形色, 不依於空, 不依地水火風, 乃至不依見聞覺知.

불교적 지(止)와 구분되어야 할 것:
　1. 호흡에 의거한 수행 – 수식관(數息觀)
　2. 형색(形色)에 의거한 수행 – 백골관(白骨觀)

---

125) 원효, 782하 이하 참조.

368

3. 공(空)에 의거한 수행 – 무색계정(無色界定): 4정(定)
4. 지수화풍에 의거한 수행 – 색계정(色界定): 4선(禪)
5. 견문각지에 의거한 수행 – 흩어진 마음의 고찰

지(止)의 수행과 구분되어야 할 기타의 다섯 가지 수행을 든 것이다. 다섯 가지는 다 바깥 경계에 의탁한 수행이다. 숨을 주시하거나 몸을 주시하는 것 또는 4선(禪)이나 4무색정(無色定)처럼 선정에서의 경계나 마음 작용을 대상화해서 바라보는 것 등은 모두 내적 수행이 아니라 마음에 주어지는 외적 대상들에 주목하는 것이다. 지는 마음을 외적 대상에 따라 움직이게 하지 않고 안으로 모아 머물게 하기에 지의 첫 단계를 '내주(內住)'라고 한다. 지는 안으로 마음을 밝히는 수행이다.

일체의 모든 생각(想)을 념(念)을 따라 모두 제거한다.[2. 등주(等住)]
一切諸想隨念皆除.

바깥 경계의 상(想)이 거친 생각이고 그것을 이미 제거하였다면, 이제는 나머지 미세한 생각들도 제거하도록 한다. 그러기 위해 거친 마음을 미세하게 하여 념(念)을 따라 일어나는 미세한 상(想)들을 다시 념을 따라 제거한다. 그렇게 해서 거친 생각과 미세한 생각을 모두 제거하는 것이 '등주(等住)'이다. 념(念)은 마음 속에서 일어나는 생각의 활동을 뜻하고, 상(想)은 그렇게 일어난 생각의 결과물, 생각의 내용을 뜻한다.

또한 제거한다는 생각도 버린다.[3. 안주(安住)]
亦遣除想.

밖으로 향한 생각을 다 제거해도 안에 제거한다는 생각이 남아 있
으면 생각이 다 제거된 것이 아니다. 안의 생각이 남아 있으면 다시
밖의 생각이 살아나게 되므로 안정적이지 못하다. 그러므로 상을 제
거했다는 상(想)까지 마저 제거되어야 안에 상이 없어 밖도 잊을 수 있
다. 밖을 잊을 수 있어야 마음이 평안해진다. 이것이 '안주(安住)'이다.

일체법은 본래 상(相)이 없기 때문에 생각마다 생하지도 않고 생각
마다 멸하지도 않는다.[4. 근주(近住)]
以一切法本來無相, 念念不生念念不滅.

일체 생각을 안정되게 머물게 하였으므로 내외의 일체법이 본래
능상(能想)도 가상(可想)도 없음을 안다. 이처럼 무상(無想)이기에 념념이
불생이고 불멸이다. 떠나보낼 념(念)이 없기에 마음이 가깝게 머문다.
이것을 '근주(近住)'라고 한다.

또 마음을 따라 바깥으로 경계를 념(念)해서는 안 된다.[5. 조순(調順)]
亦不得隨心外念境界.

바깥 경계의 상(相)을 념(念)하면 마음이 산란해지므로, 앞에서 닦

은 안주와 근주에 의하여 마음을 안으로 모아서 밖으로 흩어지지 않
게 한다. 이것을 '조순(調順)'이라고 한다.

그 후 마음으로 마음을 제거한다.[6. 적정(寂靜)]
後以心除心.

　　마음이 마음 바깥으로 향해 나아가고자 한다면, 그때 마음은 바
깥이 없는 무외(無外)의 마음 또는 전체의 마음인 진심(眞心)이 아니고,
오히려 안팎으로 이원화된 분화된 마음인 망심(妄心)이 된다. 그러므
로 조순해서 밖으로 향하는 마음을 멈추게 한 후, 그렇게 밖으로 향
한 마음인 망심을 제거하는 것이 적정(寂靜)이다. 이때 망심을 제거하
는 마음은 마음 바깥이 없음을 아는 마음인 본심(本心)에 해당한다. 즉
본심으로써 망심을 제거함으로써 적정을 이루는 것이다. 이 번역은
원효에 의거한 것이다.

　　이와 달리 5번과 6번을 합해서 '마음을 따라 바깥으로 경계를 넘
한 후 마음으로 마음을 제거해서도 안 된다'라고 번역할 수도 있다.
조순을 이루지 못해 마음이 바깥으로 나가 경계를 넘(念)하고 나서 다
시 마음으로 마음을 제거하면 결국 경계만 남게 되기 때문이다. 이처
럼 외적 경계만 남겨 놓으면 제거하는 마음이나 제거되는 마음은 모
두 망심에 해당할 것이다. 이렇게 해서는 본심에 이를 수 없으므로,
'심으로 심을 제거해서는 안 된다'라고 말할 수 있다. 이처럼 '심이 심
을 제거해서는 안 된다'고 해석할 경우는 '망심으로 망심을 제거해서
는 안 된다'는 말이 된다.

마음이 만약 치달려 나가 흩어지면, 마땅히 불러들여 정념(正念)에 머무르게 한다. 이 '정념'은 오로지 마음뿐이고 외적 경계가 없음을 마땅히 알아야 한다. 그런 즉 이 마음 또한 자상이 없으므로 생각마다 얻을 수가 없다.[7. 최극적정(最極寂靜)]

心若馳散, 卽當攝來住於正念. 是正念者, 當知唯心無外境界. 卽復此心亦無自相, 念念不可得.

1. 산란해지면 곧 정념으로 돌아온다: 심약치산(心若馳散) ~
2. 돌아온 마음도 물리친다: 즉부차심(卽復此心) ~

'최극적정(最極寂靜)'은 두 단계로 구분된다. 만약 마음이 산란해지면 곧 마음을 모아들여 바른 생각인 정념을 이루어야 한다. 정념은 바깥 경계란 있지 않고 오직 마음일 뿐임을 바로 아는 것이다. 그리고 나서는 다시 그 마음도 자상이 없어 념념으로 얻을 수 없음을 알아 념을 일으키지 말아야 한다.

만약 정좌로부터 일어나 가거나 오거나 나아가거나 멈추는 등의 행위가 있으면, 일체시에 항상 방편을 생각하고 수순하여 관찰해야 한다. 오랫동안 익혀서 완전히 익숙해지면 그 마음이 머무를 수 있다.[8. 전주일취(傳住一趣)]=[지(止)]

若從坐起, 去來進止有所施作, 於一切時常念方便遡順觀察. 久習淳熟, 其心得住.

수행을 계속해서 지(止)의 마음 상태가 늘 유지되면, 마음이 머물게 된다. 이것을 '전주일취(專住一趣)'라고 한다. 이렇게 마음이 머무는 것이 곧 지(止)이다.

마음이 머무르기 때문에 점점 아주 예리해져서 수순하여 진여삼매에 득입(得入)한다. 번뇌를 깊이 조복받고 신심이 증장하여 속히 불퇴(不退)를 이룬다.[9. 등지(等持)]＝[정(定)]

以心住故, 漸漸猛利, 隨順得入眞如三昧, 深伏煩惱, 信心增長, 速成不退.

마음이 흔들림 없이 머무르게 되는 것이 '등지(等持)'이다. 등지의 마음이 곧 진여삼매에 들어가는 것이다. 이렇게 마음이 머물러 삼매에 들어가는 것이 곧 정(定)이다. 그렇게 되면 진여삼매의 힘과 작용이 드러난다. 즉 진여삼매를 이루면 번뇌를 조복받게 되고 신심이 크게 자라서 뒤로 물러서지 않게 된다.

다만 의혹자, 불신자, 비방자, 중죄의 업장이 있는 자, 아만을 가진 자, 게으른 자 등은 제외된다. 이런 사람들은 (진여삼매에) 들어갈 수 없다.

唯除疑惑, 不信, 誹謗, 重罪業障, 我慢, 懈怠. 如是等人所不能入.

위에서는 누구나 아홉 단계에 걸쳐서 마음을 잘 가라앉히고 정지시켜 지를 닦으면 삼매에 이를 수 있음을 말하였지만, 여기에서는 그럼에도 불구하고 진여삼매에 들어갈 수 없는 경우를 나열하고 있다.

마음에 의혹이나 불신 등이 남아 있으면 수행이 진척될 수가 없기 때문이다.

1. 의혹(疑惑): 진리를 의심해 결정하지 못함
2. 불신(不信): 인과원리를 못 믿어 불법을 비난함
3. 비방(誹謗): 불법을 비방하는 외도적 관점 지님
4. 중죄업장(重罪業障): 5역죄와 4중죄를 범함
5. 아만(我慢): 자기 자만과 아상을 가짐
6. 해태(懈怠): 게으르고 방일함

(2) 삼매(三昧)의 수승한 능력

그 다음 이 삼매에 의거하여 '법계가 하나의 모습이라는 것'(법계일상)을 알게 되니, 이는 곧 일체 모든 부처의 법신과 중생신이 평등하여 둘이 아니라는 것을 뜻하며, 이를 '일행삼매(一行三昧)'라고 이름한다.

復次依是三昧故則知法界一相, 謂一切諸佛法身與衆生身平等無二, 卽名一行三昧.

여기에서는 지(止) 수행의 수승한 능력을 밝힌다. 법계(法界)가 하나의 모습이라는 것, 법신(法身)과 중생신(衆生身)이 차별적이지 않고 바로 평등한 하나라는 것을 아는 것이 바로 지(止)를 통한 삼매에 의해서 가능한 것이라고 한다. 법신과 중생신이 하나라는 것은 곧 법신 여래의 진여심이 곧 중생심이라는 것, 모두 하나의 마음, 일심(一心)이라는 것을 뜻한다. 이처럼 법계일상을 알게 되는 삼매를 일행삼매(一行三昧)라고 한다.

일행삼매에 대해 원효는 『문수반야경』을 인용하여 이렇게 말한다. "무엇을 일행삼매라고 하는가? 부처는 '법계는 일상이다'라고 말한다. 법계를 연하여 이것을 아는 것을 일행삼매라고 한다. 일행삼매에 들어가면, 항하의 모래만큼 많은 모든 부처의 법계에 차별상이 없음을 다 알게 된다."[126]

진여(삼매)가 삼매의 근본임을 마땅히 알아야 한다. 만약 누구든 (사마타) 수행을 하면 점차적으로 무량한 삼매를 낼 수 있다.
當知眞如是三昧根本. 若人修行, 漸漸能生無量三昧.

이런 법계일상의 삼매는 법신이 곧 진여심이며 중생심이기에 가능한 것이다. 삼매의 근본은 진여이다. 일체 중생심이 곧 진여심이기에 누구나 수행을 하여 마음 바탕에 이르면 자신 안의 진여성을 자각하게 되어 일행삼매에 들 수 있다. 이는 중생심 안에서 불도를 구하는 수행을 일으키는 것 자체가 바로 정법(淨法) 진여(眞如)이기 때문이다. 그러므로 누구나 수행을 하면 삼매에 이르게 된다고 말한다.

(3) 삼매에서 만나게 되는 마구니

a. 마구니가 나타나는 방식

혹 어떤 중생이 선근의 힘이 없다면, (그는) 모든 마구니와 외도와

---

126) 원효, 783하~784상, "云何名一行三昧? 佛言, 法界一相繫緣法界是名一行三昧. 入一行三昧者, 盡知恒沙諸佛法界無差別相."

귀신에 의해 미혹되어 어지러워진다.

或有衆生無善根力, 則爲諸魔外道鬼神之所惑亂.

여기서는 선정을 닦아 삼매에 들 때, 선근(善根)이 미약한 자는 외부의 삿된 기운인 마(魔)나 귀(鬼)나 신(神)에 의해 현혹될 수 있음을 말한다. 원효는 마와 귀와 신을 구분하여 설명한다. "처음에 말하는 마구니는 천마(天魔)를 말하고, 귀는 퇴척귀(堆惕鬼)이고, 신은 정미신(精媚神)을 말한다. 이런 귀신들이 불법을 어지럽혀 사도에 떨어지게 하므로 외도라고 이름한 것이다."[127]

마(魔) - 천마(天魔): 욕계 꼭대기의 제6천주의 주인/ 파순
귀(鬼) - 퇴척귀(堆惕鬼): 좌선 시 공부를 방해하는 귀신
신(神) - 정미신(精媚神): 12지의 짐승이나 인간으로 나타나 방해하는 정령

이하에서는 마구니가 수행자를 방해하는 모습을 열거하는데, 원효는 그러한 마구니의 열 가지 방해를 다섯 쌍으로 분류한다.[128] 아래에서는 그 틀에 따라 둘씩 묶어 설명한다.

1. 현형(現形) 설법(說法)
2. 득통(得通) 기변(起辯)
3. 기혹(起惑) 작업(作業)
4. 입정(入定) 득선(得禪)
5. 식차(食差) 안변(顔變)

---

127) 원효, 784상, "初中言諸魔者是天魔也. 鬼者堆惕鬼也. 神者精媚神也. 如是鬼神嬈亂佛法, 令墮邪道, 故名外道."
128) 다섯 가지로 묶은 것은 원효, 785상 참조. 각각에 대한 설명은 원효, 784상 이하 참조.

① 형상을 나타내거나 설법함

만약 좌선 중에 공포스런 모습이 나타나거나 혹 단정한 남녀 등의 모습이 나타나면, 오직 마음일 뿐임을 마땅히 생각해야 한다. (그러면) 경계가 곧 멸하고 결국 번뇌가 되지 않는다.

若於坐中現形恐怖, 或現端正男女等相, 當念唯心. 境界則滅, 終不爲惱.

온갖 마구니나 귀신이 경계를 지어 나타나는 양태는 주로 세 가지로 구분된다.

1. 공포심을 일으킴
2. 애욕을 일으킴
3. 혼란스럽게 함

여기에서는 첫 번째와 두 번째를 들어 말하였고, 아래에서 설하는 것들은 다 수행인의 마음을 혼란스럽게 하는 갖가지 종류라고 볼 수 있다.

일체가 마음이 지은 것임을 알면 그 경계가 결국 사라진다는 것은 마구니를 다스리는 일반적인 방법이다. 일체 경계가 오직 마음이 스스로 분별한 것임을 알아차려 마음 바깥에 따로 경계가 실재하는 것이 아니라는 것을 생각하면, 그 경계상이 결국 사라지게 된다는 것이다. 마음 안에서 일어나는 마구니의 짓이기 때문에 결국 그 마음으로 다스려 넘어서야 하는 것이다.

혹 천인의 형상이나 보살의 형상으로 나타나기도 하고 또는 상호(相好)를 구족한 여래의 형상을 만들어 다라니를 말하거나 보시, 지계, 인욕, 정진, 선정, 지혜를 말하기도 한다. 혹 평등하고 공하여 상(相)도 없고 원(願)도 없고, 원망도 없고 친함도 없고, 원인도 없고 결과도 없으며, 필경 공적(空寂)이 참된 열반이라고 말하기도 한다.

或現天像菩薩像, 亦作如來像相好具足, 若說陀羅尼, 若說布施持戒忍辱精進禪定智慧. 或說平等空無相無願無怨無親無因無果, 畢竟空寂是眞涅槃.

갖가지 천계(天界)의 모습이나 보살의 형상 또는 여래의 형상을 보는 것도 수행을 방해하는 마구니의 짓이라고 한다. 나아가 다라니나 바라밀을 설하는 것, 또는 열반에 대해 중도(中道) 아닌 편벽된 관점에서 설하는 것 등도 다 설법을 통해 수행인의 마음을 어지럽게 하는 마구니의 짓으로 본다.

② 신통(神通)을 얻거나 변재(辯才)를 일으킴

혹 사람으로 하여금 전세의 지나간 일을 알게 하거나 또는 미래의 일을 알게 한다. 또는 타인의 마음을 아는 지혜와 막힘없는 말재간을 얻게 하여 능히 중생으로 하여금 세간 명예와 이익의 일을 탐하여 집착하게 한다.

或令人知宿命過去之事, 亦知未來之事. 得他心智辯才無礙, 能令衆生貪著世間名利之事.

수행을 통해 얻게 되는 갖가지 신통력, 숙명통이나 타심통 등에 대해서도 그것을 마구니의 짓이라고 말한다. 특히 전생을 보거나 미

래를 보는 일, 남의 마음을 알아보거나 말을 능숙하게 잘 하는 일 등
을 통해 세간적인 명예나 이익을 얻으려고 하는 것을 경계한다.

③ 의혹을 일으키거나 업을 짓게 함

또 사람으로 하여금 자주 화나게 하거나 자주 기뻐하게 하여 성품
에 일정한 법도가 없게 한다. 혹 자애를 많게 하거나 잠을 많게 하
거나 병을 많게 하여 그 마음이 나태하지게 한다. 혹 갑자기 정진
을 시작했다가 다시 곧 그만두게 하여 불신을 일으키거나 의심을
많게 하거나 사려를 많게 한다. 혹 본래의 수승한 수행을 버리고
다시 잡다한 일을 하게 한다. 혹 세간 일의 갖가지 속박에 매이게
한다.

又令使人數瞋數喜性無常准. 或多慈愛多睡多病其心懈怠. 或卒起精進後
更休廢, 生於不信多疑多慮. 或捨本勝行更修雜業. 或著世事種種牽纏.

수행하는 과정에서 성격이 변덕스럽게 바뀐다거나 지나치게 한
쪽으로 치우치는 것을 마구니의 방해로 본다. 또는 수행을 하다 말고
금방 포기하거나 의심하거나 생각이 많아지는 것도 마구니의 짓이라
고 보며, 나아가 수승한 수행 대신에 잡다한 다른 수행이나 세간 일
에 정신을 빼앗기는 것도 경계하고 있다.

④ 정(定)에 들거나 선(禪)을 얻게 함

또 사람으로 하여금 (진여삼매와) 조금 유사한 여러 삼매를 얻게 할
수 있으나, 그것은 모두 외도에 의해서 얻어지는 것이지 참된 삼
매가 아니다.

亦能使人得諸三昧少分相似, 皆是外道所得, 非眞三昧.

지(止)의 수행과정에서 선정(禪定) 삼매(三昧)에 빠져드는 것을 참된 삼매가 아닌 마구니의 방해라고 경계한다. 지(止)와 관(觀)을 함께하지 않고 선정에만 치우친 것을 문제 삼는 것이라고 볼 수 있다.

혹은 사람으로 하여금 하루 이틀 사흘 내지 칠 일에 이르도록 선정에 머물러 향기롭고 맛있는 음식을 저절로 얻어서 심신(心身)이 쾌적하여 배고프지도 목마르지도 않은 채 (선정에) 애착하게 만든다.
或復令人若一日若二日若三日乃至七日, 住於定中, 得自然香美飮食, 身心適悅, 不飢不渴, 使人愛著.

음식을 철폐하고서 여러 날 동안 선정에 빠져 있는 것을 마구니의 방해라고 본다.

⑤ 음식을 차이 나게 먹거나 안색을 변화시킴
혹은 또 사람으로 하여금 음식을 먹음에 한계가 없게 하여 갑자기 많이 먹게도 하고 갑자기 적게 먹게도 하며, 안색을 다르게 변화시키기도 한다.
或亦令人食無分齊乍多乍少, 顔色變異.

일상에서 음식 먹는 것조차 평상심을 유지하지 못하고 지나치게 과식하거나 지나치게 조금 먹는 것을 다 마구니의 방해로 간주한다.

선정을 닦는 과정에서 얼굴색이 쉽게 바뀌는 것도 경계한다.

이상은 삼매 중에 등장하는 이런 저런 상황을 마구니의 방해로 간주하면서 그런 것에 끌려 다니거나 탐착해서는 안 된다는 것을 말한 것이다. 이에 대해 원효는 몇 가지 의심점을 제기하며 스스로 자문자답한다.[129]

[문1] 보살의 형상 등을 보는 것이 숙세(宿世)의 선근(善根)에 의한 것일 수도 있는데, 이를 마구니의 방해와 어떻게 구분할 수 있는가?

[답1] 실제 두 경우가 다 가능하므로 신중히 구분해야 한다. 세 가지 방법으로 시험해서 판별할 수 있다.

1. 정(定)으로 연마함: 정심(定心)에 들어가 경계를 취하지도 버리지도 말고 평등히 있다 보면, 선근에서 나온 것은 정(定)의 힘이 깊어져 선근이 더욱 일어나지만 마구니의 것은 오래지 않아 그 경계가 스스로 무너진다.

2. 본래 닦던 것에 의해 치유함: 본래 닦던 것을 계속 해나갈 때 경계가 더욱 밝아지면 참이고 경계가 점점 무너지면 거짓이다.

3. 지혜로 관찰함: 나타난 상(相)을 관찰하여 근원을 추적해 가되 마음이 머물러 집착하지 않으면 거짓은 스스로 사라지고 참된 것은 스스로 나타난다.

[문2] 정(定)의 옳고 그름을 어떻게 구별할 수 있는가?

[답2] 미세하여 알기 어렵다. 9심주를 차례로 닦다보면 마지막에 다음 열 가지 모습이 보인다. 고요한 정(定)이 되고, 공허(空虛)가 되며,

---

129) 원효, 785상 이하 참조.

맑은 빛이 나타나고, 희열이 넘치고, 즐거움이 있고, 선한 마음이 일
어나고, 앎이 명료해지고, 모든 속박에서 벗어나며, 마음이 부드럽게
조화되고, 경계가 앞에 분명히 나타난다.

반면 삿된 모습에도 열 가지가 있다. 기운이 늘거나 주는 모습,
고요하거나 어지러운 모습, 없다고 여기거나 있다고 여기는 모습, 밝
거나 어두운 모습, 우울하거나 기쁜 모습, 괴롭거나 즐거운 모습, 선
하거나 악한 모습, 어리석거나 지혜로운 모습, 묶이거나 벗어나는 모
습, 강하거나 부드러운 모습과 같은 것인데, 이는 모두 양극단에 치
우친 것으로 삿된 정(定)의 모습이다. 이러한 스무 가지 양태를 잘 식
별하지 못해 마음에 애착이 생기면 그로 인해 극단적인 행동을 하게
되기도 한다. 나아가 이런 삿된 법이 일어날 경우 귀신의 법과 상응
(相應)할 수도 있는데 이를 깨닫지 못하고 귀신의 법문에 들어 온갖 신
통을 부리면서 희유(稀有)한 일을 통해 세상 사람을 현혹하기도 한다.

이런 삿된 모습은 마구니가 지은 것이니 정법(正法)으로 다스려 물
리쳐야 한다. 삿된 모습이 없어지면 수행자의 정심(定心)이 맑아지게
된다. 불법(佛法)으로 다스려도 없어지지 않으면 이는 자기 죄업으로
인한 장애에서 일어난 것이니 대승(大乘)을 닦아 참회해야 한다. 사(邪)
가 멸하면 응당 정(正)이 나타난다. 여기까지가 원효의 설명이다.

b. 마구니에 대처하는 방법

이런 의미 때문에 수행자는 항상 마땅히 지혜롭게 관찰하여 이 마
음이 삿된 그물에 떨어지지 않게 해야 한다. 응당 부지런히 정념
(正念)을 닦아 취착(取著)하지 않으면 이런 모든 업장(業障)을 멀리 여
일 수 있다.

　　여기서는 선정 수행 중에 나타나는 현상이 수행자의 선근이 닦여
나타나는 자연스런 결과인지, 아니면 마구니의 방해에 따른 현상인
지를 제대로 분간하여 삿된 길로 빠지지 말아야 한다는 것을 말한다.
'지혜롭게 관찰한다'는 것은 앞서 원효가 제시한 세 번째 시험 방식에
해당한다. '부지런히 정념을 닦아 취착하지 않는다'는 것은 원효가 제
시한 첫 번째와 두 번째 시험 방식이다. 정(定)으로 연마하고 본래 닦
던 지(止)를 계속 닦아나가되 취착하지 않으면 바른 정(定)과 삿된 정
(定)을 구분하여 마구니의 방해를 벗어날 수 있다는 것을 강조한다.

(4) 외도(外道)의 삼매와 진여삼매의 차이

외도에게 있는 삼매는 모두 아견(我見)과 아애(我愛)와 아만(我慢)의
마음을 여의지 않음을 마땅히 알아야 하니, 세간의 명리와 공경을
탐착하기 때문이다.

　　불법에 따른 바른 삼매와 불법을 비방하는 외도의 삿된 삼매를
구분할 수 있는 기준점을 제시한다. 삿된 삼매는 아견, 아애, 아만을
벗어나지 못하는데, 이는 결국 세간의 명예와 이익 그리고 공경심에
집착하기 때문이다.

'진여삼매(眞如三昧)'는 '보는 상'[見相]에도 머무르지 않고 '얻는 상'[得相]에도 머무르지 않는다. 나아가 선정에서 나와서도 또한 게으르거나 자만하지 않아 남은 번뇌가 점차적으로 희미해지고 엷어진다.

眞如三昧者不住見相, 不住得相. 乃至出定亦無懈慢, 所有煩惱漸漸微薄.

불법(佛法)에 따른 진정한 삼매는 바로 진여삼매이다. 진여삼매는 견상, 주객 이분법을 넘어서서 무분별적 진여심으로 돌아가는 것이므로 내가 본다는 상(견상)도 갖지 않고 또 어떤 경지에 이르렀다는 상(득상)도 갖지 않는다. 무상의 마음이 되는 것이다. 그리고 선정에서 나와서도 진여가 본래 일체 중생의 중생심과 하나라는 것을 알기 때문에, 내가 특별한 것을 성취하였다는 아견, 아애, 아만을 갖지 않으므로 결국 탐진치의 장애를 벗어나게 된다.

만약 어떤 범부든 이 (진여)삼매법을 수습하지 않으면 여래종성에 들어갈 수 있는 그런 일은 없다. 왜냐하면 세간의 모든 선정 삼매를 수행하면 그 맛에 대한 집착이 크게 일어나 아견에 의해 삼계(三界)에 매이고 속박 당하여 외도와 함께하게 되니, 만약 선지식(善知識)에 의한 보호를 여의면 곧 외도의 견해를 일으키게 되기 때문이다.

若諸凡夫不習此三昧法, 得入如來種性, 無有是處. 以修世間諸禪三昧多起味著, 依於我見繫屬三界, 與外道共. 若離善知識所護, 則起外道見故.

그러므로 부처여래의 길로 나아가고자 하는 자는 반드시 이러한 진여삼매법을 닦아야 한다. 여래종성(如來種性)에 들어간다는 것은 믿음을 성취하고 결정심(決定心)을 발하여 10주위로 나아가는 것을 뜻한다. 즉 부정취중생이 결정심을 발하여 정정취로 나아가는 것이다. 이러한 여래종성으로 나아가기 위해서는 마음의 본래 바탕인 진여심으로 귀의하는 진여삼매를 닦아야 한다.

여기서는 또한 바른 삼매의 길로 나아가기 위해서는 반드시 나의 수행을 인도해줄 스승, 즉 선지식(善知識)의 보호가 필요하다는 것을 강조한다. 세간 명리를 좇는 외도의 선정삼매도 있고, 대승의 지(止)를 닦던 중에도 마구니의 방해를 받아 선정삼매에 드는 일도 있으므로 반드시 참된 것과 삿된 것을 분별하여 바른 길로 인도하는 선지식의 수호가 필요한 것이다.

(5) 지의 수행으로부터 얻는 이익

그 다음 정진하여 부지런히 한 마음으르 이 삼매를 수학하면, 현세에 열 가지의 이익을 마땅히 얻게 된다. 무엇이 그 열 가지인가?
復次精勤專心修學此三昧者, 現世當得十種利益. 云何爲十?

지관 수행에서 지(止)를 닦음으로써 현세에서 얻을 수 있는 이익을 열 가지로 나열한다. 법장은 지의 수행어서 오는 이익을 다음과 같이 분류한다.[130]

---

130) 법장, 285중 이하 참조.

1. 제불보살의 보호를 받는 이익: 이익1
2. 장애에서 벗어나는 이익
   2-1. 외적인 악연의 장애를 벗어남: 이익2, 3
   2-1. 내적인 혹업의 장애를 벗어남: 이익4, 5
3. 수행이 견고해지는 이익: 이익6~10

첫째로 항상 시방의 모든 부처와 보살에 의해 보호 받는다.

一者常爲十方諸佛菩薩之所護念.

수행을 통해 제불보살의 보호를 받음으로써 수행자는 계속 용맹 정진할 수 있게 된다. 이러한 불보살의 보호는 그 다음의 이익을 얻을 수 있는 기본적인 이익이라고 볼 수 있다.

둘째로 온갖 마구니와 악귀에 의해 두려워지거나 공포스럽게 될 수 없다. 셋째로 아흔다섯 가지 외도와 귀신에 의해 미혹당하거나 혼란스럽게 되지 않는다.

二者不爲諸魔惡鬼所能恐怖. 三者不爲九十五種外道鬼神之所惑亂.

외적인 악연의 장애를 벗어나게 된다. 이익2는 천신이나 악귀가 나타내는 형상에서 벗어날 수 있는 것이고, 이익3은 외도들의 삿된 견해에서 벗어날 수 있는 것이다.

넷째로 심오한 불법(佛法)을 비방하는 것을 멀리 여의며, 중죄 업장

이 점차적으로 희미해지고 엷어진다. 다섯째로 일체의 의심과 모든 악한 사려분별(각관)을 멸한다.

四者遠離誹謗甚深之法, 重罪業障漸漸微薄. 五者滅一切疑諸惡覺觀.

　내적인 악업의 업장으로부터 벗어나는 이익이다. 이익4는 악업의 중죄 업장으로부터 벗어나는 것이고, 이익5는 지나친 의심과 지나친 사려분별로부터 벗어나는 것이다. 법을 비방하는 것으로부터 멀어지는 것은 더 이상 업을 짓지 않는 것이고, 중죄 업장이 점점 가벼워지는 것은 업장의 무게가 줄어드는 것이다.

　여섯째로 여래의 경계에 대한 믿음이 증장할 수 있다. 일곱째로 걱정과 후회를 멀리 여의고 생사 중에 용맹스럽고 겁내지 않는다. 여덟째로 그 마음이 부드럽고 교만을 버려 타인에게 괴롭힘을 당하지 않는다. 아홉째로 비록 선정을 얻지 못해도 일체 시간과 일체 경계처에서 번뇌를 줄이고 멸할 수 있으며 세간을 즐기지 않는다. 열째로 만약 삼매를 얻으면 바깥 경계의 일체 음성에 의해 놀라 움직이지 않는다.

六者於如來境界信得增長. 七者遠離憂悔於生死中勇猛不怯. 八者其心柔和捨於憍慢不爲他人所惱. 九者雖未得定於一切時一切境界處則能減損煩惱不樂世間. 十者若得三昧不爲外緣一切音聲之所驚動.

　수행이 견고해지는 이익을 여러 가지로 나열한 것이다. 이익6은 여래법신에 대한 신심이 증장한다는 것이고, 이익7은 염오세간에 있어 생사를 두려워하지 않게 된다는 것이다. 이익8은 타인과의 관계가 원만해진다는 것이고 이익9는 세간의 재미를 즐기지 않는다는 것이고 이익10은 깊은 선정을 얻어 마음의 흔들림이 없게 된다는 것이다.

2) 관(觀)

그 다음 만약 어떤 사람이 오직 지(止)만 닦는다면, 그 마음이 가라 앉거나 혹 나태함을 일으켜 선한 것들을 즐거워하지 않고 대비심 (大悲心)을 멀리 여의게 되니, 이 때문에 관(觀)을 수행한다.
復次若人唯修於止, 則心沉沒, 或起懈怠, 不樂衆善, 遠離大悲, 是故修觀.

지금까지는 지(止)를 논하였고, 이제부터는 관(觀)을 논한다. 지관 은 함께 닦아야 하는 것이므로 어느 하나가 빠진다면 진정한 수행이 라고 할 수 없다. 여기에서는 만일 지만을 닦는다면 어떤 병폐가 있 는지를 밝힌 것이다. 마음이 가라앉거나 게을러지며, 결국 선(善)을 추구하거나 대비심을 내는 것이 어려워진다는 것이다. 선행(善行)을 즐기지 않는 것은 자리행(自利行)을 저버리는 것이고, 대비심을 내지 않는 것은 이타행(利他行)을 저버리는 것이다. 이것을 보충하는 것이 관(觀)이다. 이하는 구체적인 관의 수행 방법을 열거하였는데, 원효는 이를 네 가지로 분류한다.[131]

---

131) 원효, 787하 참조.

네 가지 관법:
1. 법상관(法相觀): 자리행
2. 대비관(大悲觀): 이타행
3. 서원관(誓願觀): 이타행을 완성
4. 정진관(精進觀): 자리행을 완성

(1) 법상관(法相觀)

a. 무상관(無常觀)

관(觀)을 닦고 익힌다면, 일체 세간의 우위법(有爲法)이 오래 머무를 수 없으며 잠깐 사이에 변하여 무너진다는 것을 마땅히 관찰해야 한다.

修習觀者, 當觀一切世間有爲之法無得久停, 須臾變壞.

법상관(法相觀)은 법의 실상(實相)을 제대로 관찰하는 것이다. 법상 관으로 네 가지를 제시하는데, 일체가 무상하고 고이고 무아이며 부 정이라는 것을 관하는 것이기에, 이를 각각 무상관(無常觀), 고관(苦觀), 무아관(無我觀), 부정관(不淨觀)이라고 부른다. 이것은 모두 진여 실상인 상(常)·락(樂)·아(我)·정(淨)에 대비 되는 것이다.

여기에서는 일체 제법이 모두 무상하다는 것을 논한다. 일체 제 법은 모두 유위법이며 인연이 화합하여 존재하는 것이므로 인연 따 라 생멸하여 변화하고 소멸하므로 무상하다. 이러한 일체 제법의 무 상함을 관해야 한다.

b. 고관(苦觀)

일체 마음의 행은 생각마다 생멸하며 이 때문에 고라는 것을 ^{(마땅}

一切心行, 念念生滅, 以是故苦.

마음이 일으키는 것은 모두 다 순간마다 생멸한다. 어떤 것도 고정적으로 남아 있는 것이 없이 생겨났다가 그 다음 찰나에 멸하므로 찰나생멸이라고 한다. 그렇게 찰나마다 생각 생각마다 생멸하므로 일체가 고통이라는 것을 관해야 한다.

c. 무아관(無我觀)

과거에 생각되었던 모든 법이 황홀하여 꿈과 같음을 마땅히 관찰해야 한다. 현재 생각되는 모든 법이 마치 번갯불과 같음을 마땅히 관찰해야 한다. 미래에 생각될 모든 법이 마치 구름과 같이 홀연히 일어나는 것임을 마땅히 관찰해야 한다.

應觀過去所念諸法恍惚如夢. 應觀現在所念諸法猶如電光. 應觀未來所念諸法猶如於雲欻爾而起.

과거에 념(念)한 대상, 현재 념(念)하는 대상, 그리고 미래에 념(念)할 대상이 모두 다 자기 자성(自性)을 가지는 실체적인 것이 아니라 인연화합하여 잠시 생겨났다가 인연이 다하면 사라져버릴 허망한 것이라는 것, 즉 무아(無我)라는 것을 관(觀)해야 한다. 일체는 그렇게 꿈이나 번개나 구름처럼 잠시 반짝 나타났다가 사라지는 허망한 것이다.

d. 부정관(不淨觀)

세간에서 몸을 가진 모든 것은 모두 다 깨끗하지 않고 갖가지로

오염되어 있어 즐거워할 만한 것이 하나도 없음을 마땅히 관찰해
야 한다.

應觀世間一切有身悉皆不淨種種穢汚, 無一可樂.

　　모든 신체적인 것은 깨끗하지 못하고 오염되어 있다. 모든 생명
체가 바깥의 대기와 물질에서 필요한 요소를 섭취하여 몸의 피와 살
을 보충하고 그 결과 노폐물이 배출되는데 그 중 일부는 몸 안에 쌓
여 있기 때문이다. 몸은 그 바깥에서 보면 피부로 포장되어 있어 안
의 더러운 것이 잘 드러나지 않지만 그 안에는 피와 땀, 고름과 배설
물 등이 가득하다. 불교에서는 그런 몸을 가죽으로 더러운 것들을 가
득 쌓아 묶어 놓은 덩어리란 의미에서 '가죽주머니'라고도 부른다. 더
러운 것은 주머니 안이지 밖이 아니다. 신체를 사랑하고 탐착하는 사
람들은 이러한 신체의 실상을 관해야 한다.

(2) 자비관(慈悲觀)

이와 같이 일체 중생은 무시의 시간 이래로 모두 무명(無明)으로 인
해 훈습(熏習)되었기에 마음을 성멸하게 하여, 이미 일체 심신(心身)
의 큰 고통을 받았고 현재에도 무량한 핍박이 있고 또 미래에 받
을 고통도 한정이 없어 버리기도 어렵고 떠나기도 어려운데 이를
깨닫지도 못하니, 중생은 이와 같이 매우 불쌍하다는 것을 마땅히
생각해야 한다.

如是當念一切衆生, 從無始時來, 皆因無明所熏習故, 令心生滅, 已受一切
身心大苦, 現在卽有無量逼迫, 未來所苦亦無分齊, 難捨難離而不覺知, 衆

生如是甚爲可愍.

　　모든 중생이 무한한 과거에서부터 무명(無明)으로 훈습됨으로써 언제나 마음으로 념을 일으켜 고통을 받아왔음을 관(觀)해야 한다. 과거뿐 아니라 현재에도 무한한 고통을 받고 있고 또 무명을 제거하지 못하는 한 미래에도 여전히 끝없이 고통을 받을 것인데, 그런데도 그 사실을 알지 못하므로 중생이 끝없이 불쌍하다는 것이다.

　　마음의 생멸하는 념(念)을 따라 무한히 고통을 받으면서도 그 고통을 벗어나지도 못하고 또 스스로 고통 받고 있다는 사실조차 여실하게 알지 못하니 더욱 불쌍하다는 것이다. 고(苦)를 알지 못한다는 것은 중생이 받는 고(苦)와 락(樂)이 근본적으로 모두 고(苦)라는 것을 알지 못한다는 말이다. 우리가 고와 락으로 분별하는 것이 사실은 모두 근본 고에 바탕을 둔 상대적인 고와 상대적인 락일 뿐이며 따라서 고락이 함께할 수밖에 없는 것인데, 범부는 그 사실을 모르고 고락을 분별하여 고통은 피하려고 하고 즐거움만 좇으려고 한다. 하지만 이것은 결국 더 큰 고로 빠져드는 것일 뿐이다. 그러므로 중생이 고를 알지도 못하고 따라서 고를 떠나지도 못한다고 말한다.

　　이처럼 고를 떠나지도 못하고 알지도 못한 채 머나먼 과거부터 현재까지 그리고 또 미래에도 계속 고통을 받는 중생을 생각하면 지극히 불쌍하여 자비심이 일어나지 않을 수 없다. 이처럼 중생의 고통을 생각하며 자비심을 일으키는 것이 자비관이다.

(3) 서원관(誓願觀)

이렇게 사유한다면 마땅히 용맹스럽게 큰 서원(誓願)을 세워야 한다. 즉 내 마음이 분별을 여의어 시방 세계에 두루하면서 일체 모든 선한 공덕을 수행하고, 미래가 다하도록 무량한 방편으로써 일체 고뇌하는 중생을 구제하여, 열반이라는 제일의 즐거움을 얻게 하기를 원해야 한다.

作此思惟, 卽應勇猛立大誓願. 願令我心離分別故遍於十方, 修行一切諸善功德, 盡其未來以無量方便救拔一切苦惱衆生, 令得涅槃第一義樂.

일체 중생의 한량없는 고통을 보고 자비심을 내면 마땅히 그 고통을 덜어주겠다는 원(願)을 세워야 한다. 그리하여 나와 중생을 분별하지 않고 한 마음으로 여기면서, 선한 공덕을 닦고 앞으로 계속 무량한 방편을 써서 중생의 고통을 덜어주겠다는 원을 내야 한다. 모든 중생이 고통을 다 여의고 진정한 열반락(涅槃樂)을 누릴 수 있게 되기를 희망하는 것이다.

(4) 정진관(精進觀)

이와 같은 원(願)을 일으키기 때문에 일체 시간과 일체 처소의 모든 선(善)을 자신이 감당할 능력에 따라 버리지 않고 수학하여 마음에 나태함이 없어야 한다. 앉아 있을 때 지(止)에 전념하는 것만을 제외하고 그 나머지 일체 (시간)에는 모두 응당 해야 할 것과 응당 하지 말아야 할 것을 마땅히 관찰해야 한다.

以起如是願故, 於一切時一切處所有衆善, 隨己堪能不捨修學, 心無懈怠.
唯除坐時專念於止, 若餘一切, 悉當觀察應作不應作.

고통 받는 중생을 구제하기로 원을 세우고 나면 그 원에 따라 온갖 선(善)을 닦기에 전념해야 한다. 그러자면 게으름을 피우거나 해이해지지 않고 끊임없이 정진(精進)해야 한다. 지를 행하는 시간 이외의 시간에는 항상 맑은 정신으로 깨어 있으면서, 무엇을 하고 무엇을 하지 말아야 할지를 잘 분간해서 해야 할 바를 부지런히 행해야 한다는 것이다.

3) 지관(止觀) 병행의 필요성

걷든 머무르든 눕든 일어나든 모든 경우에 마땅히 지관을 함께 행해야 한다.
若行若住, 若臥若起, 皆應止觀俱行.

지금까지 지(止)와 관(觀)을 각각 논하였다면, 이제부터는 이 지와 관이 서로 떨어지지 않고 실제로 함께 수행되어야 함을 논한다. 행주좌와(行住坐臥) 어묵동정(語默動靜) 언제 어디에서든지 항상 지와 관을 함께 수행해야 하는 것이다.

이른바 비록 모든 법이 자성이 일어나지 않음을 생각한다고 해도

(지) 다시 곧 인연 화합한 선악의 업(業)과 고락 등의 보(報)가 사라지지 않고 무너지지 않음도 생각하여 한다(관).

所謂雖念諸法自性不生, 而復卽念因緣和合善惡之業苦樂等報不失不壞.

자성(自性)의 불생(不生)을 념 - 비유문(非有門) - 지(止)의 수행
업보(業報)의 부실(不失)을 념 - 비무문(非無門) - 관(觀)의 수행

지와 관은 함께 닦아야 하지만, 그럼에도 불구하고 지와 관에는 분명히 서로 구분되는 점 내지는 서로 상반되는 점이 있음을 밝힌다. 제법의 자성(自性)이 불생(不生)이라고 생각하는 것은 일체의 차별상을 떠나 무분별적 일념상응으로 나아가는 것이므로 지(止)의 수행에 해당하고, 다시 업보(業報)가 사라지지 않는다는 것을 생각하는 것은 현상적으로 드러나는 차별상을 보는 것이므로 관(觀)의 수행에 해당한다. 이렇게 지와 관이 서로 구분되는 점이 있기에 둘 다 행하지 않고 어느 하나만을 닦을 경우 한쪽으로 치우쳐 중도를 벗어나게 되므로, 지와 관은 동시에 함께 수행되어야 하는 것이다.

여기에서는 지를 수행하되 관도 함께 행함으로써 무에 치우치지 않아야 함을 강조한 것이다. 즉 지를 버리지 않고 관을 닦아야 한다는 것이다.

비록 인연(화합)의 선악의 업보를 생각한다 해도(관) 또한 곧 그 자성(自性)을 얻을 수 없음도 생각하여 한다(지).

雖念因緣善惡業報, 而亦卽念性不可得.

여기에서는 인연과 선악의 업보를 생각하는 관(觀)을 행하되, 그 안에서 실재 자성은 얻을 수 없음을 생각하는 지(止)를 동시에 수행해야 한다는 것을 강조한다. 즉 관을 버리지 않고 지를 닦아야 한다는 것이다.

만약 지(止)를 닦으면, 범부의 세간에 대한 집착을 다스리고, 이승(二乘)의 겁약한 견해도 버릴 수 있다.
若修止者, 對治凡夫住著世間, 能捨二乘怯弱之見.

> 지(止)의 효과
> 1. 범부 : 삼매로 세간에 대한 주착을 극복하게 함
> 2. 이승 : 유식성의 자각을 통해 생사의 두려움을 없앰

앞에서는 지와 관이 서로 다른 측면이 있기에 함께 수행해야 함을 논하였다면, 여기에서는 지와 관의 수행을 통해 얻어지는 이익 또는 극복되는 장애가 서로 다른 것임을 밝힘으로써 결국 일체 장애의 극복을 위해서는 그 둘을 함께 닦아야 한다는 것을 다시 강조한다.

범부는 세간에 대한 집착이 강하여 세간을 벗어날 생각을 하지 못하고, 그냥 생사고락에 매여서 살아갈 뿐이다. 반면 성문과 연각의 이승은 생사 고통을 두려워하고 싫어하는 마음을 내어 생사 너머의 열반을 추구한다. 이승은 열반을 추구한다는 점에서는 범부와 다르지만, 아직 생사의 고통을 두려워하고 싫어하는 겁약한 마음을 극복하지는 못했다는 점에서 한계가 있다. 즉 대승의 관점에서 보면 이승은 생사에서 우리가 겪는 일체법이 모두 자성이 없는 공이라는 법공(法空)

을 아직 알지 못하고, 또 일체가 모두 마음의 념(念)에 따라 일어난 허망분별상이라는 일심 진여법을 알지 못하는 한계가 있는 것이다.

지(止)의 수행은 수행자로 하여금 진여삼매에 들게 하여 일체의 공성(空性)과 유식성(唯識性)을 자각하게 하므로 세간 삶에 매여 있는 일반 범부의 집착심을 극복하게 하고 또 생사를 두려워하는 이승의 겁약한 마음을 치유한다.

만약 관(觀)을 닦으면, 대비심을 일으키지 못하는 이승의 좁고 못난 마음의 과오를 다스리고, 선근을 닦지 않는 범부의 과오도 멀리 여읜다.

若修觀者, 對治二乘不起大悲狹劣心過, 遠離凡夫不修善根.

관(觀)의 효과
　1. 범부 : 연기관으로 선근을 닦게 함
　2. 이승 : 대비관으로 협소한 마음을 극복하게 함

관을 닦게 되면 이 현상세계의 실상인 무상(無常), 고(苦), 무아(無我), 공(空)을 여실하게 깨닫게 되고 따라서 무시 이래로 고통 받는 중생에 대한 대비심을 일으키게 된다. 결국 이 대비심에 입각해서 이승은 자신만의 깨달음과 열반을 추구하던 마음에서 벗어나 중생 구제의 원(願)을 세우게 된다. 나아가 일반 범부는 연기적 실상인 '선업락과(善業樂果) 악업고과(惡業苦果)'의 깨달음을 통해 부지런히 선근(善根)을 닦으려는 마음을 내게 된다.

이런 의미 때문에 이 지(止)와 관(觀)의 두 문(門)은 함께 서로 도와 완성되며 서로 버리거나 분리되지 않는다. 만약 지와 관이 함께 갖추어지지 않으면 지혜의 도(道)에 들어갈 수 없다.

以此義故, 是止觀二門共相助成不相捨離. 若止觀不具, 則無能入菩提之道.

이처럼 지와 관은 함께 닦아야 한다. 지(止)를 통해 일념 상응의 경지에서 무분별지(無分別智)를 얻어야 하고, 관(觀)을 통해 생멸하는 현상 세계에 대한 후득지(後得智)를 얻어 중생 구제의 자비행을 베풀어야 한다. 그렇게 지혜와 자비가 함께해야 한다. 결국 지를 통해 일반 범부가 가지는 생사에의 매임을 벗어나고, 관을 통해 이승이 가지는 열반에 대한 집착을 벗어나야 하는 것이다. 그러므로 지와 관은 반드시 함께 수행해야 하며, 둘 중 어느 하나를 소홀히 해서는 안 되는 것이다.

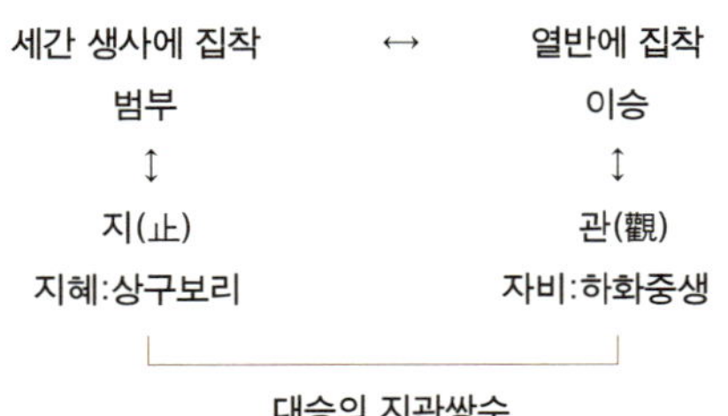

3. 염불(念佛) 수행

그 다음 중생은 이 (대승)법을 처음 배우며 바른 믿음을 구하고자
해도 그 마음이 겁약하여 이 사바세계에 머물면서 항상 모든 부처
를 만나 친히 받들어 공양하지 못할까봐 스스로 두려워하며, 신심
은 성취하기 어렵다고 무서워하며 말한다.
復次衆生初學是法欲求正信, 其心怯弱, 以住於此娑婆世界, 自畏不能常
值諸佛親承供養, 懼謂信心難可成就.

불법(佛法)을 처음 접해서 수행하다 보면 비록 마음은 바른 믿음을
성취하여 지혜와 해탈의 길로 나아가고 싶지만, 아직 그 마음이 확고
하지 못하기에 세간에의 집착을 벗어나지 못해 불도(佛道)에 대한 의
심도 나고 겁도 나서 머뭇거리고 좌절하게 된다. 그래서 친히 부처를
만나 공양하는 일이 불가능한 것이 아닌가 걱정하게 된다.

뜻이 물러나려고 하는 사람은 여래에게 수승한 방편이 있어 신심
을 거두어 보호한다는 것을 마땅히 알아야 하니, 전일한 뜻으로
염불한 인연에 의해 원(願)에 따라 타방의 불국토에 태어나 항상
부처를 만나고 영원히 악도(惡道)를 여의게 됨을 뜻한다.
意欲退者當知如來有勝方便攝護信心, 謂以專意念佛因緣, 隨願得生他方
佛土, 常見於佛永離惡道.

믿음을 성취하는 것은 신성취발심을 이루는 것이며, 그렇게 되면
십주(十住)의 지위에 이르러 더 이상 뒤로 물러섬이 없는 불퇴전의 길

로 들어서게 된다. 그래서 이런 자를 '정정취중생'이라고 한다. 여기서는 이러한 믿음을 성취하지 못해 오히려 퇴전하려고 하는 자를 염두에 두고 있다.

마음이 겁약하여 두려워하면서 믿음의 성취가 어렵다고 여겨 도로 퇴전하려 하는 사람은 자신 안의 진여심이 자기 자신만의 마음이 아니라 본래 자타불이(自他不二)의 일심(一心)이라는 것, 하나의 진여법신이라는 것을 알아야 한다. 나로 하여금 깨달음을 얻고 불도로 나아가게 하는 것이 나 자신의 사려 분별하는 표층적인 의식이 아니라 내 마음 심층의 진여라는 것을 안다면, 나의 의식상의 근심 걱정을 내려놓고 여래 진여가 나를 이끌어 주리라고 믿어도 되는 것이다. 그래서 여래에게는 수승한 방편(方便)이 있어 믿음을 거두어 보호해준다고 말하는 것이다. 그렇다면 나의 믿음을 이끌어줄 여래의 수승한 방편은 과연 무엇인가?

마음이 겁약하여 물러서려는 자로 하여금 물러서지 않게 하는 방편으로 제시하는 것이 바로 염불(念佛)이다. 오로지 일념으로 부처의 이름을 생각하고 부르면, 부처는 중생 스스로 성취하지 못하는 신심(信心)을 거두어 보호해준다는 것이다. 그 염불을 인연으로 해서 결국 타방의 불국토에 태어나게 되고 축생계나 지옥계 등 악도로 떨어지지 않게 된다는 것이다. 염불은 일념으로 제불보살을 생각하고 제불보살을 부르는 것이다. 우리가 멀리 있는 사람을 그 이름을 불러 뒤돌아보게 하듯이, 염불은 아미타불이나 관세음보살 등 제불보살을 깊이 일념으로 생각하고 불러서 결국 나를 바라보고 이끌어가게 만드는 방편인 것이다.

경전에서 '만약 누군가 오로지 서방 극락세계의 아미타불을 염불하면서 닦은 선근으로 회향하여 그 세계에 태어나기를 구하고 원하면, 곧 왕생할 수 있다'고 말하듯이 항상 부처를 만나기 때문에 끝내 물러남이 없다.

如修多羅說, 若人專念西方極樂世界阿彌陀佛, 所修善根廻向, 願求生彼世界, 卽得往生, 常見佛故, 終無有退.

신심을 지키고 물러서지 않는 하나의 방편이 바로 염불이다. 서방 극락세계의 아미타불을 일념으로 염불하면 그렇게 염불된 부처여래가 그 신심을 보호하여 물러서지 않도록 도와준다는 것이다. 그렇게 신심을 지킴으로써 결국은 법신(法身)을 보게 되고 왕생할 수 있다고 한다.

만약 그 부처의 진여법신을 관하여 항상 근면하게 닦고 익히면, 필경 왕생하여 바른 선정에 머무를 수 있기 때문이다.

若觀彼佛眞如法身常勤修習, 畢竟得生住正定故.

여기서는 십주(十住) 이상의 보살이 부분적으로 진여법신을 보는 것을 말한다. 아직 법신을 부분적으로 보는 것이므로 계속 근면하게 닦고 익히면 결국은 초지(初地) 이상으로 나아가 진여법신을 완전하게 보게 되므로 '필경에는 왕생하게 된다'고 말한다. '왕생하는 사람'에 대해 법장은 세 단계로 구분한다.[132]

1. 신심과 수행이 아직 충족하진 못하지만 그래도 물러나지 않는 사람.
2. 신심이 성취되어 십주위에 들어가 법신을 부분적으로 보는 사람. 정정취중생.
3. 초지에 들어가 법신(法身)을 증득(證得)하고 불국토에 태어난 사람.

---

132) 법장, 286하 참조.

V

권수이익분
勸修利益分

○

이미 수행신심분(修行信心分)**을 말하였으니, 다음으로는 권수이익분**(勸修利益分)**을 말한다.**

已說修行信心分, 次說勸修利益分.

이상으로 'Ⅳ. 수행신심분'을 마치고 이제부터 마지막 'Ⅴ. 권수이익분'을 논한다.

이와 같이 대승의 모든 부처의 비밀스런 가르침(밀장)**을 내가 이미 모두 말하였다.**

如是摩訶衍諸佛秘藏, 我已總說.

지금까지 'Ⅰ. 인연분'에서 이 기신론을 짓는 이유를 밝힌 후 'Ⅱ. 입의분'과 'Ⅲ. 해석분'의 '1. 현시정의'와 '2. 대치사집'에서 대승의 세계를 밝히고, 다시 'Ⅲ. 해석분'의 '3. 분별발취도상'과 'Ⅳ. 수행신심분'에서 진여의 증득으로 나아가는 실천수행론을 전개하였다. 이상

으로 이론과 실천에 걸쳐 대승의 가르침을 모두 설한 것이다. 이하
'Ⅴ. 권수이익분'에서는 그와 같은 대승 수행을 통해 얻게 되는 이익
이 무엇인가를 밝히고, 또 더불어 대승을 비방하는 죄가 얼마나 큰지
를 밝힘으로써 청정한 마음으로 신심(信心)을 내어 수행하여 불도(佛道)
에 이를 것을 권면한다.

1. 바른 믿음의 이익

만약 어떤 중생이 여래의 아주 깊은 경계에 대한 바른 믿음을 능
히 내고 비방을 멀리 여의어 대승의 도에 들어가고자 한다면, 마
땅히 이 논서를 지녀 사량하고 닦고 익혀야 한다. 필경에는 무상
의 도에 이를 수 있다.
若有衆生欲於如來甚深境界得生正信, 遠離誹謗, 入大乘道, 當持此論, 思
量修習. 究竟能至無上之道.

　대승법에 대한 바른 믿음을 가지고 수행해나가야 무상도(無上道)에
이를 수 있음을 말한다. 이 논서에 이미 대승법에 대한 모든 것을 약
술하여 놓았으므로, 이 논서의 내용에 더해 깊이 생각하고 그 말대로
닦고 익히면 결국 무상의 도를 이루게 된다는 것이다. 이하에서는 그
렇게 수행함에서 오는 이익을 제시한다. 법장은 바른 믿음이 주는 이

익을 논하는 이하의 구절을 세 가지 지혜로 구분해서 해석한다.[133]

1. 문혜(聞慧): 법문을 들음으로써 얻게 되는 지혜
2. 사혜(思慧): 들은 법문을 생각함으로써 얻게 되는 지혜
3. 수혜(修慧): 생각한 대로 수행함으로써 얻게 되는 지혜

1) 문혜(聞慧)

만약 누군가 이 법을 듣고 나서 이미 겁약함을 내지 않으면, 이 사람은 반드시 부처의 종자를 계승하여 필히 모든 부처로부터 수기를 받게 됨을 마땅히 알아야 한다.
若人聞是法已不生怯弱, 當知此人定紹佛種, 必爲諸佛之所授記.

겁내지 않고 법문을 잘 듣는 것만으로도 마음 안에 문훈습종자(聞熏習種子)를 심는 것이므로 이는 곧 불종자(佛種子)를 잇는 것이 된다. 불법(佛法)을 들음으로써 지혜를 갖추어나가면 결국 불도(佛道)로 나아가 성불하게 될 것이다.

2) 사혜(思慧)

가령 어떤 사람이 삼천대천세계에 가득 찬 중생을 교화하여 십선(十善)을 행하게 할 수 있어도 어떤 사람이 한 짧은 순간에 이 법(法)

---

133) 법장, 287상 참조.

을 바르게 사유하는 것만 못하니, (뒤의 공덕이) 앞의 공덕을 뛰어 넘는 것은 다 설명할 수가 없다.

假使有人能化三千大千世界滿中衆生, 令行十善, 不如有人於一食頃正思此法, 過前功德不可爲喻.

불법에 대한 바른 사유는 모든 중생으로 하여금 선을 행하게 하는 것보다도 더 중요하며 그 공덕이 더 크다는 말이다. 이는 타인의 교화에 앞서 자신의 바른 사유가 더 중요하다는 것을 강조하는 것이다. 불법을 바르게 사유하여 그 참뜻을 바르게 이해하고 말하는 것이 다른 무엇보다도 가치 있는 일이라는 것을 말한다.

3) 수혜(修慧)

그 다음 만약 누군가 이 논을 받아 지녀 관찰하고 수행하기를 하루 낮 하루 밤만 하여도 그렇게 생긴 공덕은 무량무변이어서 말로 다 할 수가 없다. 가령 시방의 일체 제불이 각각 무량무변의 아승지겁 동안 그 공덕을 찬탄하여도 역시 다할 수 없다. 무슨 까닭인가? 법성(法性)의 공덕이 다함이 없기에 이 사람의 공덕 또한 이와 같이 끝이 없기 때문이다.

復次若人受持此論, 觀察修行, 若一日一夜, 所有功德無量無邊, 不可得說. 假令十方一切諸佛各於無量無邊阿僧祇劫歎其功德, 亦不能盡. 何以故? 謂法性功德無有盡故, 此人功德亦復如是無有邊際.

이 논서가 가르치는 대로 관찰하고 수행하기를 단 하루만 한다고
해도 이미 대승 불법에 대한 신심을 내고 불도를 향해 발심(發心)을 한
것이므로 그 공덕이 무량하다고 할 수 있다. 대승의 수행을 행한 공
덕이 무량무변하다는 것이다. 일념(一念)으로 근원에 이르러 진여법
신과 하나가 되면 일체가 그 안에 포섭된다. 그러므로 하루의 공덕이
무한으로 확장되는 것이다.

2. 믿음 비방의 죄

만약 어떤 중생이 이 논에 대해 비방하고 불신하면, 그렇게 얻어
진 죄의 과보는 무량겁이 지나도록 큰 고뇌를 받는 것이다.
其有衆生於此論中毀謗不信, 所獲罪報經無量劫受大苦惱.

대승법에 대한 바른 믿음을 갖지 못하고 오히려 대승법 내지 대
승법이 담긴 이 논서를 불신하고 비방한다면 그 죄과가 크다는 것을
말한다. 대승법을 수행하는 공덕이 무량무변하게 큰 만큼 그런 수행
의 길을 가로막는 비방의 죄 또한 무량무변하게 큰 것이다. 죄가 크
므로 그로 인한 고통과 번뇌가 무한하다고 말한다.

이 때문에 중생은 단지 마땅히 믿음을 받들 뿐 비방하지 말아야
하는 것은 (비방함으로써) 자신을 깊이 해치고 또 타인을 해쳐서 일체

406

삼보의 종자를 단절하게 되기 때문이다.

是故衆生但應仰信, 不應毀謗. 以深自害, 亦害他人, 斷絶一切三寶之種.

중생은 대승법에 대한 바른 믿음과 바른 이해를 갖고 수행해야만 불도로 나아갈 수 있다. 그러므로 대승법이 담긴 이 논서를 믿지 않고 비방한다면 자기 자신이 불도로 나아가는 길을 막을 뿐 아니라 남들에게도 그 길을 막는 것이 된다. 결국 자리(自利) 아닌 자해(自害)이고, 이타(利他) 아닌 해타(害他)가 되는 것이다. 이는 결국 상구보리(上求菩提) 하화중생(下化衆生)의 보살 정신에 어긋나는 것이며, 불·법·승 삼보(三寶)를 비방하는 것이 되므로, 그렇게 해서는 안 된다고 말한다.

일체 여래가 모두 이 법에 의지하여 열반을 얻기 때문이며, 일체 보살이 그 (법)에 따라 수행하여 부처의 지혜에 들어갈 수 있기 때문이다.

以一切如來皆依此法得涅槃故, 一切菩薩因之修行得入佛智故.

이 대승의 일심(一心) 진여법(眞如法)이 여래가 열반으로 나아간 길이고 보살이 불도로 나아가는 길이다. 그러므로 이 길을 간략하게 정리하여 그 핵심을 명료하게 보여주는 이 논서를 비방해서는 절대 안 된다는 것을 강조한다.

3. 수행의 권면

과거의 보살도 이미 이 법에 의거하여 청정한 믿음을 성취할 수 있었고, 현재의 보살도 지금 이 법에 의거하여 청정한 믿음을 성취할 수 있고, 미래의 보살도 응당 이 법에 의거하여 청정한 믿음을 성취할 수 있다는 것을 마땅히 알아야 한다. 이 때문에 중생은 마땅히 부지런히 닦고 배워야 한다.

應知過去菩薩已依此法得成淨信, 現在菩薩今依此法得成淨信, 未來菩薩當依此法得成淨信. 是故衆生應勤修學.

과거 현재 미래의 모든 보살은 바로 이 대승 일심법(一心法)에 의해 청정한 믿음을 성취하여 불도(佛道)로 나아갔다. 그러므로 무명과 번뇌를 여의고 지혜와 해탈을 얻고자 하는 자는 누구나 이 대승 진여법(眞如法)을 부지런히 배우고 익혀야 한다. 그렇게 배우고 익히면 결국 불법(佛法)을 깨달아 성불(成佛)의 길로 나아가게 된다.

유통분

流通分